美国电信法

案例重述

RESTATEMENT OF
U.S.A. JUDGEMENTS ON
TELECOMMUNICATIONS LAW CASES

娄耀雄　著

法律出版社 | LAW PRESS
—— 北京 ——

图书在版编目(CIP)数据

美国电信法案例重述 / 娄耀雄著. -- 北京 : 法律出版社, 2024
ISBN 978 -7 -5197 -8619 -9

Ⅰ. ①美… Ⅱ. ①娄… Ⅲ. ①电信-法律-案例-研究-美国 Ⅳ. ①D971.222.9

中国国家版本馆 CIP 数据核字(2023)第 238863 号

美国电信法案例重述
MEIGUO DIANXINFA ANLI CHONGSHU

娄耀雄 著

责任编辑 朱轶佳
装帧设计 鲍龙卉

出版发行 法律出版社
编辑统筹 司法实务出版分社
责任校对 王 丰 郭艳萍
责任印制 胡晓雅
经　　销 新华书店

开本 710 毫米×1000 毫米 1/16
印张 25.5　**字数** 498 千
版本 2024 年 3 月第 1 版
印次 2024 年 3 月第 1 次印刷
印刷 天津嘉恒印务有限公司

地址:北京市丰台区莲花池西里 7 号(100073)
网址:www.lawpress.com.cn
投稿邮箱:info@lawpress.com.cn
举报盗版邮箱:jbwq@lawpress.com.cn

销售电话:010-83938349
客服电话:010-83938350
咨询电话:010-63939796

书号:ISBN 978-7-5197-8619-9
定价:88.00 元
凡购买本社图书,如有印装错误,我社负责退换。电话:010-83938349

第二版序：电信法的生命周期和案例重述

电信法的规范对象是以电、磁、光传播信息的过程中形成的法律关系，涉及有线、无线、卫星、微波、网络等各种电信技术，以及广播、电视、邮件、短信、微信、微博、流媒体、短视频等各种传播形式。新的电信技术会带来新的传播方式，改变既有的电信法律关系；电信法正是在日新月异的电信技术的挑战下不断完善和发展的。比起烽火台和信鸽送信，电信不是最初的信息传播方式；比起信件、书籍、会议、广告牌、面谈，电信是今天最快速、最安全、最准确、成本最低的传播方式。据统计，现在95%的信息传播都是靠电信传播。然而，电信不可能是永不落伍的信息传输方式。今后一定会有更安全、准确、低成本的信息传播技术取代电信（头脑风暴一下，也许是生物化学传播方式），就像微波中继站取代驿站一样。现在的我们无法想象取代电信的是什么，正如狼烟烽火时代的人们无法想象电信。在这一天到来之前，电信法依然方兴未艾。

有一种声音，电信法正在被网络法取代。持这种观点的人并不了解电信法和网络法的关系。无论某项电信技术曾经或现在多么风光，都是电信法涉及技术的一部分，其并未突破以电、磁、光传输信息的限制，其传播信息过程中形成的法律关系都受到电信法的规范。网络法之于电信法，就像电学之于普通物理学，无论前者多么发达，创造的价值多大，也只是后者的一章。经济价值、使用范围、流行程度的优势不意味着其在学科归类上可以自立门户。虽然网络技术独领风骚，但是电信本身是有寿命的，某种电信技术更是有寿命的。在电信技术内部，不同的电信技术也是各领风骚数十年，例如，无线取代有线、卫星和微波传输的应用领域缩减、模拟被数字取代、BP机消亡等，都说明没有长盛不衰的技术，只有不断被淘汰的滚滚浪潮。过去一定有人写过"电报消亡记"和"磁盘和磁带消亡记"，现在一定有人动笔写了"数码相机消亡记"和"DVD消亡记"，将来也一定有人写"网络消亡记"和"电信消亡记"。不过，写作后者的时间会比前者晚得多。

何谓重述，法律重述（restatements of law）是判例法国家从汗牛充栋的判例中抽象出规则，形成法典的过程。美国法律重述是由美国法学会（American Law Institute）从1932年开始组织的，由大量优秀法律学者和律师，将某个法律分支中被认为是最为普遍接受的、最为合理的原则、规则、学说编纂成法典条文的一套书，如合同法重述、侵权法重述、冲突法重述等。本书在两个意义上使用了“重述”这个词：其一，从美国1996年《电信法》大改后形成的案例中，找出相对稳定的电信法律概念和规则，即使该稳定性经常被技术升级、政策性不对称管制所破坏；其二，也是最重要的，对每个判例的叙述不是翻译的，而是重写的，是在作者读完了整个案例后，按照中文的逻辑结构和案例要点重新撰写的，类似于改编，而非翻译。这样做有两个好处：一是消除了翻译不可避免的语言间的逻辑不适感，不会出现纯粹翻译外国案例的不知所云；二是重点突出，对与形成规则无关的事实选择性放弃，用最小的篇幅“重述”决定判决的主要事实，不浪费读者的时间。

本书下部“电信法传统问题”所载的52个案例，曾以《美国电信法最新判例重述（1996－2016）》为名，由北京邮电大学出版社于2017年9月出版，涉及传统电信法学诸方面，包括电信管制、市场准入、接入和互联互通、普遍服务、频率管制、电信资费、电信转售、电信建设和电信设施共享等。本版在此基础上，新增了上部“电信法前沿问题”，加入了近些年发生的20个前沿案例，涉及网络中立、大数据用户画像、个人生物信息保护、人工智能产品侵权、人工智能作品的归属、物联网、人肉搜索、元宇宙、区块链等诸方面。本书收录的72个案例都是从浩如烟海的美国判例中选择的有代表性的判决，反映了美国1996年《电信法》修改以后最新的司法理念和改革方向。

娄耀雄

2023年4月10～14日于美国纽约联合国总部

联合国国际贸易法委员会电子商务组会议期间

第一版序

人类的发展离不开对稀缺资源的依赖。当科技把人从对一种稀缺资源的依赖中解放出来后,人类就会陷入对另一种稀缺资源的依赖。于是,一个哲学问题出现了:科技真的能带给人自由吗?我们看到的满眼都是科技带来的资源依赖症!我们已经离不开石油、空气净化器、高楼大厦、瓶装饮用水了。如果说,摆脱对人的依赖的代价是对自然资源的依赖,那么,面对资源有限、欲望无穷的现实,争抢无法避免。这时,法律就要出场了,它可以看作对稀缺资源的一种权威性分配技术,受到公平、平等、效率等价值目标(统称为正义)的约束。

以电信法为例,当有线电话依赖于电信管网资源时,分配这种资源的法律表现为共建共享、地理唯一通道的强制开放、接入和互联互通的制度设计;当无线通信技术把人类从对管网资源的依赖中解放出来后,如何分配稀缺的频谱带宽和卫星轨道又成了法律不得不面对的难题,于是频谱和卫星轨道分配制度应运而生。面对管网有限、频谱带宽和卫星轨道稀缺的现实,电信从诞生之日起就无法摆脱自然垄断的特征,法律能做的只是通过制度设计——通常表现为将规制经济学的研究成果固化为电信管制规则,在自然垄断的环境下最大限度地模仿竞争的效果。

在技术的推动下,法律从来就不缺少话题。技术可以改变人类所依赖的资源,但无法改变人类对资源的依赖。于是,面对科技刺激出来的更大的欲望和资源日益稀缺的矛盾,作为分配、流转、利用资源和协调利益的工具,法律必须日日新、又日新。

相对于传统法学的"问题推动",科技法学往往是"技术推动"的。如果说传统法学格局已定、能研究的话题已被无数人琢磨过,那么,科技法通常表现为对科技发展引发的前沿问题的预防性研究,它只有雏形,没有定式,往往实验室的一个新动向就会引发制度的前瞻性探讨,为科技发展可能引发的问题留下制度变革的空间。例如,3D 打印技术带来的知识产权问题在这项技术尚未成熟之时就被广泛探讨;而十几年前"三网融合"刚一提出,法律课题已经跟进。

在人类的发展史上,人们追求速度和远方的努力,既靠电信来实现,又靠电信来记录,电信技术的历史是人类近代史的缩影。然而,在技术话题层出不穷的大背景下,如何选择电信法的研究客体，是需要斟酌的。并不是每一项电信“大事”都存在法律问题，都值得电信法研究。面对利润驱动下的新技术炒作，电信法必须清醒地认识到有所为、有所不为的边界，以免侵入经济学或管理学领地。浮躁是面向市场的技术盈利的特点，保守却是面对问题的制度变革的基调。无论多么“炫”，或者从技术本身看多么“飞跃”，技术如果带不来法律关系的变化——引起法律问题，就不值得电信法关注。例如，2015 年热炒的“量子通信”的概念，以及我国正在布局开展的 5G 技术，并不会引起权利义务的变化——量子通信只是利用量子的纠缠态进行加密，不是传输，更不是超光速通信；5G 也只是传输速率和带宽的增加，不会引起既有电信法律关系的变化。二者都不值得电信法关注。相反，能引起法律关系变化的技术应用是电信法研究的兴趣点。例如，微信增加的免费视频聊天和语音聊天功能，引起了权利义务关系的变化：当数据和语音的差别变模糊后，法律关系随之改变，一方面，监管机构行政许可的标准会调整，甚至推倒重来；另一方面，消费者与 OTT（over - the - top，内容或服务建构在基础电信服务之上而不需要网络运营商额外支持）之间的电信服务合同的客体，又增加了一项网络电话服务。又如，Uber 等 O2O（online - to - offline，线上到线下）电子居间的兴起，直接引发了电信居间是否应承担超越传统居间的担保责任，即与其居间业务相关的连带责任的法律问题。

本书从浩如烟海的美国判例中选择了 52 个电信法案例，最初是我给外国留学生讲授电信法时在课堂上做案例分析用，后经整理成为本书。这些案例几乎全部是美国 1996 年《电信法》修改以来的终审案例，反映了美国最新的电信法司法理念和改革方向。为方便阅读，每章之前有一个对其全部案例进行概括性描述的章前综述；而每一个案例包括中文撰写的案例重述、与本案有关的法律知识要点，以及英文判决原文摘录。其中的重要内容——中文案例重述，不是对案例的原文翻译，而是用中文重新撰写了一遍，并涉及如下内容：当事双方名称、案件事实、双方的主张和起诉理由/答辩要点、焦点问题、法院观点和分析、判决结果。之所以采用中文重述，而非翻译判决书原文，一是为了避免中英文的逻辑差异——翻译得再好，也可能让读者觉得艰涩难懂；二是采用统一的重述格式，简单明了地概括出隐含在原文中的重要内容，可方便读者快速阅读。该部分内容得到了我的硕士研究生张蓉同学的大力协助，在此鸣谢。

娄耀雄

2016 年 3 月 5 日于纽约曼哈顿

目　　录

上部　电信法前沿问题

下部 电信法传统问题

Contents

Part One Frontier Issues of Telecommunications

上部　电信法前沿问题

第一章　知识产权侵权

法律对知识创造者采取的是板块式保护模式。知识产权是在知识海洋中人工堆起的一块块“绿洲”,看起来像是一些离散的板块。只有将知识产品归类于某一板块,知识创造者才享有垄断权。因此,给知识新品种归类显得尤为重要。如果其创造性足够高,即使不能恰当归类到既有板块,人们也会修葺离它最近的板块,重新定义其内涵或者扩大其外延,以覆盖知识新品种。这是知识产权制度应对技术挑战的基本模式。例如,照相技术出现后,照片不能归类于美术作品,人们就修改了版权法,扩大了“作品”的外延,新增了摄影作品;又如,数字技术出现后,对数字化作品的保护需要对“复制”的内涵重新定义,于是,由复印机时代定义的“形式一致说”被“功能等同说”取代。

当前,人工智能(artificial intelligence,AI)技术日益成熟,在越来越多的岗位上替代了人类的工作。知识产权、劳动、保险、人格权、侵权等诸多法律制度都面临挑战。例如,AI创作作品是否需要最低限度的人格基础?如果“创作”的定义不修改,仍然保留最低限度的人格要求,AI就只能被看作人创作时辅助的工具,缺乏主体特征的工具是无法实现自我创作的。面对无须人工介入、创造性远超人的想象力且可以自主学习、迭代精进的AI创作作品,除了继续让AI停留在工具价值层面,我们还有两个选择:选择一,赋予AI拟制人格,就像赋予公司人格,从而满足“创作”的定义;选择二,改变“创作”的内涵,取消人格要求,使原来的工具也可以成为创作的主体。

本章共有三个案例。

案例1-1关于网络迷因的版权问题。对于迷因的广泛传播是否会淡化其版权属性的问题,有人认为,迷因广泛流行后便不再属于原作者个人所有,而是具有了社会属性,成为公共娱乐产品,原作者对迷因享有的版权应当被收回,否则,既削弱了网友们的创造力,也对二次创作的人不公平;也有人认为,无论一个迷因变得多么流行,其本质上仍然是原作者的智力成果,应当给予原作者足够的版权保护;其他主体进行的二次创作应在合理限度内,否则,原始权利人可以主张侵权责任。本案的判决支持了后一种观点。

案例1-2针对互联网电商平台责任。作为电商平台,红泡公司认为只有直接制造、积极销售,才承担直接侵权责任;而自己只是促成销售,和亚马逊网站一样,没有亲自生产、处理、销售商品,所以不构成直接侵权。根据《兰哈姆法案》判决过的判例来看,“使用”商标的销售者与“不使用”商标的销售促进者之间的关键区别之一在于当事人对制造、产品质量和运输服务的参与和控制程度。像易趣网、亚马逊网这样的在线市场,向消费者明确表明其正在从第三方卖家那里购买商品,清楚地标记了自己所提供的销售产品的来源,而自己不是卖家。但在红泡公司网站上订购产品时会出现其标签,其通过与第三方卖家合作创建了自己的产品。因此,二审法院认为红泡公司直接违反了《兰哈姆法案》,应承担直接侵权责任。

案例 1 – 3 涉及对等网络技术(Peer – to – Peer,P2P)的用户侵权问题。P2P 侵权的特点在于,侵权人数众多,侵权行为之间存在关联性,也可能存在多数侵权人同时侵权的情况。此时,这些侵权行为是否属于共同侵权、能否合并审理,成了争论的焦点。P2P 侵权中,侵权人之间没有意思联络,不具有共同故意;基于相同的技术手段,侵权人对于各自的侵权结果具有“相同的期待”,但并不属于“共同的期待”;各个侵权人实施了独立的侵权行为,侵权结果都是单独构成而不是多个行为结合之后共同导致的,不属于共同侵权,亦无须合并审理。

1 – 1 网络迷因的版权——弗里与信息战公司案 Furie *v.* Infowars, LLC

【案　　号】401 F. Supp. 3d 952 (C. D. Cal. 2019)

【审理法院】美国加利福尼亚州中区联邦地区法院

【审理时间】2019 年 5 月 16 日

一、案件情况

原告:马特·弗里(Matt Furie)

被告:信息战公司(Infowars, LLC)

案件事实

2003 年 11 月 18 日,原告首次出版了一本名为《游戏时间》的在线漫画书,青蛙佩佩是其中的角色之一。2006 年起,青蛙佩佩这一角色开始出现在名为《男孩俱乐部》的系列漫画书中,该漫画书在网络上发行,并被制成印刷品出版。2017 年 9 月 1 日,原告获得了《男孩俱乐部》漫画的版权。2008 年,青蛙佩佩的形象在互联网上广泛传播,出现在社交媒体、在线留言板以及其他媒体平台上。2009 年 9 月 17 日,一位匿名用户在论坛上创作了一个以青蛙佩佩为原型的经典形象。在 2010 年 8 月的一次在线采访中,当原告被问到“如果有人把青蛙佩佩的脸裁剪下来使用,或者把你的作品混合在一起使用,你会怎么做”时,他回答自己并不在意。当被问到“你认为自己是不是迷因(MEME)创造者”时,他认为青蛙佩佩拥有自己的生命。到2014年,凯蒂·佩里(Katy Perry)和妮姬·米娜(Nicki Minaj)等名人开始发布以青蛙佩佩为特色的迷因。在线留言板的用户发布了数千件以青蛙佩佩为特色的作品,并称其为“稀有佩佩”。2015年,青蛙佩佩成为全球最大的轻博客网站汤博乐(Tumblr)上转发量最多的迷因。原告称青蛙佩佩作为大受欢迎的互联网迷因,给他带来了大量的财富。

从2015年开始,白人民族主义者和“另类右翼”成员开始将青蛙佩佩的图像与白人至上主义的语言和符号、纳粹符号及其他令人反感的图像联系起来。2015～2016年,其他第三方将青蛙佩佩的形象与当时的美国总统候选人特朗普和其他保守派政治人物的形象一起使用。2016年9月前后,美国新闻媒体开始将青蛙佩佩称为“白人民族主义象征”。

2017年1月,无党派人士约翰·艾伦(Jon Allen)创作了一张内容为“让美国再次伟大”(Make America Great Again,MAGA)的海报。MAGA海报是2016年美国总统选举中几位具有政治意义的人物的拼贴画,青蛙佩佩出现在海报左上角。在制作MAGA海报时,约翰·艾伦参考了通过搜索引擎检索到的青蛙佩佩的图像,该图像不是原告绘制的。约翰·艾伦声称,他知道青蛙佩佩是一个迷因,但不知道原告的存在;在2016年MAGA海报中使用青蛙佩佩之前,自己从未见过这个角色用于政治目的或与政治人物有关。约翰·艾伦将MAGA海报提供给FSS在线商场销售(网址为www.infowarsstore.com和www.infowarsshop.com),FSS在线商场由信息战公司运营。FSS还在美国著名广播节目《亚历克斯·琼斯秀》(*The Alex Jones Show*)上推广了MAGA海报,FSS的几位客户对青蛙佩佩的加入发表了评论。MAGA海报的销售总额为31,407.44美元。原告没有与被告或约翰·艾伦就使用青蛙佩佩的形象签订任何书面许可协议。

2018年3月5日,原告提起了版权侵权诉讼。2019年4月8日起,法院接到了两项进行简易判决的动议。原告提出的动议,即弗里动议,主张:不存在真正的重大事实争议,其对作品享有版权,被告构成侵权。被告提出的动议,即信息战公司动议,主张:(1)信息战公司没有从事任何被指控的不当行为;(2)MAGA海报对青蛙佩佩的使用是合理使用;(3)原告放弃了他对青蛙佩佩的版权或向公众授予默示许可;(4)原告不能寻求法定损害赔偿和律师费。

焦点问题

1. 原告是否对作品享有版权?
2. 原告在版权登记时提交的信息不准确是否导致登记证书无效?

3. 原告在媒体采访中放弃版权的陈述是否达到放弃版权声明要求的明确程度，从而导致丧失版权？

4. 原告是否通过媒体向公众提供了使用青蛙佩佩的暗示或明确的许可，即作出了知识共享许可？

5. 被告 MAGA 海报使用的青蛙特征是否属于一般卡通青蛙的共同特征而不是青蛙佩佩的独有特征？MAGA 海报上的青蛙是否构成对原告作品的使用？

6. 被告对作品的使用是否构成合理使用？

7. 原告是否可以主张法定赔偿金和律师费？

法院观点

1. 原告对作品享有版权

有一个阿根廷的拟人青蛙形象 El Sapo Pepe 早于原告作品诞生。至少从 1988 年起，以 El Sapo Pepe 为特色的节目就开始在阿根廷和其他拉丁美洲国家播出了。2004 年夏天，原告前往墨西哥的蒂华纳和圣费利佩，除了这次旅行，原告在创作青蛙佩佩之前从未访问过任何拉丁美洲国家。

被告主张，原告对青蛙佩佩没有有效的版权，因为该角色是从 El Sapo Pepe 复制的。为了确定原告抄袭了先前存在的作品，被告必须证明原告可以接触到先前的作品（接触要件），并且原告的作品在思想和表达上与先前的作品基本相似①（相似要件）。被告通过分析青蛙佩佩的演化过程，对原告的原创性产生怀疑。被告声称，青蛙佩佩在 2003 年几乎没有完整的形状，然后在 2006 年呈现更像青蛙的特征和绿色皮肤。被告认为，出现这一变化的原因是原告访问了墨西哥，El Sapo Pepe 在那里很受欢迎，原告很可能是看到这个角色后创造的青蛙佩佩形象。被告认为，原告否认见过 El Sapo Pepe 并将其复制到自己作品中的证词很可能是伪证。被告又补充道，只要原告能访问互联网，他是否到访过墨西哥就不重要了，因为他完全可能在网上看到 El Sapo Pepe 的形象。

原告主张，他曾明确否认过 El Sapo Pepe 是青蛙佩佩的灵感来源，在这场诉讼之前，他从未听说过或见过 El Sapo Pepe。另外，没有证据证明他在创作青蛙佩佩之前曾经去过阿根廷或其他拉丁美洲国家，他不可能知道 El Sapo Pepe 这一阿根廷卡通人物。被告也没有提供任何证据证明 El Sapo Pepe 在阿根廷及以外的国家出名。

法院认为，被告的上述主张都是推测性的，没有实证，不能证明原告接触过在先作品，故支持了原告对作品具有版权的主张。

2. 版权登记时提交信息不准确并不导致登记证书无效

被告主张，原告没有关于蓝衫佩佩的有效注册证书，因为他在申请版权注册时没

---

① See N. Coast Indus. *v.* Jason Maxwell, Inc., 972 F. 2d 1031, 1033 (9th Cir. 1992).

有向版权局提供准确的信息。被告认为，原告在申请注册时谎称自己拥有蓝衫佩佩的所有材料，但实际上蓝衫佩佩是某网站（www. bodybuilding. com）的匿名用户在2009年创造的"不是好人"形象的衍生作品。如果原告在申请时披露了匿名用户创作的"不是好人"形象，版权局会拒绝其对蓝衫佩佩的版权申请。根据美国《版权法》（Copyright Act）的规定，申请人故意提供不准确的注册信息应当认定注册证书无效[①]。因此，原告关于蓝衫佩佩的注册证书无效。

原告主张，其在2006年的《男孩俱乐部》中绘制并出版了"不是好人"形象的青蛙佩佩的黑白版本。前述网站上的"不是好人"形象是以上述黑白版本为模板进行了上色，形成了蓝衫佩佩，并添加了"不是好人"的标题，其他方面与黑白版本完全相同。

法院认为，被告关于原告注册证书无效的证据不充分，仅暗示原告可能欺骗了版权局，未达到证明标准。因此，法院认定原告的版权登记证书有效。

3. 就"原告在媒体采访中放弃版权的陈述是否达到放弃版权声明要求的明确程度，从而导致丧失版权"的问题，法院认定属于事实问题，应交陪审团作出决定，而非法官

版权的放弃，是指版权所有者知道相关版权存在并主动予以放弃[②]。双方对原告在公开采访中的声明是否足以表明他放弃了青蛙佩佩的版权存在争议。

原告认为，他在公开声明中确认了自己拥有并使用着青蛙佩佩的版权。例如，声明青蛙佩佩的版权归其本人所有；他将保护自己合法的知识产权，必要时会采取法律手段结束他人对青蛙佩佩的盗用。

被告声称，原告在公开采访中的陈述表明其放弃或丧失了其对青蛙佩佩的部分或全部版权。被告主张，在2010～2016年，原告向各种媒体发表了许多声明，足以证明其主动放弃了版权。例如，他对青蛙佩佩的流行非常高兴，并没有因为这个角色未经授权的滥用而烦恼（实际上是受到了鼓舞）；他知道第三方从这些未经授权的作品中获利，但没有采取任何措施来阻止；而且他已经失去了对该角色的控制；他鼓励第三方使用、复制或修改青蛙佩佩形象，即便是基于商业目的。

法院认为，在评估简易判决动议时，法院不得作出可信度决定或权衡相互矛盾的

---

① 17 U. S. C. §411 (b) (1): A certificate of registration satisfies the requirements of this section and section 412, regardless of whether the certificate contains any inaccurate information, unless—

(A) the inaccurate information was included on the application for copyright registration with knowledge that it was inaccurate; and

(B) the inaccuracy of the information, if known, would have caused the Register of Copyrights to refuse registration.

② See A&M Records, Inc. *v.* Napster, Inc., 239 F. 3d 1004, 1026 (9th Cir. 2001).

证据[①]。本案中,原告、被告双方提出的模棱两可的声明言论涉及事实问题的争议,应当由陪审团确认原告的意图。

4. 法院不认为原告向公众提供了使用青蛙佩佩的暗示或明确的许可,即没有作出知识共享许可

被告主张,原告向公众提供了使用青蛙佩佩的暗示或明确的许可,即青蛙佩佩形象的知识共享许可。

原告主张,他没有明示或默示许可他人使用青蛙佩佩的形象,他与其他主体之间不存在要约和对价,缺少合同的基本要素,不存在许可他人使用的合同。

联邦第九巡回上诉法院的判决先例表明,是否存在默示许可是合同法中的问题[②],主张存在默示许可的一方必须证明相关声明具备合同所必需的要素,如要约、对价、标的物、法律行为能力等[③]。法院认为,本案中,原告的公开声明不构成要约,因为没有进一步讨论合同的履行等问题,没有留下任何的谈判空间。关于被告在听证会上提出的知识共享许可,没有证据表明原告签订了知识共享许可。因此,法院并不认为原告作出了知识共享许可。

5. 就被告 MAGA 海报上的青蛙是否构成对原告作品的使用问题,法院认为属于事实问题,应交陪审团决定

双方就 MAGA 海报中对青蛙佩佩形象的使用是否构成最低限度的使用产生了争议。原告主张,MAGA 海报中描绘了青蛙佩佩的正脸,包括突出的眼睛、眼睑和嘴唇,这些要素足以使普通观众认出或识别出青蛙佩佩。被告主张,他们对青蛙佩佩的使用是最低限度的,青蛙佩佩和 MAGA 海报上的青蛙形象之间缺乏相似之处,绿色、眼睛突出和人形身体等特征并不是青蛙佩佩的独特特征,而是一般卡通青蛙的共同特征。

法院认为,从双方提供的证据来看,对于事实问题仍然存在争议,应当由陪审团在审判中决定,而不是由法院根据简易判决决定。

6. 法院不认为被告使用构成合理使用

联邦第九巡回上诉法院关于合理使用的陪审团示范指令说明,根据合理使用原则

① See Conn *v.* City of Reno, 591 F. 3d 1081, 1098 (9th Cir. 2010).

② See Interscope Records *v.* Time Warner, Inc., No. 10 – CV – 1772 – SVW (PJWx), 2010 U. S. Dist. LEXIS 151460, 2010 WL 11505708, at ∗5 (C. D. Cal. June 28, 2010).

③ See Northstar Fin. Advisors Inc. *v.* Schwab Invs., 779 F. 3d 1036, 1050 – 51 (9th Cir. 2015).

确定对某一作品的使用是否合理时,要考虑以下因素[①]:(1)使用的目的和性质;(2)受版权保护的作品的性质;(3)使用部分的数量和实质;(4)使用对市场的影响。

法院认为,角色的迷因化并不会改变受版权保护的作品的性质,也不会破坏或削弱原作者的版权利益。而对于其他问题,双方都存在事实层面的争议,故排除了法院的简易判决,应当交由陪审团确认。

因此,法院没有认定被告对青蛙佩佩的使用构成合理使用。

7.驳回原告要求法定损害赔偿和律师费的主张

根据《版权法》的规定[②],受版权保护的作品在侵权开始前进行注册或者在作品首次出版后的3个月内进行注册的,才能主张法定损害赔偿。如果被告在注册前实施了某些侵权行为,而在注册后又实施了其他侵权行为,则法定损害赔偿和律师费的可用性取决于注册前和注册后的侵权行为之间是否存在法律上的显著差异[③]。

原告主张,其对青蛙佩佩的形象进行预注册时被告以17.76美元的价格出售第一版MAGA海报,注册后被告以29.95美元的价格出售限量版MAGA海报。注册前和注册后的MAGA海报性质和价格不同,存在显著差异。被告主张,原告于2003年创造了青蛙佩佩,它的最新出版日期是2016年12月20日,最早在2017年9月才能申请注册,被指控的侵权行为到2017年4月23日才开始,不符合上述条件,所以原告无权主张法定损害赔偿。

---

① 17 U.S.C. § 107:The fair use of a copyrighted work, including such use by reproduction in copies or phonorecords or by any other means specified by that section, for purposes such as criticism, comment, news reporting, teaching (including multiple copies for classroom use), scholarship, or research, is not an infringement of copyright. In determining whether the use made of a work in any particular case is a fair use the factors to be considered shall include—

(1) the purpose and character of the use, including whether such use is of a commercial nature or is for nonprofit educational purposes;

(2) the nature of the copyrighted work;

(3) the amount and substantiality of the portion used in relation to the copyrighted work as a whole; and

(4) the effect of the use upon the potential market for or value of the copyrighted work.

② 17 U.S.C. § 412:An action for infringement of the copyright of a work that has been preregistered under section 408(f) before the commencement of the infringement and that has an effective date of registration not later than the earlier of 3 months after the first publication of the work or 1 month after the copyright owner has learned of the infringement, or an action instituted under section 411(c), no award of statutory damages or of attorney's fees, as provided by sections 504 and 505, shall be made for—

(1) any infringement of copyright in an unpublished work commenced before the effective date of its registration; or

(2) any infringement of copyright commenced after first publication of the work and before the effective date of its registration, unless such registration is made within three months after the first publication of the work.

③ See Derek Andrew, Inc. *v.* Poof Apparel Corp., 528 F.3d 696, 701 (9th Cir. 2008).

法院认为，仅基于价格差异，原告未能证明注册前和注册后的海报之间存在法律上的显著差异。因此，法院驳回了原告要求法定赔偿金的请求。

判决结果

弗里动议和信息战公司动议的结果都是部分获得批准，部分遭到驳回。

二、本案知识点

1. 迷因的版权

迷因是互联网领域广泛传播并形成固定模式的文字、图片、语言等内容，也被形象地表达为“梗”。流行的迷因往往会受到网友们的二次创作，如在图片上添加一些文字、制作表情包、在原作品上融合其他要素。

从知识产权的角度来看，这些二次创作的作品对原作品进行再次创作和改编，似乎也具有一定的独创性，构成新的作品。但是从原作者的角度来看，对迷因进行二次创作的行为也可能侵犯了其在先权利。迷因一旦流行起来，因为其广泛的传播性，就不可避免地会被赋予商业价值，如成为广告宣传标语、和传统商品联名。

关于迷因的广泛传播是否会淡化其版权属性的问题，有人认为，迷因广泛流行后便不再属于原作者个人所有，而是具有了社会属性，成为公共娱乐产品，原作者对迷因享有的版权应当被收回。若原作者可以基于迷因的版权进行大规模的诉讼，一方面，不利于迷因的发展，削弱了网友们的创造力；另一方面，对于二次创作的人们来说并不公平，他们合理的二次创作可能产生新的作品，但是仍然有被追究侵权的可能性。也有人认为，无论一个迷因变得多么流行，其本质上仍然是原作者的智力成果，如果没有原始版本，就没有二次创作一说，应当给予原作者足够的版权保护。

关于迷因的版权归属，目前还是被认为属于其原始作者。其他主体进行二次创作时，一般应当在合理限度内，且不得带有商业目的，否则原始权利人可以主张其侵权责任。

2. 法定赔偿金

根据美国《版权法》第 412 条的规定，受版权保护的作品在侵权开始前进行注册或者在作品首次出版后的 3 个月内进行注册的，才能主张法定损害赔偿。超过上述时间限制未及时注册版权而遭到侵权的，版权人不得主张法定损害赔偿。

这一规定的目的在于，通过拒绝版权注册前侵权行为的法定损害赔偿，激励版权所有人及时注册版权；鼓励潜在的侵权者检查版权局的数据库，若版权人未及时注册，其侵权行为可以避免法定损害赔偿[①]。

三、判决原文摘录

1. Plaintiff argues that there are no genuine disputes of material fact to preclude

---

① See Johnson *v.* Jones, 149 F. 3d 494, 505 (6th Cir. 1998).

summary judgment on Defendants' affirmative defenses for lack of copyright, invalid certificate of registration, abandonment or forfeiture, implied or explicit license, and de minimis use.

2. The Furie Motion is GRANTED in part and DENIED in part. As to the affirmative defenses of abandonment and de minimis use, the parties have presented conflicting evidence and summary judgment is therefore inappropriate. As to the affirmative defenses of lack of copyright, invalid certificate of registration, and implied license, Defendants fail to rebut the undisputed evidence presented by Plaintiff.

3. Turning to the merits of the Infowars Motion, Defendants argue that (1) Infowars did not engage in any alleged misconduct; (2) the MAGA poster's use of Pepe the Frog was fair use; (3) Plaintiff abandoned his copyright in Pepe the Frog and/or granted an implied license to the general public; and (4) Plaintiff cannot seek statutory damages and attorneys' fees.

4. The Infowars Motion is GRANTED in part and DENIED in part. On summary judgment, Defendants fail to establish that no rational jury could conclude that Infowars was incorrectly named as a Defendant. And as in most cases, it is for the jury to determine whether Defendants have proven the defense of fair use. Defendants, however, have presented undisputed evidence to show that Plaintiff is not entitled to statutory damages and attorneys' fees.

5. Taking the evidence in the light most favorable to Defendants as the non – moving parties, it is clear that a genuine issue of material fact remains in dispute. This affirmative defense is therefore more appropriately left to the jury to decide at trial rather than determined by the Court on summary judgment.

1－2 互联网电商平台责任——俄亥俄州立大学与红泡公司案 Ohio State Univ. *v.* Redbubble, Inc.

【案 号】989 F. 3d 435 (6th Cir. 2021)

【审理法院】美国联邦第六巡回上诉法院

【审理时间】2021 年 2 月 25 日

一、案件情况

上诉人、一审原告：俄亥俄州立大学(Ohio State Univ. ,OSU)

被上诉人、一审被告：红泡公司(Redbubble,Inc.)

案件事实

本案被告红泡公司经营着一个具有全球影响力的在线市场，艺术家使用该网站的服务，将自己设计好的图形上传至该网站。消费者则在该网站挑选这些图形，印刷到衣服、壁画或其他配件上。消费者下订单后，红泡公司网站就会联络艺术家，寻找第三方公司，协助制造产品并寄送到消费者手上。在这个过程中，红泡公司网站自己不负责设计、制造和寄送服务，对这些商品并不拥有所有权。不过，红泡公司网站对所销售的商品仍承担监督和执行的角色，例如，红泡公司会协助营销网站上的商品，提供如何保养红泡公司服饰的说明；在寄送的包装和标签上印有红泡公司的标志，让人以为这些商品就是红泡公司的商品；红泡公司也会协助处理现金流和退货问题。

本案的原告是 OSU。其在 2017 年对商标许可产品进行严格监督时，在红泡公司的网站上发现了未经批准显示 OSU 商标图像的产品，OSU 主张，某些艺术家在红泡公司网站上传的图像侵害了该大学的商标；另外，产品上印有 OSU 前橄榄球主教练厄本・迈耶（Urban Meyer）的肖像，某些消费者订购的产品使用了该肖像。因此，OSU 向红泡公司网站寄发了勒令停止通知函。但红泡公司网站回复 OSU，要求其明确指出哪些图案设计侵害了其商标，他们会将相关图案下架。OSU 再次回复，信中列出了 9 张图，认为该 9 张图侵害了其商标。但红泡公司网站却回复，图片不足以识别违规产品，必须提供具体的网址或其他识别信息。至此，双方不再联系。

2017 年 12 月，OSU 依据《兰哈姆法案》（Lanham Act）①以及《俄亥俄州公开权法》（Ohio's Right – of – Publicity Law）②提起了诉讼，向红泡公司提出两项索赔：（1）未经

---

① 15 U. S. C. § 1114 (1): Any person who shall, without the consent of the registrant—

(a) use in commerce any reproduction, counterfeit, copy, or colorable imitation of a registered mark in connection with the sale, offering for sale, distribution, or advertising of any goods or services on or in connection with which such use is likely to cause confusion, or to cause mistake, or to deceive; or

(b) reproduce, counterfeit, copy, or colorably imitate a registered mark and apply such reproduction, counterfeit, copy, or colorable imitation to labels, signs, prints, packages, wrappers, receptacles or advertisements intended to be used in commerce upon or in connection with the sale, offering for sale, distribution, or advertising of goods or services on or in connection with which such use is likely to cause confusion, or to cause mistake, or to deceive.

② Ohio Rev. Code Ann. § 2741.01 (B): "Commercial purpose" means the use of or reference to an aspect of an individuals' persona in any of the following manners:

(1) On or in connection with a place, product, merchandise, goods, services, or other commercial activities not expressly exempted under this chapter;

(2) For advertising or soliciting the purchase of products, merchandise, goods, services, or other commercial activities not expressly exempted under this chapter;

(3) For the purpose of promoting travel to a place;

(4) For the purpose of fundraising.

许可使用OSU商标违反了《兰哈姆法案》;(2)违反《俄亥俄州公开权法》,在其平台上商业展示并销售印有OSU前橄榄球主教练厄本・迈耶形象的产品。红泡公司认为,自己只是交易的中介,替买方、卖方、制造商、运送商充当交易中介,并没有使用OSU的商标。双方同意进行简易判决,俄亥俄州南区联邦地区法院作出简易判决,同意红泡公司的主张,认为其在根据《兰哈姆法案》运营其商业模式时没有"使用"OSU的商标,其在制造、销售产品过程中的参与程度很低,类似亚马逊网站(Amazon)或其他拍卖网站,而非设计、制造、销售自己拥有的产品,所以不承担直接侵权责任。就侵犯肖像权问题,OSU认为,红泡公司的行为符合俄亥俄州法律中"使用"的要求,正如其满足联邦法律中的"使用"一样。俄亥俄州南区联邦地区法院则认为,《俄亥俄州公开权法》创造了更严格的使用标准,即要求具备宣传或吸引顾客购买其产品的商业目的,故被告的行为不属于"使用"。

OSU不服简易判决结果,认为下级法院错误地解释了《兰哈姆法案》和《俄亥俄州公开权法》,向美国联邦第六巡回上诉法院提起上诉。

焦点问题

1. OSU能否依据《兰哈姆法案》要求红泡公司承担商标侵权的替代责任?

2. 红泡公司是否直接违反了《兰哈姆法案》而应承担商标侵权的直接责任?

3. 红泡公司是否违反了《俄亥俄州公开权法》而应承担肖像权侵权责任?

法院观点

1. 关于商标侵权的替代责任

针对《兰哈姆法案》的替代责任索赔问题,红泡公司认为,OSU知道直接商标侵权责任和替代商标侵权责任之间的区别,并且主动选择只追究直接侵权索赔,在一审中没有提出替代责任索赔,因此,其在二审中也不能提出上述索赔请求。OSU认为,即使其在一审中没有提出替代责任索赔的请求,二审中也可以首次提出。二审法院支持了红泡公司的观点,驳回了OSU依据《兰哈姆法案》要求红泡公司承担替代责任的请求。

2. 关于商标侵权的直接责任

除了替代责任索赔外,OSU还主张,红泡公司的行为直接违反了《兰哈姆法案》。OSU认为,一审法院错误地缩小了《兰哈姆法案》的适用范围。红泡公司则认为,只有直接制造者、积极销售者才会承担直接侵权责任,红泡公司辩称自己只是促成销售,和亚马逊网站一样,没有亲自生产、处理、销售商品,所以不构成直接侵权。

从美国联邦第六巡回上诉法院之前根据《兰哈姆法案》判决过的判例来看,"使用"商标的销售者与不"使用"商标的销售促进者之间的一个关键区别是当事人对产品制造、产品质量和运输服务的参与和控制程度,或者能否以某种方式将货物识别为自己的货物。像易趣网(eBay)、亚马逊网这样的在线市场,向消费者明确表明他们正在从第三方卖家那里购买商品，清楚地标记了其提供销售产品的来源，而自己不是卖家[①]。但在红泡公司网站上订购产品时会出现带有红泡公司标识的标签，并且可以识别为红泡公司的产品，红泡公司通过与第三方卖家合作创建了自己的产品。

根据这些事实，地区法院错误地认为红泡公司是被动的推销者，而免除了其直接侵权责任。二审法院支持了 OSU 的观点，认为红泡公司的行为直接违反了《兰哈姆法案》，应承担直接侵权责任。

3. 关于肖像权侵权

OSU 主张，红泡公司违反了《俄亥俄州公开权法》，侵犯了其前橄榄球主教练厄本・迈耶的肖像权。红泡公司反驳说，只有以商业目的采取积极措施利用相关角色形象时，才应对侵犯肖像权的行为承担责任。红泡公司在供应商将迈耶的肖像上传到其网站以及消费者通过其市场购买带有迈耶肖像的商品方面，只发挥了被动作用。为了证明这一论点，红泡公司引用了法院裁定脸书（Facebook）[②]、谷歌（Google）和亚马逊等科技公司没有因第三方上传到其网站的图片侵犯肖像权而违反该法的案例——只要这些网站知道第三方侵权后及时删除了图片。

二审法院认为，红泡公司将自己的品牌与所销售的产品交织在一起，故红泡公司在充当销售平台时，不仅是被动的推销者，在某种程度上，红泡公司就像一家实体店，销售从艺术品目录和商品目录中选择的定制商品，然后使用第三方来完成和运送这些订单上的商品。尽管红泡公司没有设计或上传带有迈耶肖像的产品图片，但销售记录显示了红泡公司的市场如何允许客户购买带有该肖像的“红泡公司产品”或“红泡公司服装”。

因此，二审法院推翻了一审法院的简易判决。

判决结果

美国联邦第六巡回上诉法院于 2021 年 2 月作出判决，推翻一审判决。撤销俄亥俄州南区联邦地区法院有利于红泡公司的简易判决，发回重审，进行事实调查并确定 OSU 的索赔数额。

二、本案知识点

本案主要涉及电商平台责任问题。

第三方交易平台是商家与消费者之间的交易中介，仅提供技术支持，保证交易活动在平台内正常进行，而不介入具体的交易活动。根据“避风港原则”，当权利人发现其合法权益在平台上遭受侵犯时，有权通知平台采取措施删除侵权内容，若平台按照

① See Multi Time Mach. , Inc. *v.* Amazon. com, Inc. ,804 F. 3d 930,932(9th Cir. ,2015).

② 脸书公司已于 2021 年 10 月 28 日更名为元（Meta）。

权利人的通知删除了侵权内容,则不承担侵权责任;若平台在接到通知后未及时采取措施,平台对于损害的扩大部分与侵权人承担连带责任①。

自营型电商平台以自己的名义与消费者进行交易活动,对其经营的产品进行统一的生产、销售和配送。若在交易过程中发生侵权行为,则承担直接侵权责任②。

三、判决原文摘录

1. This case turns on whether Redbubble, Inc., an Australia - based online retailer, enjoys similar immunity from trademark - infringement claims arising from products displayed on and sold through its digital marketplace.

2. OSU alleges that Redbubble violated the Lanham Act and Ohio's right - of - publicity statute because it acted less like a hands - off intermediary and more like a company that creates knock - off goods.

3. Redbubble contends that direct liability for trademark infringement "requires that the plaintiff prove that the accused infringer placed the infringing mark on goods" or affirmatively used the mark, e.g., by selling a trademark - infringing good directly to a consumer. Because Redbubble facilitates sales, like Amazon, without creating or handling products, Redbubble concludes it "cannot directly infringe" OSU's trademarks.

4. It appears that Redbubble brings trademark - offending products into being by working with third - party sellers to create new Redbubble products, not to sell the artists' products. So it's more than just a passive facilitator. And Redbubble classifies its goods as "Redbubble products" and makes clothes identifiable as "Redbubble garments."

5. It's true that Redbubble facilitates the creation of goods bearing OSU's marks that would not have existed but for Redbubble. And that's why we disagree with the district court's ruling that Redbubble could not be liable because of its similarity to Amazon, eBay, and other passive online marketplaces.

---

① 我国《电子商务法》第45条规定:"电子商务平台经营者知道或者应当知道平台内经营者侵犯知识产权的,应当采取删除、屏蔽、断开链接、终止交易和服务等必要措施;未采取必要措施的,与侵权人承担连带责任。"

② 我国《电子商务法》第37条第2款规定:"电子商务平台经营者对其标记为自营的业务依法承担商品销售者或者服务提供者的民事责任。"

1－3　使用 P2P 技术的用户侵权责任——比特流版权侵权诉讼案 In re Bittorrent Copyright Infringement Cases *v.* Does

【案　　号】No. 12－1188, 2013 U. S. Dist. LEXIS 17851 (C. D. Ⅲ. Feb. 11, 2013)

【审理法院】美国伊利诺伊州中区联邦地区法院皮奥里亚分院

【审理时间】2013 年 2 月 11 日

一、案件情况

原告：马里布传媒公司(Malibu Media)、AF 控股公司(AF Holdings)、创造性 13 公司(Ingenuity 13)、帕特里克·柯林斯公司(Patrick Collins)、三度电影公司(Third Degree Films)

被告：身份不明的人(John Does)

案件事实

比特流(Bit Torrent,BT)是一种内容分发协议,俗称 P2P,它采用高效的软件分发系统和点对点技术高效地共享大体积文件,下载的人越多,下载速度就越快。它可以将文件分片提供给每个终端用户下载,每个下载者将已下载的数据提供给其他下载者下载,分散带宽压力,充分利用用户的上载带宽。

比特流的原理如下:如果一个人(被称为播种人)获得了一部受版权保护的电影资源,并打算将其分享给其他人,那么他可以将电影下载到比特流中,比特流将电影分解成更小的片段。跟踪器为电影本身和每个不同的片段分配一个唯一的识别号,由数十个随机生成的字母和数字组成,被称为哈希(Hash)标识符。跟踪器将电影片段发送给比特流客户端,一旦安装在特定计算机上,共享过程就不再需要“播种人”操作。有关跟踪器和电影的信息保存在“种子”文件中,想要获取电影资源的用户必须在其计算机上安装比特流。他们访问种子文件时,比特流自动连接到跟踪器,跟踪器向比特流客户端拥有电影各个片段的列表做出响应,然后,比特流客户端连接到这些列表,并开始下载电影片段,最终组装成一部完整的电影。比特流通过哈希标识符将这个新组装的电影与原始电影进行比较,以确保所有片段都与原片一致,没有被损坏。此时,下载完成,用户就拥有了完整的电影副本资源。

在上述内容分发过程中,参与比特流共享的用户会组成一个群,共享特定的种子文件,一旦客户端下载了一个特定的种子文件,用户就成为群成员。只要比特流保持运行,共享就会继续,而不需要用户进行任何操作;只要程序没有被禁用,他们的比特流客户端就会在跟踪器的指导下持续自动地分享电影片段。

被告被指控使用比特流技术从互联网非法下载、分享原告受版权保护的色情电影，侵犯了原告的版权。在这些诉讼中，原告只掌握被告的IP地址，无法识别侵权者的具体身份，因此，将其列为“身份不明的人”。以上这些针对身份不明的被告提起的诉讼，只是色情电影供应商在全美范围内提起的数千起大规模版权侵权案件中的一小部分。

上述诉讼涉及两个问题：首先，原告主张将所有针对身份不明的被告的诉讼合并审理，被告则以不正当合并为由申请撤销；其次，被告对于案件中传票的范围产生了疑问。

焦点问题

1. 原告的诉讼能否合并审理？

2. 传票所要求获取的信息范围是否合理？

3. 能否延长部分案件的诉讼时效？

法院观点

1. 不支持合并审理

《联邦民事诉讼规则》（Federal Rules of Civil Procedure）第20条要求提出合并审理的一方需证明意欲合并的索赔在逻辑上具有关联性[①]。合并审理的目的是加快争议解决，提高审判效率，从而防止累诉，给当事人带来额外费用，以及给法院和出庭的诉讼当事人造成时间损失[②]。法院在决定是否合并审理时，需要考虑合并程序是否会损害任何一方当事人的利益，或者对案件造成不必要的拖延。

本案中，原告的每份起诉书中都表示：被告的侵权行为是一系列交易的一部分，涉及完全相同的比特流种子文件，包括原告受版权保护的电影，侵权行为由全体被告共同实施，每一个被告的侵权行为存在共同的法律和事实基础。具体而言，每个身份不明的被告都在其计算机上安装了一个比特流客户端，在特定的时间访问种子文件并复制电影片段，重新组装电影，形成与原片相同的可播放的电影资源。这些被告都加入了同一个群，并与群里其他成员进行了技术性联络，全体被告共同实施了侵犯原告版权的行为。

但是，法院注意到，被告下载电影的日期往往相隔数周甚至数月，在这些案例中，

---

① Fed. Rules Civ. Proc. R. 20 (a): Persons Who May Join or Be Joined.

(2) Defendants. Persons—as well as a vessel, cargo, or other property subject to admiralty process in rem—may be joined in one action as defendants if:

(A) any right to relief is asserted against them jointly, severally, or in the alternative with respect to or arising out of the same transaction, occurrence, or series of transactions or occurrences; and

(B) any question of law or fact common to all defendants will arise in the action.

② See West Coast Productions, Inc. *v.* Does 1 – 5,829, 275 FRD 9, 15 (DDC 2011).

没有一个下载行为是在同一天发生的。尽管全体被告在同一个群中,并访问相同的比特流种子文件,但是不能仅凭他们的电脑之间自动实施的技术性联络,就证明他们存在意思联络,故不足以支持合并审理。

在其他针对比特流的已决案件中,有些审理法院认为合并审理不当,因为起诉书只说了被告们加入了同一个群,这达不到《联邦民事诉讼规则》第 20 条的要求①。还有一些案件中,法院认为原告类似的指控不足以证明身份不明的被告彼此间共享了种子文件,没有证据表明被告直接与他人进行了文件的共享和下载,即身份不明的被告之间没有采取"一致行动"侵犯原告的版权②。

法院根据目前审理的情况,认为合并审理是不适当的。原告的指控中只提出了每个被告都因参与比特流而加入了统一的群,但是不足以证明被告的行为符合《联邦民事诉讼规则》第 20 条的要求,即交易在逻辑上是相关的,每个案件都存在共同的法律或事实问题。

2. 修改传票的范围

本案中,原告仅掌握被告的 IP 地址,除此以外没有任何方式识别被告的真实身份。因此,原告申请证据开示,要求法院向为被告提供互联网服务的供应商(internet service provider, ISP)发出传票,为其提供被告的一系列个人信息,以识别被告的真实身份。传票获得法院批准。法院命令 ISP 向原告提供被告的姓名、地址、电话号码、邮箱地址等信息。ISP 对此提出了疑问,其认为,传票的目的在于使原告了解被告的真实身份,并能够完成送达程序;基于此目的,ISP 只能向原告提供被告的姓名和地址,任何其他的信息都是超出传票范围的。

法院支持了 ISP 的观点,修改了传票内容,ISP 只需提供被告的姓名和地址。案件中的一些传票在几个月前已经发出,如果 ISP 已经向原告提供了被告的其他信息,则要求这些原告从该命令发布之日起禁止使用被告姓名和地址以外的信息,禁止将 IPS 提供的任何信息用于程序送达以外的任何目的。以后发出的传票都将受到类似的限制,无论是在这些案件中还是在新提交的案件中。

3. 同意延长诉讼时效

原告要求延长诉讼时效,因为在 ISP 向其提供剩余被告的姓名和地址之前,其无法识别被告的真实身份,完成起诉和送达程序。法院支持了这一观点,但是仅限于起诉书中列明的未掌握被告真实身份信息的案件。

---

① See Pacific Century International *v.* Does 1 – 31, 2012 U. S. Dist. LEXIS 82796, 2012 WL 2129003 at *3(ND Ill).

② See In re BitTorrent Adult Film Copyright Infringement Cases, 296 F. R. D. 80, 2012 U. S. Dist. LEXIS 61447, 2012 WL 1570765 at *11 (EDNY).

判决结果

法院驳回原告合并审理的申请，撤销已经向 ISP 发送的传票，修改剩余的传票（仅提供姓名和地址）。

二、本案知识点

1. 共同侵权的必要元素

共同侵权，包括共同故意侵权、共同过失侵权、共同危险行为（准共同侵权）、无意思联络的数人侵权中的原因力竞合侵权，都需要承担连带责任；而无意思联络的数人侵权中的原因力结合侵权不属于共同侵权，不承担连带责任，仅承担按份责任。

无意思联络的数人侵权，即数个人没有意思联络，分别实施了各自的侵权行为，造成了同一个损害后果。如果任何一个行为都足以单独导致损害结果的发生，就属于原因力竞合的情况，此时构成共同侵权，承担连带责任①；如果上述每个行为都不足以单独产生损害结果，相结合才导致最终损害结果的发生，则属于原因力结合的情况，不构成共同侵权，承担按份责任②。

例如，A 车把人撞倒，B 车把人碾轧致死。如果没有 B 车的碾轧，A 车把人撞倒的行为不足以导致其死亡；如果没有 A 车撞倒路人的前行为，B 车也不会对路人进行碾轧，同样不足以导致死亡结果的发生。A 车和 B 车没有意思联络，两个行为相结合导致了死亡结果的发生，即原因力的结合，因此 A 车和 B 车不构成共同侵权，不承担连带责任，仅承担按份责任。此为原因力结合的典型案例。

又如，A 和 B 没有意思联络，分别向 C 的水杯中投放了 10 毫升毒药，C 喝完后中毒，事后查明，10 毫升毒药足以导致中毒。此时，A 和 B 的投毒行为都足以单独导致损害结果的发生，且二人没有意思联络，属于原因力的竞合，二人应当承担共同侵权的连带责任。此为原因力竞合的典型案例。

下面再通过一个疑难案例详细说明。

A、B、C 三人住在同一间宿舍，C 总在晚上弹吉他，A、B 都因此对 C 产生不满。A 偷偷把 C 的板凳的螺丝拧松了 5 圈，A 以为别人都没有看见，其实 B 看见了，B 也知道 A 的目的是什么。B 检查了 A 拧过的螺丝，认为 A 拧得还不够松，就又拧松了 2 圈。在上述过程中，A 对 B 的帮助侵权一无所知，A 和 B 没有意思联络。当晚，C 摔伤。

针对此案例，需要分三种情况分析：（1）假设螺丝的致害阈值是 6 圈；（2）假设螺丝

---

① 我国《民法典》第 1171 条规定："二人以上分别实施侵权行为造成同一损害，每个人的侵权行为都足以造成全部损害的，行为人承担连带责任。"

② 我国《民法典》第 1172 条规定："二人以上分别实施侵权行为造成同一损害，能够确定责任大小的，各自承担相应的责任；难以确定责任大小的，平均承担责任。"

的致害阈值是 4 圈;(3)假设螺丝的致害阈值是 1 圈。

第一种情况下,A 拧的 5 圈不足以导致螺丝脱落,结合 B 拧的 2 圈,超过螺丝的致害阈值,此时属于原因力的结合,A、B 二人按份承担责任。

第二种情况下,A 拧的 5 圈超过了螺丝的致害阈值,足以单独导致螺丝脱落;而 B 拧的 2 圈没有超过 4 圈的阈值,不会单独导致螺丝脱落,即使没有 B 的行为,A 的行为也能单独导致螺丝脱落。量化分析,螺丝 4 圈的致害阈值都是 A 造成的,B 拧的 2 圈不足以造成损害后果,即 B 的行为不构成侵权,由 A 单独承担侵权责任。

第三种情况下,A 和 B 所拧的圈数都超过了螺丝的致害阈值,无须区分谁的行为导致了损害结果的发生,两个行为都足以单独导致损害结果,属于原因力的竞合,构成共同侵权,承担连带责任。

2. 共同故意与一致行动的关系

共同故意是主观方面的意思联络,一致行动是客观方面的共同加害行为。

成立侵权要符合法定构成要件,即侵权行为、损害后果、因果关系和过错。例如,A 和 B 有共同侵权的故意,但是由于客观原因,在 A 实施侵权行为时,B 没有采取任何行动,则 B 缺少侵权行为要件,不构成侵权,A 和 B 自然不构成共同侵权。

刑法中的共同犯罪理论与共同侵权理论存在如下差异:刑法中的共同犯罪仅指共同故意,共同过失不成立共同犯罪;而共同侵权既包括共同故意的侵权,也包括共同过失的侵权。刑法中,事前共谋(意思联络)足以构成共同犯罪。根据共同犯罪部分实行、全部负责的原则,A 和 B 事前共谋,已经构成共同犯罪。即便 B 没有实施犯罪的实行行为(没有采取一致行动),客观上只有 A 实施了犯罪行为,但是只要 B 没有实质性地脱离共犯模型,就仍然要对 A 的犯罪行为负责。

3. 侵权中是否存在"共同过失"

侵权责任是以过错为构成要件,而过错包括故意和过失,因此存在共同过失的侵权。如"负重登高案":A、B 二人用扁担挑着重物登山,A 听到扁担发出了细微的碎裂声,但主观上没有意识到扁担可能断裂,导致重物滚落甚至砸伤后人,只是询问 B 会不会出问题;B 则表示没有问题,细微的碎裂声不足以导致扁担损毁,扁担能够支撑到他们登上山顶。两人继续前进,最终扁担损坏导致重物滚落,砸伤了山下的人。其中,B 属于疏忽大意的过失,应当预见但没有预见到扁担碎裂可能导致货物滚落砸伤行人;A 属于过于自信的过失,预见到了可能发生的损害结果,但是轻信能够避免。二人的过失内容相同,构成共同过失的共同侵权。

4. P2P 侵权中,没有意思联络的被告之间是否有共同故意

P2P 侵权中,侵权人之间没有意思联络,不具有共同故意;基于相同的技术手段,侵权人对于各自的侵权结果具有相同的期待,即通过比特流下载同一部电影,但并不属

于共同的期待；应当认定其各自实施了独立的侵权行为，而不是共同侵权。

共同侵权要求多个侵权行为导致同一个损害后果。P2P 侵权中，侵权结果是同种类的，即针对同一部电影版权的侵权，但是这些结果都是单独构成的，并不是多个行为结合之后共同导致的。因此，每个侵权行为都是独立的，并非共同侵权。

5. 工具自动实施的技术性联络是否可以推定主体具有意识联络

工具自动实施的技术性联络在技术层面可能存在客观上的共同侵权行为，如自动共享大文件并将其分解为小文件，以提高下载速度。但是技术操作不以行为人的意志为转移，其不能为了提高下载速度而主动寻找他人合作下载，不能推定其在主观上具有意思联络。

如果各个主体了解工具自动联络的操作原理，只能推定每个人可以预见到其他人可能会使用相同的工具实施相同的侵权行为，而不能推定其具有意思联络。例如，使用比特流下载电影时，行为人能够预见其他任何人也可以通过比特流下载同一部电影，甚至其他人的下载行为能够提高自己的下载速度。但这并不表明行为人具有与其他人合作，一起下载电影的意思联络，故不构成共同侵权；如果主体不了解工具的操作原理，说明其可能根本不知道其他侵权人的存在，主观上和客观上都是单独侵权，与其他人不具有意思联络，更不构成共同侵权。

三、判决原文摘录

1. This order addresses two issues that are presented in all or many of the cases captioned above. First, the Plaintiffs have joined multiple John Doe defendants, some of whom have moved to dismiss or sever for improper joinder. Second, in many of these cases, certain subpoenas were authorized and issued, and there are challenges to the scope of those subpoenas.

2. Defendants may be joined in a single action if: "(A) any right to relief is asserted against them jointly, severally, or in the alternative with respect to or arising out of the same transaction, occurrence, or series of transactions or occurrences; and (B) any question of law or fact common to all defendants will arise in the action."

3. The purpose of joinder under Rule 20 is "to promote trial convenience and expedite the final resolution of disputes, thereby preventing multiple lawsuits, extra expense to the parties, and loss of time to the court as well as the litigants appearing before it."

4. Such is the situation in the cases now before the Court, wherein each John Doe defendant is alleged to have used BitTorrent to infringe on the Plaintiffs' copyrights to various adult movies.

5. Specifically, the challenge addressed in this Order is based on the underlying

purpose of the subpoenas: to enable Plaintiff to learn the identity of the John Does and obtain service of process on them. For that purpose, the Does assert that the release by the ISP of any information other than their names and geographic addresses is unnecessary.

第二章　个人信息侵权

文明的本质是对人的尊重。人不是他人的工具,而是扮演多重角色、在多领域实现人生价值的主体。在激烈竞争的多元社会,个体有不愿公开的、在特定场景的其他角色信息,这就是隐私产生的社会学基础。尊重人的多元价值,就要尊重多角色的独立人格。保护人权,就要保护角色隔离的人性需求。个人信息既包含任何场景下都不变的个体自然信息,也包括特定场景下有必要与其他场景隔离的事实信息,如踪迹、电信工具的使用记录、对特定物品或环境的个人偏好。个人信息深刻地反映了人的多元角色特征,是人权的必然延伸。角色隔离的人性需求是保护个人信息的内因。

本章共有十个案例。

案例2-1是谷歌公司邮件窃听案。谷歌公司运营的邮箱拦截、阅读并获取了用户每封电子邮件的内容。本案主要涉及两个焦点问题:(1)谷歌公司的拦截行为是否属于正常经营范围的例外。《反窃听法》将拦截行为定义为:通过使用电子、机械或其他"设备"获取电子、有线或口头通信内容。法律豁免的例外为:任何电话、电报仪器在被有线或电子通信服务提供商的正常业务过程中使用时,不属于《反窃听法》中的"设备"。法院认为,只有当通信服务提供商的拦截行为作为电子邮件传输的必要手段,并为通信传输服务时,才属于上述例外,享有免责保护。而谷歌拦截电子邮件内容主要用于创建用户画像和提供定向广告,这两者都与电子邮件的传输无关,不属于上述正常经营的豁免。(2)能否根据用户同意谷歌公司的服务和隐私政策推定其同意拦截行为。法院认为,谷歌公司拦截、阅读、获取用户的电子邮件内容,超出了其隐私政策所列举的信息收集范围。这些政策并未明确通知原告谷歌将以创建用户资料或提供定向广告为目的拦截用户的电子邮件。事实上,这些政策掩盖了谷歌进行此类拦截的意图,不能认定原告同意拦截行为。

案例2-2是关于谷歌公司的Chrome浏览器在隐私模式下非法收集用户个人信息的侵权行为。用户启用Chrome的隐私浏览模式的目的就是防止其他人发现自己在互联网上查看的内容。而谷歌公司通过Chrome浏览器在隐私浏览模式下使用谷歌分析、谷歌指纹技术、用户设备上的应用程序以及谷歌广告管理器等手段,截获并收集用户的上网信息,包括识别信息和在线浏览历史记录。对此,谷歌公司称,其隐私政策披露了将从第三方服务中接收数据,所以其拦截行为得到了用户的同意,不构成违法。法院则认为,谷歌公司在其业务中向用户声明,将遵守隐私政策。而谷歌的隐私政策和其他的披露文件中都没有说明谷歌将在用户处于隐私浏览模式下时对其从事数据收集;并且谷歌公司明确表示隐私浏览模式下用户可以自主管理其隐私信息,不受干涉和泄露。故不能认定用户同意谷歌的拦截行为。

案例2-3涉及黑客攻击导致平台收集的用户数据泄露后,平台的责任问题。平台作为存储大量用户信息的个人信息保管者,日常运营过程中的重要业务之一是存储信息,故属于个人信息处理者。一旦平台因遭受黑客攻击或感染病毒,导致大范围的个人信息泄露,应适用个人信息处理者的归责原则,即承担过错推定责任。在过错的认定方面,如果存储用户信息的系统在信息泄露前出现漏洞,而平台没有进行排查和修复,可以认定其未尽到合理的监管义务,具有过错;信息泄露后,如果平台没有及时采取补救措施、通知用户、上报主管部门,导致损害扩大的,也应认定其具有过错;另外,平台的硬件设备必须符合国家强制性信息安全标准,否则推定存在过错。

案例2-4涉及个人生物信息(人脸)的保护问题。微软公司在提供面部识别产品和服务的过程中,通过收集用户在平台上传的照片,分析其面部特征,获取了用户的人脸信息。该案就照片是否属于生物特征识别信息展开了讨论。《生物识别信息隐私法》中的生物特征识别信息,是指对视网膜、虹膜、指纹、声纹或面部几何形状的扫描信息,不包括书写样本、书面签名、照片、用于科学测试或筛查的人类生物样本、人口统计数据、文身或身高、体重、头发颜色或眼睛颜色等物理描述。据此,微软公司认为其收集的用户的照片及其派生信息并不属于生物特征识别信息,并未违反《生物识别信息隐私法》。然而,法院认为,普通照片本身不属于生物特征识别信息,但是人脸照片中包含的面部识别特征属于。人脸照片作为一种媒介,帮助微软获取了个人面部识别特征,达到了识别特定个人的效果。从这个意义上来说,《生物识别信息隐私法》可以适用于人脸照片。

案例2-5中,脸书使用插件跟踪已经注销账号的用户访问第三方网站的浏览记录,侵犯了用户的隐私权。对于隐私权侵权的认定,需要证明受害人对隐私信息具有合理期待,且侵权行为具有高度冒犯性。本案满足了这两点,构成侵权。首先,脸书公司当时披露的隐私政策没有表明将会在用户注销账号后继续跟踪并收集个人信息。用户在阅读脸书公司披露的隐私政策后,可以合理地认为其不会收集已注销账号的用户数据,故用户对隐私具有合理期待。其次,脸书公司在用户毫不知情且无法合理预见的情况下收集了已注销账号的用户个人信息,并且这些信息指向用户的隐私。对于社会一般人来说,这种未经授权的信息收集行为具有高度冒犯性。

案例2-6涉及个人信息保护与平台竞争之间的利益平衡。布兰德图陶和脸书存在竞争关系。脸书公司通过提供服务和运营维护获得了大量用户个人信息,布兰德图陶公司则通过插件抓取并分析已有的用户信息,二者的竞争业务都是基于用户个人信息的定向广告推送业务。脸书以布兰德图陶侵害用户数据权利为由,禁用了布兰德图陶在其网站中的账号。法院根据利益平衡原则来判断:禁止布兰德图陶账号的好处是避免了用户数据的泄露;坏处是脸书不是完全出于保护用户数据安全的原因才禁止布兰德图陶的接入,其也有为了自身竞争优势的动机,存在不正当竞争的嫌疑,即利用其对平台的控制权对竞争伙伴进行打压,从而扩大自身的竞争优势。如果布兰德图陶无法访问脸书网站,将无法开展主营业务,面临失去客户、资金困难、濒临破产的风险,即“无法弥补的损害”。因此,法院通过利益平衡,支持了布兰德图陶申请的临时禁令。

案例2-7涉及比特币交易过程中用户的隐私权问题。每个比特币用户都拥有一个类似银行账号的地址。付款时,用户可以通过该地址使用授权付款的私钥将比特币发送给其他用户。当比特币用户将比特币转移到另一个地址时,发送者会在比特币的公共网络(区块链)上上传交易公告。区块链上的地址所有者是匿名的,但可以通过开源工具和私有软件产品分析比特币区块链的交易历史,识别出一个组织持有的比特币地址集群,进而识别出比特币地址的所有者。本案的争议焦点是,被告是否对区块链上记录的比特币信息和比特币交易记录具有合理的隐私期待。法院认为,比特币区块链上记录的信息包括发送方的比特币地址、接收方的比特币地址以及转移的比特币数量。首先,这些信息并不是日常生活中常见的信息类型,并且数量有限,无法识别出个人隐私;其次,发送和接收比特币是比特币用户的积极交易行为,他们应当预见这些交易信息会被区块链记录,每个比特币用户都可以访问公共比特币区块链,并查看交易双方的比特币地址和数量,通过分析区块链即可确定比特币地址所有者的身份。因此,区块链上记录的比特币信息不属于隐私信息,用户对其不具有合理的隐私期待,获取这些信息并未侵犯用户的隐私权。

案例2-8探讨了在履行向政府提供被调查人信息的法定义务时,电信运营商与信息服务商的区别。联邦《执法通信援助法》规定,对政府的协助义务不延及信息服务提供者。该法适用于电信运营商,不适用于信息服务商。电信运营商仅提供外部通信服务,无法知晓通信内容,其职责只是维护通信服务的安全与畅通;而信息服务商要对信息内容进行选择、甄别、汇编、处理,需要了解信息内容并对其进行操作。如果要求信息服务商为执法部门提供协助,则会导致用户信息内容直接呈现在执法部门面前;而如果要求电信运营商为执法部门提供帮助,只是赋予执法部门接触外部通信行为的权利,无须考虑其是否可以获得内部的信息(如解锁手机),以及其是否可以读懂其中的内容(如数据解密)。因此,该法明确规定了对信息服务商的协助豁免权,即由于信息内容涉及言论和通信自由,不授权任何执法部门要求信息服务商为其提供设备或服务支持;免除了信息服务商使用专用网络或设备为政府部门提供信息服务以协助执法的义务;信息服务提供者不负责解密用户的加密通信。

案例2-9涉及警方能否无搜查令搜查嫌疑人的手机的问题。《美国宪法第四修正案》规定,不得以不合理的搜查或扣押行为侵犯公民的人身、住所、文件和财产等合法权利,除非存在紧急的例外情形。在评估执法部门搜查行为的合理性时,法院制定了奇梅尔规则:首先,是出于保护警察安全的目的,警方没有搜查令搜查嫌疑人是为了防止其使用武器、逃跑或抗拒抓捕;其次,是出于防止嫌疑人销毁证据的目的。本案中,警方无搜查令搜查嫌疑人的手机,存储在手机里的数据并不是伤害警察或帮助嫌疑人逃跑的工具;并且警察一旦控制住了嫌疑人,他本人也就无法删除手机里的相关数据。因此不符合上述规则,属于不合理的无证搜查,还可能严重侵犯嫌疑人的隐私。

案例2-10关于人肉搜索的侵权责任。人肉搜索作为一种搜索手段并不等同于网络暴力,它包括两个行为:收集他人信息、将其发布。如果只是通过互联网检索或利用其他技术手段获取了他人的个人信息,尚不能认定侵犯了个人信息权,只有对这些信息进行恶意加工、擅自公开或利用信息骚扰他人等行为,才构成侵权。对于合法渠道获取的或者他人已经公开的信息,收集和发布均不构成侵权;对于其他途径获取的信息或者他人未公开的信息,则需要得到信息主体的同意才能发布。发布公开渠道获得的个人信息属于行为人的言论自由,不构成个人信息权利的侵权,但是如果涉及他人的隐私信息,则会侵犯隐私权。

2-1 拦截电子邮件的侵权责任——谷歌公司邮件窃听案 In re Google Inc. Gmail Litig.

【案　　号】No. 13 - MD - 02430 - LHK, 2013 U. S. Dist. LEXIS 172784 (N. D. Cal. Sep. 26, 2013)

【审理法院】美国加利福尼亚州北区联邦地区法院圣何塞分院

【审理时间】2013年9月26日

一、案件情况

原告:基思·邓巴(Keith Dunbar)、布拉德·斯科特(Brad Scott)、托德·哈灵顿(Todd Harrington)、马修·诺尔斯(Matthew Knowles)、布伦特·马修·斯科特(Brent Matthew Scott)、克里斯汀·布林克曼(Kristen Brinkman)、罗伯特·弗里德(Robert Fread)、拉斐尔·卡里略(Rafael Carrillo)等

被告：谷歌公司（Google Inc.）

案件事实

原告主张，被告谷歌公司对谷歌邮箱（以下简称 Gmail）的运营违反州和联邦《反窃听法》（Anti – Wiretapping Laws）。许多 Gmail 用户和非 Gmail 用户就谷歌在几年内拦截电子邮件的行为提起集体诉讼并寻求损害赔偿。原告认为，自 2008 年以来，在所有电子邮件往来过程中，Gmail 的设备拦截、阅读和获取了每封电子邮件的内容，以便向收件人、发件人双方发送与该电子邮件通信相关的定向广告，这种拦截和阅读邮件的行为与谷歌的其他业务（包括垃圾邮件和病毒过滤）是分开的。此外，定向广告并不是拦截的唯一目的，谷歌还使用这些数据创建用户简介和模型，即用户画像，为用户提供特定服务以获得利润，而这些利益与向特定用户提供电子邮件的服务无关。原告提起诉讼，指控谷歌在其 Gmail 系统的运行中违反了联邦和州的《反窃听法》，要求谷歌承担初步和永久禁令、法定损害赔偿、惩罚性赔偿和律师费。

谷歌公司辩称，其对用户电子邮件的阅读发生在正常业务过程中，不属于拦截行为。另外，所有 Gmail 用户通过同意其服务和隐私条款，明确同意谷歌阅读他们的邮件；当非 Gmail 用户向 Gmail 用户发送电子邮件或接收来自 Gmail 用户的电子邮件时，所有非 Gmail 用户都默示同意谷歌的拦截。谷歌公司还主张原告不具备提出《加利福尼亚州侵犯隐私法》（Liability under California's Invasion of Privacy Act, CIPA）索赔的主体资格；本案不适用加利福尼亚州法律；反对原告基于《加利福尼亚州刑法典》（California Penal Code）第 631 条和第 632 条提出的索赔请求。

本案涉及多个来自不同地区的原告，他们分别向谷歌提起了此类诉讼，自 2010 年 11 月 17 日起，已经提出了六起诉讼，法院将第七起诉讼作为该集体诉讼的一部分进行了审理。法院认为，集中审理可以防止审前裁决不一致，并节约当事人、律师和司法机构的资源。因此，这几个诉讼被转移到加利福尼亚州北区联邦地区法院进行统一审理。

焦点问题

1. 谷歌公司的拦截行为是否属于正常经营范围的例外？

2. 能否依据原告同意谷歌的隐私政策或接受 Gmail 邮件即推定其同意拦截行为？

3. 原告是否具备提起 CIPA 索赔的主体资格？

4. 本案能否适用加利福尼亚州法律？

5. 原告能否依据《加利福尼亚州刑法典》第 631 条和第 632 条提出索赔请求？

法院观点

1. 谷歌的拦截行为不属于正常经营范围的例外

谷歌认为其阅读用户邮件的行为符合正常经营范围的例外情形，不属于拦截行为。

《反窃听法》将拦截行为定义为①:通过使用电子、机械或其他“设备”获取电子、有线或口头通信内容。然而,根据例外情形的规定②,任何电话、电报仪器在被有线或电子通信服务提供商的正常业务过程使用时,不属于上述《反窃听法》中的“设备”。因此,谷歌阅读用户电子邮件的行为自然不属于拦截。

原告则认为,正常经营例外的范围狭窄,只有当所谓的拦截行为是电子邮件传输的必要手段时,才能适用例外情形的规定。谷歌的拦截行为明显超出了一般业务范围,不能适用上述例外。

法院支持了原告的观点,认为只有在电子通信服务提供商的拦截行为是为通信传输服务时,才属于上述例外,享有免责保护。而谷歌拦截电子邮件内容主要用于创建用户画像(user profiles)和提供定向广告(targeted advertisements),这两者都与电子邮件的传输无关。因此,谷歌的拦截行为不属于正常经营范围的例外。

2. 不能将原告同意谷歌的隐私政策或接受 Gmail 邮件推定为同意拦截行为

原告认为,谷歌的拦截行为违反了自己的隐私政策,该隐私政策明确地将谷歌可能收集的信息限制在一个列举的项目列表中,而该列表不包括电子邮件的内容。隐私政策规定,谷歌可能收集以下类型的信息:(1)用户提供的信息;(2)来自 cookie(储存在用户本地终端上的数据)的信息;(3)日志信息;(4)用户与谷歌的通信;(5)附属谷歌服务和站点提供的个人信息;(6)来自第三方应用程序的信息,(7)位置数据;(8)来自谷歌工具栏的唯一应用程序编号。而谷歌拦截、阅读、获取用户的电子邮件内容,超出了隐私政策规定的范围。

谷歌认为,通过同意其服务条款和隐私政策,所有 Gmail 用户都明确同意谷歌阅读他们的电子邮件;即便非 Gmail 用户没有同意谷歌的服务条款或隐私政策,当非 Gmail 用户向 Gmail 用户发送电子邮件或接收来自 Gmail 用户的电子邮件时,所有非 Gmail 用户都默示同意谷歌的拦截。由于所有 Gmail 和谷歌应用的用户都同意其服务条款和隐私政策,所以谷歌认为这些用户明确同意了有关的拦截行为。

---

① 18 U. S. C. §2511 (1) (a): intentionally intercepts, endeavors to intercept, or procures any other person to intercept or endeavor to intercept, any wire, oral, or electronic communication;

(b): intentionally uses, endeavors to use, or procures any other person to use or endeavor to use any electronic, mechanical, or other device to intercept any oral communication.

② 18 U. S. C. §2510(5): "electronic, mechanical, or other device" means any device or apparatus which can be used to intercept a wire, oral, or electronic communication other than—

(a) any telephone or telegraph instrument, equipment or facility, or any component there of... (ii) being used by a provider of wire or electronic communication service in the ordinary course of its business, or by an investigative or law enforcement officer in the ordinary course of his duties;

然而,法院认为,这些政策并未明确通知原告谷歌将以创建用户资料或提供定向广告为目的拦截用户的电子邮件。事实上,这些政策掩盖了谷歌进行此类拦截的意图,因此,不能认定原告同意拦截行为。

3. 原告具备提起 CIPA 索赔的主体资格

谷歌主张,原告没有遭受《美国宪法》(U. S. Constitution)第 3 条所规定的"损害"①,缺乏主张 CIPA 索赔的主体资格。根据美国联邦第九巡回上诉法院的判决先例,违反《反窃听法》的指控足以确立诉讼地位。例如,在脸书隐私诉讼案②中,法院认为,"任何违反《反窃听法》拦截、披露或故意使用电子通信的人都可以在民事诉讼中向参与该违法行为的实体追偿"。原告主张他们的通信内容被截获,就足以证明其遭受了《美国宪法》第 3 条所要求的"损害",能够取得诉讼主体地位。这一观点同样适用于 CIPA,用户不需要证明其遭受了独立损害,只需证明电子通信服务提供商的拦截行为违反了法律规定,即可取得原告的主体资格。因此,法院认定原告具备提起 CIPA 索赔的主体资格。

4. 在目前的诉讼阶段尚不能确定是否适用加利福尼亚州法律

谷歌认为,根据法律选择的原则,法院不应适用加利福尼亚州法律,而应驳回原告基于加利福尼亚州法律提出索赔的请求;原告认为,法律选择应在事实调查完毕后才开始。

在本案中,正如原告所主张的那样,谷歌位于加利福尼亚州,它在加利福尼亚州制定并实施了本诉中的争议行为,原告索赔中核心的一个或多个拦截行为发生在加利福尼亚州(谷歌违反 CIPA 的行为发生在加利福尼亚州并在加利福尼亚州获利)。简言之,加利福尼亚州是本案所有争议行为的中心。因此,法院认为,原告已经证明了其索赔与加利福尼亚州有足够的关联。

另外,要想确定加利福尼亚州法律或另一个州的法律是否应适用于集体索赔,法院必须确定加利福尼亚州的法律与原告所在州的法律之间是否存在重大冲突。谷歌认为存在冲突,因为亚拉巴马州和马里兰州的法律在责任范围、执法机制和可用补救措施方面的规定较为狭窄,根据亚拉巴马州和马里兰州法律,一方的同意足以否定拦截的非法性;而根据加利福尼亚州法律,双方必须都同意,拦截才合法。

法院认为,在诉讼的早期阶段,由于争议问题仍在不断变化,无法进行有意义的法律选择分析。因此,法院将法律选择问题推迟到集体论证阶段,并驳回谷歌基于法律

---

① 为了满足《美国宪法》第 3 条规定的诉讼主体资格,原告必须证明:(1)其遭受了实质性损害;(2)该损害与被指控的行为具有因果关系;(3)可能通过有利的司法判决得到纠正。

② See In re Facebook Privacy Litigation, 791 F. Supp. 2d 705, 712 (N. D. Cal. 2011).

选择的反对请求,但不影响谷歌在后一阶段再次提出这一请求。

5. 支持原告基于《加利福尼亚州刑法典》第 631 条的索赔请求,驳回其基于第 632 条的索赔请求

(1)《加利福尼亚州刑法典》第 631 条规定①:未经授权或同意,使用电话、电报、电线、电缆等仪器设备阅读、窃听他人通信内容的行为,属于违法行为。谷歌认为,电子邮件不属于上述法条所规定的电话、电报等设备,故其行为不适用该条的处罚。法院驳回了谷歌对该条款的解读,认为该条款的重点在于利用各种电子设施拦截、阅读、获取他人的通信内容,谷歌的行为完全符合这一规定,而电子邮件可以扩大解释为上述电子设施中的一种。另外,谷歌还主张,即使 CIPA 适用于电子邮件,其行为属于“公共事业”,不受该法规的约束。对此,法院认为,根据法条定义,“公共事业”受制于广泛而严格的监管制度,仅通过电话或电报线路运营服务并不能使公司成为公共事业,不能适用豁免事由。因此,法院驳回了谷歌对原告基于《加利福尼亚州刑法典》第 631 条提出索赔的反对请求。

(2)谷歌认为,原告要想基于《加利福尼亚州刑法典》第 632 条提出索赔请求,必须证明其被拦截获取的通信内容属于机密内容。根据第 632 条的规定,如果对话一方客观合理地预期该对话没有被窃听或录音,则该对话属于机密内容②。但法院认为,电子邮件是一种极易被传播的通信方式,原告不能期待电子邮件不被泄密,即不符合第 632 条对机密内容的要求。法院支持了谷歌关于驳回原告基于第 632 条提出索赔的请求。

判决结果

法院允许原告修改依据《加利福尼亚州刑法典》第 632 条的索赔,驳回了谷歌关于其他索赔的反对请求。

二、本案知识点

本案主要涉及电信业务和信息业务的二分法问题。

---

① Cal. Pen. Code § 631 (a): Any person who, by means of any machine, instrument, or contrivance, or in any other manner, intentionally taps, or makes any unauthorized connection, whether physically, electrically, acoustically, inductively, or otherwise, with any telegraph or telephone wire, line, cable, or instrument, including the wire, line, cable, or instrument of any internal telephonic communication system, or who willfully and without the consent of all parties to the communication, or in any unauthorized manner, reads, or attempts to read, or to learn the contents or meaning of any message, report, or communication while the same is in transit or passing over any wire, line, or cable, or is being sent from, or received at any place within this state.

② Cal. Pen. Code § 632(c): "confidential communication" means any communication carried on in circumstances as may reasonably indicate that any party to the communication desires it to be confined to the parties thereto, but excludes a communication made in a public gathering or in any legislative, judicial, executive, or administrative proceeding open to the public, or in any other circumstance in which the parties to the communication may reasonably expect that the communication may be overheard or recorded.

1994年联邦《执法通信援助法》(Communications Assistance for Law Enforcement Act,CALEA)①对电信业务和信息业务进行了明确划分。前者是承载后者"流淌"的管道,后者是在前者内"流淌"的内容。电信业务经营者的工作是维护信息管道的通畅和安全,而非干涉管道内的内容。电信管网涉及稀缺资源的自然垄断问题,政府要严格监管;而信息业务涉及对信息内容的搜索、储存、处理、传输、使用和出境,这些处理反映了信息业务经营者的观点,受制于美国宪法中对于言论自由的规定,不能过度监管。

二者还有一个区别,就是经营者对电信管道内"流淌"的内容的审查权。电信运营商无权查看、过滤、使用、知晓其管理的管道内到底"流淌"着什么内容,其职责只是保证传输管道的畅通和安全。而信息服务商本身就对信息进行操作,当然有权查看、使用、编辑管道内的内容,并根据自己的观点删选、过滤、屏蔽一些内容,这正是信息服务商自身言论自由权的体现。当然,基于上述职责的差异,二者的责任也不同:电信运营商不对信息内容承担责任,该责任由信息发送者独立承担,而信息服务商要对其传送

---

① CALEA　SEC. 102:Notes DEFINITIONS. For purposes of this title—

...

(6) The term "information services"—

(A) means the offering of a capability for generating, acquiring, storing, transforming, processing, retrieving, utilizing, or making available information via telecommunications; and

(B) includes—

(i) a service that permits a customer to retrieve stored information from, or file information for storage in, information storage facilities;

(ii) electronic publishing; and

(iii) electronic messaging services; but

(C) does not include any capability for a telecommunications carrier's internal management, control, or operation of its telecommunications network.

...

(8) The term "telecommunications carrier"—

(A) means a person or entity engaged in the transmission or switching of wire or electronic communications as a common carrier for hire; and

(B) includes—

(i) a person or entity engaged in providing commercial mobile service [as defined in section 332(d) of the Communications Act of 1934 (47 U. S. C. 332(d))]; or

(ii) a person or entity engaged in providing wire or electronic communication switching or transmission service to the extent that the Commission finds that such service is a replacement for a substantial portion of the local telephone exchange service and that it is in the public interest to deem such a person or entity to be a telecommunications carrier for purposes of this title; but

(C) does not include—

(i) persons or entities insofar as they are engaged in providing information services; and

(ii) any class or category of telecommunications carriers that the Commission exempts by rule after consultation with the Attorney General.

或展示的信息内容承担责任。随着反恐的需要增强,美国政府加大了对信息筛查的力度,国家安全部门可以根据法院签发的调查令调取、监控管道内的特定内容,但这并非电信运营商的权利。

三、判决原文摘录

1. Plaintiffs allege, however, that in all iterations of Google's email routing processes since 2008, Google has intercepted, read, and acquired the content of emails that were sent or received by Gmail users while the emails were in transit.

2. Google then allegedly used the emails, affiliated data, and user profiles to serve their profit interests that were unrelated to providing email services to particular users.

3. Plaintiffs contend that Google violated the Wiretap Act in its operation of the Gmail system by intentionally intercepting the content of emails that were in transit to create profiles of Gmail users and to provide targeted advertising. Google contends that Plaintiffs have not stated a claim with respect to the Wiretap Act for two reasons.

4. Here, Plaintiffs allege that Google has violated its own policies and therefore is acting outside the ordinary course of business. Specifically, Plaintiffs allege that Google's Privacy Policies explicitly limit the information that Google may collect to an enumerated list of items, and that this list does not include content of emails.

5. The Court rejects Google's contentions with respect to both explicit and implied consent. Rather, the Court finds that it cannot conclude that any party — Gmail users or non – Gmail users — has consented to Google's reading of email for the purposes of creating user profiles or providing targeted advertising.

2–2 大数据收集的侵权责任——布朗与谷歌公司案 Brown *v.* Google LLC

【案　　号】525 F. Supp. 3d 1049 (N. D. Cal. 2021)

【审理法院】美国加利福尼亚州北区联邦地区法院圣何塞分院

【审理时间】2021 年 3 月 12 日

一、案件情况

原告:查索姆·布朗(Chasom Brown)、威廉·拜特(William Byatt)、杰里米·戴维斯(Jeremy Davis)、克里斯托弗·卡斯蒂略(Christopher Castillo)、莫尼克·特鲁希略(Monique Trujillo)

被告：谷歌公司（Google LLC）

案件事实

在谷歌的浏览器 Chrome 中，隐私浏览模式被称为“隐身模式”。互联网用户启用隐私浏览模式的目的是防止其他人发现自己在互联网上查看的内容。例如，用户们经常启用隐私浏览模式以访问特别敏感的网站，用户在隐私浏览模式下的互联网活动可能会揭示其约会历史、性兴趣或性取向、政治或宗教观点等个人隐私。

原告是在隐私浏览模式下使用浏览器的谷歌账户持有人，他们认为，谷歌从 2016 年 6 月 1 日至今，在隐私浏览模式下截获、接收或收集他们的通信，其中包括识别信息和在线浏览历史记录。原告主张，谷歌在他们处于隐私浏览模式时，通过使用谷歌分析、谷歌指纹技术、用户设备上的应用程序以及谷歌广告管理器等手段从他们那里收集数据。具体来说：（1）谷歌通过重复收集获取请求（GET），准确地获取用户浏览的网站内容，每当用户访问网页时，浏览器会向网页服务器发送信息，即 GET 请求，它将用户搜索的信息发送给网站，并将网站结果发送给用户；（2）谷歌收集了用户连接到互联网的互联网协议地址（IP address）；（3）谷歌收集了用户正在使用的识别浏览器软件的信息；（4）谷歌通过给用户提供分析身份标志号（ID）的升级服务，收集用户的 ID；（5）当用户在手机上运行谷歌应用程序时，谷歌助理、谷歌主页和其他谷歌应用程序会收集用户的地理位置数据；（6）谷歌收集服务端保存在浏览器端的数据片段（cookie）中包含的信息，从而获取用户的历史浏览记录。

2020 年 6 月 2 日，原告对谷歌公司及其母公司字母表公司（Alphabet）提起了诉讼，对谷歌的侵权行为提出五项索赔：（1）违反《反窃听法》（Anti – Wiretapping Laws）进行未经授权的拦截；（2）违反《加利福尼亚州侵犯隐私法》（Liability under California's Invasion of Privacy Act，CIPA）、《加利福尼亚州刑法典》（California Penal Code）第 631 条和第 632 条；（3）违反《加利福尼亚州计算机数据访问和欺诈法》（California Computer Data Access and Fraud Act，CDAFA）、《加利福尼亚州刑法典》第 502 条；（4）侵犯用户隐私；（5）在隐身模式下对用户的干扰。2020 年 8 月 20 日，原告与字母表公司达成和解，仅起诉谷歌公司。

谷歌公司辩称，其收集数据的行为不违反《反窃听法》，因为原告同意谷歌的隐私政策，该政策中包含谷歌收集数据的提示，而网站将谷歌的代码嵌入网页，推定其同意谷歌公司收集数据；原告依据 CIPA 和 CDAFA 提出的索赔以及侵犯隐私的主张都不成立；原告提出的索赔请求超出了诉讼时效。

焦点问题

1. 能否根据用户同意谷歌的隐私政策、网站将谷歌的代码嵌入网页，即推定其同意谷歌公司收集数据？

2. 原告的诉讼请求是否超过了诉讼时效?

3. 谷歌反对原告依据《反窃听法》、CIPA、CDAFA 提出索赔以及主张谷歌侵犯其隐私的请求能否成立?

法院观点

1. 不能认定用户和网站同意谷歌收集其数据

(1) 原告认为,谷歌的隐私政策中没有表明将会收集隐私浏览模式下的数据,他们也没有表示同意谷歌收集相关数据。另外,谷歌收集数据的目的是将他们的数据与先前存在的用户资料关联。这种拦截行为除涉嫌违反《反窃听法》外,还违反了其他法律。因此,即使认定原告同意了谷歌收集数据的行为,也不能成为谷歌的抗辩事由。

被告辩称,根据《反窃听法》,如果行为人拦截他人通信内容的行为征得当事人同意,则该拦截行为不构成违法①。用户在处于隐私浏览模式时明确同意谷歌数据收集的行为,所以其拦截行为并不违法。因为原告明确同意谷歌的服务条款,其中包括隐私政策,而谷歌的隐私政策披露了谷歌将从其第三方服务中接收数据。

法院并不认可谷歌的上述观点,因为谷歌的隐私政策并未提及用户处于隐私浏览模式时的数据收集;而且谷歌明确表示在隐私浏览模式下用户可以自主管理其隐私信息,不受干涉和泄露:①每当用户使用隐私模式时,会出现一个初始屏幕,声明网站能够看到用户的活动,但并未说明谷歌可以看到用户的活动;②隐私模式启动时,使用此设备的其他人不会看到用户的活动;③隐私模式下,Chrome 浏览器不会保存 cookies 和网站数据,因为 Chrome 是谷歌的浏览器,所以可以理解为谷歌不会保存用户信息;④谷歌的时任产品管理总监乌尼·纳拉扬(Unni Narayana)发表了一篇文章,解释说,谷歌正在让用户"通过隐身模式获得更多控制权",即用户在设置中打开隐身模式后,其搜索和浏览记录将不会被保存。

(2)原告主张,其浏览的网站上存在谷歌的代码,导致浏览器向谷歌的服务器重复发送 GET 请求,使得谷歌能够获取用户浏览的内容。谷歌辩称,这些网站将谷歌的代码嵌入其网页,证明网站默示同意谷歌收集数据的行为。

法院认为,谷歌在与网站合作的过程中,没有明确通知网站其收集了用户在隐私浏览模式下的数据。并且谷歌在其业务中向用户和网站声明,将遵守隐私政策,谷歌

---

① 18 U. S. C. § 2511 (2) (d): It shall not be unlawful under this chapter for a person not acting under color of law to intercept a wire, oral, or electronic communication where such person is a party to the communication or where one of the parties to the communication has given prior consent to such interception unless such communication is intercepted for the purpose of committing any criminal or tortious act in violation of the Constitution or laws of the United States or of any State.

的隐私政策和其他谷歌披露的文件中都没有说明谷歌在用户处于隐私浏览模式下还将从事所谓的数据收集，故不能认定网站同意谷歌收集用户数据。

2. 原告的索赔没有超出诉讼时效

原告的每一项索赔都有1～3年的诉讼时效。具体而言，原告依据《反窃听法》索赔的诉讼时效是首次发现违法行为的2年内①；CIPA索赔适用的诉讼时效为1年；CDAFA索赔的诉讼时效是发现受到损害之日起的3年内；侵犯独居和侵犯隐私的诉讼时效为2年②。

谷歌辩称，原告认为谷歌自2016年6月1日以来一直拦截他们的通信内容，距离他们2020年6月2日提起诉讼已有4年时间，超出了诉讼时效。

法院认为，原告提出的诉讼是及时的，没有超出诉讼时效范围。首先，谷歌每次拦截都是单独的违规行为，在原告提起诉讼的前几个月甚至前几周，谷歌仍然截获了他们的通信，应当根据每次拦截行为单独计算诉讼时效；其次，基于欺诈性隐瞒原则，诉讼时效得以延长。

欺诈性隐瞒原则，是指如果被告以欺诈手段隐瞒诉讼事由的存在，使原告在合理范围内不知道其存在，则诉讼时效可能会被延长。因此，法院驳回了谷歌以超出诉讼时效为由反对原告索赔的请求。

3. 谷歌的其他反对请求均不成立

（1）支持原告根据《反窃听法》提出的索赔。

《反窃听法》将拦截行为定义为：通过使用电子、机械或其他“设备”获取电子、有线或口头通信内容③。原告主张，谷歌拦截了其在隐私浏览模式下浏览互联网时发送和接收的通信内容，属于违法的拦截行为。谷歌辩称，其行为属于《反窃听法》的正常经营范围的例外④，即电话、电报仪器在被有线或电子通信服务提供商的正常业务过程中

---

① 18 U. S. C. § 2520 (e): Limitation. A civil action under this section may not be commenced later than two years after the date upon which the claimant first has a reasonable opportunity to discover the violation.

② Cal. Code Civ. Proc. § 335.1: Within two years: An action for assault, battery, or injury to, or for the death of, an individual caused by the wrongful act or neglect of another.

③ 18 U. S. C. § 2511 (1) (a): intentionally intercepts, endeavors to intercept, or procures any other person to intercept or endeavor to intercept, any wire, oral, or electronic communication;

(b): intentionally uses, endeavors to use, or procures any other person to use or endeavor to use any electronic, mechanical, or other device to intercept any oral communication.

④ 18 U. S. C. § 2510(5): “electronic, mechanical, or other device” means any device or apparatus which can be used to intercept a wire, oral, or electronic communication other than—

(a) any telephone or telegraph instrument, equipment or facility, or any component thereof, (ii) being used by a provider of wire or electronic communication service in the ordinary course of its business, or by an investigative or law enforcement officer in the ordinary course of his duties.

使用时,不属于上述《反窃听法》中的“设备”,所以不构成上述拦截行为。

法院认为,正常经营例外的范围很狭窄,只有在电子通信服务提供商的拦截行为是促进通信传输的必要手段时,上述例外才提供免责保护。谷歌不能证明其拦截行为是为了通信传输服务,其目的在于通过浏览器向网站的服务器发送 GET 请求,了解用户的浏览内容,而不是促进通信传输。另外,正如法院在 2013 年谷歌公司涉及的一起案件①中解释的那样,原告关于谷歌违反其隐私协议和内部政策的指控也排除了正常经营过程例外的适用。因此,法院认定这里的拦截行为不属于正常经营范围的例外,原告已经依据《反窃听法》提出了索赔请求,故法院驳回了谷歌的反对请求。

(2)支持原告基于 CIPA 的索赔。

原告依据《加利福尼亚州刑法典》第 631 条和第 632 条向谷歌提出索赔请求。《加利福尼亚州刑法典》第 631 条②禁止未经授权拦截他人的通信内容;第 632 条③禁止拦截任何机密通信。

谷歌仅对原告就《加利福尼亚州刑法典》第 632 条的指控提出反对,谷歌认为,本案中争议的通信不属于机密通信。加利福尼亚州上诉法院的判决先例④说明,基于互联网的通信不属于《加利福尼亚州刑法典》第 632 条意义上的机密通信,因为互联网信息很容易被他人接收,不具有秘密性。

法院认为,本案涉及的通信不是与他人共享的信息,而是用户的隐私浏览内容。在隐私浏览模式下,原告能够合理地期望其私人浏览信息不被传播。因此,法院认定本案涉及的通信属于机密通信,驳回了谷歌的反对请求。

---

① See In re Google Inc. Gmail Litig., 2013 U. S. Dist. LEXIS 172784.

② Cal. Pen. Code § 631 (a): Any person who, by means of any machine, instrument, or contrivance, or in any other manner, intentionally taps, or makes any unauthorized connection, whether physically, electrically, acoustically, inductively, or otherwise, with any telegraph or telephone wire, line, cable, or instrument, including the wire, line, cable, or instrument of any internal telephonic communication system, or who willfully and without the consent of all parties to the communication, or in any unauthorized manner, reads, or attempts to read, or to learn the contents or meaning of any message, report, or communication while the same is in transit or passing over any wire, line, or cable, or is being sent from, or received at any place within this state.

③ Cal. Pen. Code § 632 (a): A person who, intentionally and without the consent of all parties to a confidential communication, uses an electronic amplifying or recording device to eavesdrop upon or record the confidential communication, whether the communication is carried on among the parties in the presence of one another or by means of a telegraph, telephone, or other device, except a radio, shall be punished by a fine not exceeding two thousand five hundred dollars ($2,500) per violation, or imprisonment in a county jail not exceeding one year, or in the state prison, or by both that fine and imprisonment.

④ See Campbell *v.* Facebook, Inc., 77 F. Supp. 3d 836, 849 (N. D. Cal. 2014).

（3）支持原告基于 CDAFA 的索赔。

根据 CDAFA 的相关规定①，未经许可不得从计算机网络系统中获取、复制或使用任何数据及文档。原告主张谷歌未经许可故意访问并获取、复制、分析和使用他们的数据，违反了 CDAFA 的规定。谷歌辩称，原告无法证明谷歌对广告管理器的代码进行了数据收集。

法院支持了原告的观点，谷歌通过隐藏代码，在原告处于隐私浏览模式时收集其数据，也没有向原告提供选择退出其功能的机会。因此，法院认定原告已经充分证明了 CDAFA 的索赔，驳回了谷歌的反对请求。

（4）支持原告对谷歌侵犯其隐居和隐私的索赔。

根据加利福尼亚州普通法提出的对隐居的入侵索赔，原告必须证明：①被告故意侵入原告对隐私具有合理期待的地点、谈话或其他事项；②侵入行为具有高度冒犯性②。根据《加利福尼亚州宪法》（California Constitution）提出侵犯隐私的索赔，原告必须证明：①他们拥有受法律保护的隐私利益；②他们对隐私具有合理期望；③侵犯隐私的行为具有高度冒犯性。上述两项的共同点是原告对隐私的合理期望，以及侵入行为的高度冒犯性。

美国联邦第九巡回上诉法院的先前判决，从收集的数据数量、所收集数据的敏感性以及数据收集的性质等方面，判断用户是否对隐私具有合理期望③。本案中，法院参考了这一判决，对涉案数据进行分析。首先，被收集的数据数量很多，包括用户的全部浏览历史，谷歌将用户访问的网站和浏览内容关联，产生大量的个性化信息，塑造用户画像；其次，本案涉及用户在隐私浏览模式下的数据，数据内容具有敏感性；最后，这些数据是被秘密收集的，没有通知用户。并且根据谷歌关于隐私浏览的陈述，原告可以合理地假设谷歌在他们处于隐私浏览模式时不会收集他们的数据。因此，法院认定原告对被谷歌收集的数据具有合理的隐私期望。

由于谷歌收集的是用户隐私浏览模式下的数据，这往往是用户不想为他人所知的私密信息，这类数据泄露对社会一般人来说是无法接受的。因此，法院认定谷歌的行

---

① Cal. Pen. Code § 502（c）：Except as provided in subdivision（h），any person who commits any of the following acts is guilty of a public offense：

...

（2）Knowingly accesses and without permission takes，copies，or makes use of any data from a computer，computer system，or computer network，or takes or copies any supporting documentation，whether existing or residing internal or external to a computer，computer system，or computer network.

② See Hernandez *v.* Hillsides，Inc.，47 Cal. 4th 272，286，97 Cal. Rptr. 3d 274，211 P. 3d 1063（2009）.

③ See Davis *v.* Facebook，Inc.（In re Facebook Inc. Internet Tracking Litig.），956 F. 3d 589，595（9th Cir. 2020）.

为对用户具有高度冒犯性。

综上所述，法院认定原告陈述了对隐居和隐私被侵犯的主张，驳回了谷歌的反对请求。

判决结果

法院支持了原告的索赔请求，驳回了谷歌的反对请求。

二、本案知识点

本案主要涉及隐私期待和数据安全问题。

隐私期待主要解决隐私的边界问题，区分隐私和其他个人信息。如果主体对某一信息具有隐私期待，则该信息属于隐私权的范畴，受到法律保护，任何人不得随意侵犯。隐私期待的界定标准分为主观方面和客观方面。主观上，要从个人角度判断是否具有隐私期待，根据信息的私密性、主体采取的保密措施、泄露的可能性等要素综合分析；客观上，要从社会公众的角度判断主体的隐私期待是否具有合理性，分析某一信息在社会大多数人眼中算不算隐私。

隐私可以数据形式存在，而隐私安全则是衡量数据安全的重要标准。如果主体对于一项数据具有合理的隐私期待，那么这一数据就属于隐私，任何未经许可拦截、收集、获取该数据的行为都破坏了主体的隐私期待，侵犯了主体的隐私权。

三、判决原文摘录

1. Plaintiffs allege that Google collects data from them while they are in private browsing mode "through means that include Google Analytics, Google 'fingerprinting' techniques, concurrent Google applications and processes on a consumer's device, and Google's Ad Manager."

2. Plaintiffs allege that they "reasonably believed that their data would not be collected by Google and that Google would not intercept their communications when they were in 'private browsing mode'" because of Google's representations regarding private browsing mode.

3. Google contends that (1) all claims should be dismissed because Plaintiffs consented to Google's receipt of the data, and (2) Plaintiffs' Wiretap Act claims should be dismissed because the websites consented to Google's receipt of the data.

4. Accordingly, consent is not a defense to Plaintiffs' Wiretap Act claims. Thus, the Court rejects Google's argument that Plaintiffs consented to the alleged data collection.

5. Because each of Google's interception is a separate violation and because the statutes of limitations were tolled under the fraudulent concealment doctrine, the Court DENIES Google's motion to dismiss Plaintiffs' claims based on the statutes of limitations.

2-3　云的信息安全——安特玛与优步公司案 Antman *v.* Uber Techs., Inc.

【案　　号】No. 15-cv-01175-LB, 2018 U. S. Dist. LEXIS 79371（N. D. Cal. May 10, 2018）

【审理法院】美国加利福尼亚州北区联邦地区法院旧金山分院

【审理时间】2018年5月10日

一、案件情况

原告：萨莎·安特玛（Sasha Antman）、古斯塔夫·林克（Gustave Link）等（集体诉讼）

被告：优步公司（Uber Techs., Inc.）

案件事实

原告萨莎·安特玛和古斯塔夫·林克都曾在加利福尼亚州担任优步司机。他们于2014年5月向被告优步公司提起了集体诉讼。理由是：优步公司运营着连接司机和乘客的智能手机应用程序，而一名未知黑客从优步的计算机系统下载了司机的个人身份信息，并泄露了相关信息。他们起诉优步未能保护其个人身份信息，包括姓名、驾驶执照号码、银行信息、社会安全号码和其他个人识别信息；未能及时、充分地通知原告和其他集体诉讼成员他们的个人信息被盗；也没有告知其何种类型的个人信息被盗。

原告主张，优步在2014年5月和2016年10月分别发生了两次数据泄露事件，他们在这两次数据泄露中受到了损害。安特玛在旧金山担任优步司机期间，收到了两次数据泄露通知。2014年6月2日左右，一个未经授权的陌生人使用安特玛的个人信息向第一资本银行（Capital One）申请信用卡，他的金融账户受到欺诈，信贷额度急剧减少。林克和安特玛的遭遇一样，在数据泄露事件发生后，有人使用林克的个人信息并以他的名义提交了欺诈性的纳税申报表，收取了他的退税。美国国税局拒绝了林克在2014年的纳税申报，林克只能被迫重新报税，要等待8个多月才能收到2014年的退税。其他集体诉讼成员也遭受了损害，包括但不限于监控其财务账户受欺诈活动的时间和费用、欺诈和身份盗用的风险、侵犯他们的隐私以及其个人信息价值的损失。并且他们没有从和被告优步之间关于个人信息安全的默示合同的交易中受益。因此，原告向优步公司提出了集体索赔请求。

2015年10月，法院驳回了仅由安特玛提出的第一次修订起诉书（first amended

complaint，FAC），理由是其缺乏原告资格[①]。法院认为，安特玛未能指控事实上的伤害，因为他仅说明了自己的姓名和驾驶执照号码被盗，没有披露更多的个人信息。例如，他的社会安全账号没有直接被盗用的风险。双方调解失败后，原告提交了第二次修订起诉书（second amended complaint，SAC），将林克列为共同原告。法院再次驳回了起诉，理由是原告没有证明《美国宪法》（U. S. Constitution）第 3 条要求的实质性损害[②]。随后，原告又提交了第三次修订起诉书（third amended complaint，TAC），提出了与 SAC 相同的索赔。

优步以原告缺乏《美国宪法》第 3 条和《联邦民事诉讼规则》（Federal Rule of Civil Procedure）第 12（b）（1）条规定的资格，以及未能根据《联邦民事诉讼规则》第 12（b）（6）条提出合理的索赔为由，提出驳回动议[③]。

焦点问题

根据《美国宪法》第 3 条和《联邦民事诉讼规则》第 12（b）条的规定：

1. 原告是否具有诉讼主体资格？

2. 被告是否构成侵权？

法院观点

1. 原告缺乏《美国宪法》第 3 条所要求的诉讼主体资格

根据《美国宪法》第 3 条确立原告的诉讼主体资格，原告必须证明：（1）其遭受了实质性损害；（2）该损害与被指控的行为具有因果关系；（3）可能通过有利的司法判决得到纠正[④]。在集体诉讼中，代表一个集体的指定原告必须证明其个人受到了伤害，而不是被代表的其他集体成员受到了伤害。如果集体诉讼的指定原告与被告或案件争议事实没有实际联系，则任何人都不得代表他自己或该集体的其他成员寻求救济[⑤]。

原告在 SAC 中指控的新事实是，安特玛的银行信息遭到了泄露。但安特玛从未说

---

① See Antman *v.* Uber Techs., Inc., No. 3:15 – cv – 01175 – LB, 2015 U. S. Dist. LEXIS 141945, 2015 WL 6123054, at *9 – 12 (N. D. Cal. Oct. 19, 2015) (Antman Ⅰ).

② See Lujan *v.* Defenders of Wildlife, 504 U. S. 555, 560 – 561, 119 L. Ed. 2d 351, 112 S. Ct. 2130 (1992)—"To satisfy Article Ⅲ standing, a plaintiff must allege: (1) injury – in – fact that is concrete and particularized, as well as actual or imminent; (2) wherein injury is fairly traceable to the challenged action of the defendant; and (3) it is likely (not merely speculative) that injury will be redressed by a favorable decision."

③ Fed. Rules Civ. Proc. R. 12 (b): How to Present Defenses. Every defense to a claim for relief in any pleading must be asserted in the responsive pleading if one is required. But a party may assert the following defenses by motion:

(1) lack of subject – matter jurisdiction...

(6) failure to state a claim upon which relief can be granted.

④ See Lujan *v.* Defenders of Wildlife, 504 U. S. 555, 560, 112 S. Ct. 2130, 119 L. Ed. 2d 351 (1992).

⑤ See O'shea *v.* Littleton, 414 U. S. 488, 494, 94 S. Ct. 669, 38 L. Ed. 2d 674 (1974).

明被泄露的具体银行信息，未附加密码的银行信息不会造成身份盗窃威胁。TAC 中的新指控是，安特玛的银行信息是他的银行账户和银行路由号码。新的指控并没有改变法院的结论，即披露的信息并不构成可信的身份盗窃威胁，不会造成真正的直接损害。

优步主张原告缺乏《美国宪法》第 3 条的诉讼主体资格，因为法院在其早期的命令中分析了诉讼主体资格和数据泄露案件，并得出结论：披露司机姓名和驾驶执照号码等信息不会增加遭受损害的风险①。

法院认为，安特玛的指控不充分，因为他的指控只包括泄露司机的姓名和驾驶执照号码。

黑客攻击没有涉及原告的社会安全号码、账号或信用卡号等信息，不能证明其个人信息面临直接的损害风险。法院调查的结果是原告不能证明其受到直接损害的风险。原告没有达到这一证明标准，法院以缺乏《美国宪法》第 3 条规定的资格为由驳回了原告的起诉。

2. 驳回了原告的索赔请求

《联邦民事诉讼规则》第 12(b)(6) 条规定，如果原告不能提出构成赔偿基础的权利要求，被告可以提出动议驳回起诉。

原告主张，优步未能保护其个人信息，并且造成了实际损害。该行为违反了《加利福尼亚州民法典》(California Civil Code) 的相关规定②，据此提出了索赔请求。被告声称，原告未能证实其由于数据泄露事件遭受了实质性损害，其索赔请求不合理。

法院认为，原告提出索赔请求必须证明其遭受了实质性损害，或者由于不公平竞争而损失了金钱或财产③。然而原告没有合理地提出其遭受了实质性损害，未能就损害和因果关系进行证明，没有合理地提出违反默示合同的诉讼理由。因此，法院认定原告没有提出合理的索赔请求，支持了被告关于驳回其索赔请求的动议。

法院驳回了原告的三次诉讼。由于原告没有纠正起诉中的缺陷，即无法合理地证明存在直接、可信的欺诈或身份盗窃的风险，法院不允许其再次修改诉讼请求。

判决结果

法院批准了优步的驳回动议，驳回了原告的诉讼请求。

二、本案知识点

本案主要涉及个人信息保管人泄露信息的侵权责任问题。

---

① See Antman I, 2015 U. S. Dist. LEXIS 141945, 2015 WL 6123054, at ∗10 – 11.

② See Cal. Civ. Code § 1798. 81, 1798. 81. 5, and 1798. 82.

③ Cal. Bus. & Prof. Code § 17204: Actions for relief pursuant to this chapter shall be prosecuted exclusively in a court of competent jurisdiction ... by a person who has suffered injury in fact and has lost money or property as a result of the unfair competition.

如果有合同,可以按照合同追究个人信息保管人泄露信息的责任;如果没有合同,这是更常见的情形,就只能按照侵权追责。个人信息保管人,主要是存储大量用户个人信息的网络平台,在其日常运营过程中,如果客户信息失窃,如遭受黑客攻击或病毒感染,可能导致大范围的用户个人信息泄露。发生信息泄露事件后,存储用户信息的平台应当承担怎样的责任?

根据我国《个人信息保护法》的相关规定,个人信息处理者在处理过程中损害他人个人信息权益的,承担过错推定责任①。过错推定是过错责任的一种,只是做了有错假定,信息处理者须证明自己无过错才可推翻有错假定。个人信息保管者与个人信息处理者的区别在于,其主要业务不涉及个人信息的处理(汇编、筛选、分类、排序、分析和加工再造),仅是储存。存储属于广义的处理,也应该适用该归责原则,至少应参照该归责原则。

关于过错的认定,根据我国《网络安全法》的相关规定②,个人信息保管者的义务是日常维护信息存储系统、信息泄露时及时采取补救措施并通知用户。如果存储用户信息的系统在信息泄露前出现漏洞,而个人信息保管者没有进行排查和修复,可以认定其未尽到合理的监管义务,具有一定的过错;信息泄露后,如果没有及时采取补救措施、通知用户、上报主管部门,导致损害扩大的,也可认定其具有一定的过错。同时要注意的是,其硬件设备必须符合国家强制性信息安全标准,否则推定有过错。

三、判决原文摘录

1. The named plaintiffs are Sasha Antman and Gustave Link. Both worked as Uber drivers in California. They sue for Uber's failure to protect their PII "including names, driver's license numbers, banking information, Social Security Numbers, and other personal identifying information (collectively, 'Private Information'), and for failing to provide timely and adequate notice to Plaintiffs and other Class members that their Private Information had been stolen and precisely what types of information were stolen."

2. Uber contends that the named plaintiffs lack Article Ⅲ standing, largely for the reasons that the court advanced in its earlier orders. In that order, the court analyzed

---

① 我国《个人信息保护法》第69条第1款规定:"处理个人信息侵害个人信息权益造成损害,个人信息处理者不能证明自己没有过错的,应当承担损害赔偿等侵权责任。"

② 我国《网络安全法》第25条规定:"网络运营者应当制定网络安全事件应急预案,及时处置系统漏洞、计算机病毒、网络攻击、网络侵入等安全风险;在发生危害网络安全的事件时,立即启动应急预案,采取相应的补救措施,并按照规定向有关主管部门报告。"

第42条第2款规定:"网络运营者应当采取技术措施和其他必要措施,确保其收集的个人信息安全,防止信息泄露、毁损、丢失。在发生或者可能发生个人信息泄露、毁损、丢失的情况时,应当立即采取补救措施,按照规定及时告知用户并向有关主管部门报告。"

standing and data – breach cases and concluded that disclosure of driver's license numbers and driver names did not establish an increased risk of injury.

3. Mr. Antman did not allege that his Social Security number or other PII that an ID thief could use were disclosed in the Data Breach. Absent such an allegation, Mr. Antman cannot plead a claim by saying only that "bank information" was scraped in the Data Breach. Bank information that is not linked to a password might not pose any threat of ID theft.

4. The new fact allegation in the TAC is that Mr. Antman's "banking information" was his bank account and bank routing number. The new allegation does not change the court's conclusion that the disclosed information does not plausibly amount to a credible threat of identity theft that risks real, immediate injury.

5. To establish standing, "[t]he plaintiff must have (1) suffered an injury in fact, (2) that is fairly traceable to the challenged conduct of the defendant, and (3) that is likely to be redressed by a favorable judicial decision."

2-4　个人生物信息保护——万斯与微软公司案 Vance *v.* Microsoft Corp.

【案　　号】525 F. Supp. 3d 1287 (W. D. Wash. 2021)
【审理法院】美国华盛顿西区联邦地区法院
【审理时间】2021 年 3 月 15 日

一、案件情况

原告:史蒂文·万斯(Steven Vance)、蒂姆·简西克(Tim Janecyk)等(集体诉讼)
被告:微软公司(Microsoft Corporation)

案件事实

被告微软公司从事面部识别产品和服务的开发业务。微软在伊利诺伊州开展了大量与面部识别相关的业务,包括通过伊利诺伊州的供应商销售其面部识别产品;与伊利诺伊州的一家企业合作,开发面部识别技术的应用程序;与伊利诺伊州的实体企业合作建立了一个"数字化转换研究所",以此加快人工智能在整个社会的应用。

原告史蒂文·万斯、蒂姆·简西克是伊利诺伊州居民,他们从 2008 年开始将自己的照片上传到雅虎网(Yahoo)的网络相册 Flickr。但是原告并不知道,Flickr 通过其母公司雅虎将发布在平台上的数亿张照片(包括原告和其他伊利诺伊州居民的照片)汇编成了一个数据集（Flickr 数据集），并公开该数据集，以帮助从事面部识别业务的公司提高其技术的准确性。

万国商业机器公司（International Business Machines Corporation，IBM）利用 Flickr 数据集中的100万张图像，创建了一个名为面部多样性（Diversity in Faces，DiF）的新数据集，以减少面部识别的偏差。IBM 通过扫描图像的面部几何形状，创建了一套识别面部特征的规则，包括分析颅面距离、面积和比例，面部对称性和对比度，肤色、年龄和性别，姿势和分辨率等。最终，IBM 利用 19 个面部特征点确定了每张脸的 68 个关键点，并提取脸部数据，确定颅面特征。DiF 数据集通过图像扫描了原告和其他伊利诺伊州居民的面部数据。但与 Flickr 和雅虎一样，IBM 并没有获得他们的许可。

IBM 将 DiF 数据集提供给其他试图改进面部识别技术的公司。这些公司需要填写 IBM 提供的网络问卷，向 IBM 申请获取 DiF 数据集。如果通过了申请，IBM 将授予其数据集的访问权限，并向其发送一个链接，以下载 DiF 数据集的相关数据内容。这些公司一旦获得 DiF 数据集的相关信息，即可识别上传照片的 Flickr 用户、查看 Flickr 用户的主页、查看每张照片的元数据。

微软公司向 IBM 申请并下载了 DiF 数据集，并且利用其中的数据内容提高其面部识别产品的准确性，使之具有更高的商业价值。数据集中包含原告的相关信息，但是微软没有获得原告的许可。

原告向微软提起集体诉讼，指控其违反了伊利诺伊州的《生物识别信息隐私法》（Biometric Information Privacy Act，BIPA），具体如下：（1）微软违反了 BIPA 第 15（b）条[①]的规定，在未经用户同意、许可或书面授权的情况下收集和获取其生物特征识别数据；（2）微软违反了 BIPA 第 15（c）条[②]的规定，非法从原告的生物特征识别数据中获利。此外，原告还提出了不当得利索赔和独立的禁令救济。

被告微软公司对此提出了驳回动议。微软对 BIPA 的适用性提出了疑问：（1）BIPA 不具有域外效力；（2）BIPA 的适用违反休眠商业条款；（3）原告不能就 BIPA 提出索赔。微软对原告的不当得利索赔和独立的禁令救济也表示反对。

焦点问题

1. BIPA 是否具有域外效力？即被指控的不当行为是否主要或实质性地发生在伊利诺伊州？

---

① 740 Ill. Comp Stat. Ann. 14/15 (b): No private entity may collect, capture, purchase, receive through trade, or otherwise obtain a person's or a customer's biometric identifier or biometric information.

② 740 Ill. Comp Stat. Ann. 14/15 (c): No private entity in possession of a biometric identifier or biometric information may sell, lease, trade, or otherwise profit from a person's or a customer's biometric identifier or biometric information.

2. BIPA 是否违反了商业休眠条款?

3. 原告是否提出了合理的索赔请求? 即原告的索赔请求是否符合 BIPA 第 15(b)条和第 15(c)条?

4. 本案应当适用哪个州的法律? 即根据实际冲突和最密切联系原则,本案应当适用华盛顿州法律还是伊利诺伊州法律?

5. 原告提出的独立的禁令救济能否作为索赔理由?

法院观点

1. 关于 BIPA 第 15(b)条和第 15(c)条的索赔

(1)在动议阶段无法判断 BIPA 是否具有域外效力,即被指控的不当行为是否主要或实质性地发生在伊利诺伊州。

被告微软公司对 BIPA 的适用性提出了疑问,认为 BIPA 不具有域外效力。但是如果原告能够证明微软被指控的行为主要或实质性地发生在伊利诺伊州,即可以主张 BIPA 索赔。

原告主张,首先,所有参加集体诉讼的成员都是伊利诺伊州居民,他们在伊利诺伊州拍摄并上传了照片;其次,微软公司仍然在侵犯或损害伊利诺伊州居民的隐私利益;最后,微软在伊利诺伊州开展了大量涉及面部识别产品的业务,通过 DiF 数据集改进了其面部识别产品,从而可以合理推断微软在业务往来中利用了伊利诺伊州的数据集。

被告辩称,原告并没有证明微软的数据集从何而来。但是这一事实本身不是决定性的,需要更多的信息揭示微软获得和使用 DiF 数据集的情况,从而判断微软被指控的行为是否主要发生在伊利诺伊州。

在其他 BIPA 案件的先前判决中,大多数法院都拒绝了驳回动议,允许双方提供更多的证据证明被指控的不当行为是否主要或实质性地发生在伊利诺伊州[①]。

本案中,法院考虑了许多因素,包括原告的居住地、损害结果的发生地以及公司主要营业地等。针对互联网案件,法院还需要考虑互联网特定的因素,如网站或信息的访问地点、公司经营在线业务的地点等。判断本案是否主要或实质性地发生在伊利诺伊州,需要基于上述信息综合分析。因此,法院裁定应当在法庭调查环节讨论该问题,在动议阶段不能以此为由驳回基于 BIPA 的索赔。

(2)在动议阶段无法判断 BIPA 是否违反休眠商业条款。

休眠商业条款禁止将州法规适用于完全在州边界之外发生的商业活动。微软辩

---

① See Monroy *v.* Shutterfly, Inc., No. 16 C 10984, 2017 U. S. Dist. LEXIS 149604, 2017 WL 4099846, at *6 (N. D. Ill. Sept. 15, 2017); In re Facebook Biometric Info. Privacy Litig., 326 F. R. D. 535, 547 - 48 (N. D. Cal. 2018).

称，原告的 BIPA 索赔将违反休眠商业条款。具体来说，由于微软坚称被指控的行为并不实际发生在伊利诺伊州，所以原告基于 BIPA 提出索赔意味着伊利诺伊州法律适用于其管辖边界以外的行为。

在先前的判例中，大多数法院都将休眠商业条款的认定作为事实问题在法庭调查阶段进行调查，而不是在动议阶段作出认定①。

本案中，法院认为，需要更多关于微软如何获取、存储或使用 DiF 数据集的信息和证据，以判断适用 BIPA 是否违反休眠商业条款。因此，法院驳回了微软的该项动议。

(3)原告提出了合理的索赔请求。

首先，BIPA 可以适用于照片。BIPA 禁止在未经个体同意的情况下收集或使用其生物特征识别信息。其中，生物特征识别指对视网膜、虹膜、指纹、声纹或面部几何形状的扫描。生物特征信息，是指任何基于个人的生物特征识别个人的信息②。生物特征识别信息不包括书写样本、书面签名、照片、用于科学测试或筛查的人类生物样本、人口统计数据、文身或身高、体重、头发颜色或眼睛颜色等物理描述。

微软辩称，照片及其派生信息不属于 BIPA 规定的生物特征识别信息，即 BIPA 不适用于照片。因此，原告不能根据 BIPA 的相关条款对来自其照片的面部扫描提出索赔。这不是微软公司首次质疑 BIPA 对照片进行面部扫描的适用性，在其他相关案件中，所有法院均驳回了微软的观点③。

微软公司基于文义解释，认为照片不属于法定的生物识别信息。但是根据目的解

---

① See In re Facebook, 2018 U. S. Dist. LEXIS 81044, 2018 WL 2197546, at ＊4; IBM, 2020 U. S. Dist. LEXIS 168610, 2020 WL 5530134, at ＊4.

② 740 I 11. Comp Stat. Ann. 14/10: "Biometric identifier" means a retina or iris scan, fingerprint, voiceprint, or scan of hand or face geometry. Biometric identifiers do not include writing samples, written signatures, photographs, human biological samples used for valid scientific testing or screening, demographic data, tattoo descriptions, or physical descriptions such as height, weight, hair color, or eye color. Biometric identifiers do not include donated organs, tissues, or parts as defined in the Illinois Anatomical Gift Act or blood or serum stored on behalf of recipients or potential recipients of living or cadaveric transplants and obtained or stored by a federally designated organ procurement agency. Biometric identifiers do not include biological materials regulated under the Genetic Information Privacy Act. Biometric identifiers do not include information captured from a patient in a health care setting or information collected, used, or stored for health care treatment, payment, or operations under the federal Health Insurance Portability and Accountability Act of 1996. Biometric identifiers do not include an X - ray, roentgen process, computed tomography, MRI, PET scan, mammography, or other image or film of the human anatomy used to diagnose, prognose, or treat an illness or other medical condition or to further validate scientific testing or screening.

"Biometric information" means any information, regardless of how it is captured, converted, stored, or shared, based on an individual's biometric identifier used to identify an individual. Biometric information does not include information derived from items or procedures excluded under the definition of biometric identifiers.

③ See Monroy, 2017 U. S. Dist. LEXIS 149604, 2017 WL 4099846, at ＊3.

释,BIPA的立法目的在于禁止通过生物信息识别到特定的个人。照片虽然不属于传统的生物识别信息,但通过照片可以识别到原告个人,并且微软公司可以对照片进行面部扫描以获取原告的相关面部特征识别信息。从这个意义上来说,BIPA可以适用于照片。

其次,“占有”生物识别信息符合BIPA第15(b)条规定的“通过其他方式获得”。BIPA第15(b)条禁止在未经用户同意、许可或书面授权的情况下收集、获取、购买、通过贸易接收或以其他方式获得个体的生物识别信息。微软辩称,只有主动收集个体的生物识别信息才会触发该条款的生效条件,该条款没有单独规定“占有”。而微软只是被动占有这些数据,并没有主动向个体进行收集。

原告主张,微软公司首先收集或获得了这些数据,否则不可能利用这些数据。微软通过向IBM申请,下载了DiF数据集,并且利用该数据集提高了其面部识别产品的准确性,改进了面部识别技术。BIPA第15(b)条虽然没有明确规定“占有”,但是微软的行为符合“以其他方式获得”。

法院支持了原告的观点,对BIPA第15(b)条进行扩大解释,包括占有个体的生物识别信息。

最后,关于推迟裁决间接获利是否属于BIPA第15(c)条规定的“通过其他方式获利”。BIPA第15(c)条禁止拥有他人生物识别信息的主体通过出售、租赁、交易或以其他方式从中获利。微软辩称,上述规定禁止直接提供生物识别数据以获取利润,而微软系利用生物识别信息改进其面部识别产品和技术,并因此间接获利。

此处的争议点是,被告微软主张的间接获利是否属于BIPA第15(c)条规定的“其他方式获利”。法院认为,原告、被告双方没有就该问题进行充分的解释或分析,根据目前掌握的证据无法作出判断,还需要进一步调查。因此,法院推迟裁决这一争议问题,并且指示原告、被告双方作出进一步的答复。

2. 推迟裁决微软对不当得利索赔的驳回动议

被告辩称,根据华盛顿州法律,原告的不当得利索赔不能成立。原告则主张其根据伊利诺伊州法律提出的不当得利索赔充分合理。因此,法院必须先解决法律选择问题,然后才能确定不当得利索赔是否有效。

在法律选择问题上,法院首先要确定华盛顿州与其他州的法律之间是否存在实际冲突;如果存在实际冲突,法院需要进一步确定哪个州与该诉讼有最密切的联系。

本案中,华盛顿州的法律没有将隐私损失等非经济损失列为不当得利范畴。但是根据伊利诺伊州的法律,原告失去了其对生物识别信息的控制权,面临隐私损害的风险,充分证明了其不当得利的索赔主张。因此,两个州的法律之间存在实际冲突。下一步需要判断哪个州与本案具有最密切的联系。法院目前对于被指控行为发生地、损害发生地等事实问题仍然存在争议,无法判断哪个州与本诉具有更密切的联系,需要进一步收集证据进行判断。

因此,法院推迟裁决微软对不当得利索赔的驳回动议,指示原告、被告双方就更密切联系问题作出进一步的回应或答复。

3. 驳回了原告的独立禁令救济请求

法院认为,禁令救济是一种补救措施,而不是诉讼理由[①]。因此,法院驳回了原告的独立禁令救济请求。

判决结果

法院批准了被告驳回原告禁令救济请求的动议;拒绝了被告驳回原告的 BIPA 第15(b)条索赔的动议;推迟裁决原告的 BIPA 第 15(c)条索赔和不当得利索赔,并进一步指示双方就上述两个问题进行答复。

二、本案知识点

1. 为何生物信息的保护力度比其他个人信息强

个人生物信息属于个人敏感信息,包括个人基因、虹膜、指纹、声纹、掌纹、面部识别特征等。

首先,生物信息专属于个人,具有唯一性。一个人的生物信息是与生俱来的,无法改变,不可伪造,与其他个人信息相比具有更强的隐私属性。

其次,随着互联网、大数据、人工智能等科学技术的发展,DNA(脱氧核糖核酸,deoxyribonucleic acid)检测、指纹解锁、人脸识别、虹膜识别等技术广泛应用于刑事侦查、医疗、开锁、网络支付等关键领域,同时带来了巨大的信息泄露风险。这些生物信息应用的场景都非常重要,例如,DNA 检测可以用于亲子鉴定或嫌疑人比对;人脸识别和指纹识别可以用于手机支付,涉及财产转移问题;指纹解锁可用于家庭防盗门……这些领域一旦发生信息泄露,将带来无法估量的后果。

生物信息的特殊性决定了其重要性,因此,需要加强对生物信息的保护力度。

2. 生物信息保护力度比其他个人信息强在哪里

在处理个人生物信息时,对于个人同意和应当披露告知的内容的要求,比处理其他个人信息时的要求更为严格。

我国《个人信息保护法》规定,对于个人信息的处理,需要取得个人的同意,包括概括同意;在特殊情况下,未经同意也能处理,如为履行合同、为履行法定职责或义务、应

① See Edifecs Inc. *v.* TIBCO Software Inc. , No. C10 – 0330RSM, 2011 U. S. Dist. LEXIS 29786, 2011 WL 1045645, at *3 (W. D. Wash. 2011).

对紧急状况、公益行为等[①]。

个人生物信息属于敏感个人信息。对于生物信息的处理,需要取得个人的单独同意,特殊情况下还需要取得书面同意;处理个人生物信息时,应当向个人告知处理这些信息的必要性以及对个人权益的影响[②]。

3. 什么情况下可以在公开场合不经允许就采集个人的生物信息(如刷脸)

我国最高人民法院《关于审理使用人脸识别技术处理个人信息相关民事案件适用法律若干问题的规定》对于人脸信息的采集作出了以下限制[③]:不得在公共场所、经营场所违法采集人脸信息;必须公开处理人脸信息的规则、目的、方式和范围;采取必要措施确保其收集、存储的人脸信息安全;不得违反合法、正当、必要原则。

基于上述规定,原则上,在公开场合未经许可不得采集个人的生物信息。出于国家政策、公权力机关职责或其他公共利益目的,可以在例外情形下进行采集,但是也应满足合法、正当、必要原则。例如,行政机关、司法机关基于法定职责需要,通过处理公共场所的监控视频,识别其中的人脸信息,以还原案件事实、确定犯罪嫌疑人;又如,特殊时期,基于国家政策,出于行政管理和公共利益目的,采用全员核酸检测的方式收集个人的抗体信息、通过健康码的形式要求个人上传人脸信息。

4. 照片是否属于个人生物信息,为何本案中将照片作为个人生物信息源对待

判断一个载体是否为个人生物信息源,要看通过技术手段能否从其中识别个人生

---

① 我国《个人信息保护法》第 13 条规定:"符合下列情形之一的,个人信息处理者方可处理个人信息:(一)取得个人的同意;(二)为订立、履行个人作为一方当事人的合同所必需,或者按照依法制定的劳动规章制度和依法签订的集体合同实施人力资源管理所必需;(三)为履行法定职责或者法定义务所必需;(四)为应对突发公共卫生事件,或者紧急情况下为保护自然人的生命健康和财产安全所必需;(五)为公共利益实施新闻报道、舆论监督等行为,在合理的范围内处理个人信息;(六)依照本法规定在合理的范围内处理个人自行公开或者其他已经合法公开的个人信息;(七)法律、行政法规规定的其他情形。依照本法其他有关规定,处理个人信息应当取得个人同意,但是有前款第二项至第七项规定情形的,不需取得个人同意。"

② 我国《个人信息保护法》第 29 条规定:"处理敏感个人信息应当取得个人的单独同意;法律、行政法规规定处理敏感个人信息应当取得书面同意的,从其规定。"

第 30 条规定:"个人信息处理者处理敏感个人信息的,除本法第十七条第一款规定的事项外,还应当向个人告知处理敏感个人信息的必要性以及对个人权益的影响;依照本法规定可以不向个人告知的除外。"

③ 最高人民法院《关于审理使用人脸识别技术处理个人信息相关民事案件适用法律若干问题的规定》第 2 条规定:"信息处理者处理人脸信息有下列情形之一的,人民法院应当认定属于侵害自然人人格权益的行为:(一)在宾馆、商场、银行、车站、机场、体育场馆、娱乐场所等经营场所、公共场所违反法律、行政法规的规定使用人脸识别技术进行人脸验证、辨识或者分析;(二)未公开处理人脸信息的规则或者未明示处理的目的、方式、范围;(三)基于个人同意处理人脸信息的,未征得自然人或者其监护人的单独同意,或者未按照法律、行政法规的规定征得自然人或者其监护人的书面同意;(四)违反信息处理者明示或者双方约定的处理人脸信息的目的、方式、范围等;(五)未采取应有的技术措施或者其他必要措施确保其收集、存储的人脸信息安全,致使人脸信息泄露、篡改、丢失;(六)违反法律、行政法规的规定或者双方的约定,向他人提供人脸信息;(七)违背公序良俗处理人脸信息;(八)违反合法、正当、必要原则处理人脸信息的其他情形。"

物信息。判断标准是结果导向的,通过识别结果判断其是否为个人生物信息源。

根据上述标准,照片本身不属于个人生物信息,但是人脸照片中包含的面部识别特征属于个人生物信息。本案中,微软通过其开发的面部识别技术,对 DiF 数据集中的人脸照片进行面部扫描、关键点提取等一系列特殊处理,最终提取个人面部识别特征。人脸照片作为一种媒介,帮助微软获取了个人面部识别特征,达到了识别特定个人的效果。因此,本案中将这些人脸照片作为个人生物信息源对待。

三、判决原文摘录

1. Facial recognition technology uses computer artificial intelligence and machine learning algorithms to "detect, recognize, verify and understand characteristics ofhumans faces."

2. Microsoft used the dataset to improve "the fairness and accuracy of its facial recognition products," which "improve[d] the effectiveness" of those products and made them "more valuable in the commercial marketplace."

3. Microsoft reasons that because photographs are not "biometric identifiers," and "biometric information" does not include information derived from photographs, Plaintiffs' facial scans created from their photographs do not qualify as either biometric identifiers or biometric information.

4. As discussed above, the fact that Plaintiffs did not directly interact with Microsoft's systems does not affect the need for more detailed facts about Microsoft's processes.

5. Microsoft argues next that § 15(b) of BIPA is only triggered by those who "actively 'collect'" biometric data, whereas it "merely 'possess[es]'" the data.

2-5 用户画像和定向广告——戴维斯与脸书公司案 Davis *v.* Facebook, Inc. (In re Facebook Inc. Internet Tracking Litig.)

【案　　号】956 F. 3d 589 (9th Cir. 2020)
【审理法院】美国联邦第九巡回上诉法院
【审理时间】2020 年 4 月 9 日

一、案件情况

上诉人:佩林·艾肯斯·戴维斯(Perrin Aikens Davis)、布莱恩·K. 伦茨(Brian K.

Lentz)、辛西娅德·奎因(Cynthiad Quinn)、马修·J. 维克里(Matthew J. Vickery)等(集体诉讼)

被上诉人:脸书公司(Facebook,Inc.)

案件事实

脸书公司被指控使用插件跟踪用户访问第三方网站时的浏览记录,并将这些历史浏览记录编辑成个人资料,出售给广告商以获得利润。

脸书公司通过在其社交网站 Facebook 的网页上嵌入第三方插件来获取用户的历史浏览记录等数据。如 Facebook 网页中的"喜欢"按键,包含了脸书公司的代码。当用户访问带有这些插件的页面时,这些代码能够通过单独的渠道,实时复制用户的浏览记录等数据,并将其发送给脸书公司。脸书公司收集的数据信息包括用户访问网站时的统一资源定位器(Uniform Resource Locator,URL)。URL 既能标记用户搜索的内容,又能显示浏览器的网址。当用户使用"http"格式在网络浏览器中输入 URL 地址,或者点击超链接时,实际上是在向浏览器的客户端传递信息:用户想要访问哪些网站、寻求哪些资源、怎样获取这些资源①。因此,URL 提供了有关用户历史浏览记录的重要信息,包括个人用户的身份、浏览器地址,以及网页的名称和用户搜索的关键词。脸书公司使用用户浏览网页后存储在计算机中的缓存文件(cookie)将其收集的 URL 数据编译成个人用户资料。当用户创建脸书账号时,用户的浏览器上会被设置十个以上的 cookie 插件。这些 cookie 插件记录用户的登录 ID,从用户访问的网页中捕获、收集和编译 URL 数据,并且在用户注销脸书账号后继续收集其数据信息。

原告代表自己,以及 2010 年 5 月 27 日至 2011 年 9 月 26 日的脸书活跃用户提起了集体诉讼。在地区法院驳回了他们的第一份起诉书后,原告提交了修改后的起诉书,其中的索赔包括:(1)违反《反窃听法》(Anti - Wiretapping Laws)第 2510 条;(2)违反《存储通信法案》(Stored Communications Act,SCA)第 2701 条;(3)违反《加利福尼亚州侵犯隐私法》(Liability under California's Invasion of Privacy Act,CIPA)以及《加利福尼亚州刑法典》(California Penal Code)第 631 条、第 632 条;(4)侵犯隐私;(5)侵扰隐居;(6)违约;(7)违反诚信原则和公平交易义务;(8)民事欺诈;(9)侵犯动产;(10)违反《加利福尼亚州刑法典》第 502 条以及《加利福尼亚州计算机数据访问和欺诈法》(California Computer Data Access and Fraud Act,CDAFA);(11)违反《加利福尼亚州刑法典》第 484 条和第 496 条规定的法定盗窃罪。

脸书公司对原告的索赔提出了驳回动议。地区法院批准了脸书公司的驳回动议。地区法院裁定,原告未能证明他们有提出索赔的资格,驳回了上述索赔。原告修改了

① See In re Zynga Privacy Litig., 750 F.3d 1098, 1101 (9th Cir. 2014).

关于违约和违反默示契约的索赔,并及时提出了上诉。

原告在上诉请求中要求:确认原告有资格对脸书公司提出与隐私相关的索赔;脸书公司在用户注销账号后继续跟踪他们的历史浏览记录的行为侵犯了其隐私权。

焦点问题

1. 原告是否有资格提出侵犯隐私和隐居权、违反合同、违反诚信和公平交易的默示契约、违反《反窃听法》和依据 CIPA 的索赔?

2. 原告是否有资格提出侵入动产、欺诈、法定盗窃以及依据 CDAFA 的索赔?

3. 脸书公司是否侵犯了原告的隐私和隐居权?

4. 脸书公司是否违反了《反窃听法》和 CIPA ?

5. 脸书公司是否违反了 SCA?

6. 脸书公司是否构成违约以及违反诚信和公平交易的默示契约?

法院观点

1. 原告有资格提出侵犯隐私和隐居权、违反合同、违反诚信和公平交易的默示契约以及违反《反窃听法》和依据 CIPA 的索赔

要确立诉讼资格,原告必须证明:(1)事实上遭受了损害;(2)损害结果与被指控的行为具有因果关系;(3)可能通过有利的司法判决得到纠正。为了确定事实上的损害,原告必须证明其受法律保护的利益遭受了具体的侵犯。

原告主张,脸书公司在他们注销社交媒体账号后,继续收集他们的历史浏览记录,并编译成个人资料,存储大量个性化信息。通过将用户的历史浏览记录与用户的个人资料相关联,脸书公司可以分析出用户的兴趣、习惯、政治和宗教信仰、性取向等私密信息。而脸书公司在未经用户同意的情况下获得了用户的隐私信息,将会对他们的个人信息利益造成重大损害。

因此,上诉法院支持了地区法院的判决结果,认定原告已经充分证明了其隐私权受到脸书公司的侵犯,确立了原告就侵犯隐私和隐居权、违反合同、违反诚信和公平交易的默示契约以及违反《反窃听法》和依据 CIPA 提出隐私索赔的资格。

2. 原告有资格提出侵入动产、欺诈、法定盗窃以及依据 CDAFA 的索赔

地区法院认为,原告未能证明其遭受了实际损害,以缺乏诉讼资格为由驳回了这些索赔请求。

加利福尼亚州法律承认,即使个人没有遭受相应的损失,也保留其追缴不当得利所获利润的权利①。据此,无论被告的行为是否导致原告的利益遭受损失或者财产价

---

① See Cty. of San Bernardino *v.* Walsh, 158 Cal. App. 4th 533, 542, 69 Cal. Rptr. 3d 848 (2007).

值降低，原告都有主张不当得利索赔的诉讼权利和地位①。

原告主张脸书公司通过使用他们的数据获利，构成不当得利。脸书公司辩称，不当得利不足以赋予其诉讼地位，原告必须证明脸书公司通过出售他们的数据获利或者使他们的数据不再具有原有的价值。

原告主张，脸书公司可以从他们的历史浏览记录中获利。一项研究表明，用户的历史浏览记录的估值为每年 52 美元/人。脸书公司将用户数据出售给广告商，其每年的广告销售额占其社交媒体平台总收入的 90% 以上。

原告没有许可脸书公司收集或使用他们的个人信息，而脸书公司未经授权使用其信息牟利的行为构成不当得利。根据加利福尼亚州法律，原告已经充分证明了脸书公司从用户个人数据中获得的利润，足以获得《美国宪法》（U. S. Constitution）第 3 条规定的诉讼主体地位。

因此，上诉法院确认了原告享有提出侵入动产、欺诈、法定盗窃以及依据 CDAFA 索赔的资格。

3. 支持原告对脸书公司侵犯隐私和隐居权的索赔（本项索赔针对已注销账号的用户）

根据加利福尼亚州普通法提出的对隐居的入侵索赔，原告必须证明：（1）被告故意侵入原告对隐私具有合理期待的地点、谈话或其他事项；（2）侵入行为具有高度冒犯性②。根据《加利福尼亚州宪法》（California Constitution）提出侵犯隐私的索赔，原告必须证明：（1）他们拥有受法律保护的隐私利益；（2）他们对隐私具有合理期待；（3）侵犯隐私的行为具有高度冒犯性。上述两项的共同点是，原告对隐私的合理期待，以及侵入行为的高度冒犯性。

（1）原告对隐私信息具有合理期待。

首先，脸书公司当时披露的隐私政策没有表明将会在用户注销账号后继续跟踪并收集其个人信息。脸书公司的权利和责任声明（Statement of Rights and Responsibilities，SRR）指出：①每当用户访问脸书网站或使用其应用程序服务时，脸书公司都会收集相关数据，如用户访问的网站以及访问时间、用户的 IP 地址、浏览器和操作系统等技术信息，用户的 ID 信息。②用户在脸书的“帮助中心”提出有关数据跟踪的问题：“当用户访问带有脸书插件的网站时，脸书会收到用户的信息吗？”“帮助中心”页面作出了回答：“脸书收集了用户访问网站的时间以及 URL 等技术信息。如果用户登录了脸书账号，脸书公司还会获得用户的 ID 信息和电子邮件地址；如果用户退出脸书账号，脸书

① See CTC Real Estate Servs. *v.* Lepe, 140 Cal. App. 4th 856, 860 – 61, 44 Cal. Rptr. 3d 823 (2006).

② See Hernandez *v.* Hillsides, Inc., 47 Cal. 4th 272, 286, 97 Cal. Rptr. 3d 274, 211 P. 3d 1063 (2009).

公司则不会收到这些信息,用户也不会在这些网站上获得个性化推荐。”在阅读脸书网站披露的隐私政策后,用户可以合理地认为,脸书公司不会收集已注销账号的用户数据。

其次,脸书公司收集的数据量非常多。脸书公司通过在网站上设置的 cookie 插件,获取了大量用户的个性化数据,并且精确识别了已注销账号的用户的信息。脸书公司没有透露 cookie 将在用户退出平台后继续跟踪用户的历史浏览记录,也没有透露收集信息的范围,而是在用户完全不知情的情况下收集了如此大量的用户信息。

最后,脸书公司收集的数据具有敏感性。脸书公司获得了用户的历史浏览记录,无论用户访问的网站有多敏感。通过整合其网站浏览记录,可以分析得出用户的兴趣、习惯、政治和宗教信仰、性取向等私密信息。脸书公司通过收集用户的这些私密信息,获得了大量的个性化数据,以编制庞大的个人数据存储库。

因此,法院认定,原告已经充分证明了其对历史浏览记录等信息具有合理的隐私期待。

(2)脸书公司跟踪和收集用户数据信息的行为具有高度冒犯性。

确定被告的行为是否具有高度冒犯性,需要考虑许多因素,如对受害者造成严重伤害的可能性、入侵的程度、入侵的动机以及对公共利益的危害。

脸书公司在用户毫不知情且无法合理预见的情况下,收集了已注销账号的用户的个人信息,并且这些信息可以指向用户的隐私。对于社会一般人来说,这种未经授权的信息收集行为具有高度冒犯性。另外,脸书公司的内部沟通显示,该公司自己的管理人员认为这些做法涉及用户的隐私问题。

故可以认定脸书公司跟踪并收集用户信息的行为具有高度冒犯性。

因此,上诉法院认定,原告已经充分证明了“合理的隐私期待”和“高度冒犯性”的要素,因此支持其对脸书公司提出的入侵隐居和侵犯隐私的索赔。

4. 支持原告提出的违反《反窃听法》和 CIPA 的索赔(本项索赔针对活跃用户)

《反窃听法》禁止未经授权拦截他人的电子通信;CIPA 禁止未经授权使用电子手段获取他人的通信内容。但是,通信的一方当事人实施拦截行为或者另一方当事人同意拦截行为的,可作为例外情形享有豁免,不认定其违反《反窃听法》和 CIPA ①。

每当用户访问第三方网站时,浏览器会向网站服务器发送信息,即 GET 请求,它将用户搜索的信息发送给网站,并将网站反馈的结果发回给用户。这些第三方网站上设置有脸书公司的插件代码,可以收集用户信息以及网站信息。脸书公司通过重复收集 GET 请求,可以准确地获取用户浏览的网站内容,保存用户的历史浏览记录。

《反窃听法》没有在其免责条款中对"当事人"一词作出明确定义。而美国联邦第一和第七巡回上诉法院的判例表明,秘密拦截、跟踪、复制、收集用户和第三方网站通信传输内容的网络服务提供商不属于法定的通信当事人,不适用上述例外情形②。

上诉法院采纳了上述观点,认为脸书公司重复收集 GET 请求的行为,实质上属于未经授权拦截用户的通信,违反了《反窃听法》和 CIPA,且不能适用例外情形的豁免。

5. 驳回原告依据 SCA 提出的索赔

SCA 要求原告证明被告未经授权对其数据进行了电子存储③。电子存储,是指电子通信传输中对附带信息的存储和以备份为目的的进行的存储④。

原告主张,当用户在浏览特定的网页时,网站浏览器将原告的 URL 数据存储在工具栏中,这属于电子通信传输中对附带信息的存储。因为一旦用户点击 Enter 按钮或

---

① 18 U. S. C. § 2511 (2):(c) It shall not be unlawful under this chapter [18 U. S. C. §§ 2510 et seq.] for a person acting under color of law to intercept a wire, oral, or electronic communication, where such person is a party to the communication or one of the parties to the communication has given prior consent to such interception.

(d) It shall not be unlawful under this chapter [18 U. S. C. §§ 2510 et seq.] for a person not acting under color of law to intercept a wire, oral, or electronic communication where such person is a party to the communication or where one of the parties to the communication has given prior consent to such interception unless such communication is intercepted for the purpose of committing any criminal or tortious act in violation of the Constitution or laws of the United States or of any State.

② See Blumofe *v.* Pharmatrak, Inc. (In re Pharmatrak, Inc. Privacy Litig.), 329 F. 3d 9 (1st Cir. 2003); United States *v.* Szymuszkiewicz, 622 F. 3d 701 (7th Cir. 2010).

③ 18 U. S. C. § 2701 (a): Offense. Except as provided in subsection (c) of this section whoever—

(1) intentionally accesses without authorization a facility through which an electronic communication service is provided; or

(2) intentionally exceeds an authorization to access that facility;

and thereby obtains, alters, or prevents authorized access to a wire or electronic communication while it is in electronic storage in such system shall be punished as provided in subsection (b) of this section.

④ 18 U. S. C. § 2510 (17): "electronic storage" means—

(A) any temporary, intermediate storage of a wire or electronic communication incidental to the electronic transmission thereof; and

(B) any storage of such communication by an electronic communication service for purposes of backup protection of such communication.

单击链接,这些信息就会在用户和第三方网站之间发送和接收。URL 可以标记用户的搜索内容,定位其浏览的网址,提供了有关用户历史浏览记录的重要信息,属于以备份为目的进行的存储。因此,脸书公司未经授权对用户的数据信息进行了电子存储,违反了 SCA。

地区法院认为,脸书公司重复获得的 GET 请求与搜索工具栏中显示的 URL 没有关联。GET 请求能够帮助脸书公司获取用户的历史浏览记录,属于以备份为目的进行的存储。而工具栏中的 URL 只是为了方便用户查看自己的搜索和浏览记录,不属于电子存储。因此,地区法院裁定脸书公司没有对原告的数据信息进行电子存储。

上诉法院同意地区法院的观点。GET 请求连接了用户和第三方网站之间的通信:将用户搜索的内容发送给网站,再将网站反馈的结果转发给用户,并将所有信息复制发送给脸书公司。而工具栏中显示的 URL 仅发挥视觉指示的作用,标记用户搜索的内容和浏览的网址。因此,URL 在工具栏中的出现不属于电子存储。

6. 驳回原告提出的违约索赔以及违反诚信和公平交易的默示契约的索赔

原告提出违约索赔,需要证明其与脸书公司存在有效的合同。要证明合同生效,必须证明存在有效的承诺①。原告主张,脸书公司在 SRR 中作出了有效的承诺,因此其与每个用户之间都存在合同。

尽管 SRR 列出了一些脸书公司和用户都同意的承诺。例如,用户同意不在脸书网站上发送未经授权的商业通信;而脸书公司承诺保护用户的财产权。但是这些所谓的承诺并不涉及争议问题,即脸书公司没有明确承诺其不会跟踪和收集注销用户的数据。所以即使脸书公司跟踪了注销用户的数据,也不能认定其之前作出了有效的承诺,并最终构成违约。

因此,数据使用政策不构成单独的合同。由于原告未能充分证明存在有效的合同,上诉法院支持了地区法院驳回其违约索赔的判决。

另外,原告还主张脸书公司的跟踪行为违反了诚信和公平交易的默示契约。然而,根据以上事实,原告并没有证明存在有效的合同,其关于诚信和公平交易的默示契约的索赔也不成立。上诉法院支持了地区法院驳回原告这一索赔的判决。

判决结果

上诉法院确认了原告的索赔资格;撤销了地区法院对原告依据 CIPA 提出的索赔以及违反《反窃听法》、侵犯隐私和隐居权索赔的驳回决定;确认了地区法院对原告依据 SCA 提出的索赔以及违约、违反诚信和公平交易默示契约索赔的驳回决定。

---

① See Steiner *v.* Thexton, 48 Cal. 4th 411, 421, 106 Cal. Rptr. 3d 252, 226 P. 3d 359 (2010).

二、本案知识点

1. 合法收集用户数据后，是否有权进行用户画像

收集不等于使用，因此，获得用户同意后收集用户信息，不等于有权使用这些信息。使用用途需要用户专门同意。用户画像属于使用用户信息，平台不得未经用户同意进行用户画像，否则构成侵权。首先，平台要在其服务协议或隐私政策中明确告知用户，将会把收集到的某些个人信息用作用户画像；其次，除非获得用户的同意和授权，不能强制进行用户画像，平台还要提供拒绝选项以确保用户自愿接受用户画像；最后，用户可以随时在隐私设置里撤回同意或终止授权。

2. 如果用户愿意接受广告，根据用户画像，投放定向广告的行为是否合法

定向广告属于广告，因此，如果用户愿意接受广告，则可以给其投放根据用户画像定制的定向广告。当然，前期的用户画像需要用户明示同意。

根据我国《个人信息保护法》的规定，通过自动化决策方式向用户进行信息推送、商业营销，平台必须提供不针对用户个人特征的选项，或者便捷的拒绝方式[①]。具体来说，平台应当在隐私设置中提供关闭个性化推荐或者不识别个人特征的选项，确保用户能够便捷地拒绝平台投放定向广告。如果没有设置明显便捷的拒绝选项，则视为未经用户许可强制投放定向广告，构成侵权。

3. 用户同意接受 cookie 后，cookie 可以发送用户的何种信息

cookie 是指小型文本文件，是网站为了辨别用户身份而储存在用户本地端上的加密数据，这个文件会长期保留在用户端。网站或平台可以通过 cookie 追踪用户的数据，记录用户访问的网址和浏览的信息，实现统计网站访客数量、进行用户画像和个性化推荐、投放定向广告等功能。

如果用户同意接受网站或平台的 cookie，就表示用户同意其收集和储存相关个人信息。常见的信息包括：用户在该网站或平台的 ID、用户的姓名和电话号码等基本信息、IP 地址和位置信息、搜索的关键词、经常访问的网址以及访问次数和持续时间、历史浏览记录、点开的链接等。

4. 用户的网页浏览历史是否属于个人敏感信息

用户的网页浏览记录属于个人敏感信息。我国《个人信息保护法》规定，个人敏感信息具有隐私属性，包括生物识别、宗教信仰、特定身份、医疗健康、金融账户、行踪轨

---

① 我国《个人信息保护法》第 24 条规定："个人信息处理者利用个人信息进行自动化决策，应当保证决策的透明度和结果公平、公正，不得对个人在交易价格等交易条件上实行不合理的差别待遇。通过自动化决策方式向个人进行信息推送、商业营销，应当同时提供不针对其个人特征的选项，或者向个人提供便捷的拒绝方式。通过自动化决策方式作出对个人权益有重大影响的决定，个人有权要求个人信息处理者予以说明，并有权拒绝个人信息处理者仅通过自动化决策的方式作出决定。"

迹等信息①。

用户的网页浏览记录可以反映用户一段时间内的意图或想法。通过整合这些浏览记录,可以分析出用户的消费需求、爱好、职业特征、身体健康状况、账户财产信息、政治和宗教信仰、性取向等敏感信息。例如,如果用户经常搜索某件商品,表明其近期存在购买此类商品的意图;如果用户浏览某些疾病的症状或者治疗恢复情况的介绍,表明其可能患有此病;如果用户经常浏览政治或宗教类的报道,表明其具有这些政治或宗教倾向等。

三、判决原文摘录

1. Facebook uses plug – ins to track users' browsing histories when they visit third – party websites, and then complies these browsing histories into personal profiles which are sold to advertisers to generate revenue.

2. URLs both identify an internet resource and describe its location or address. When users enter URL addresses into their web browser using the "http" web address format, or click on hyperlinks, they are actually telling their web browsers (the client) which resources to request and where to find them.

3. As alleged, Facebook's tracking practices allow it to amass a great degree of personalized information. Facebook's user profiles would allegedly reveal an individual's likes, dislikes, interests, and habits over a significant amount of time, without affording users a meaningful opportunity to control or prevent the unauthorized exploration of their private lives.

4. In other words, California law requires disgorgement of unjustly earned profits regardless of whether a defendant's actions caused a plaintiff to directly expend his or her own financial resources or whether a defendant's actions directly caused the plaintiff's property to become less valuable.

5. When an individual internet user visits a web page, his or her browser sends a message called a "GET request" to the web page's server. The GET request serves two purposes: it first tells the website what information is being requested and then instructs the website to send the information back to the user.

---

① 我国《个人信息保护法》第 28 条规定:"敏感个人信息是一旦泄露或者非法使用,容易导致自然人的人格尊严受到侵害或者人身、财产安全受到危害的个人信息,包括生物识别、宗教信仰、特定身份、医疗健康、金融账户、行踪轨迹等信息,以及不满十四周岁未成年人的个人信息。只有在具有特定的目的和充分的必要性,并采取严格保护措施的情形下,个人信息处理者方可处理敏感个人信息。"

2-6 个人信息保护中的利益平衡——脸书公司与布兰德图陶公司案 Facebook, Inc. *v.* BrandTotal Ltd.

【案　　号】499 F. Supp. 3d 720 (N. D. Cal. 2020)
【审理法院】美国加利福尼亚州北区联邦地区法院
【审理时间】2020 年 11 月 2 日

一、案件情况

原告:脸书公司(Facebook, Inc.)
被告:布兰德图陶公司(BrandTotal Ltd. ,以下简称 BrandTotal)

案件事实

原告脸书公司是一家社交网络公司,运营着社交网站 Facebook 和图片分享社交应用 Instagram。被告 BrandTotal 是一家广告咨询公司,为客户提供广告分析服务。

脸书和 Instagram 的所有用户都签署并同意了脸书公司的服务政策。例如,用户不会妨碍脸书公司产品的正常工作;未经脸书公司许可,用户不得使用电子设备或工具自动收集脸书公司产品中的数据;未经授权不得访问特定信息;不得侵犯他人的知识产权。BrandTotal 在 Facebook 和 Instagram 上创建账户时同意了这些条款。

BrandTotal 向用户提供了向上语音(UpVoice)和广告动态(Ads Feed)两个程序,用户可以将其安装为谷歌(Google)浏览器 Chrome 的扩展程序。一旦用户安装了这些程序,BrandTotal 就可以伪装成合法用户,使用用户的浏览器并以他们的名义访问脸书公司的计算机系统。这些浏览器扩展程序旨在从用户的个性化广告中抓取用户的个人信息,无论其是否进行了隐私设置。该浏览器扩展程序自动向 Facebook 和 Instagram 服务器发送未经用户授权的命令,表现为用户个人向服务器发送获取相关信息的指令。网站提供这些信息后,浏览器扩展程序再将获取到的数据发送到用户的计算机系统,并转发到 BrandTotal 控制的服务器,从而实现未经授权的数据抓取。

脸书公司声称,BrandTotal 收集的信息包括用户的 ID、性别、出生日期以及位置信息、用户广告偏好信息、与广告相关的用户互动和反应指标(观看次数、评论次数、喜欢次数)。并且 BrandTotal 会诱使用户安装这些浏览器扩展程序,如向 UpVoice 用户提供礼品卡;允许 Ads Feed 用户查看他们过去 90 天内浏览的广告列表,使他们能够便捷地返回感兴趣的广告页面。BrandTotal 将使用浏览器扩展程序抓取的用户数据出售给企业牟利,在脸书上进行宣传,使人们安装扩展程序或购买其数据产品。

BrandTotal 声称,公司的隐私政策详细介绍了将会收集的用户信息。用户在阅读并确认同意后,BrandTotal 才会收集用户的信息,并向用户发放礼品卡,提示他们安装

UpVoice 浏览器扩展程序。但是,脸书公司以违反其服务政策,即未经许可自动抓取网站数据为由,禁用了 BrandTotal 的账号,切断了其对脸书公司产品的访问,并禁止 BrandTotal 的浏览器扩展程序出现在谷歌浏览器的网上应用商店。这些行为妨碍了 BrandTotal 正常经营的广告业务,进而导致 BrandTotal 的信誉受损,原有的客户质疑其业务能力,正在沟通的潜在客户也放弃委托。BrandTotal 的资金链因此受到严重影响,面临破产的风险。

2020 年 9 月 30 日,脸书公司禁用了 BrandTotal 在 Instagram 和 Facebook 网络上的账号,并采取了其他技术措施来阻止 BrandTotal 访问脸书公司的产品。

2020 年 10 月 1 日,脸书公司在加利福尼亚州北区联邦地区法院对 BrandTotal 提起民事诉讼,指控其浏览器扩展程序违反了脸书公司的服务条款。后来,谷歌公司从其浏览器的网上应用商店中删除了 BrandTotal 的浏览器扩展程序,并禁用了这个功能。

原告脸书公司以被告 BrandTotal 未经授权抓取其社交网站的用户数据为由,提出了以下索赔:(1)违反合同(基于 Facebook 和 Instagram 的服务条款);(2)不当得利;(3)违反《计算机欺诈和滥用法》(Computer Fraud and Abuse Act);(4)违反《加利福尼亚州刑法典》(California Penal Code)第 502 条;(5)存在违反《加利福尼亚州反不正当竞争法》(California's Unfair Competition Law, UCL)的非法、不公平或欺诈性商业行为。脸书公司还提出了禁令救济和补偿性救济。

BrandTotal 则以脸书公司禁止其访问上述网站为由提出了反诉:(1)干涉其与用户之间的合同;(2)存在违反 UCL 的欺诈行为。BrandTotal 还申请了临时禁令,提出了禁令救济和补偿性救济。

法院于 2020 年 10 月 26 日对 BrandTotal 的临时禁令申请举行了听证会。

根据温特诉自然资源保护委员会案①的判决先例,对于临时禁令的批准应当从以下四个方面进行判定:(1)如果不支持临时禁令,申请人可能遭受无法弥补的损害;(2)申请人胜诉的可能性;(3)申请人与被申请人之间的利益平衡;(4)公共利益的考量。

焦点问题

1. BrandTotal 是否存在无法弥补的损害?
2. 脸书公司是否存在干涉合同以及不正当竞争行为?
3. 基于利益平衡原则,能否给予 BrandTotal 临时禁令救济?
4. 基于公共利益的考量,能否给予 BrandTotal 临时禁令救济?

---

① See Winter *v*. NRDC, Inc., 555 U.S. 7, 24, 129 S. Ct. 365, 172 L. Ed. 2d 249 (2008).

法院观点

1. BrandTotal 存在无法弥补的损害

单纯的财产损失不构成临时禁令所要求的“无法弥补的损害”，但是如果企业无法开展主营业务，面临破产倒闭的风险，则可以达到这一标准①。

BrandTotal 声称，脸书公司禁止其访问 Facebook 网站的行为，对其主营业务构成严重威胁。而脸书公司主张，这一声明只是推测性的：BrandTotal 没有明确提出其在不访问 Facebook 网站并收集数据的情况下还能继续运营多长时间；没有证明他们的财产状况以及破产的可能性；未能证明他们已经失去或者将要失去的具体客户。

BrandTotal 提供了其与特定的现有客户和潜在客户的通信内容，其中，客户表达了希望暂停或推迟与 BrandTotal 的业务谈判；还提供了一些有关风险投资损失的信息。

法院认为，本案中的 BrandTotal 是一家新兴的小型企业。如果被迫暂停大部分主营业务，会导致现有客户终止合作、潜在客户推迟谈判、商业信誉受损，足以构成无法弥补的损害。

2. 驳回了 BrandTotal 的反诉

（1）驳回了 BrandTotal 关于干涉合同的反诉。

提出故意干涉合同的诉讼，原告必须证明：①原告与第三方直接存在有效的合同；②被告对此知情；③被告故意破坏合同关系并导致合同中断；④被告实施了干涉合同的行为；⑤给原告造成了实际损失。

BrandTotal 主张，脸书公司阻止其访问 Facebook 网站、获取用户信息的行为，导致 BrandTotal 无法根据获取的广告信息向客户提供广告分析服务，BrandTotal 与客户之间的合同目的无法实现。因此，脸书公司的禁止行为干扰了 BrandTotal 与客户之间的合同。

脸书公司反驳，BrandTotal 无法证明脸书公司知道其与客户之间存在提供广告分析服务的合同；BrandTotal 主张的损害是由谷歌公司从谷歌应用商店中删除 UpVoice 造成的，而不是由脸书公司拒绝其访问的行为直接导致的；脸书公司的行为具有保护用户隐私和平台利益的合法商业目的。

脸书公司在起诉书中指控 BrandTotal 使用浏览器扩展程序恶意抓取脸书网络中的广告信息，并根据这些非法获取的信息向用户或广告商提供咨询和营销服务。这一指控表明脸书公司了解 BrandTotal 所经营的业务，即利用抓取的广告信息提供广告咨询和营销服务，因此可以推定脸书公司知道 BrandTotal 与客户之间存在服务合同。

脸书公司也向广告商提供浏览其广告的用户信息，该业务可能与 BrandTotal 存在

---

① See HiQ Labs, Inc. *v.* LinkedIn Corp. ,938 F. 3d 985(2019).

竞争关系。因此，脸书公司限制 BrandTotal 访问 Facebook 网站可能是为了实现不正当竞争。但是，脸书公司限制 BrandTotal 访问 Facebook 网站，也可能是为了防止未经授权的浏览器扩展程序自动收集用户的数据，避免数据泄露，保护用户的数据安全，具有合法的商业目的。

第三方对于合同的故意干涉是否合理，取决于个人和社会利益的平衡，需要考虑行为的性质和当事方之间的关系在内的所有情况[①]。

一方面，脸书公司禁止 BrandTotal 访问 Facebook 网站的行为，是为了防止 BrandTotal 利用浏览器扩展程序自动抓取用户信息，保护用户的数据安全。利益平衡倾向于支持脸书公司的行为；另一方面，脸书公司的动机可能是破坏 BrandTotal 的广告分析业务，以实现不正当竞争目的，利益平衡倾向于禁止脸书公司的不正当竞争行为，恢复 BrandTotal 的广告分析业务。

因此，法院的结论是，无法判断脸书公司禁止 BrandTotal 访问 Facebook 网站的意图，不能认定其干涉合同是否违法。

（2）驳回 BrandTotal 关于欺诈的反诉。

BrandTotal 主张，脸书公司的服务条款承认用户保留对自己数据的所有权，但是脸书公司禁止其访问 Facebook 网站并获取用户数据的行为违反了这一条款，即禁止用户授权 BrandTotal 获取这些数据，对用户构成欺诈。法院认为，脸书公司在服务条款中承认用户对其数据的所有权，是从整体上保护用户对其个人信息的合法权益；脸书公司的隐私政策中明确规定，禁止未经授权采用自动化手段抓取用户的数据，倾向于保护用户的数据安全，而非授权用户自由处理个人数据。这两个条款适用的场景不同，但是并不矛盾，故不属于欺诈。

（3）驳回 BrandTotal 关于“用户自愿”的抗辩。

BrandTotal 提出，其基于用户的授权获取了相关数据，而不是非法获取的；其没有对 Facebook 网站造成损失。BrandTotal 主张，用户自愿下载了 UpVoice 和 Ads Feed 程序，所以，利用这些浏览器扩展程序收集脸书网站数据并不属于脸书公司服务政策中所禁止的以自动化方式抓取信息。

然而，BrandTotal 不仅通过用户下载的浏览器扩展程序抓取数据，还收集了其他没有下载浏览器扩展程序的用户信息。BrandTotal 设计了一个计算机程序，可以在用户没有访问 Facebook 网站的情况下系统地识别、捕获和传输相关数据。对于这些数据，BrandTotal 未经许可使用了自动化方式抓取，违反了脸书公司的服务政策规定。

---

① See Herron *v.* State Farm Mut. Ins. Co., 56 Cal. 2d 202, 206, 14 Cal. Rptr. 294, 363 P. 2d 310 (1961).

3. 根据利益平衡原则支持临时禁令申请

利益平衡原则要求法院考虑各方的利益并权衡对各方的损害[①]。一方面，脸书公司在保持信誉和避免用户数据泄露方面享有合法权益，如果命令脸书公司恢复BrandTotal的访问，会对这一权益造成影响。除此之外，不会对脸书公司造成更严重的损害，因为脸书在禁止BrandTotal前，即BrandTotal可以访问Facebook网站的时候，没有记录表明脸书公司遭受了重大损害。

另一方面，如果BrandTotal无法访问Facebook网站，将无法开展主营业务，面临失去客户、资金困难、濒临破产的风险，即前述“无法弥补的损害”。

权衡双方的利益和潜在损失，法院如果拒绝BrandTotal提出的临时禁令申请，则会对BrandTotal造成“无法弥补的损害”，该伤害远远大于脸书公司的损失。因此，法院作出了支持临时禁令的决定。

4. 基于公共利益的考虑，拒绝临时禁令申请

公共利益调查主要针对非当事方而不是当事方。法院在行使自由裁量权时，应特别注意采用禁令补救措施的公共后果[②]。如果不考虑原告、被告双方的利益，本案涉及的公共利益是用户的数据安全和隐私保护。

BrandTotal未经许可抓取脸书公司用户数据的行为，绕过了脸书公司的隐私设置，尽管用户在安装UpVoice浏览器扩展程序时单独同意共享大部分有争议的数据，但是在安装完成后，用户对其在脸书公司的隐私设置中所做的后续更改都不会限制其与BrandTotal的数据共享，即如果用户后悔将数据共享给BrandTotal，想要终止这种共享，无法在脸书公司的隐私设置中完成终止。用户无法撤销同意，停止BrandTotal继续获取其个人数据，将使其数据面临泄露的风险。

因此，出于对用户的数据安全和隐私保护的公共利益考虑，法院拒绝了BrandTotal提出的临时禁令申请。

判决结果

法院从四个方面分别分析了BrandTotal的临时禁令申请，最终驳回了BrandTotal的临时禁令申请。

二、本案知识点

1. 什么是数据共享的撤销同意权？在个人信息保护中为何要专门建立这项反悔权？

---

① See CTIA – The Wireless Ass’n *v.* City of Berkeley, 928 F. 3d 832, 852 (9th Cir. 2019).

② See Bernhardt *v.* L. A. County, 339 F. 3d 920, 931 – 32 (9th Cir. 2003).

信息处理者寻求与个人信息主体的数据共享,应当基于知情同意原则①。首先,应当明确告知主体共享的数据范围、方式、用途;其次,需要主体明确表示同意,即授权信息处理者获得相关数据。主体有权随时撤回对上述数据共享的同意,即取消这种授权②。

个人信息共享不是一次性转让某项权利,而是持续性分享不断产生的个人信息。是否将当下及未来的个人信息与人分享与是否曾经分享过去的个人信息无关。所以,曾经和正在分享个人信息的主体,有权随时终止这种分享权。另外,被许可人通常是利用个人信息牟利的商业主体,既有大规模专业化处理个人信息的技术能力,也有不愿丧失分享权而持续牟利的冲动。考虑被许可人有利用技术手段制造权利人停止分享的障碍的动机(如不提供撤销入口或该入口掩埋得很深),必须从权利源头上建立权利人随时反悔的权利,从而对抗一旦获得授权就肆无忌惮地挖掘个人信息进而牟利的被授权人。

2. 什么是利益平衡原则?本案中 BrandTotal 要侵害用户的数据权利,脸书公司要保护用户的数据权利,为何还要在二者间寻求利益平衡?

利益平衡原则,是指通过法律手段协调各方的利益冲突,使其达到相对公平合理的状态。利益平衡原则的重要标准是实现整体利益最大化,方法是衡量各方的损失和获益情况,选择利益最大化的解决方案。

本案中,BrandTotal 和脸书公司存在竞争关系。BrandTotal 的商业行为不是完全侵害用户利益,其也是在首先获得用户授权后开展的业务,虽然有后续的违法行为,但不是全部不合法。而脸书公司也不是完全出自保护用户数据安全的原因才禁止 BrandTotal 的接入,其也有为了自身获得竞争优势的动机,即利用其对平台的控制权,对在其上进行信息收集进而开展广告业务的竞争对手进行打压,从而扩大自身提供相似业务的竞争优势,存在不正当竞争的嫌疑。对二者诉求的判断不是在一个完全合法、另一个完全不合法的基础上进行的,二者都有合法和非法的侧面,因此,需要从整体上进行利弊分析,看看某项具体措施对一方的伤害是否显著高于给另一方带来的利益。

3. 什么情况下可以申请临时禁令?法院批准该禁令的标准是什么?

临时禁令是一种临时的紧急禁令,为了防止一方当事人的权利受到即时的、无法弥补的损害而要求另一方当事人为或不为一定的行为。

---

① 我国《个人信息保护法》第 14 条第 1 款规定:“基于个人同意处理个人信息的,该同意应当由个人在充分知情的前提下自愿、明确作出。法律、行政法规规定处理个人信息应当取得个人单独同意或者书面同意的,从其规定。”

② 我国《个人信息保护法》第 15 条第 1 款规定:“基于个人同意处理个人信息的,个人有权撤回其同意。个人信息处理者应当提供便捷的撤回同意的方式。”

法院在批准该禁令时,应当综合考虑以下因素:(1)原告提供了足够的证据使其具有胜诉的可能性;(2)原告面临无法弥补的损害;(3)颁发禁令给原告带来的收益大于被告的损失;(4)被告的行为达到损害公共利益的程度[①]。

4. 美国法中干涉合同的诉讼要素是什么?我国就干涉合同有什么救济措施?

美国法中,原告提出干涉合同的指控,必须证明:(1)原告与第三方之间存在有效的合同;(2)被告对本合同知情;(3)被告具有干涉合同的故意;(4)被告实施了破坏合同关系的行为;(5)被告干涉合同的行为给原告造成了实际损害[②]。

我国对于干涉合同行为的性质没有明确的定义,类似的概念有民商事领域引诱违约的行为。学术界一般认为,第三人干涉合同、引诱违约的行为属于侵权行为,侵犯了合同当事人的债权。如果债务人与第三人在主观上存在损害债权人利益的意思联络,则构成共同侵权,承担连带责任。例如,耐克公司诉阿迪达斯公司侵权案(以下简称郑智案)[③]就是按照第三人引诱违约处理的。郑智作为时任中国男足国家队队长,于2003年7月与耐克公司签订了代言合同,为耐克公司宣传代言。阿迪达斯公司为了与耐克公司竞争,于2004年起就多次引诱郑智违约,为其品牌代言,此后郑智多次公开穿着阿迪达斯品牌的产品,违反了与耐克公司的代言合同。2007年4月,耐克公司以阿迪达斯公司故意引诱郑智违约为由起诉其侵害了耐克公司的合同债权。最终,上海市第一中级人民法院认定阿迪达斯公司违反诚实信用原则,故意以高额利益引诱郑智违约,从而达到与郑智签订代言合同的目的;其行为导致耐克公司丧失了与郑智剩余合同期内的商业利益,判决郑智与阿迪达斯公司对耐克公司的损失承担连带赔偿。

在我国,也有观点认为,民事领域对干涉合同的规范不足,从商事竞争法的角度考察干涉合同的行为,认为其构成不正当竞争。例如,武汉鱼趣公司与上海炫魔公司不正当竞争纠纷案(以下简称斗鱼案)[④]的双方均从事网络直播行业,分别运营斗鱼平台和全民直播平台。2015年9月,主播朱某与斗鱼平台签订了独家直播协议,约定朱某的游戏解说视频、音频的各项权利归斗鱼平台所有。2016年,朱某在全民直播平台高额

---

① See Winter *v.* NRDC, Inc., 555 U. S. 7—"A plaintiff seeking a preliminary injunction must establish that he is likely to succeed on the merits, that he is likely to suffer irreparable harm in the absence of preliminary relief, that the balance of equities tips in his favor, and that an injunction is in the public interest."

② See Pac. Gas & Elec. Co. *v.* Bear Stearns & Co., 50 Cal. 3d 1118, 1126, 270 Cal. Rptr. 1, 791 P. 2d 587 (1990)—"The elements which a plaintiff must plead to state the cause of action for intentional interference with contractual relations are (1) a valid contract between plaintiff and a third party; (2) defendant's knowledge of this contract; (3) defendant's intentional acts designed to induce a breach or disruption of the contractual relationship; (4) actual breach or disruption of the contractual relationship; and (5) resulting damage."

③ 参见上海市第一中级人民法院民事判决书,(2007)沪一中民五(商)初字第99号。

④ 参见湖北省武汉市中级人民法院民事判决书,(2017)鄂01民终4950号。

薪资的利诱下与其签订了直播协议,违反了与斗鱼平台的独家直播协议。因此,武汉鱼趣公司在2017年提起诉讼,认为上海炫魔公司的引诱违约行为构成了不正当竞争。武汉市中级人民法院二审判决上海炫魔公司的引诱违约行为构成不正当竞争,承担赔偿责任。

与引诱违约可以类比的是,在婚姻关系中,第三者主动勾引夫妻一方,导致夫妻离婚,其中第三者的行为类似第三人干涉合同。第三者插足和引诱违约具有本质相似。首先,婚姻关系本质上是一种契约关系,是基于契约关系形成的身份关系,婚姻中的无过错方与第三者不存在契约关系,也没有因此产生的身份关系;其次,若第三者主动插足婚姻关系,导致夫妻双方感情破裂,符合知情、故意、造成损害的引诱违约三要件。我国对第三者插足的处理办法是,无过错方只能向具有身份关系的另一方主张离婚损害赔偿,而不能向无身份关系的第三者主张损害赔偿。也就是说,我国第三者插足的侵权诉因仅包含基于身份产生的侵权诉因,而不包含没有身份关系的侵权诉因。①

三、判决原文摘录

1. Facebook employs various measures to prevent "scraping"—bulk automated collection—of content from its products, including monitoring usage patterns, using "CAPTCHA" tests to determine whether users are human as opposed to automated programs, and disabling accounts that violate its rules.

2. BrandTotal induced users to install these browser extensions by offering gift cards as payment for UpVoice users, by allowing Ads Feed users to review lists of ads they had seen in the last ninety days so that users could return to ads that interested them, and by telling users that they would serve as "panelists" to influence corporate marketing decisions.

3. "A plaintiff seeking a preliminary injunction must establish that he is likely to succeed on the merits, that he is likely to suffer irreparable harm in the absence of preliminary relief, that the balance of equities tips in his favor, and that an injunction is in the public interest."

4. Monetary injury alone cannot generally establish the irreparable harm necessary to support preliminary injunctive relief, but a "threat of 'extinction'"—i. e., a party being driven out of business—can meet that standard.

5. On balance, the Court is not persuaded that the public interest favors the relief that BrandTotal seeks, requiring Facebook to provide immediate access to an automated data collection program that Facebook has not vetted.

---

① 最高人民法院《关于适用〈中华人民共和国民法典〉婚姻家庭编的解释(一)》第87条第1款规定:"承担民法典第一千零九十一条规定的损害赔偿责任的主体,为离婚诉讼当事人中无过错方的配偶。"

2-7　区块链的隐私权保护——美国政府与格拉特科夫斯基案 United States *v.* Gratkowski

【案　　号】964 F. 3d 307 (5th Cir. 2020)
【审理法院】美国联邦第五巡回上诉法院
【审理时间】2020 年 6 月 30 日

一、案件情况

上诉人:理查德·尼古拉·格拉特科夫斯基(Richard Nikolai Gratkowski)
被上诉人:美国政府(United States of American)

案件事实

比特币是一种虚拟货币,每个比特币用户都拥有一个类似银行账号的地址。用户可以通过这些地址,使用授权付款的私钥将比特币发送给其他用户。比特币用户必须在专用软件或虚拟货币交易所进行比特币交易。本案中的虚拟货币交易基地(Coinbase)就是一个虚拟货币交易所。

当比特币用户将比特币转移到另一个地址时,发送者会在比特币的公共网络(区块链)上传交易公告。区块链中仅包含发送者的地址、接收者的地址和转移的比特币数量等信息。区块链上的地址所有者是匿名的,但可以通过分析区块链识别出比特币地址的所有者。当一个组织创建多个比特币地址时,会将所有比特币地址组合成一个单独的中心地址(集群)。通过开源工具和私有软件产品可以分析比特币区块链的交易历史,识别出一个组织持有的比特币地址集群。

美国联邦调查局(Federal Bureau of Investigation,FBI)调查发现,被告理查德·尼古拉·格拉特科夫斯基在一个儿童色情网站(以下简称涉案网站)上下载资料并使用比特币付款。FBI 先是使用外部服务分析公开的比特币区块链,识别出由涉案网站控制的比特币地址集群。接着,FBI 向虚拟货币交易基地发送了大陪审团的传票(而不是搜查令),以获取虚拟货币交易基地所有用户的交易信息。最后,通过虚拟货币交易基地的交易记录查出了向涉案网站集群地址发送比特币以购买违法内容的用户。FBI 查出格拉特科夫斯基就是上述用户之一后,基于以上信息申请了对格拉特科夫斯基家的搜查令,在他家发现了一个包含儿童色情内容的硬盘。格拉特科夫斯基也承认自己是该网站的用户。

美国政府指控格拉特科夫斯基犯接收儿童色情制品和在涉案网站上观看儿童色情制品两项罪名。格拉特科夫斯基否认 FBI 搜查得来的证据,他认为 FBI 未持有搜查令,仅通过分析公共区块链上的比特币信息并获取虚拟货币交易基地的用户交易记录，属于不合理的搜查。他还辩称，自己对公共区块链上记录的比特币信息以及虚拟货币交易基地上的比特币交易记录具有合理的隐私期待并享有隐私权。FBI 通过不合理的搜查获取了这些信息，侵犯了《美国宪法第四修正案》所保护的隐私利益。

格拉特科夫斯基据此提出了驳回动议。地区法院驳回了其动议。格拉特科夫斯基又提出了上诉。

焦点问题

1. 格拉特科夫斯基对区块链上记录的比特币信息是否具有合理的隐私期待？

2. 格拉特科夫斯基对其在虚拟货币交易基地上的交易记录是否具有合理的隐私期待？

法院观点

1. 格拉特科夫斯基对区块链上记录的比特币信息不具有合理的隐私期待

如果权利人认为政府的不合理搜查侵犯了《美国宪法第四修正案》所保护的隐私利益，必须证明其对被搜查的内容具有合理的隐私期待①。根据第三方原则，人们对于其自愿移交给第三方的信息，不具有合法的隐私期待②。

比特币区块链上记录的信息包括发送方的比特币地址、接收方的比特币地址以及转移的比特币数量。首先，这些信息并不是日常生活中常见的信息类型，并且数量有限，无法识别出个人隐私。其次，发送和接收比特币是比特币用户的积极交易行为，用户应当预见这些交易信息会被区块链记录。

使用比特币交易的确比其他交易方式享有更大程度的隐私。但众所周知，每笔比特币交易都会被记录在公开的区块链中，每个比特币用户都可以访问公共比特币区块链，并查看交易双方的比特币地址和数量，通过分析区块链即可确定比特币地址所有者的身份。因此，区块链上记录的比特币信息并不属于隐私信息，不具有隐私期待。

上诉法院认为，格拉特科夫斯基对其在比特币区块链上的信息不具有合理的隐私期待，不受《美国宪法第四修正案》的保护。

2. 格拉特科夫斯基对其在虚拟货币交易基地上的交易记录不具有合理的隐私期待

在先前的判例中，美国联邦最高法院根据第三方原则认定，银行记录不受《美国宪法第四修正案》的保护③。因为银行记录并不是机密通信，只是用户在业务过程中自愿提交给银行及其职员的信息。虚拟货币交易基地是虚拟货币交易所，属于金融机构的一

---

① See United States *v.* Jones, 565 U.S. 400, 406, 132 S. Ct. 945, 181 L. Ed. 2d 911 (2012).

② See Smith *v.* Maryland, 442 U.S. 735, 743-44, 99 S. Ct. 2577, 61 L. Ed. 2d 220 (1979).

③ See United States *v.* Miller, 425 U.S. 435, 96 S. Ct. 1619 (1976).

种。虽然虚拟货币交易基地处理虚拟货币,但是其与传统银行一样,都保留用户的身份信息和货币交易记录,都是受到《银行保密法》(Bank Secrecy Act)监管的金融机构。

虚拟货币交易基地记录的信息是有限的,它只提供用户的虚拟货币交易信息,并不涉及用户的隐私。通过虚拟货币交易基地或其他虚拟货币兑换机构交易比特币是用户的积极行为,其应当预见这些交易信息会被记录。交易信息的性质和用户披露信息的自愿性导致其不具有合理的隐私期待。

比特币用户可以不使用第三方中介交易,以保障其个人隐私。但是这需要更为专业的技术,因此,比特币用户往往会选择牺牲一些隐私,通过虚拟货币交易基地等第三方中介进行交易。

上诉法院认为,格拉特科夫斯基对其在虚拟货币交易基地上的交易记录不具有合理的隐私期待,不受《美国宪法第四修正案》的保护。

判决结果

上诉法院维持了地区法院的驳回动议。

二、本案知识点

1. 对使用电子产品形成信息的隐私期待

可以从信息的性质和信息披露的自愿性两方面判断主体对使用电子产品形成的信息是否具有隐私期待①。

以涉及手机相关信息的史密斯案②和卡彭特案③为例:(1)用户对他们拨打的手机号码不具有隐私期待。手机号码只是一串数字,虽然能够识别到特定的号码持有人,但是不会反映其他信息,不具有保密性;用户在拨打电话号码时,号码会先传递到电话公司,再由电话公司转接给接听用户。在这一过程中,可以认为用户自愿将拨打的电话号码披露给电话公司。(2)用户对手机位置信息具有隐私期待。人们通常会时刻携带自己的手机,而手机位置信息像全球定位系统一样,能够定位到持有人所处的位置。如果将一段时间内的位置信息整合,便可得出手机持有人的行动轨迹,进而分析出他们的住址、偏好、职业等私密信息;不同于电话号码,用户在使用手机的各项功能时,不需要将自己的位置信息告知运营商,不能认为用户同意披露自己的位置信息。

2. 交易记录中的隐私权

(1)个体与银行等公共金融机构的交易记录不具有隐私期待。以米勒案④为例,支票等付款凭证只是商业交易中的流通票据,在性质上不属于机密信息;客户向银行提

---

① See Carpenter *v.* United States, 138 S. Ct. 2206, 2208 (2018).

② See Smith *v.* Maryland, 442 U. S. 735, 736, 99 S. Ct. 2577, 2578 (1979).

③ See Carpenter *v.* United States, 138 S. Ct. 2206, 2217, 201 L. Ed. 2d 507 (2018).

④ See United States *v.* Miller, 425 U. S. 435, 436, 96 S. Ct. 1619, 1621 (1976).

交转账记录、存款单、交易明细等文件，是为了办理银行的相关业务，可以认为是其在正常业务过程中自愿披露的信息。因此，个人对此类交易记录不享有隐私权。

（2）个体之间的交易记录具有隐私期待。个体之间的交易往往基于合同。首先，由于合同具有相对性，所涉及的交易记录等信息仅限于合同双方知晓，双方都可以合理地认为交易记录将被保密。其次，交易合同中往往设有相关保密条款，这进一步说明了交易双方对交易记录具有合理的隐私期待。最后，基于诚实信用和公平交易原则，也能推定合同双方相互保守交易记录等商业秘密。因此，个体之间的交易记录具备隐私权属性。

（3）个人与电商平台之间的交易记录具有隐私期待。首先，电商平台提前收集了消费者的账号信息，保存和记录了每个账号的所有交易信息。例如，电商平台往往设有"所有订单"选项，消费者可以在那里浏览自己之前的消费记录。通过整合消费者在一段时间内的交易记录，可以分析出其最近浏览的商品、购物需求、消费习惯、偏好等私密信息。从社会一般人的角度分析，消费者通常不会主动公开此类信息。其次，我国《电子商务法》规定，电商平台应当在界面首页披露相关服务协议和交易规则①。其中包含隐私政策，例如，平台不得非法获取、泄露、传播用户的交易记录；未经同意不得根据用户的交易习惯进行个性化推送、制作用户画像等。基于隐私政策，消费者合理地认为平台将对这些信息保密，可以推定消费者对于平台交易记录具有隐私期待。

（4）个人与商品零售商之间的交易记录不具有隐私期待。首先，个人与商品零售商之间的交易记录主要表现为购物凭证，只包含当次的消费信息，不会体现更多信息；其次，从社会一般人的角度分析，人们在购物结束拿到购物凭证时，往往只会用来核对自己的消费信息，核对无误后大概率会随手丢弃，可以推定为个体对这类交易信息的放弃或公开披露。当然，对于特定商品也有例外，如性用品，其反映了顾客的隐私偏好，顾客也会相应采取保密措施，并因此具有隐私期待。

三、判决原文摘录

1. Defendant did not have a Fourth Amendment privacy interest in the records of his Bitcoin blockchain transactions because the nature of the information and the voluntariness of the exposure weighed heavily against finding a privacy interest in an individual's information on the Bitcoin blockchain.

2. When an organization creates multiple Bitcoin addresses, it will often combine its Bitcoin addresses into a separate, central Bitcoin address (a "cluster"). It is possible to identify a "cluster" of Bitcoin addresses held by one organization by analyzing the Bitcoin

---

① 我国《电子商务法》第33条规定："电子商务平台经营者应当在其首页显著位置持续公示平台服务协议和交易规则信息或者上述信息的链接标识，并保证经营者和消费者能够便利、完整地阅览和下载。"

blockchain's transaction history.

3. For the Government to have infringed upon an individual's Fourth Amendment protection against unreasonable searches, the person must have had a "reasonable expectation of privacy" in the items at issue.

4. Under the third – party doctrine, a person generally "has no legitimate expectation of privacy in information he voluntarily turns over to third parties."

5. Bitcoin users are unlikely to expect that the information published on the Bitcoin blockchain will be kept private, thus undercutting their claim of a "legitimate expectation of privacy."

2 –8　以用户信息安全之名对抗政府搜查令——美国政府向法院申请令状要求苹果公司协助执行搜查令 In re Order Requiring Apple, Inc. to Assist in the Execution of a Search Warrant Issued by this Court

【案　　号】149 F. Supp. 3d 341 (E. D. N. Y. 2016)

【审理法院】美国纽约东区联邦地区法院

【审理时间】2016 年 2 月 29 日

一、案件情况

令状申请人:美国政府(United States of American)

被申请人:苹果公司(Apple, Inc.)

案件事实

2014 年 6 月 6 日,美国纽约东区联邦地区法院(以下简称地区法院)的法官批准了政府申请的搜查令和逮捕令:要求搜查涉嫌参与贩毒的冯俊(以下简称冯)在纽约皇后区的住所,逮捕冯及其同伙。2014 年 6 月 11 日,冯被拘留,2014 年 7 月 9 日,地区法院的陪审团指控冯和其他四名被告涉嫌贩卖、运输毒品罪(甲基苯丙胺)。

美国缉毒局(Drug Enforcement Administration, DEA)的探员在依搜查令搜查冯的住所时,查获了几部移动设备,包括冯的手机(iOS 5 系统的 iPhone 7s)。后续的调查过程中,美国政府没有从冯的苹果手机(iPhone)中收集到有用的证据。2015 年 7 月 6 日,美国政府又向地区法院申请了搜查令,以搜查该设备和从冯的住所查获的其他设备。搜查令的执行期限是两周。在接下来的两周内,DEA 探员们开始执行搜查令,他们试图搜查手机内容，但是手机设置了密码，无法解锁。DEA 探员寻求联邦调查局（Federal Bureau of Investigation，FBI）协助，但是仍然无法绕过 iPhone 的解锁密码。两周的调查期限届满后，政府开始向苹果公司寻求技术援助。苹果公司回应，在技术上能够帮助探员解锁冯的 iPhone 手机，但前提是法院向其发布合法的命令。

《所有令状法》（All Writs Act，AWA）规定，在符合法律原则和惯例的前提下，所有法院都有权发布一切必要或适当的令状，以协助实现司法权①。根据法条定义，法院在签发令状时必须满足以下三个条件：（1）签发令状有助于法院行使司法权；（2）令状必须是必要或适当的；（3）令状的签发必须符合法律原则和惯例。

本案中，法院在行使自由裁量权决定是否根据 AWA 签发令状时，需要考虑以下因素：（1）苹果公司与潜在犯罪行为和政府调查的关系是否密切；（2）所请求的命令是否会给苹果公司造成不合理的负担；（3）向苹果公司施加这种负担的必要性。

美国政府依据 AWA 向法院申请签发该令状，要求苹果公司解锁嫌疑人的手机。美国政府主张，如果没有苹果公司的技术帮助，搜查相关设备需要耗费大量资源，还可能会损害相关设备；这一请求不会给苹果公司带来任何不合理的负担；如果苹果公司不帮助政府解锁手机，将会阻碍办案进程。

法院在 2015 年 10 月 26 日听取了口头辩论。一天后，法院安排了诉讼程序，要求冯在两天后重新进行抗辩。2015 年 10 月 29 日，冯主动认罪。

法院认为，美国政府寻求苹果公司的援助，目的在于获得潜在的证据，从而指控冯的犯罪行为，而冯已经主动认罪，这一申请就没有实际意义了。美国政府回应，根据冯 iPhone 手机上的内容，可以搜查出他的同伙以及买家信息，将他的上线和下线一并抓获。

在 2015 年 10 月 8 日至 2016 年 2 月 9 日，全美各地联邦法院向苹果公司提出了 9 项请求，根据 AWA 命令苹果公司协助美国政府解锁共 12 部设备。但苹果公司对每一个案件中的命令都表示拒绝，没有在其中任何一个案件中按法院的命令协助美国政府解锁苹果设备。这些案件都没有最终解决。

本案与上述悬而未决的案件一样，美国政府和苹果公司在法院是否有权命令苹果公司协助美国政府解锁设备上存在分歧。

焦点问题

1. 由于冯已经认罪，美国政府的申请是否还有实际意义？

2. 美国政府的申请是否符合 AWA 的法定要素，即签发令状是否有助于法院行使

① 28 U. S. C. § 1651 (a)：The Supreme Court and all courts established by Act of Congress may issue all writs necessary or appropriate in aid of their respective jurisdictions and agreeable to the usages and principles of law.

司法权？令状是否必要或适当？令状的签发是否符合法律原则和惯例？

3. 美国政府的申请是否符合法院的自由裁量要素，即苹果公司与犯罪活动和政府调查是否具有密切联系？美国政府申请的令状是否会给苹果公司造成不合理的负担？向苹果公司施加这种负担是否具有必要性？

法院观点

1. 美国政府的申请有实际意义

美国政府寻求 AWA 命令，以要求苹果公司协助解锁冯的手机，目的不仅是给冯定罪，还要查清整个案件事实。冯主动认罪只涉及他一个人，其他嫌疑人的犯罪事实还未查实，整个案件尚未完结，没有进入审判阶段。在这种情况下，美国政府有权进一步调查本案细节，只要合法合规，仍可以根据 AWA 要求苹果公司协助解锁冯的手机，搜查手机里的内容，调查正在追查的同伙、买家和供应商的信息。因此，法院认定美国政府的申请有实际意义。

2. 美国政府的申请不符合 AWA 的法定要素

（1）签发令状有助于法院行使司法权。

根据先前的判例，美国政府寻求的令状救济有助于法院行使司法权①。法院签发令状命令苹果公司协助美国政府解锁并搜查冯的苹果手机，使美国政府得以执行法院此前签发的搜查令，进而有助于法院司法权的行使。本案中，美国政府根据 AWA 申请的令状符合协助法院行使司法权这一目的。

（2）该令状具有必要性和适当性。

除非法律另有规定，法院可以在职权范围内签发任何令状辅助其履行职责。只要法院认为签发令状有助于执行法庭命令或调查案件事实，就可以认定该令状具有必要性和适当性，即令状的必要性和适当性是由法院自由裁量的。

本案中，法院签发针对苹果公司的令状有助于美国政府执行此前的搜查令，故可以被认为具有必要性和适当性。

（3）美国政府申请的令状不符合法律原则和惯例。

法院不能根据 AWA 发布联邦法规明确或暗示禁止的令状。联邦《执法通信援助法》（Communication Assistance for Law Enforcement Act，CALEA）已经排除了信息服务提供商履行协助政府部门获取信息内容的义务，而苹果公司就是信息服务提供商。所以，法院不能向苹果公司颁发禁令。

在制定 CALEA 时，首先，美国国会限制了执法部门的权限，为保障通信自由和言论自由，法律不授权任何执法部门要求信息服务提供商为其提供设备或服务支持；其

---

① See United States *v.* New York Tel. Co., 434 U.S. 159, 161, 98 S. Ct. 364, 366 (1977).

次，美国国会明确免除了信息服务提供商使用专用网络或设备为政府部门提供信息服务以协助执法的义务；最后，信息服务提供者不负责解密用户的加密通信。

本案中的苹果公司属于CALEA规定的“信息服务提供者”。CALEA明确规定，对政府的协助义务不延及信息服务提供者。因而，美国政府基于AWA的请求与CALEA的规定相悖，不符合法律原则和惯例。

3. 美国政府向法院申请的令状不符合法院的自由裁量要素

（1）苹果公司与犯罪活动和政府调查不具有密切关系。

首先，苹果公司与冯的犯罪活动没有密切关系。冯在购买iPhone手机后，该产品就成为他的个人财产了。无论他使用iPhone手机从事什么行为，包括犯罪活动，都是其个人行为，与苹果公司无关。苹果公司向数以万计的用户销售了产品，无差别地提供iOS系统、信息存储、密码解锁等服务，不能认为苹果公司为特定犯罪分子的犯罪活动提供了服务。法院认定苹果公司与冯的犯罪行为没有关系，没有义务协助DEA的调查。

其次，苹果公司没有阻碍美国政府的调查。美国政府认为，苹果公司足够接近潜在证据，即冯手机里的内容。但是苹果公司的锁屏密码导致DEA无法获取其中的内容，阻碍了政府对案件的调查。法院认为，苹果公司没有与冯合谋锁定他手机上的内容，只是拒绝帮助政府解锁，这不是阻止执法人员的调查。

（2）美国政府的申请会给苹果公司造成不合理的负担。

纽约电话公司案的判决表明，法院依据AWA签发令状时，不得对其命令主体施加不合理的负担①。

苹果公司是一家股份公司，对其股东和客户负责。为客户提供优质的产品和服务、保护客户的数据和隐私是它的义务。在没有明确法律授权的情况下帮助政府解锁手机密码，会导致苹果公司泄露客户的解锁密码，进而威胁苹果与其客户之间的信任；应美国政府要求帮助解锁客户的手机并非苹果公司的正常业务范围，并且对客户具有冒犯性；苹果公司在其他类似案件中始终拒绝向政府提供解锁客户手机的帮助。为了保护客户的隐私和数据安全，苹果公司不希望政府或其他主体迫使其提供有争议的信息或帮助。

法院最终认定，美国政府申请的协助令状将会给苹果公司造成不合理的负担。

（3）美国政府的申请不具有必要性。

美国政府辩称，如果没有苹果公司的帮助，将无法解锁冯的手机，无法发现潜在的证据。

但是，在两个月前的另一起案件中，美国政府作出了相互矛盾的陈述：没有手机解

---

① See United States *v.* Djibo, 151 F. Supp. 3d 297, 298 (E. D. N. Y. 2015).

锁密码并不导致美国政府完全无法获取手机内容①。因为国土安全调查局(Bureau of Homeland Security Investigation,HSI)的技术人员掌握了破解 iPhone 手机密码安全功能的技术,从而获取了手机里的数据。HSI 探员可以使用专门的软件,绕过 iPhone 手机的密码输入环节,无须密码即可解锁手机,进而访问和复制其中的数据内容。

法院认为,美国政府在本案中的陈述与其在另一起案件中的陈述相互矛盾,所以两次陈述都不可信,美国政府不能证明其寻求苹果公司帮助解锁手机的必要性。

判决结果

法院驳回了美国政府基于 AWA 要求苹果公司解锁客户手机的申请。

二、本案知识点

1. CALEA 的立法背景和主要内容

新兴电信技术和加密技术的发展,给执法部门的监听通信、访问加密通信、拦截呼叫信息等工作带来了困境。1994 年,美国国会通过了 CALEA,要求电信运营商为执法部门提供特定的电信设备,以协助其行使职权。

CALEA 要求电信运营商为执法部门监听、拦截特定的电信设备提供帮助,使其设备或服务:(1)能够按照法院命令拦截通信内容;(2)能够帮助执法部门识别呼叫信息;(3)能够将拦截的通信内容和识别的呼叫信息以标准格式提供给政府;(4)前两点要求的实施方式应尽量减少对用户的干扰,保持政府监听的隐蔽性②。

---

① See United States *v.* New York Tel. Co., 434 U.S. 159, 161, 98 S. Ct. 364, 366 (1977).

② 47 U.S.C. § 1002 (a): Capability requirements. Except as provided in subsections (b), (c), and (d) of this section and sections 108 (a) and 109 (b) and (d) [47 U.S.C. §§ 1007 (a) and 1008 (b)], a telecommunications carrier shall ensure that its equipment, facilities, or services that provide a customer or subscriber with the ability to originate, terminate, or direct communications are capable of—

(1) expeditiously isolating and enabling the government, pursuant to a court order or other lawful authorization, to intercept, to the exclusion of any other communications, all wire and electronic communications carried by the carrier within a service area to or from equipment, facilities, or services of a subscriber of such carrier concurrently with their transmission to or from the subscriber's equipment, facility, or service, or at such later time as may be acceptable to the government;

(2) expeditiously isolating and enabling the government, pursuant to a court order or other lawful authorization, to access call – identifying information that is reasonably available to the carrier—

(A) before, during, or immediately after the transmission of a wire or electronic communication (or at such later time as may be acceptable to the government); and

(B) in a manner that allows it to be associated with the communication to which it pertains,

except that, with regard to information acquired solely pursuant to the authority for pen registers and trap and trace devices (as defined in section 3127 of title 18, United States Code), such call – identifying information shall not include any information that may disclose the physical location of the subscriber (except to the extent that the location may be determined from the telephone number);

(3) delivering intercepted communications and call-identifying information to the government, pursuant to a

2. 在为政府获取被调查人的信息内容提供协助方面，信息服务商和电信运营商的义务有何区别

CALEA 仅适用于电信运营商，不适用于信息服务商。即针对电信运营商设定了义务，而没有对信息服务商设定义务。电信运营商本质上是管道商，其不能触及、浏览、保存、使用、知晓信息管道内“流淌”的信息，其职责只是维护管道的通畅和安全。而信息服务商要对内容进行选择、甄别、汇编、处理，其了解信息内容并对信息内容进行操作。如果要求信息服务商为执法部门提供协助，则会导致用户信息内容直接呈现在执法部门面前；而如果要求电信运营商为执法部门提供帮助，只是赋予执法部门接触电信管道的行为权利，至于其是否可以获得管道里的内容（如解锁手机），以及其是否可以读懂其中的内容（如数据解密），那是其行为能力的事。因此，该法明确规定了对信息服务商的豁免：由于直接获得信息内容涉及言论和通信自由，不授权任何执法部门要求信息服务商为其提供设备或服务支持；免除了信息服务商使用专用网络或设备为政府部门提供信息服务以协助执法的义务；信息服务商不负责解密用户的加密通信[①]。

---

court order or other lawful authorization, in a format such that they may be transmitted by means of equipment, facilities, or services procured by the government to a location other than the premises of the carrier; and

(4) facilitating authorized communications interceptions and access to call-identifying information unobtrusively and with a minimum of interference with any subscriber's telecommunications service and in a manner that protects—

(A) the privacy and security of communications and call-identifying information not authorized to be intercepted; and

(B) information regarding the government's interception of communications and access to call-identifying information.

① 47 U. S. C. § 1002 (b): Limitations.

(1) Design of features and systems configurations. This title [47 U. S. C. § § 1001 et seq.] does not authorize any law enforcement agency or officer—

(A) to require any specific design of equipment, facilities, services, features, or system configurations to be adopted by any provider of a wire or electronic communication service, any manufacturer of telecommunications equipment, or any provider of telecommunications support services; or

(B) to prohibit the adoption of any equipment, facility, service, or feature by any provider of a wire or electronic communication service, any manufacturer of telecommunications equipment, or any provider of telecommunications support services.

(2) Information services; private networks and interconnection services and facilities. The requirements of subsection (a) do not apply to—

(A) information services; or

(B) equipment, facilities, or services that support the transport or switching of communications for private networks or for the sole purpose of interconnecting telecommunications carriers.

(3) Encryption. A telecommunications carrier shall not be responsible for decrypting, or ensuring the government's ability to decrypt, any communication encrypted by a subscriber or customer, unless the encryption was provided by the carrier and the carrier possesses the information necessary to decrypt the communication.

3. 如何在公民的信息安全和国家安全之间寻求利益平衡

公民的信息安全属于其人格权利益，受到法律保护；政府部门在行使职权的过程中可能需要牺牲个人的信息利益，以维护国家和社会的安全。当个人利益和国家利益发生冲突时，根据利益平衡原则，应当以国家利益为重。因此，为配合执法机关侦破案件，有时公民需要让渡一部分个人信息权益。例如，警方为侦破案件，可以采用合法手段搜查嫌疑人的手机数据、网站浏览记录或调取监控视频中的人脸信息。上述“合法手段”与搜查有形物一样，需要得到法院的搜查令，但有法定例外——这部分内容规定在《联邦证据法》（Federal Rules of Evidence）中。该法规定了哪些证据应以非法证据排除规则而排除入门，这样就限制了执法部门的取证方式。具体来说，执法部门向法院申请搜查令的例外，包括逮捕附带的搜查（search incident to constitutional arrest）、汽车搜查（automobile exception）、目光所及发现了违禁物（plain view）、被搜查人同意（consent）、留置后拍打外衣中的武器（stop and frisk）、紧急情况或证据容易灭失六种情形。

应当注意，搜查权和要求公民上交特定物的权力有本质区别，前者是授予执法部门权力，即法律或法院允许执法部门“去查”；后者是设定公民的义务，只有在法律赋予公民上交特定物的义务后，公民才有主动上交的义务，如征收法、税法。对于信息这种无形物，与有形物一样，除非有专门法规定公民有义务把个人信息提交给政府，否则公民没有义务上交信息，协助人也没有义务帮助政府机构直接获得公民信息。从执法部门获得了搜查权推导不出公民具有上交被搜查物的义务。

美国有关征税的各种法律中规定了公民提供收入信息的义务，而美国《移民和国籍法》（Immigration and Nationality Act，INA）规定了签证申请人提供个人信息的义务。除法律规定的信息上报义务外，政府的调查权、搜查权都不包含要求公民上报信息的义务，只是规定了政府有权去寻找这些信息，至于能否找到，那不是公民或行政协助人的事，而是调查人员的能力问题。所以，搜查令及其例外，都没有赋予公民和协助人提交信息的义务。本案的难点，就在于解锁手机密码到底属于为搜查手机提供协助，还是直接提供公民个人信息。法官认定为后者，因为该协助完成后，调查人员将肯定性地获得公民个人信息，这就不属于“搜查信息的协助”，而是“提供信息的协助”。有关二者的区别，可以参考让一个人交出手机，和让一个人告诉你该手机里有什么。

三、判决原文摘录

1. Accordingly, ordering Apple to help the government bypass the passcode security on Feng's device would be in aid of this court's jurisdiction for purposes of the AWA.

2. I therefore conclude that what the government seeks here is "to have the court give it authority that Congress chose not to confer."—and that, for the reasons explained

above, granting such a request is not "agreeable to the usages and principles of law."

3. There is no question that the court has the authority under the AWA to compel Apple — or anyone else for that matter — to take action regardless of whether it was involved in the underlying criminal conduct, so long as it does so "under appropriate circumstances."

4. The Supreme Court acknowledged in N. Y. Tel. Co. that a court exercising its authority under the AWA may not impose "unreasonable burdens" on the subjects of its orders.

5. That result does not remotely establish the proposition the government supports here — namely, that it is impossible for it to bypass the security of an earlier operating system without Apple's help. What it does establish is simply that the government has made so many conflicting statements in the two cases as to render any single one of them unreliable.

2-9 数字搜索——莱利与加利福尼亚州政府案 Riley *v.* California

【案　　号】573 U. S. 373, 134 S. Ct. 2473 (2014)

【审理法院】美国联邦最高法院

【审理时间】2014 年 6 月 25 日

一、案件情况

说明：在以下两起案件中，警方在逮捕嫌疑人后，都在没有单独申请搜查令的前提下，对嫌疑人的手机内容进行了搜查，并且将从手机里获取的数据作为指控犯罪的证据。美国联邦最高法院在两起案件中一致认为，在没有搜查令的情况下，警察不能在被告被捕时搜查被告手机上的数字信息。由于案由一样，一审被告都是加利福尼亚州政府，且诉因皆由其行政机关的搜查行为引发，故将二者合并在一个判决中。

第 13－132 号案件

上诉人（原审被告）：大卫·莱昂·莱利（David Leon Riley）

被上诉人（原审原告）：加利福尼亚州政府

第 13－212 号案件

上诉人（原审原告）：加利福尼亚州政府

被上诉人（原审被告）：布里玛·乌里（Brima Wurie）

案件事实

《美国宪法第四修正案》规定，不得以不合理的搜查或扣押行为，侵犯公民的人身、住所、文件和财产等合法权利，除非存在紧急的例外情形①。法院根据奇梅尔案②制定了以下规则（以下简称奇梅尔规则），以评估执法部门的搜查行为是否合理：(1)出于保护警察安全的目的，警方搜查嫌疑人是为了防止其使用武器、逃跑或抗拒抓捕，否则警察的安全会遭受威胁，逮捕行动也会受挫；(2)出于防止嫌疑人销毁证据的目的，警方搜查嫌疑人身上的所有物品是为了防止其隐藏或破坏证据。

1. 第 13 – 132 号案

在该起案件中，大卫·莱昂·莱利因车辆注册过期而被一名警察拦下。在停车检查的过程中，警察发现莱利的驾驶执照已被吊销，于是依据交通法规扣押了其车辆。另一名警察对这辆车进行了搜查，在汽车引擎盖下发现了两把手枪，于是以持有上膛的枪支为由逮捕了莱利。警察从莱利的裤兜里搜出一部智能手机，并查看了手机信息，在短信中发现其重复使用了与街头帮派有关的术语。一名专门研究帮派的侦探进一步检查了手机内容，发现了与帮派有关的照片和视频。警方还发现了一张涉嫌犯罪的照片，照片中莱利站在一辆疑似参与了几周前发生的枪击事件的汽车前。

最终，警方指控莱利与几周前发生的枪击事件有关：帮派犯罪团伙使用半自动步枪射击了一辆有人乘坐的汽车，袭击和谋杀未遂。根据莱利帮派成员的身份，检方要求对其加重刑期。

莱利否认警方从他手机里获取的所有证据，他认为警方在未持有搜查令并且没有其他紧急事由的情况下，查看了他手机里的信息，这一行为违反了《美国宪法第四修正案》。

初审法院驳回了莱利否认证据的动议，莱利被指控犯有三项罪名，判处 15 年监禁。加利福尼亚州上诉法院维持了原判，上诉法院依据加利福尼亚州最高法院的判决先例，认为《美国宪法第四修正案》允许警方在逮捕嫌疑人时对其手机进行无证搜查，只要手机与嫌疑人有直接关联③。加利福尼亚州最高法院驳回了莱利的再审申请。美国联邦最高法院则准予移审④。

---

① U. S. C. Const. Amend. 4: The right of the people to be secure in their persons, houses, papers, and effects, against unreasonable searches and seizures, shall not be violated, and no Warrants shall issue, but upon probable cause, supported by Oath or affirmation, and particularly describing the place to be searched, and the persons or things to be seized.

② See Chimel *v.* California, 395 U. S. 752, 89 S. Ct. 2034, 23 L. Ed. 2d 685.

③ See People *v.* Diaz, 4 Cal. 84th 119, 3 Cal. Rptr. 105d 244, 3 P. 501d 2011(93).

④ See Riley *v.* California, 573 U. S. 373, 380, 134 S. Ct. 2473, 2481 (2014).

2. 第 13 – 212 号案

在该起案件中，警察在例行检查时发现被告布里玛 · 乌里在车上销售毒品，于是将其逮捕至警局。在警局内，警方从乌里的身上查获了一部手机，并多次接到备注为"家"的号码打来的电话。打开手机后，壁纸是一个女人和一个婴儿的照片，警方查看了乌里手机的通话记录，确定了备注为"家"的手机号码，并对该号码进行追踪，查到一栋公寓楼。

当警察前往公寓楼时，他们在邮箱上看到了乌里的名字，并通过窗户观察到一个女人，她与乌里手机壁纸上的女人非常相似。警察申请了搜查令，在随后的搜查中查获了 215 克可卡因、大麻以及吸毒的工具，还发现了枪支和弹药。

乌里被指控持有并贩卖可卡因，并且持有枪支弹药，应当加重量刑。乌里否认警察从其公寓中搜查获得的证据，辩称警方基于无证搜查获得了其手机信息，这种搜查违反了《美国宪法第四修正案》。地区法院驳回了该动议，判处乌里 262 个月的监禁。

美国联邦第一巡回上诉法院的合议庭推翻了地区法院驳回乌里动议的判决，并撤销了乌里持有枪支的加重情节。法院认为，手机不同于其他可以在没有搜查令的情况下被搜查的实物财产，因为手机包含了大量个人数据，而且对执法不构成威胁。

焦点问题

警方能否在没有搜查令的情况下，搜查嫌疑人手机里的数据？

法院观点

法院认为，即使警方已经逮捕了嫌疑人，并且控制了他的手机，也必须提前申请搜查令，才能对其手机里的数据进行搜查。

1. 不能认定搜查行为是为了保护警察的安全

存储在手机里的数据并不是伤害警察或帮助嫌疑人逃跑的工具。警察在搜到嫌疑人的手机时，可以进行检查，确保手机不会被作为武器，如检查手机壳里是否隐藏了刀片，但手机里的数据不会伤害任何人。

因此，根据奇梅尔规则第 1 条，不能认定上述案件中警方对嫌疑人手机进行搜查是为了保护警察的安全，其不属于合理的无证搜查。

2. 不能认定搜查行为是为了防止证据被销毁

一旦警察控制住了嫌疑人，他本人就无法删除手机里的相关数据。此时，存在两种方式销毁手机里的证据：远程删除和数据加密。

关于远程删除，当嫌疑人的手机连接到无线网络时，第三方可以通过相关技术手段发送信号或者对手机进行预编程，使其在进入或离开某些地理位置时远程删除数据（"地理围栏"）。此时，警方可以通过断开手机的网络连接、将手机放置在铝箔袋中屏蔽信号、直接关机等方式，避免其他主体远程删除嫌疑人手机里的证据。关于数据加密，智能手机支持设置锁屏密码，或者对相关文件进行单独加密。但是，涉及锁屏或加密文件时，警方的技术手段足以对其进行解密。

对于这两种方式，警方都有合理的手段排除证据被销毁的风险，而不需要搜查手机内容。因此，警方以防止销毁证据为目的进行无证搜查，不符合奇梅尔规则第 2 条，不属于合理的无证搜查。

3. 搜查手机数据会严重侵犯嫌疑人的隐私

现代智能手机最显著的特征之一是其巨大的存储容量。在手机出现之前，人们通常不会随身携带大量敏感的个人信息，对嫌疑人进行搜查只会对其隐私构成有限的侵犯。但是手机存储了嫌疑人的照片、视频、联系人、短信、互联网浏览记录等一系列重要内容，一旦对手机数据进行搜查，会严重侵犯嫌疑人的隐私。

最后，法院基于对奇梅尔规则的分析和侵犯隐私的考量，认定这两个案件中警方对嫌疑人手机数据的搜查属于不合理的无证搜查，违反了《美国宪法第四修正案》的相关规定。

法院承认，对于这两个案件的判决将会对执法部门打击犯罪的能力产生影响。手机已然成为犯罪分子实施犯罪活动的重要工具，其中的数据内容可以为警方提供有价值的证据。所以，法院并不是禁止警方搜查嫌疑人的手机数据，而是要求提前申请搜查令。

判决结果

美国联邦最高法院推翻了加利福尼亚州上诉法院在第 13－132 号即莱利案中的判决；维持了美国联邦第一巡回上诉法院在第 13－212 号即乌里案中的判决。

二、本案知识点

本案主要涉及一目了然原则（Plain View）的例外是否适用于手机里的数据搜查的问题。

一目了然原则，是指如果执法人员在公共场所或者基于其他事由进行合法搜查时，在视线所及范围内发现违禁品或其他犯罪证据，则可以在没有搜查证的情况下对该公民或嫌疑人进行搜查。例如，警方在公园发现一个人携带武器，则可以根据一目了然原则，对这个人进行无证搜查。又如，警方以涉嫌盗窃为由申请了搜查令，对某个嫌疑人进行合法的搜查，如果在搜查过程中发现了武器，也可根据一目了然原则，以非法持有武器为由对嫌疑人进行进一步的搜查，而不需要另外申请搜查令。

也就是说，一目了然原则的适用场景是，警方直接发现了犯罪证据或违禁品，嫌疑人有实施犯罪、销毁罪证或逃避抓捕的可能性和紧迫性，存在紧急搜查并压制嫌疑人的必要性。此时如果苛求警方通过合法的流程申请搜查令，则会耽误抓捕时机，甚至造成严重的伤害。因此，将其作为无证搜查的例外情形之一。

一目了然原则不适用于对手机里的数据进行搜查。首先,一目了然原则要求警方一眼发现违禁品或者犯罪证据,即有形的物品。而手机数据是无形的数字内容,不可能在目光所及范围内,故不应适用该原则。其次,一目了然原则要求警方发现的物品"确定违法",如果只是可疑物品,则不能适用。而针对手机数据,无法当场判断其合法性,如果允许警方根据这一规则对手机数据进行无证搜查,则不满足"确定违法"的要求。最后,一目了然原则是为了排除紧迫、现实的犯罪危险,而手机数据并不会对警方或其他公民构成直接的危险。

三、判决原文摘录

1. The U. S. Supreme Court unanimously held that the police officers generally could not, without a warrant, search digital information on the cell phones seized from the defendants as incident to the defendants' arrests.

2. While the officers could examine the phones' physical aspects to ensure that the phones would not be used as weapons, digital data stored on the phones could not itself be used as a weapon to harm the arresting officers or to effectuate the defendants' escape.

3. The potential for destruction of evidence by remote wiping or data encryption was not shown to be prevalent and could be countered by disabling the phones.

4. The immense storage capacity of modern cell phones implicated privacy concerns with regard to the extent of information which could be accessed on the phones.

5. The ultimate touchstone of the Fourth Amendment is reasonableness. Where a search is undertaken by law enforcement officials to discover evidence of criminal wrongdoing, reasonableness generally requires the obtaining of a judicial warrant.

2-10 人肉搜索——丹布利与埃克苏案 D'Ambly *v.* Exoo

【案　　号】Civil Action No. 20-12880, 2021 U. S. Dist. LEXIS 210315 (D. N. J. Nov. 1, 2021)

【审理法院】美国新泽西州联邦地区法院

【审理时间】2021 年 11 月 1 日

一、案件情况

原告:丹尼尔·丹布利(Daniel D'Ambly)等

被告:克里斯蒂安·埃克苏(Christian Exoo)、圣劳伦斯大学(ST. Lawrence

University,SLU)、推特公司(Twitter)[①]等

案件事实

被告克里斯蒂安·埃克苏是美国左翼支持者,原告丹尼尔·丹布利是美国右翼支持者。原告声称,埃克苏及其同伙致力于在网络上识别法西斯主义者和白人至上主义者。在识别他们的个人身份后,埃克苏使用推特账号(@AntiFashGordon)对他们进行人肉搜索,公开披露他们的身份、雇主、学校、家庭住址等。在对原告进行人肉搜索时,埃克苏领导了一个团体,其中包括埃克苏的雇主SLU,推特的法律、公共政策以及信任和安全负责人加德(Gadde),以及埃克苏的一些推特粉丝。埃克苏还让他的同伙给原告的雇主、同事和学校管理人员打电话、发电子邮件或发送推文,以解雇或开除他们。

原告声称,在被埃克苏及其同伙人肉搜索后,他们受到了暴力威胁,其房屋和个人物品遭到破坏,并且被单位解雇(丹布利在遭到埃克苏人肉搜索后,被《纽约每日新闻》解雇,失去了这份工作)。丹布利于2020年9月21日提起诉讼,以违反联邦和新泽西州《反犯罪组织侵蚀合法组织法》(the Racketeer Influenced and Corrupt Organizations Act, RICO)[②]、联邦和新泽西州刑事法规为由向被告提出了索赔,并且提出了干涉合同、侵犯隐私和隐居权的索赔。2021年3月25日,其他被埃克苏及其同伙人肉搜索的原告提交了修改后的起诉书。

被告根据《联邦民事诉讼规则》(Federal Rule of Civil Procedure)第12(b)(2)条[③]和第12(b)(6)条[④]分别主张缺乏属人管辖权以及原告没有提出合理的索赔请求,提出了驳回动议。

本案审理的是被告埃克苏、SLU和推特的驳回动议。

焦点问题

1.被告是否实施了敲诈勒索行为?

2.法院对被告是否存在特定的属人管辖权?

3.被告是否构成干涉合同?

4.被告是否构成侵犯隐私和隐居权?

5.根据新泽西州刑法和联邦刑事法规,原告是否享有私人诉权?

---

① 推特公司已于2023年6月更名为X公司。

② RICO收编于《美国联邦法典》第18篇(18 U.S.C.)第96章。

③ Fed Rules Civ. Proc. R. 12 (b): How to Present Defenses. Every defense to a claim for relief in any pleading must be asserted in the responsive pleading if one is required. But a party may assert the following defenses by motion: (2) lack of personal jurisdiction.

④ Fed Rules Civ. Proc. R. 12 (b): How to Present Defenses. Every defense to a claim for relief in any pleading must be asserted in the responsive pleading if one is required. But a party may assert the following defenses by motion: (6) failure to state a claim upon which relief can be granted.

6. 推特是否构成过失委托?

7. 推特是否违反了诚信和公平交易默示契约?

法院观点

1. 不能认定被告构成敲诈勒索,驳回原告的 RICO 索赔

原告根据联邦 RICO 和新泽西州 RICO 向被告提出敲诈勒索的索赔①。提出此种索赔,原告必须证明被告有组织地实施了敲诈勒索行为,或者从事了上游犯罪行为,为其敲诈勒索行为铺垫。

(1)被告不构成《霍布斯法案》(Hobbs Act)所规定的敲诈勒索。

《霍布斯法案》规定,敲诈勒索,是指犯罪人对受害者使用暴力或以暴力相威胁,使其陷入恐惧并主动交出财产,犯罪人因此获得财产②。根据《霍布斯法案》的规定,成立敲诈勒索要求犯罪人从受害者那里"获得财产"。本案中,原告认为埃克苏的人肉搜索行为导致其失去了工作,但是失去工作并不符合本法要求的"获得财产",因为原告被单位解雇,并不是基于被告的恐吓行为主动交出财产,而使得被告获得财产。因此,法院认定被告的行为不构成敲诈勒索,驳回了原告依据《霍布斯法案》提出的索赔请求。

(2)被告没有从事美国《旅行法》(Travel Act)所规定的上游违法行为。

美国《旅行法》规定的上游违法行为包括:涉及赌博、未缴纳受管制物品税费以及组织卖淫;敲诈勒索、贿赂、纵火等犯罪;涉及洗钱等犯罪。原告据此提出索赔,主张被告向其拨打威胁电话、发送电子邮件、推特私信和评论,导致原告被单位解雇。但是本案中没有任何证据证明,埃克苏组织的任何成员从事了美国《旅行法》中规定的违法活动。因此,原告未能证明被告实施了上游违法行为。

由于原告没有充分证明被告实施了上游违法行为,就无法证明被告存在敲诈勒索行为。因此,法院驳回了原告依据联邦 RICO 提出的索赔。

(3)被告并非有组织地实施了敲诈勒索行为。

要根据新泽西州 RICO 提出索赔,原告必须证明被告有组织地实施了敲诈勒索行为。具体而言,原告需要举证参与犯罪组织的人数、参与者之间怎样配合、各个参与者是否了解计划目的、分别发挥了什么作用、如何进行决策和执行计划、该组织从事敲诈

---

① 18 U. S. C. § 1961 (8):"racketeering investigation" means any inquiry conducted by any racketeering investigator for the purpose of ascertaining whether any person has been involved in any violation of this chapter or of any final order, judgment, or decree of any court of the United States, duly entered in any case or proceeding arising under this chapter.

② 18 U. S. C. § 1951(b) (2):The term "extortion" means the obtaining of property from another, with his consent, induced by wrongful use of actual or threatened force, violence, or fear, or under color of official right.

勒索行为的频率等①。

本案中,原告主张埃克苏组织了一个团伙,成员包括其在SLU的同事和其在推特上的粉丝。除了成员之外,原告没有提供关于该组织情况的进一步细节,比如,各个成员在组织中发挥了什么作用、存在哪些互动等。因此,法院认为,没有充分的证据证明各个被告有组织地进行了敲诈勒索行为,驳回了原告依据新泽西州RICO提出的索赔请求。

综上所述,根据《联邦民事诉讼规则》第12(b)(6)条对索赔的要求,原告的三项RICO索赔因未能提出合理的索赔请求而被驳回。

2. 除丹布利外,其他原告提出的索赔缺乏属人管辖权

埃克苏辩称,由于原告的RICO索赔被法院驳回,针对被告埃克苏、SLU和推特的其他索赔都不能依靠RICO建立属人管辖权,即其他索赔因缺乏属人管辖权而应当被驳回。

根据美国联邦最高法院的判例,美国联邦第三巡回上诉法院制定了一项规则,以确定是否存在特定的属人管辖权②。首先,被告必须有目的地在某地区活动;其次,诉讼是由被告的行为引起的或者具有实质性关联;最后,如果满足前两个要求,法院必须公平地行使管辖权。

本案中,原告指控被告人肉搜索的行为干扰了他们的家庭生活和工作,但是除了丹布利之外,其他原告都没有在新泽西州生活或工作,其他原告无法证明他们的索赔和埃克苏之间存在足够的联系,法院无法断定其他原告通过与埃克苏的连接产生了新泽西州的属人管辖权。因此,根据《联邦民事诉讼规则》第12(b)(2)条对属人管辖权的规定,除丹布利外,其他原告提出的索赔请求均因缺乏属人管辖权而被驳回。

3. 驳回原告关于干涉合同的索赔

丹布利主张埃克苏故意将人肉搜索的信息发送给丹布利的单位《纽约每日新闻》报社,导致其被单位解雇。该行为干涉了丹布利与单位之间的雇佣合同,侵犯了其基于雇佣合同的预期利益,属于干涉合同的侵权行为。

埃克苏辩称,其向丹布利的单位提供了真实的信息,并不构成非法干涉。埃克苏发送的信息表明丹布利是法西斯主义者和白人至上主义者。对此,丹布利并没有否认,并且承认自己是新泽西州欧洲遗产协会(European Hematology Association,EHA)的成员。埃克苏提供了相关的推特帖子证明EHA坚持白人至上主义的观点。例如,

---

① See State *v.* Ball, 141 N. J. 142, 661 A. 2d 251, 261 (N. J. 1995).

② See O'Connor *v.* Sandy Lane Hotel Co., 496 F. 3d 312, 317 (3d Cir. 2007).

EHA 的网站包含白人至上主义者经常使用的短语、其 YouTube 页面包含纳粹标志和反犹太主义的图片。简言之,埃克苏向丹布利的单位发送的信息都是真实的,并非诽谤或虚假信息,故该行为不构成非法干涉。

因此,法院认定原告未能充分证明被告的行为构成干涉合同,驳回了其干涉合同的索赔请求。

4. 驳回了原告关于侵犯隐私和隐居权的索赔

丹布利主张,埃克苏将其私人信息公开,并且在人肉搜索时进入了丹布利的私人空间,据此提出侵犯隐私和隐居权的索赔。

提出上述索赔,原告必须证明:(1)被告侵犯了原告的隐私信息和私人空间;(2)原告对这些信息具有隐私期待;(3)该行为具有高度冒犯性。

丹布利声称,被告埃克苏通过人肉搜索公开了其未披露的私人信息,并且在网络上跟踪并识别出丹布利的真实身份。丹布利表示,2018 年 10 月 29 日,埃克苏首次公开披露了丹布利的姓名、家乡、照片、职业、单位名称及地址、其主持的工会以及其他公投委员会成员的姓名等信息。但是丹布利没有证明这些信息是不公开的、私密的,或者其已经采取措施进行保密,即丹布利未能证明其对这些信息享有隐私期待,不符合侵犯隐私和隐居权索赔的要求。因此,法院驳回了原告关于侵犯隐私和隐居权的索赔请求。

5. 新泽西州刑法和美国联邦刑事法规没有规定私人刑事诉权

美国联邦刑事法规没有规定个人在民事案件中的私人刑事诉权。因缺乏管辖权而被法院驳回的民事案件,原告不享有私人刑事诉权,除非法律明确规定了私人享有刑事诉权①。

丹布利提出索赔所依据的新泽西州刑法和联邦刑事法规的相关条款②都没有规定私人刑事诉权。因此,法院不能认定原告享有私人刑事诉权,故驳回了这些索赔请求。

6. 驳回了原告针对推特提出的过失委托索赔

原告向推特提出了过失委托的索赔。对此,原告必须证明被告提供了危险的工具,构成过失委托。推特辩称,其提供的通信服务不属于危险的工具。

过失委托涉及本质上具有危险的活动或物品,如基于委托提供枪支弹药、向未成年人提供酒精等危险行为。推特是一个在线社交平台,提供促进用户沟通交流的技术服务,不会产生危险。因此,法院驳回了原告关于过失委托的索赔请求。

---

① See Weeks *v.* Bowman, No. 16 – 9050, 2017 U. S. Dist. LEXIS 18913, 2017 WL 557332, at * 2 (D. N. J. Feb. 10, 2017).

② See 18 U. S. C. § 875(c), 18 U. S. C. § 2261A(2), N. J. Stat. Ann. § 2C:33 – 4. 1, 2C:30 – 31(a).

7. 驳回原告关于违反诚信和公平交易默示契约的索赔

原告向推特提出了违反诚信和公平交易默示契约的索赔。对此，原告必须证明其与推特之间存在有效的合同。

在本案中，原告未能证明其与推特之间存在任何有效的合同。在没有合同的情况下，不存在违反诚信和公平交易默示契约一说。因此，法院驳回了原告的这项索赔。

判决结果

法院批准了被告的各项驳回动议。

二、本案知识点

1. 单纯的人肉搜索，即从公开渠道搜索个人信息并汇编，是否构成侵权？把上述信息发表，是否构成侵权？

人肉搜索作为一种搜索手段，并不完全等同于网络暴力，其本身并不构成侵权，发表他人已经公开的个人信息也不构成侵权。理由如下：首先，行为人的目的合法，行为人只是对他人的个人信息进行整合汇编，没有侵犯其个人信息权的非法目的；其次，信息来源合法，行为人通过公开渠道搜索他人的个人信息，表明信息已经被合法公开；最后，发表上述信息也不构成侵权。我国《个人信息保护法》第 13 条第 1 款第 6 项规定①，个人信息处理者可在合理的范围内处理个人自行公开或者其他已经合法公开的个人信息，而无须取得同意。因此，将他人已经合法公开的个人信息或者以合法渠道获得的个人信息公开，不构成侵权。

2. 如果人肉搜索时，通过技术手段搜索到了公开渠道无法获得的信息，这种搜索是否侵权？把上述信息发表，是否构成侵权？

如前所述，人肉搜索作为一种搜索手段，本身并不构成侵权。行为人通过技术手段搜索到了公开渠道无法获得的信息，不能直接认定为侵权。首先，需要判断搜索的目的是否合法。广义的人肉搜索包括善意行为，如通过网络搜索找出做好事不留名的人，公开宣传其善举；搜索发现有自杀倾向的人，为其提供心理疏导，劝诫其打消自杀的念头，这种出于公益和善意的人肉搜索，当然不构成侵权。其次，只是搜索到他人的信息，没有下一步的侵权行为，也不能认定构成侵权。然而，用搜索到的信息对他人进

---

① 我国《个人信息保护法》第 13 条规定："符合下列情形之一的，个人信息处理者方可处理个人信息：（一）取得个人的同意；（二）为订立、履行个人作为一方当事人的合同所必需，或者按照依法制定的劳动规章制度和依法签订的集体合同实施人力资源管理所必需；（三）为履行法定职责或者法定义务所必需；（四）为应对突发公共卫生事件，或者紧急情况下为保护自然人的生命健康和财产安全所必需；（五）为公共利益实施新闻报道、舆论监督等行为，在合理的范围内处理个人信息；（六）依照本法规定在合理的范围内处理个人自行公开或者其他已经合法公开的个人信息；（七）法律、行政法规规定的其他情形。依照本法其他有关规定，处理个人信息应当取得个人同意，但是有前款第二项至第七项规定情形的，不需取得个人同意。"

行骚扰、恶意加工个人信息等行为，属于侵权。

如果将上述信息发表，则构成侵权。我国《个人信息保护法》第13条规定了未经同意即可处理他人个人信息的情形，其他情况下，则需要取得个人的同意。上述信息是通过技术手段获取的非公开信息，不属于合法公开的个人信息，发表前也未得到他人的同意，因此构成侵权。

3. 只使用通过公开渠道获得的信息，识别出目标人物的真实身份并将其公开，是否侵权？

使用公开渠道获得的信息识别出个人真实身份并将其公开是否侵权，要看被关联的信息是否为隐私信息。通过公开信息推定一种关联并将其公布，如人和事的关联或人和人的关联，并不构成侵犯个人信息权利，但可能侵犯隐私权。个人信息和隐私都是事实，公布事实涉及公布者的言论自由权和信息所指主体利益的平衡。如果后者涉及隐私，这种平衡偏向于后者；如果仅涉及个人信息，不涉及隐私，这种平衡偏向于前者。下面以2个案例进行说明。

案例1：张三2023年5月10日上午10时去北医三院找李四大夫看过病（事实1），路上救了一个落水者，这件事被报纸作为好人好事公开；李四大夫在网络公开课中透露，其2023年5月10日上午10时给一个病人看过性病（事实2），王五根据公开信息事实1和事实2推定张三有性病（事实3），王五是否侵权？事实1和事实2都是公开的，事实3虽然是个人信息，但由于事实3是从公开渠道经逻辑推理获得（由事实1和事实2经过逻辑加工），并不构成侵犯个人信息权，应保护王五的言论自由权。但由于事实3为个人隐私，本身并不是公开信息（从公开信息推理得到的事实3并不是公开信息。公开信息要求信息本身被公开，即使逻辑加工的原料事实1和事实2被公开，逻辑产品事实3也不必然属于公开信息），因此，事实3的公开构成侵犯隐私权。

案例2：张三以笔名落花无忌发表了黄色小说《爽1111》（事实1）和诗歌《美520》（事实2），在一次网络公开课上，张三说他写过诗歌《美520》。王五根据事实2推定张三的笔名就是落花无忌（事实3），其是黄色小说《爽1111》的作者（事实4）。虽然事实3和事实4都是个人信息，并且张三有不被识别的期待（其通过用笔名的方式竭力掩盖其就是黄色小说《爽1111》的作者），但事实3和事实4是从公开信息事实1和事实2推出来的，并不构成侵犯个人信息，公开信息事实3和事实4属于王五的言论自由权。从隐私权角度看，事实3不涉及安定生活、性和疾病，不属于隐私信息，故公开事实3和事实4的利益平衡仍应偏向于王五的言论自由权。

综上所述，个人信息，是指能够识别特定自然人身份或者反映特定自然人活动情况的信息①。人和事的关联或人和人的关联属于个人信息,但关联信息是逻辑加工的结果,而逻辑原料皆来自公开渠道,发布者的言论自由和信息所指主体的个人信息权的利益平衡,应该偏向于前者。从隐私视角看,只有涉及公民安定生活和疾病、性的事实才属于隐私范畴。如果被公开的事实属于隐私,不能因逻辑生产原料的公开,就当然推定逻辑生产结果也属于公开范畴。即使推定隐私信息的原料都已经公开,作为逻辑推定结果的隐私仍应受到保护。

4. 根据人肉搜索得到的信息进行画像、客观推理、发表有根据的客观评价,是否构成侵权?如果有根据的客观评价败坏了目标人物的名声,是否构成侵权?

行为人根据人肉搜索得到的信息进行画像、客观推理、发表有根据的客观评价,属于言论自由,不构成侵权。

如果有根据的客观评价败坏了目标人物的名声,适用"实质恶意原则"进行利益平衡的取舍,天平两端分别是发布者的言论自由权和信息所指主体的名誉权。如果只是针对客观事实,主观上没有侵犯他人合法权益的故意,即使客观上对他人的名声造成不利影响,也属于言论自由,不构成侵权;如果发布者的目的是败坏信息所指主体的名声,则侵犯名誉权。判断发布者的目的要综合考量各种因素,包括发布者和信息所指主体的关系、推理原料的可靠性、获得渠道、推理的严谨性、推理结果发布的渠道和影响、有多个推理结果时为何只选择发布一个特定结果、推理结果与公共事件的关系等。

5. 如果构成侵权,人肉搜索信息的贡献人是否承担共同侵权责任,还是只有发起人或组织者承担责任?

如果人肉搜索的发起人或组织者具有对他人实施网络暴力的故意,组织实施了相关侵权行为,给他人的个人信息权、隐私权以及名誉权造成了实质损害,当然应当承担侵权责任。

人肉搜索信息的贡献人原则上不与组织者或发起人承担共同侵权责任。但是,如果该贡献人受发起人组织或雇佣,或者主动为其提供帮助,则说明其与发起人之间存在共同侵权的合意,应当承担共同侵权责任。如果信息贡献人又实施了其他侵权行为,如恶意加工信息、骚扰、诽谤他人,则应当单独承担侵权责任。

三、判决原文摘录

1. Doxing refers to "publicly disclos[ing] a person's identity, employer, school, home address, etc., for the purpose of causing harm to that person."

---

① 我国《民法典》第1034条规定:"自然人的个人信息受法律保护。个人信息是以电子或者其他方式记录的能够单独或者与其他信息结合识别特定自然人的各种信息,包括自然人的姓名、出生日期、身份证件号码、生物识别信息、住址、电话号码、电子邮箱、健康信息、行踪信息等。个人信息中的私密信息,适用有关隐私权的规定;没有规定的,适用有关个人信息保护的规定。"

2. Plaintiffs allege that after being identified and doxed by Exoo and his associates, they received violent threats, their homes or personal items were vandalized, and they were terminated from their jobs.

3. Exoo also directs his associates to call, email, and send Tweets to the individual's employers, co – workers, and school administrators to get the individual fired or expelled from school.

4. Exoo maintains that if Plaintiffs' RICO claims are dismissed, the claims asserted by every Plaintiff except for D'Ambly must be dismissed for lack of personal jurisdiction as to Exoo, SLU, and the Twitter Defendants.

5. Specific jurisdiction may exist "if the defendant has purposefully directed his activities at residents of the forum and the litigation results from alleged injuries that arise out of or relate to those activities."

第三章　新技术引发的法律问题

技术永远在路上，不仅在自我迭代的路上，也在挑战法律的路上。法律是立法者基于时代背景对社会问题的回应。立法者不可能预见未来的全部问题，更不能预测技术发展的高度，因此，技术发展必然挑战既有的法律制度。以信息技术为例，信息深刻地改变着我们的生存环境，信息不仅是个体交流的手段，更成为一种生产力要素，影响着经济、制度和社会。信息捕捉技术的无所不在、信息存储技术的无所遗忘、信息分析技术的无所不能，使得个体成了透明人。高速互联的信息技术在提供便利的同时，也使信息安全极易被破坏。移动互联网的出现、人工智能对人的替代、信息爆炸和大数据环境的形成、芯片计算能力的飞速发展，以及个体的广泛连接，都对现有法律系统提出了挑战。

本章共有七个案例。

案例3－1涉及自动驾驶汽车的产品质量责任的归责原则问题。自动驾驶汽车在质量缺陷的认定方面存在诸多问题。首先，自动驾驶汽车引发的交通事故原因复杂，可能是汽车内部零件的质量问题，也可能是人工智能系统以及算法程序的问题，还有可能是驾驶员的不当操作所致，不能笼统地认定为产品质量责任；其次，对于自动驾驶汽车各国尚未出台明确的产品质量标准，认定其是否存在质量缺陷尚无依据。因此，关于自动驾驶技术引发的交通事故责任尚未出现明确的规定或判例作为支撑，在理论和实践中都还存在发展的空间。

案例3－2中，法院认定美国《专利法》中的“发明人”应当是“个人”，即自然人。因此，人工智能不能作为美国《专利法》中适格的发明人申请专利。在知识产权法的视角下，人工智能的发明在许多领域已经达到与人类同等的创造高度，甚至超过人类水平。从结果上看，人工智能的发明似乎具备了独创性，但从创作过程来看，由于缺乏人格，人工智能没有独立的创作动机，其作品也无法表达独立的思想。通过数据计算的确能够产生相应的作品，但是算法公式离不开人类的输入，人工智能的独创性也并非源于其本身，仍然属于人类的独创性。故人工智能尚不能成为知识产权的合法权利主体。

案例3-3的焦点问题是员工电子签署的仲裁协议是否有效，涉及电子签名的效力以及有效抵赖。法院判决本案不构成有效抵赖，电子签名有效，仲裁协议具有强制力。可靠的电子签名具有法律效力，其具备四个构成要件：(1)电子签名属于签名人专有；(2)签名人基于真实的意思表示作出签名；(3)电子签名本身的内容不得有任何形式的改动；(4)电子签名所指向的文本内容不得被改动。前两个要件要求电子签名行为必须由签名人本人实施，后两个要件要求电子签名的内容和指向的结果无法被篡改。要想否认电子签名的效力必须构成有效抵赖，也可以结合上述四个要件进行分析：(1)证明电子签名不具有唯一性和专属性，他人可以替代签名人本人进行电子签名；(2)签名行为确实是签名人本人所为，但并非基于其真实的意思表示，如签名人受到了欺诈或胁迫；(3)签名系统无法记录签名内容的改动，导致签字被改动或挪用；(4)签名系统无法记录签名所指向的文本内容的改动，导致签名人意思表示的内容被改动。

案例3-4涉及一起利用深度伪造技术侵犯名誉权的案件，但该案仅是对证据保全的程序性审理。申请人被匿名人用深度伪造技术制作的照片侵犯了名誉权，该照片被发布在被申请人管理的一个社交平台。申请人身处韩国，被申请人位于美国，申请人提起跨国诉讼要求被申请人提供匿名发帖用户的相关信息，以识别他们的真实身份。法院支持了申请人。该案虽是程序性审理，但其实体问题也让人深思：如何在伪造人的言论自由和被丑化人的人格利益中保持利益平衡？如何在新闻真实性和戏谑性之间保持利益平衡？深度伪造技术制作的虚假动画如果达到了以假乱真的程度，给观看人造成了损失，是否应予以赔偿？这些问题都在“本案知识点”中进行了讨论。

案例3-5中的公司通过发行电子货币募集资金，获得启动资金后开发区块链项目，一经推行，原先的电子货币将会增值，并且可以在二级市场进行转售。此种交易是否属于证券交易是本案的争议焦点。法官认为，其符合豪威测试，被认定为证券交易，受《证券法》规制。证券具有两个本质特征：第一，其购买是为了转售获利而非使用，购买者不需要实际占有对应物，等待其升值后抛售即可实现购买意图；第二，购买者对其失去控制，由第三方实际操控、运作，其能否升值不在购买者的控制范围。证券是否表现为权利凭证并不重要，普通商品如果满足这两个特征，本质上就属于证券，应按照证券进行管制。豪威测试正是针对上述两个本质特征进行的，如果主体基于升值后抛售谋利的目的，而非使用目的购买商品，并且不实际占有该物或对其升值具有控制权，则该商品具有证券特征，应按照证券进行管制。

案例3-6涉及电子设备遭受黑客攻击后制造商的责任承担问题。如果制造商生产的电子产品存在质量缺陷，则其承担无过错的产品缺陷责任。但如果电子产品的质量符合国家统一标准以及合同约定标准，则不能认定产品存在缺陷，无法适用产品缺陷责任。此时，就第三人的侵权行为，对产品制造商适用过错推定责任。如果其能证明采用了有效的防黑客措施，且其信息安全水平符合国家强制性规定、不低于行业一般保护标准，则完成了证明自己无过错的举证责任，无须承担赔偿责任。另外，该案件还说明，由于用户对电子设备的安全性存在合理的信赖，如果电子设备可能或者已经遭受黑客攻击，制造商应当及时向用户披露相关事实，否则可能会被认定存在疏忽性欺诈。

案例3－7涉及元宇宙中的游戏规则的制定者的立法权和规则效力。被告创建了一个元宇宙并制定了游戏规则，包括诉争条款，即如果用户违反了《使用条款》或其他一些原因，被告有权不经警告或解释就删除用户在游戏中的虚拟物品。原告是进入该元宇宙的大约700万名注册用户之一，他们游戏于该三维虚拟世界中，管理自己的虚拟形象，包括服装和其他虚拟物品。被告以原告违反了《使用条款》为由，删除了其虚拟物品，原告认为这种删除行为是非法的，构成欺诈，于是代表自己和其他在被告平台购买过虚拟物品并被删除的用户提起了集体诉讼。本案需要法官处理的是有关元宇宙的一系列根本性问题，包括对“进入”或“生存于”虚拟世界行为性质的认定、虚拟世界建构者在虚拟世界的管理权边界、虚拟世界的建构者为虚拟世界建立的规则的效力等。

3－1　人工智能产品的侵权责任——萨尔与特斯拉公司案 Sare *v.* Tesla, Inc.

【案　　号】No. 2:22－cv－00547－JAM－CKD, 2022 U. S. Dist. LEXIS 127691 (E. D. Cal. July 18, 2022)

【审理法院】美国加利福尼亚州东区联邦地区法院

【审理时间】2022年7月18日

一、案件情况

原告：娜塔莉·萨尔（Natalie Sare）

被告：特斯拉公司（Tesla, Inc.）

案件事实

2020年5月14日，马尔奇（Marchi，受害者）驾驶福特F－350汽车拖着一辆平板拖车在公路上行驶。迈尔斯（Myers）以自动驾驶模式驾驶着特斯拉Model 3汽车。突然，迈尔斯的特斯拉在没有任何警告的情况下转向，撞上了马尔奇驾驶的福特车的前驾驶座。当迈尔斯试图重新控制她的特斯拉时，它再次转向，第二次撞上了马尔奇的福特。这导致马尔奇失去了对车辆的控制，汽车发生侧翻，车顶内部坍塌，马尔奇最终在车祸中丧生。

马尔奇的妹妹兼个人遗产代表人，娜塔莉·萨尔，在圣华金县高等法院（州法院）向特斯拉公司提起了诉讼，理由是：特斯拉公司应承担设计缺陷、制造缺陷的严格产品责任，且存在未召回汽车的疏忽。特斯拉公司根据联邦法院异籍管辖的规定，请求将案件移送至美国加利福尼亚州东区联邦地区法院。原告请求将案件发回圣华金县高等法院重审，并由被告承担相关成本和费用。

焦点问题

本案在管辖问题上是否符合移送管辖的规定？

法院观点

联邦法院的异籍管辖移送制度规定，满足以下两个条件时，可以将州法院管辖的诉讼移送至联邦法院[①]：（1）案件涉及联邦问题；（2）涉及不同州籍的公民之间的案件，且争议金额超过 75,000 美元。

“完全多样性”存在于原告与案件的任何被告都不是同一州的公民的情况下。公司既是公司所在地的公民，也是其主要营业地的公民。一般来说，一家公司的主要营业场所是公司总部所在地，即指挥、控制和协调的实际中心，而不仅是公司召开董事会会议的办公室。

双方同意案件争议金额超过 75,000 美元，争议焦点是，原告在 2022 年 2 月 14 日起诉时，被告公司的主要营业地在加利福尼亚州还是在得克萨斯州。原告主张被告在诉讼时的主要营业地在帕洛阿尔托市，因此是加利福尼亚州公民[②]，原告自己也是加利福尼亚州公民，所以本案不符合当事人分属不同州籍的情况，不能移送至联邦法院审理。被告辩称，其总部搬迁后，不再是加利福尼亚州的公民，而是得克萨斯州的公民。

---

① 28 U. S. C. § 1332：

（a）The district courts shall have original jurisdiction of all civil actions where the matter in controversy exceeds the sum or value of $75,000, exclusive of interest and costs, and is between—

（1）Citizens of different States;

（2）citizens of a State and citizens or subjects of a foreign state, except that the district courts shall not have original jurisdiction under this subsection of an action between citizens of a State and citizens or subjects of a foreign state who are lawfully admitted for permanent residence in the United States and are domiciled in the same State;

（3）citizens of different States and in which citizens or subjects of a foreign state are additional parties; and

（4）a foreign state, defined in section 1603(a) of this title, as plaintiff and citizens of a State or of different States.

② 28 U. S. C. § 1332(c)(1)：A corporation shall be deemed to be a citizen of every State and foreign state by which it has been incorporated and of the State or foreign state where it has its principal place of business.

公司的主要营业地是“公司高层管理人员指导、控制和协调公司活动的地方”[1]，被告主张在 2021 年 12 月 1 日正式将其全球总部从加利福尼亚州的帕洛阿尔托市迁至得克萨斯州的奥斯汀市，此时距离原告提起诉讼还有两个月时间。被告向美国证券交易委员会提交了材料，通知其总部即将搬迁，并证明公司的高级管理人员和工厂都位于得克萨斯州的总部，并且没有证据表明管辖权遭到操纵。

法院最终认定，特斯拉公司是注册地位于特拉华州，主要营业地位于得克萨斯州的公民，而原告是加利福尼亚州公民，满足双方州籍完全不同且争议金额超过 75,000 美元的条件，可以将本案移送至联邦法院审理，故驳回了原告发回州法院重审并要求支付相关成本费用的请求。

判决结果

法院最终判决驳回原告发回重审并要求支付相关成本和费用的请求。

二、本案知识点

1. 本案主要涉及移送管辖权的问题。

移送管辖权是法规的产物。联邦法院的移送管辖权完全源于美国国会的法定授权。一般来说，只有那些原本可以在联邦法院提起的州法院诉讼才可以被移送。移送法规要求有二：(1)案件提出了一个联邦问题；(2)案件发生在不同州的公民之间，且争议金额超过 75,000 美元。

2. 自动驾驶汽车的产品质量责任的归责原则问题。

自动驾驶汽车在质量缺陷的认定方面存在诸多问题。首先，自动驾驶汽车引发的交通事故原因复杂，可能是汽车内部零件的质量问题，也可能是人工智能系统以及算法程序的问题，还有可能是驾驶员的不当操作所致，不能笼统地认定为产品质量责任。其次，对于自动驾驶汽车各国尚未出台明确的产品质量标准，认定其是否存在质量缺陷尚无依据。因此，关于自动驾驶技术引发的交通事故责任尚未出现明确的规定或判例作为支撑，在理论和实践中都还存在发展的空间。

三、判决原文摘录

1. Natalie Sare (“Plaintiff”), Marchi’s sister and personal representative of his estate, brought this action in San Joaquin County Superior Court against Tesla Inc. (“Defendant”) for (1) strict products liability — manufacturing defect; (2) strict products liability — design defect; (3) negligence, and (4) negligence — failure to recall.

2. Plaintiff now moves to remand the case back to SAnnotation starts herean Joaquin County Superior Court and requests the associated fees and costs incurred.

---

① See Hertz Corp. *v.* Friend, 559 U. S. 77, 80 – 81, 130 S. Ct. 1181, 175 L. Ed. 2d 1029 (2010).

3. Defendant contends that it officially moved its global headquarters from Palo Alto, California to Austin, Texas on December 1, 2021, over two months before this action was filed.

4. Accordingly, the sole issue before the Court is whether on February 14, 2022, when this lawsuit was filed, Tesla's principal place of business was in California or Texas.

5. Defendant has met its burden of demonstrating through competent evidence that at the time this suit was filed, Tesla's principal place of business was in Austin, Texas, as that is where its high level officers directed, controlled, and coordinated the corporation's activities. Plaintiff's evidence does not persuade the Court otherwise.

3-2 人工智能作品的署名权——塔勒与赫什菲尔德案 Thaler *v.* Hirshfeld

【案　　号】558 F. Supp. 3d 238（E. D. Va. 2021）

【审理法院】美国弗吉尼亚州东区联邦地区法院亚历山大分院

【审理时间】2021 年 9 月 2 日

一、案件情况

原告：史蒂芬·塔勒（Stephen Thaler）

被告：安德鲁·赫什菲尔德（Andrew Hirshfeld，时任美国商务部知识产权部副部长兼美国专利商标局局长）

案件事实

原告史蒂芬·塔勒于 2019 年 7 月 29 日向被告美国专利商标局提交了两项专利申请（第 350、532 号申请）。原告主张，他开发的人工智能系统 DABUS 满足专利法中对发明人的要求，能够取得专利权，他本人没有为这些发明的构思作出贡献，并且任何具有该领域技术的人都可以采用 DABUS 的输出将应用中的想法付诸实践。在专利申请表中，原告将发明人的名字填写为 DABUS，将姓氏填写为“人工智能产生的发明”，把他自己的邮寄地址作为“发明人的邮寄地址”，并加入了声明，以解释该专利的申请人是名为 DABUS 的人工智能机器，并且说明了其认为 DABUS 应被视为美国《专利法》（Patent Act）和美国专利商标局法规下的“发明人”的原因。美国《专利法》规定发明人需要进行宣誓或声明，由于 DABUS 无法完成声明，原告在申请中附上了替代声明，其中还包括一个文件，DABUS 作为发明人将申请的知识产权转让给原告。

美国专利商标局对该申请进行初步审查后，向原告发出了“缺失部分内容的通知”，因为申请表中未明确发明人。2019 年 8 月 29 日，原告向美国专利商标局局长提交了一份请愿书，要求美国专利商标局撤销其“缺失部分内容的通知”，并基本上重申了他随申请一起提交的声明，认为 DABUS 应被列为发明人。2019 年 12 月 17 日，美国专利商标局发布了一份书面决定，驳回了原告的请愿书，其中解释说，美国联邦巡回上诉法院曾两次裁定发明人只能是自然人①，所以之前发布的通知没有问题，并再次通知原告“如果申请中指定的发明人不明确，申请人可以提交更正发明人身份的请求”②。2020 年 1 月 20 日，原告申请复议，2020 年 4 月 22 日，美国专利商标局以书面决定驳回了原告的复议申请。

于是原告根据美国《行政程序法》（Administrative Procedure Act，APA）提起一项指控，主张被告拒绝处理申请的行为是“任意的、反复无常的、滥用自由裁量权的、不符合法律的；没有实质性证据支持，而且超出了被告的法定权限”。原告提起诉讼，要求被告恢复原告之前的申请，撤销先前作出的决定，证实人工智能机器符合专利申请中的“发明人”，并要求被告支付原告在本次诉讼中产生的费用及合理的律师费。

焦点问题

人工智能机器能否成为美国《专利法》中的“发明人”？

法院观点

美国专利商标局认为，美国联邦最高法院在斯基德莫尔诉斯威夫特案③中的裁决，对本案争议的美国《专利法》各项条款进行了解释，该裁决尊重机构对法定条款的解释。原告则认为，被告没有提供任何证据证明美国国会打算将人工智能排除在专利发明人之外。法院不支持原告的观点，认为被告对美国《专利法》的解释经过了仔细考虑，并与美国《专利法》的语言和判例法一致。

美国《专利法》是否要求“发明人”是自然人的问题是一个法定术语的解释问题，应当以法律规范的语言文本为准④。美国国会于 1952 年编纂了美国《专利法》，并在随后的 60 年中多次修订。2011 年，美国国会颁布了《美国发明法》（America Invents Act），该法案正式修订了美国《专利法》，为“发明人”一词提供了明确的法定定义：“个人，或者联合发明的个人集体”⑤。因此，人工智能机器是否可以成为“发明人”的问题转向

---

① See Univ. of Utah *v.* Max - Planck - Gesellschaft, 734 F. 3d 1315, 1323 (Fed. Cir. 2013); Beech Aircraft Corp. *v.* Edo Corp., 990 F. 2d 1237, 1248 (Fed. Cir. 1993).

② 37 CFR § 1.48: Correction of inventorship pursuant to 35 U. S. C. 116 or correction of the name or order of names in a patent application, other than a reissue application.

③ See Skidmore *v.* Swift & Co., 323 U. S. 134, 135, 65 S. Ct. 161, 162 (1944).

④ See Shoshone Indian Tribe *v.* United States, 364 F. 3d 1339, 1345 (Fed. Cir. 2004).

⑤ 35 U. S. C. § 100(f): The term “inventor” means the individual or, if a joint invention, the individuals collectively who invented or discovered the subject matter of the invention.

了法定术语“个人”(individual)的含义问题。

美国联邦最高法院对美国国会在《酷刑受害者保护法》(Torture Victim Protection Act)中使用的“个人”一词进行了法定解释分析,最终得出结论——其指的是自然人①。尽管《酷刑受害者保护法》和美国《专利法》涉及不同的主题,但美国联邦最高法院对“个人”一词的法定分析在这里仍然适用。

另外,美国《专利法》规定,发明人在申请专利时必须提交一份誓言或声明,“该个人是专利的原始发明人或原始共同发明人”②。美国国会在美国《专利法》中使用“个人”一词强化了发明人必须是自然人的结论。

美国联邦巡回上诉法院依据以往的判例认为③,根据现行专利法,“发明人必须是自然人”,尽管这些案件没有直接解决本案中提出的问题,但美国联邦巡回上诉法院关于“发明人必须是自然人”和“只有自然人才能成为发明人”的明确声明支持了美国《专利法》中的“个人”仅指自然人而不是人工智能机器的观点。

原告主张,出于政策考虑及《美国宪法》(U. S. Constitution)专利条款和美国《专利法》的一般目的要求,应当将人工智能机器视为“发明人”。理由是,允许人工智能机器生成的发明获得专利将带来更多的创新,而拒绝为人工智能机器生成的发明提供专利保护,就无法激励人工智能产出更多具有社会价值的发明,甚至可能会破坏专利制度。因此,法院应当考虑美国国会的政策意图,即这些政策考虑应当优先于法定术语的含义,亦即应承认人工智能作为美国《专利法》中的发明人。被告美国专利商标局认为,美国国会2011年通过的《美国发明法》将“发明人”定义为“个人”,当时人工智能已经存在④。如果美国国会考虑人工智能的问题,它将会把人工智能机器包括在“发明人”的定义中。

对此,法院明确,政策考虑不能影响法定术语的含义,并且法院无权干预国会制定的相关政策,对原告的请求不予支持。最终,法院认定人工智能机器不能作为美国《专利法》中的发明人,驳回了原告的诉讼请求。

判决结果

法院支持被告申请简易判决的请求,驳回原告申请简易判决的请求。

---

① See Mohamad *v.* Palestinian Auth., 566 U. S. 449, 453 - 54, 132 S. Ct. 1702, 182 L. Ed. 2d 720 (2012).

② 35 U. S. C. § 115 (b): Required statements. An oath or declaration under subsection (a) shall contain statements that—

(2) such individual believes himself or herself to be the original inventor or an original joint inventor of a claimed invention in the application.

③ See Max - Planck, 734 F. 3d at 1323; Beech Aircraft, 990 F. 2d at 1248.

④ See Leahy - Smith America Invents Act, 112 P. L. 29, 125 Stat. 284, 285.

二、本案知识点

本案主要涉及人工智能的知识产权(包括著作权和专利权)问题。

人工智能生成的作品在许多领域已经达到与人类作品同等的水平,甚至超过人类水平。从结果上看,人工智能生成的作品似乎具备了独创性,但从创作过程来看,由于缺乏人格,人工智能没有独立的创作动机,其作品也无法表达独立的思想。通过数据计算的确能够产生相应的作品,但是算法公式离不开人类的输入,从这个意义上来看,人工智能的独创性并非源于其本身,仍然属于人类的独创性。知识产权的权利主体是自然人、法人或非法人组织,人工智能不具备人类的情感,不属于人格的延伸,专利和著作权都要求创作者具备人格特征,故人工智能目前在法律上没有被纳入合法权利主体的范畴。

三、判决原文摘录

1. Plaintiff alleges that the refusal of defendants Andrew Hirshfeld and the USPTO (collectively "defendants") to process the Applications was "arbitrary, capricious, an abuse of discretion and not in accordance with the law; unsupported by substantial evidence, and in excess of Defendants' statutory authority."

2. "Because a machine does not qualify as an inventor," the USPTO concluded that it had "properly issued the Notice... noting the inventor was not identified by his or her legal name."

3. The question of whether the Patent Act requires that an "inventor" be a human being is a question of statutory construction. Accordingly, the plain language of the statute controls.

4. This conclusion is further buttressed by the Federal Circuit's consistent holdings that under current patent law "inventors must be natural persons."

5. Congress's use of the term "individual" in the Patent Act strengthens the conclusion that an "inventor" must be a natural person.

3-3　对数字合同中电子签名的否认——艾奥特克公司与博伊德案 Aerotek, Inc. *v.* Boyd

【案　　号】624 S. W. 3d 199 (Tex. 2021)

【审理法院】得克萨斯州最高法院

【审理时间】2021 年 5 月 28 日

一、案件情况

再审申请人:艾奥特克公司(Aerotek, Inc.)

再审被申请人:吉米·艾伦(Jimmy Allen)、特罗华恩·科内特(Trojuan Cornett)、勒罗恩·博伊德(Lerone Boyd)、迈克尔·马歇尔(Michael Marshall)

案件事实

艾奥特克公司在全球招聘了数十万名员工为客户公司提供服务。为了保证招聘效率,艾奥特克公司与软件开发商合作开发了一款线上招聘应用程序。艾奥特克公司使用这一招聘应用程序来指导员工候选人完成招聘流程。艾奥特克公司会自动向候选人发送一封欢迎邮件,其中包含一个可导航至在线账户注册页面的超链接。候选人进入注册页面后,需要创建个人身份(identity ,ID)和密码,并选择安全问题。每次登录时,候选人都需要正确输入用户 ID、密码和安全问题。

在候选人进行招聘申请时,线上招聘应用程序会提供就业信息和电子合同。第一个需要电子签名的文件是电子披露协议(Electronic Disclosure Agreement,EDA),表明候选人同意受到艾奥特克公司电子招聘文件的约束。候选人签署 EDA 后,还需按照特定顺序并以电子方式签署其他文件,这些文件要求提供地址、紧急联系人等个人信息。候选人完成上述初始文件后,系统将会解锁另外四份文件,包括仲裁协议(Mutual Arbitration Agreement,MAA)。当候选人在文件上输入信息和签名时,系统会跟踪并记录进度。候选人每次以电子方式签署文件时,系统都会存储一条新的电子记录,其中包括候选人的用户 ID、文件类型以及显示文件签署日期的时间戳。一旦招聘应用程序记录了这些信息,候选人就无法更改。如果候选人无法使用线上招聘应用程序,可以到艾奥特克公司办公室寻求帮助,但是仍需按照上述流程逐步完成招聘申请,提供相关信息并签署电子合同。

特罗华恩·科内特、迈克尔·马歇尔和勒罗恩·博伊德分别完成了线上招聘申请,吉米·艾伦在行政助理哈珀(Harper)的协助下完成了线上申请。他们的申请中都包括电子签署 EDA 和 MAA;签署完成后,系统记录了他们电子签名的时间并加盖了时间戳。艾奥特克公司雇用了以上四人为其客户巴特勒公司(J. R. Butler)的建设项目工作。以上四人不久后就被解雇了,他们以种族歧视和报复为由起诉了艾奥特克公司和巴特勒公司。

艾奥特克公司根据 MAA 申请强制仲裁,提交了每位员工签署 EDA 和 MAA 时的电子签名和时间戳,以及每一项申请流程的系统数据库记录。四名员工每个人都提交了一份宣誓声明。这四份声明内容基本一致,唯一的不同在于吉米·艾伦承认得到了哈珀的帮助。在声明中,他们都承认完成了在线招聘申请,但是否认在申请过程中见过或签署过 MAA。

初审法院就艾奥特克公司的强制仲裁动议举行了一场证据听证会。

艾奥特克公司的第一位证人是在公司工作了近6年的项目经理马什(Marsh)。她当场演示了招聘申请的每一步流程。当被问及员工是否可以在不签署MAA的情况下完成申请时,马什回答,后续流程是锁定的,候选人必须依次签署每一份文件,才能进入后续流程。候选人提交申请后,艾奥特克公司没有权限更改申请。马什表示,自从公司使用该线上招聘应用程序后,招聘申请流程从未改变过。她在使用招聘应用程序时描述的唯一故障是,当存储系统数据的四台服务器中的一台出现故障时,候选人无法立即从欢迎邮件跳转到招聘申请系统。一旦进入招聘申请流程,就不会再出现故障。

另一个证人是协助吉米·艾伦进行招聘申请的行政助理哈珀。哈珀表示,她在协助候选人申请时,没有权限绕过任何步骤,也从未在未经候选人同意的情况下将其电子签名附加到其他文件上。哈珀表示,她虽然协助吉米·艾伦完成了招聘申请,但是对此没有具体的印象。

四名员工只提供了他们的声明作为证据。双方都同意法院可以将这些声明视为公开法庭上的宣誓证词。

初审法院驳回了艾奥特克公司的强制仲裁动议,上诉法院的合议庭主张维持原判。大多数法官不认可艾奥特克公司的观点,否认了MAA的有效性。他们认为,马什并不是信息技术专家,无法证明招聘应用程序系统的安全性和数据库记录的完整性。艾奥特克公司应当从招聘应用程序的软件开发商中选择证人,为系统的安全程序提供技术解释和担保。马什在法庭上的演示仅反映当时的情况,不具有普遍性,无法证明每一名员工在招聘申请时都经历了演示的每一个流程。由于哈珀对协助吉米·艾伦进行招聘申请没有具体印象,她的证言也无法证明艾伦签署了MAA。并且这两个证人都与艾奥特克公司具有利害关系,对于上述证言,法院可以不予认可。

少数持不同意见的法官对上述分析提出了异议,认为其设定了一个无法拒绝、修改、抵赖的电子合同签署流程。上诉法院根据多数意见,驳回了艾奥特克公司关于重新审理的动议①。

于是,艾奥特克公司向再审法院提出再审请求,本案为得克萨斯州最高法院的再审。

焦点问题

员工电子签署的MAA是否有效?

法院观点

MAA有效,艾奥特克公司可以据此申请强制仲裁。

---

① See Aerotek, Inc. *v.* Boyd, 598 S. W. 3d 373 (Tex. App. 2020).

艾奥特克公司提出强制仲裁申请,必须证明存在有效的仲裁协议①,即员工同意MAA。艾奥特克公司确定员工亲自签署了MAA,因为招聘申请中的安全程序使得员工无法在不签署MAA的情况下完成申请。

员工们承认完成了艾奥特克公司的在线招聘申请,但否认艾奥特克公司在此过程中向他们出示了MAA。他们不同意MAA,MAA上的电子签名也不是他们本人所为。初审法院支持了员工的观点。

《得克萨斯州统一电子交易法》(Texas Uniform Electronic Transactions Act)的第322.009条规定了电子签名的归属标准以及安全程序②。如果电子签名是一个人亲自所为,则电子签名归属于此人。安全程序的有效性可以证明电子签名由签字人亲自签署。安全程序要求用户使用专属账号进行相关操作,跟踪并记录用户完成每一项操作的时间戳,以证明其本人完成了电子签名。有效的安全程序提供系统内存储的各项电子记录,并且这些记录无法被创建或修改,所以记录的电子签名可以归属于账号的所有人。

艾奥特克公司提供的证据证实,其在招聘申请中用于验证候选人是否以电子方式签署MAA的安全程序是有效的。理由如下:招聘申请中,候选人创建其专属的用户ID、密码和安全问题,登录个人账号,通过电子方式完成各项流程,包括填写信息、签署文件、电子签名等。系统数据库记录了候选人的每一项操作。候选人提交申请后,艾奥特克公司无法修改其内容。艾奥特克公司提供了带有员工电子签名的MAA,其时间戳与数据库中记录的时间戳相同,显示了每名员工在申请中的进度。

员工辩称,他们在MAA上的签字不属于电子签名,没有以电子方式签署MAA。但是《得克萨斯州统一电子交易法》第322.002条③将电子签名定义为:行为人以电子方式记录其意图。系统数据库记录了员工以电子方式签署MAA的电子签名和时间戳,足以确定员工的意图,即同意MAA。员工们没有提供合理的证据驳斥招聘申请安全程序的可靠性,只提交了四份宣誓声明作为证据,而仅依靠宣誓声明不足以达到证

---

① See Henry *v.* Cash Biz, LP, 551 S. W. 3d 111, 115 (Tex. 2018).

② Tex. Bus. & Com. Code § 322.009: (a) An electronic record or electronic signature is attributable to a person if it was the act of the person. The act of the person may be shown in any manner, including a showing of the efficacy of any security procedure applied to determine the person to which the electronic record or electronic signature was attributable.

(b) The effect of an electronic record or electronic signature attributed to a person under Subsection (a) is determined from the context and surrounding circumstances at the time of its creation, execution, or adoption, including the parties' agreement, if any, and otherwise as provided by law.

③ Tex. Bus. & Com. Code § 322.002: In this chapter: (8) "Electronic signature" means an electronic sound, symbol, or process attached to or logically associated with a record and executed or adopted by a person with the intent to sign the record.

明标准。

法院认为，没有证据支持的否认不是抵赖电子签名的有效理由。艾奥特克公司对招聘申请和安全程序的证明是，如果员工没有签署 MAA 就无法完成招聘申请，这一结论的推导符合逻辑，理性的人对该结论不会产生分歧，足以达到证明标准[①]。一旦艾奥特克公司证明了其招聘申请安全程序的有效性，证明责任就转移到员工一方。他们要想证明自己没有签署过 MAA，就需要解释为什么他们的电子签名最终出现在了 MAA 上，单纯的否认并不能作为证据。因此，法院没有支持员工们的观点。

法院同意上诉法院中异议法官的意见，即本案的重要性远远超出了当事方的争端[②]。随着互联网的发展，合同领域的电子签名越来越普遍，旧的规定已不足以解决新的问题。在诉讼过程中，法院也同样依赖电子签名。例如，法院审理此案的权力取决于律师在其辩护状中提交的电子签名的有效性。立法机关出台政策明确促进线上交易，法院也应当响应创新政策，不能阻碍立法机关的政策。美国国会于 2000 年颁布了《全球和国家商业电子签名法》（Electornic Signatures in Global and National Commerce Act，即 ESIGN 法案），其中第 7001 条规定，针对州际或国际贸易合同，不得因为在订立过程中使用了电子签名或电子记录而剥夺其法律效力[③]。

判决结果

再审法院确定员工签署并因此同意 MAA。初审法院错误地驳回了艾奥特克公司的强制仲裁动议。上诉法院错误地维持了原判。再审撤销原判，发回重审。[④]

二、本案知识点

本案主要涉及什么情况下可以否认电子签名，即符合什么条件构成有效抵赖的问题。

我国《电子签名法》第 13 条和第 14 条规定，可靠的电子签名具有法律效力，并详

---

① See City of Keller *v.* Wilson, 168 S. W. 3d 802, 816 (Tex. 2005).

② See Aerotek, Inc. *v.* Boyd, 598 S. W. 3d 373, 374(Tex. App. 2020).

③ 15 U. S. C. § 7001(a): In general. Notwithstanding any statute, regulation, or other rule of law, with respect to any transaction in or affecting interstate or foreign commerce—

(1) a signature, contract, or other record relating to such transaction may not be denied legal effect, validity, or enforceability solely because it is in electronic form; and

(2) a contract relating to such transaction may not be denied legal effect, validity, or enforceability solely because an electronic signature or electronic record was used in its formation.

④ 判决结果的原文为："The trial court erred in denyingAerotek's motion to compel arbitration. The judgment of the court of appeals is reversed, and the case is remanded to the trial court for further proceedings."。

细说明了可靠的电子签名的四个构成要件①。具体来看,可靠的电子签名包括如下要素:(1)电子签名属于签名人专有;(2)签名人基于真实的意思表示完成了电子签名;(3)电子签名本身的内容不得有任何形式的改动;(4)电子签名所指向的文本内容不得被改动。

前两个要件要求电子签名行为必须由签名人本人实施,后两个要件要求电子签名的内容和指向的结果无法被篡改。

若想构成有效抵赖,也要从上述四个要件入手,否认电子签名的可靠性。具体来看:(1)证明电子签名不具有唯一性和专属性,他人可以替代签名人本人进行电子签名;(2)签名行为确实是签名人本人所为,但并非基于其真实的意思表示,如签名人受到了欺诈或胁迫;(3)签名系统无法记录签名过程的改动,导致签名被改动或挪用;(4)签名系统无法记录签名所指向的文本内容的改动,导致签名人意思表示的内容被改动。

三、原文摘录

1. Contracts are increasingly signed electronically, with an online click for every kind of transaction imaginable—from simple, everyday retail purchases to complex matters of great consequence. The utility of digital contracts depends heavily, of course, on their enforceability as a matter of law.

2. Aerotek moved to compel arbitration. It attached to its motion each Employee's timestamped EDA and MAA, along with database records showing the timestamp for every other action taken by each Employee in completing the hiring application.

3. The Employees opposed the motion. Represented by the same lawyer, each submitted a sworn declaration acknowledging that he had completed the online hiring application but denying that he had ever seen, signed, or been presented with the MAA.

4. The company's evidence of the security procedures for its hiring application and its operation was such that reasonable people could not differ in concluding that the employees could not have completed their hiring applications without signing the MAAs; the employees' simple denials were no evidence otherwise.

5. Aerotek conclusively established that the Employees signed, and therefore consented

---

① 我国《电子签名法》第13条规定:"电子签名同时符合下列条件的,视为可靠的电子签名:(一)电子签名制作数据用于电子签名时,属于电子签名人专有;(二)签署时电子签名制作数据仅由电子签名人控制;(三)签署后对电子签名的任何改动能够被发现;(四)签署后对数据电文内容和形式的任何改动能够被发现。当事人也可以选择使用符合其约定的可靠条件的电子签名。"

第14条规定:"可靠的电子签名与手写签名或者盖章具有同等的法律效力。"

to, the MAAs, and the trial court erred in denying Aerotek's motion to compel arbitration. The judgment of the court of appeals is reversed, and the case is remanded to the trial court for further proceedings.

3-4　深度伪造中的发帖人责任——友利银行向地区法院申请证据开示案 In re Woori Bank

【案　　号】No. 21-mc-80084-DMR, 2021 U. S. Dist. LEXIS 120276 (N. D. Cal. June 28, 2021)

【审理法院】美国加利福尼亚州北区联邦地区法院

【审理时间】2021 年 6 月 28 日

一、案件情况

申请人:友利银行(Woori Bank)、光锡权(以下简称权)

被申请人:全盲公司(Teamblind,Inc.)

案件事实

友利银行是一家总部位于韩国首尔的跨国银行,权是友利银行的代表董事。2021 年 2 月和 3 月,权正因连任代表董事一职处于被银行考察期间。2021 年 2 月,匿名用户开始在一个名为 Blind 的社交媒体平台上发布关于权的帖子。2021 年 2 月 16 日,用户名为“ Ijlij! llij”的匿名用户在 Blind 平台中一个只对友利银行员工开放的频道上传了一张照片,照片中一名中年男子正在亲吻一名年轻女子,这篇帖子将照片里的男人描述为权。2021 年 2 月 26 日,用户名为“我反对”(“I Disagree”)和“最后一问”(“Last question”)的匿名用户多次转发了这张照片,并且每次都暗示这张照片里的男人就是权。

申请人表示,匿名用户发布这些帖子的目的显然是企图操纵选举过程。申请人向首尔警方提起了针对匿名发帖人的刑事诉讼,声称这张照片是经过深度伪造的,并且照片中附带的陈述是虚假的,属于诽谤。他还向首尔中央地区法院提起了民事诉讼,指控匿名发帖人构成诽谤、侮辱、性侮辱、干涉业务。

Blind 平台的运营商 Blind 公司是一家注册地位于美国加利福尼亚州、总部位于美国特拉华州的公司,其在加利福尼亚州的伯克利市设有分公司。为了获取发帖人的真实身份,申请人在韩国对 Blind 公司及其首席执行官双国月(Sunguk Moon)提起了另外两起民事诉讼。在其中一起诉讼中,申请人要求 Blind 公司提供发帖人的 IP 地址和账号等能够识别出匿名发帖人身份的相关信息,因为 Blind 在韩国的分支机构无法获得 Blind 公司服务器中存储的用于识别用户身份的信息。

申请人依据《美国联邦法典》(United States Code)第 1782 条,向 Blind 公司伯克利分公司所在地法院(美国加利福尼亚州北区联邦地区法院)申请证据开示,要求 Blind 公司提供三个匿名发帖用户的相关信息,以识别出他们的真实身份。《美国联邦法典》第 1782 条规定,基于外国或国际诉讼程序的需要,公民或法人居住地的地区法院可以依利害关系人的申请,命令该公民或法人提供证言或出示相关证据①。

焦点问题

1. 本案审理法院是否有管辖权?

2. 就外国申请人的证据开示请求,法院应考虑哪些因素?

法院观点

1. 本案审理法院有管辖权

地区法院在批准《美国联邦法典》第 1782 条规定的申请时,需要考虑以下因素:(1)被申请人的居住地在该地区;(2)证据开示用于外国或国际诉讼程序;(3)申请人与本案有利害关系②。

本案中,首先,申请人确定 Blind 公司在加利福尼亚州伯克利市设有分公司,属于本案审理法院管辖范围;其次,申请人寻求的信息与其在韩国的刑事和民事诉讼相关;最后,申请人是韩国民事诉讼的原告,属于本案的利害关系人。

因此,本案审理法院有管辖权,有权依据申请向 Blind 公司发出传票。

2. 就外国申请人的证据开示请求,法院的自由裁量因素

美国联邦最高法院确定了地区法院在对《美国联邦法典》第 1782 条申请作出自由裁量时应当考虑的因素:(1)被申请人是否是外国诉讼的参与者;(2)涉案的外国政府或法院是否接受美国联邦法院的司法援助请求;(3)该申请是否企图规避外国或美国

---

① 28 U. S. C. § 1782 (a): The district court of the district in which a person resides or is found may order him to give his testimony or statement or to produce a document or other thing for use in a proceeding in a foreign or international tribunal, including criminal investigations conducted before formal accusation. The order may be made pursuant to a letter rogatory issued, or request made, by a foreign or international tribunal or upon the application of any interested person and may direct that the testimony or statement be given, or the document or other thing be produced, before a person appointed by the court. By virtue of his appointment, the person appointed has power to administer any necessary oath and take the testimony or statement. The order may prescribe the practice and procedure, which may be in whole or part the practice and procedure of the foreign country or the international tribunal, for taking the testimony or statement or producing the document or other thing. To the extent that the order does not prescribe otherwise, the testimony or statement shall be taken, and the document or other thing produced, in accordance with the Federal Rules of Civil Procedure.

② See Intel Corp. *v.* Advanced Micro Devices, Inc., 542 U. S. 241, 246, 124 S. Ct. 2466, 2472 (2004).

的法律或政策;(4)该申请是否具有侵入性或烦琐性[1]。

美国联邦最高法院指出,首先,如果被申请人不是外国诉讼的参与者,外国法院不能要求其提供相关证据或出庭作证[2]。此时,只有在《美国联邦法典》第 1782 条的司法援助下,申请人才能获得位于美国的被申请人的相关证据。本案中,Blind 公司并不是韩国诉讼中的当事人,而且 Blind 公司拒绝了主动提供用户信息的要求,申请人除了依据《美国联邦法典》第 1782 条向美国法院申请证据开示之外,没有其他救济渠道能够要求 Blind 公司提供匿名用户的信息。其次,韩国接受美国联邦法院的司法援助请求。再次,没有证据表明申请人提出证据开示的申请是出于规避法律或政策的目的。最后,本案中申请人要求被申请人提供的信息包括:三个匿名用户的个人信息;用户从 2021 年 2 月 1 日至今的历史浏览和访问记录;用户的位置信息;Blind 公司为这三个用户提供服务的时间记录;用户的收款记录。该申请具有不适当的侵入性和烦琐性,涉及 Blind 公司和用户的机密信息,因此,法院不排除申请人的申请权以及被申请人的异议权。美国联邦第九巡回上诉法院认为,申请人可以依据《美国联邦法典》第 1782 条单方面提出申请,被申请人也可以提出异议以撤销申请。

判决结果

地区法院批准了友利银行向 Blind 公司寻求证据开示的申请,并允许 Blind 公司及三个匿名用户对上述传票提出异议。

二、本案知识点

本案主要涉及面对深度伪造技术时,如何在伪造人的言论自由和被丑化人的人格利益中保持利益平衡的问题。

通过深度伪造技术制作动画丑化他人形象,对他人的肖像进行伪造、合成,涉及肖像权侵权;如果丑化了他人的形象,对其社会评价造成不利影响,涉及名誉权侵权。

针对肖像权,需要考虑被丑化人的肖像性质以及伪造人的目的。如果是公众人物,其肖像是公开的,属于公开权范畴。而判断肖像权侵权的关键标准是看有无营利目的,如果不是以营利为目的使用,即戏谑行为,不构成肖像权侵权,属于言论自由范围;如果是一般公民,其对于自己的肖像具有不被公开的合理期待,属于个人隐私范畴。此时,应当倾向于保护人格权(隐私权)利益,而非保护发布人的言论自由。

针对名誉权,需要结合行为目的、传播范围、实际影响和损失等因素综合判断。以丑化美国总统为例,由于总统受到民众的广泛关注,是全民政治生活中的一个角色,其

① See Intel Corp. *v.* Advanced Micro Devices, Inc., 542 U. S. 241, 246, 124 S. Ct. 2466, 2472 (2004).

② See Intel Corp. *v.* Advanced Micro Devices, Inc., 542 U. S. 241, 246, 124 S. Ct. 2466, 2472 (2004).

必须忍受各种评价，包括失实、鞭挞、戏谑和丑化，这属于其从政的一部分工作内容。所以，政治明星的名誉权让位于发布人的言论自由权，丑化美国总统不认为侵犯其名誉权。但对于普通公众，如果丑化的动画传播范围很广，被丑化人的社会评价被降低，应认定为侵犯其名誉权。

以深度伪造技术制作的假新闻为例，面对该技术，如何在新闻真实性和戏谑性之间保持利益平衡？如果少数人相信了戏谑性新闻，是否有权要求新闻单位给予赔偿？例如，美国福克斯电视台通过深度伪造技术制作了加利福尼亚州州长的讲话并在愚人节播放，在该"讲话"中，州长说，地球将在 48 小时内和火星擦肩而过，加利福尼亚州是接触点。少数人相信了该新闻，卖掉了房子逃到了其他州，后来发现是戏谑新闻，其是否有权要求福克斯电视台予以赔偿？

从民事赔偿角度看，就戏谑性新闻的索赔标准，应按照一般理性人是否会对该新闻产生信赖利益进行判断，也就是一般理性人标准。如果具有一般智商的理性人对该新闻可以产生实际信赖，则这种信赖利益就应受到保护。以福克斯电视台为例，其新闻内容存在明显的虚假性，一般智商的理性人能够识别这一新闻是虚假信息，不会对其产生信赖。并且从结果上看，只有少数人相信该新闻为真。此时，少数人对该新闻的信赖利益不应得到保护，不能向电视台索赔。

从行政管理角度看，新闻的本质是真实，新闻媒体也具有相应的权威性，受到民众的信任。因此，在新闻工作中不能为了追求流量而放弃真实性，应当考虑社会公共利益，尽到社会责任。如果新闻媒体播送戏谑性新闻，将会违背职业道德，打破民众的信任，在全社会造成信任危机。出于社会公共利益和社会责任的考虑，应当由主管部门对福克斯电视台给予相应的处罚。

如果不是新闻机构制作的戏谑新闻，而是一个网红通过深度伪造技术制作的虚假动画，达到了以假乱真的程度，给观看人造成了损失，是否应予以赔偿？例如，网红通过深度伪造技术制作了特斯拉首席执行官马斯克面向全世界做的承诺："一次买 5 辆特斯拉汽车，就用特斯拉的火箭送你上火星。"有一个非洲观众真的买了 5 辆特斯拉汽车，后来发现上当了。该观众是否可以要求该网红收购了他买的 5 辆特斯拉汽车？

不同于新闻媒体，网红发表的言论不具有权威性，也没有社会效益，仅代表其个人观点。上述案例中，该网红在制作虚假动画时显然不具有营利目的，只是戏谑行为；并且在内容上表现为（虚假）事实陈述，没有向观众传递买或不买的倾向性信息，没有侵犯特定主体的具体权益，属于言论自由范畴。

相反，观众对于视频内容具有审查辨别的注意义务，即使无法识别深度伪造内容的真实性，也可以向特斯拉公司进行确认，以避免上当受骗。从观众的角度看，由于其本人没有向卖家确认，自身存在过错；且网红不是权威媒体，不具有推定信赖义务，故观众的信赖是不合理的,不能要求网红对该信赖负责任,故该观众不能向该网红主张损失。

三、判决原文摘录

1. Woori Bank and Kwang Seok Kwon (together, "Applicants") filed this application seeking discovery in aid of foreign proceedings that they have filed against anonymous individuals to challenge social media postings that they contend are defamatory.

2. Applicants contend that the posts were "an apparent attempt to manipulate the election process." They state that "[i]n spite of the attempted interference," Kwon was eventually reelected as Representative Director.

3. Applicants filed criminal complaints with the police in Seoul against "unidentified individual[s]" who made the postings, alleging the photo was a manipulated deepfake and that the statements accompanying the photo were defamatory and false.

4. They also filed a civil action against unidentified individuals with the Seoul Central District Court (the "Korean Civil Action"). The Korean Civil Action alleges defamation, insult, sexual humiliation, interference with business, and coercion under Korean law against the individual(s) who made the February 2021 postings.

5. The purpose of section 1782 is "to provide federal – court assistance in the gathering of evidence for use in a foreign tribunal."

3－5　数字货币管制——美国证券交易委员会与电报集团公司案 SEC *v.* Telegram Grp. Inc.

【案　　号】448 F. Supp. 3d 352 (S. D. N. Y. 2020)
【审理法院】美国纽约南区联邦地区法院
【审理时间】2020 年 3 月 24 日

一、案件情况

原告:美国证券交易委员会(United States Securities and Exchange Commission, SEC)
被告:电报集团公司(Telegram Group)、TON 发行人公司(TON Issuer)

案件事实

SEC 认为,电报集团公司及其子公司 TON 发行人公司(以下统称电报集团)对新型加密货币格拉姆斯(Grams)的销售计划,属于未经注册的证券发行。该行为违反了美国《证券法》(Securities Act)第 5 条的规定,SEC 向法院提出了初步禁止令。

2018 年,电报集团分两次将 29 亿格拉姆斯币以 17 亿美元的价格出售给了 175 个购买者(初始购买者)。其签订了格拉姆斯购买协议,约定这些初始购买者先付款进行预购,在电报集团推出 TON 区块链时才获得交付。电报集团向初始购买者提供了一些材料,说明其想要将格拉姆斯币发展成大众市场的加密货币的计划,并且向他们作出承诺,TON 区块链一旦推行,他们就可以通过在二级市场转售格拉姆斯币获得大量预期利润。2019 年 10 月,电报集团准备推出 TON 区块链,并在 10 月底前向初始购买者分发格拉姆斯币。

电报集团辩称,格拉姆斯加密货币是存储或转移财产的合法手段,其本质上是商品,而非证券。正如比特币一样,不应被 SEC 认定为证券①,不应受发行需注册的限制。即使被认定为证券,也符合注册豁免的相关规定。初始购买者将格拉姆斯币转售到二级市场,是正常的商品交易行为,不属于证券发行。

SEC 通过调查电报集团与初始购买者之间的两组交易行为,发现了电报集团的计划,即开发 TON 区块链:电报集团首先向初始购买者预售格拉姆斯币,以获得启动资金开发 TON 区块链;电报集团推出 TON 区块链以后,格拉姆斯币将会增值,初始购买者此时在二级市场转售格拉姆斯币将获得更高的利润。根据豪威测试(Howey Test)②,这种基于格拉姆斯币的交易属于美国《证券法》规定的证券交易③,这 175 名初始购买者是证券承销商④。

在初步禁止令的听证会上,双方向法院提交了一份完整的《联合陈述》,包含证词、

---

① See S. E. C. *v.* W. J. Howey Co. , 328 U. S. 293, 298 – 99, 66 S. Ct. 1100, 90 L. Ed. 1244 (1946).

② See SEC *v.* W. J. Howey Co. , 328 U. S. 293, 66 S. Ct. 1100 (1946).

③ 15 U. S. C. § 77b (a): Definitions. When used in this title unless the context otherwise requires—

(1) The term "security" means any note, stock, treasury stock, security future, security – based swap, bond, debenture, evidence of indebtedness, certificate of interest or participation in any profit – sharing agreement, collateral – trust certificate, preorganization certificate or subscription, transferable share, investment contract, voting – trust certificate, certificate of deposit for a security, fractional undivided interest in oil, gas, or other mineral rights, any put, call, straddle, option, or privilege on any security, certificate of deposit, or group or index of securities (including any interest therein or based on the value thereof), or any put, call, straddle, option, or privilege entered into on a national securities exchange relating to foreign currency, or, in general, any interest or instrument commonly known as a "security," or any certificate of interest or participation in, temporary or interim certificate for, receipt for, guarantee of, or warrant or right to subscribe to or purchase, any of the foregoing.

④ 15 U. S. C. § 77b (a): Definitions. When used in this title [15 U. S. C. § § 77a et seq.] unless the context otherwise requires—

(11) The term "underwriter" means any person who has purchased from an issuer with a view to, or offers or sells for an issuer in connection with, the distribution of any security, or participates or has a direct or indirect participation in any such undertaking, or participates or has a participation in the direct or indirect underwriting of any such undertaking; but such term shall not include a person whose interest is limited to a commission from an underwriter or dealer not in excess of the usual and customary distributors' or sellers' commission. As used in this paragraph the term "issuer" shall include, in addition to an issuer, any person directly or indirectly controlling or controlled by the issuer, or any person under direct or indirect common control with the issuer.

物证和声明。双方提出了简易判决的交叉动议。

焦点问题

1. 根据豪威测试,能否认定上述交易行为属于证券交易?

2. 交易行为能否适用注册豁免?

法院观点

1. 电报集团与初始购买者之间的交易属于证券交易

电报集团辩称,本案涉及两组不同的交易,一组受证券法约束,另一组不受证券法约束。第一组交易是2018 年向初始购买者出售格拉姆斯币,电报集团承认其向初始购买者提供格拉姆斯币属于证券交易,但是认为其符合《证券交易法》(Securities Exchanges Act)第 502 条(d)款所规定的情形①,因为购买人是特定化的,而不是公众,故属于私募,而非公募。第二组交易是在推出 TON 区块链时,初始购买者将格拉姆斯币转售的行为。电报集团主张格拉姆斯币具有存储或转移财产的功能性价值,因此格拉姆斯币是一种商品,初始购买者转售格拉姆斯币就像出售普通商品,而非证券,不受证券法的约束。具体来说,在初始购买者收到格拉姆斯币后,其可以在 TON 区块链上将格拉姆斯币作为货币或商品进行交易,这是典型的对商品的处置,而非处置证券;初始购买者在二级市场处理格拉姆斯币的行为与电报集团无关。

对此,法院认为,不能将一个完整的“初始购买 + 转售”的交易过程割裂为两组交易,电报集团所谓的两组交易是一个典型的证券“买 + 卖”的过程,不应对这两组交易单独分析,而应将其作为一个整体进行豪威测试。

根据豪威测试,应当从四个方面分析投资合同:(1)投入资金;(2)与公司形成利益共同体;(3)存在预期利润;(4)不参与经营管理,仅依靠发起人或第三方的经营获得预期利润。

首先,175 名初始购买者具有投资意图,他们购买格拉姆斯币的 17 亿美元预售款,可以看作对电报集团公司的投资。

其次,电报集团将其从初始购买者处获得的投资款用于 TON 区块链的开发和日常经营管理。每个初始购买者都与电报集团公司之间建立了横向共性,即形成了利益共同体。如果 TON 区块链开发失败,格拉姆斯币将无法增值,电报集团的声誉会受到很大的影响,初始购买者和电报集团会遭受同等程度的亏损;如果 TON 区块链开发成功,则初始购买者和电报集团都会获得更多的利润。

---

① 17 CFR 230. 502(d) : Limitations on resale. Except as provided in § 230. 504(b)(1), securities acquired in a transaction under Regulation D shall have the status of securities acquired in a transaction under section 4(a)(2) of the Act and cannot be resold without registration under the Act or an exemption therefrom.

再次,初始购买者在 2018 年购买了格拉姆斯币,并期望通过 TON 区块链向二级市场转售这些格拉姆斯币以获得更多利润。电报集团也作出承诺,格拉姆斯币将增值并带来合理的预期利润。

最后,初始购买者并不参与公司的经营或开发,完全依赖电报集团对 TON 区块链的开发,以实现投资回报。

法院认为,根据豪威测试,不能被购买行为的外在形式所迷惑,而忽视其投资属性,这些行为往往是名为购买,实为投资。应当整体看待格拉姆斯币的预售以及交付之后的转售行为。这两个交易行为是都是电报集团计划的一部分:先向初始购买者预售格拉姆斯币获得启动资金,用于开发 TON 区块链;推出 TON 区块链后,初始购买者的格拉姆斯币获得增值,在二级市场转售获得高额利润。SEC 合理地分析了电报集团销售格拉姆斯币的计划,满足豪威测试的要求,该行为属于证券交易。

2. 交易行为不适用注册豁免条款

(1)美国《证券法》第 4(a)(2)条规定,不涉及公开发行的私募发行交易可以适用注册豁免①。法院认为,电报集团销售格拉姆斯币的计划是一种变相的公开发行。电报集团的目标是将格拉姆斯币发展成为"首个公共市场的加密货币"。电报集团将格拉姆斯币出售给初始购买者是公开发行证券的第一步,下一步是通过初始购买者的转售行为将格拉姆斯币扩散到二级市场。因此,电报集团的销售行为并不是私募销售,而是公开发行,并且没有提交任何注册申请。该行为违反了美国《证券法》第 5 条的禁止性规定②,即在没有注册申请的情况下公开发行证券。

(2)《证券交易法》第 506(c)(2)条规定,要想满足注册豁免,发行人只能将相关证券出售给合格的投资者,而不是承销商;发行人需要对购买者进行合理谨慎的审查,以

---

① 15 U. S. C. § 77d (a): The provisions of section 5 [15 USCS § 77e] shall not apply to—

(2) transactions by an issuer not involving any public offering.

② 15 U. S. C. § 77e (a): Sale or delivery after sale of unregistered securities. Unless a registration statement is in effect as to a security, it shall be unlawful for any person, directly or indirectly—

(1) to make use of any means or instruments of transportation or communication in interstate commerce or of the mails to sell such security through the use or medium of any prospectus or otherwise; or

(2) to carry or cause to be carried through the mails or in interstate commerce, by any means or instruments of transportation, any such security for the purpose of sale or for delivery after sale.

...

(c) Necessity of filing registration statement. It shall be unlawful for any person, directly or indirectly, to make use of any means or instruments of transportation or communication in interstate commerce or of the mails to offer to sell or offer to buy through the use or medium of any prospectus or otherwise any security, unless a registration statement has been filed as to such security, or while the registration statement is the subject of a refusal order or stop order or (prior to the effective date of the registration statement) any public proceeding or examination under section 8.

确保其不是承销商[1]。

承销商,是指为了分销证券而向发行人购买证券的人[2]。本案中的初始购买人从发行人电报集团处购买了格拉姆斯币,目的是在TON区块链推出后在二级市场转售其持有的格拉姆斯币,以获取利润。因此,这些初始购买者属于证券承销商。

电报集团辩称,在每份格拉姆斯币购买协议中都有初始购买者的保证,即他们是为自己购买格拉姆斯币,而不是为了转售。

但是法院认为,初始购买者的购买意图非常明显,即在TON区块链推出后在二级市场上转售格拉姆斯币,以赚取差价。这一点也是电报集团预售格拉姆斯币筹集启动资金的意图,并且电报集团在格拉姆斯币协议中作出了此类承诺,可以推定其知情。电报集团没有进行合理的审查,明知这些初始购买者是美国《证券法》规定的承销商,仍然向其出售格拉姆斯币,不符合豁免规定的要求。

判决结果

法院批准了SEC的初步禁止令。

二、本案知识点

1. 证券的本质是什么,现实世界的货币属于证券吗?

证券具有两个本质特征:其一,其购买是为了转售获利而非使用,购买者不需要实际占有对应物,等待其升值后抛售即可实现购买意图;其二,购买者对其完全失去控制,由第三方实际操控、运作,其能否升值不在购买者的控制范围。证券是否表现为权利凭证并

---

① 17 CFR 230.506 (c):Conditions to be met in offerings not subject to limitation on manner of offering—

(2) Specific conditions—

(i) Nature of purchasers. All purchasers of securities sold in any offering under paragraph (c) of this section are accredited investors.

(ii) Verification of accredited investor status. The issuer shall take reasonable steps to verify that purchasers of securities sold in any offering under paragraph (c) of this section are accredited investors. The issuer shall be deemed to take reasonable steps to verify if the issuer uses, at its option, one of the following non - exclusive and non - mandatory methods of verifying that a natural person who purchases securities in such offering is an accredited investor; provided, however, that the issuer does not have knowledge that such person is not an accredited investor.

② 15 U.S.C. § 77b (a):Definitions. When used in this title [15 U.S.C. §§ 77a et seq.] unless the context otherwise requires—

(11) The term "underwriter" means any person who has purchased from an issuer with a view to, or offers or sells for an issuer in connection with, the distribution of any security, or participates or has a direct or indirect participation in any such undertaking, or participates or has a participation in the direct or indirect underwriting of any such undertaking; but such term shall not include a person whose interest is limited to a commission from an underwriter or dealer not in excess of the usual and customary distributors' or sellers' commission. As used in this paragraph the term "issuer" shall include, in addition to an issuer, any person directly or indirectly controlling or controlled by the issuer, or any person under direct or indirect common control with the issuer.

不重要，普通商品如果满足这两个特征，本质上就属于证券，应按照证券进行管制。

豪威测试正是针对上述两个本质特征进行的，其中的第1、3项对应上述第一个特征，第2、4项对应第二个特征。主体基于升值后抛售谋利的目的，而非使用目的购买商品，并且不实际占有该物或对其升值具有控制权，那么，该商品即具有证券特征，应按照证券进行管制。如囤积的墓地、楼花、分时度假计划、美国的一寸土地、本案中承销商持有的电子货币，都满足了这两个特征，都属于证券。

一般情况下的货币，无论是纸币，还是电子货币，都不属于证券。因为其不具有财产价值，只是带有印花的纸张（纸币）或特定算法下生成的稀缺符号（电子货币）。但如果购买不是为了使用（流通），而是为了升值后抛售谋利，货币就具备了证券特征，这种情况下的货币就成了稀缺的商品，而非一般等价物，所以，大多数国家都是禁止囤积货币的。

2. 电子货币是否必须由国家发行，民间可否发行电子货币？

各国对于电子货币能否由民间非金融机构发行存在争议。美国允许非银行机构发行电子货币；欧洲国家则认为，电子货币只能由国家监管的金融信贷机构发行。

我国没有放开电子货币的民间发行，发行电子货币的主体是央行或者其委托的金融机构，这样做的原因有三点：首先，有利于国家对电子货币进行统一的监管和控制；其次，可以保证交易系统的安全性；最后，我国电子货币的发展刚刚起步，由央行发行具有更高的信誉，以国家信用作背书，有利于推动电子货币的发展。

3. 电子货币如果只在网络世界流通，对现实世界的货币是否构成冲击？是否需要国家的宏观控制？

货币发行总量应当与一个社会中的全部财产量相对等。网络世界的发明，创造出了现实社会之外的诸多网络财产，如屠龙刀等游戏装备、游戏币（接受网络服务权）、网络阅读权利。如果网络世界和现实世界截然分开，网络世界的财产和现实世界的财产完全隔离，电子货币只在网络世界流通，则对现实世界的货币不会构成冲击，二者可在不同的世界各司其职。但从网上购买现实世界的商品，电子货币就属于额外增发的现实货币；也就是说，原来是现实货币总量对应现实世界的商品总量，现在变成了现实货币总量＋电子货币总量对应现实世界的商品总量。

增发货币的行为当然应受到国家的宏观控制。国家应该在发行电子货币的同时，销毁现实货币，保持现实货币总量＋电子货币总量与财富总量的平衡，避免通货膨胀。

4. 未来是否会存在国际电子货币？谁来管制？其与现实世界的货币的对应关系如何？

货币的流通取决于其信誉，大家相信其具有购买力，其就可以实现货币的流通功能。因此，如果没有国家的禁止，比特币就已经成为世界货币了。但某些国家的禁止，导致这种货币在部分区域的信誉丧失，不能充当货币发挥其职能。

未来如果在联合国主持下，各国政府统一认可某种符号具有货币流通职能，这种符号的信誉就可以胜任国际货币。首先，其作为国际通用货币，在统一的国际市场中，具有统一的购买力；其次，由绝对中立的金融机构统一发行并制定货币政策；最后，确定其与现实货币具有同等效力，都是法定货币。

三、判决原文摘录

1. Telegram contends that the agreements to sell the 2.9 billion Grams are lawful private placements of securities covered by an exemption from the registration requirement. In Telegram's view, only the agreements with the individual purchasers are securities.

2. Currently, the Grams will not be delivered to these purchasers until the launch of Telegram's new blockchain, the Telegram Open Network ("TON") Blockchain. Telegram views the anticipated resales of Grams by the 175 purchasers into a secondary public market via the TON Blockchain as wholly - unrelated transactions and argues they would not be the offering of securities.

3. The SEC sees things differently. The 175 initial purchasers are, in its view, "underwriters" who, unless Telegram is enjoined from providingthem Grams, will soon engage in a distribution of Grams in the public market, whose participants would have been deprived of the information that a registration statement would reveal.

4. The Court finds that the SEC has shown a substantial likelihood of success in proving that the contracts and understandings at issue, including the sale of 2.9 billion Grams to 175 purchasers in exchange for $1.7 billion, are part of a larger scheme to distribute those Grams into a secondary public market, which would be supported by Telegram's ongoing efforts.

5. As such, the initial 175 purchasers possess a reasonable expectation of profit based upon the efforts of Telegram because these purchasers expect to reap whopping gains from the resale of Grams in the immediate post - launch period. Under the Howey test, the series of contracts and understandings centered on Grams are a security within the meaning of the Securities Act of 1933.

3－6　物联网的黑客攻击——埃登伯勒与 ADT 安防公司案 Edenborough *v.* ADT, LLC

【案　　号】No. 16 - cv - 02233 - JST, 2016 U.S. Dist. LEXIS 147106 (N. D. Cal. Oct. 24, 2016)

【审理法院】美国加利福尼亚州北区联邦地区法院

【审理时间】2016 年 10 月 24 日

一、案件情况

原告:迈克尔·埃登伯勒(Michael Edenborough)等(代表诉讼)

被告:高级切割公司(Advanced Dicing Technologies, LLC,ADT)

案件事实

ADT 是一家总部位于美国佛罗里达州的公司,主要业务包括销售无线家庭安全系统。原告迈克尔·埃登伯勒是加利福尼亚州居民,他主张自己从 ADT 购买无线家庭安全系统时,遭受了商业欺诈。

2012 年 3 月 30 日,原告与 ADT 签订了初始合同。原告先审查了 ADT 的广告和网站,该网站通过以下声明宣传 ADT 无线家庭安全系统的可靠性:无线报警系统与传统报警系统一样有效;ADT 以使用最先进的技术而自豪;ADT 的经验、技术和人员将为客户提供有效的安全保护;ADT 提供最先进的设备和服务。其后,根据 ADT 高级安全顾问的建议,原告决定在家中安装 ADT 的无线安全系统。

原告后来了解到,ADT 的无线家庭安全系统所使用的无线电传输频率是未加密的、不安全的。这些传输方式存在漏洞,无法防止未经授权的第三方干扰或入侵,容易受到黑客攻击。2014 年 7 月,《福布斯》杂志(*Forbes*)对这些漏洞进行了调查并在之后进行了报道。

原告认为,自 2012 年 3 月 18 日或更早以来,ADT 知道或应当知道,其无线安全系统一直容易受到黑客攻击。ADT 有义务披露其无线家庭安全系统缺乏加密、身份验证功能,并且存在其他严重漏洞。但 ADT 从未向原告或其他加利福尼亚州消费者披露这些事实,构成疏忽性的欺诈行为。

2016 年 6 月 17 日,原告提交了第一次修订起诉书(First Amended Complaint, FAC),依据《加利福尼亚州消费者法律救助法案》(California Consumers Legal Remedies Act, CLRA)和《加利福尼亚州反不正当竞争法》(California's Unfair Competition Law,UCL)等提出了索赔。原告代表本诉讼开始前四年内所有购买 ADT 无线家庭安全系统的加利福尼亚州居民,提出了集体诉讼。

ADT 辩称,FAC 中的 CLRA 和 UCL 索赔都不合理。《联邦民法典》(Federal Rule of Civil)第 8(a)(2)条规定,原告提出的索赔请求中必须有合理的肯定性陈述,表明其有权获得救济①；而根据 CLRA 和 UCL 提出疏忽性欺诈索赔，原告必须证明其对被告产生实际信赖且被告具有披露义务②。但是，原告对索赔请求缺乏合理的肯定性陈述，也未能证明被告存在疏忽性欺诈。

2016 年 7 月 5 日，ADT 提出动议，要求驳回 FAC。本案正是法院对该动议的审理。

焦点问题

1. 原告是否就索赔请求作出了合理的肯定性陈述？

2. ADT 是否存在疏忽性欺诈？

法院观点

1. 原告对索赔请求缺乏合理的肯定性陈述

（1）原告没有对信赖问题作出合理的肯定性陈述。法院在奥珀曼诉派斯案③中得出的结论是，原告仅主张访问了某个网站并不能充分证明其信赖该网站的特定陈述，不符合 UCL 或 CLRA 在索赔条款中对信赖的要求。本案中，原告仅主张他阅读了 ADT 的网站和相关广告声明，并不能证明他因此对 ADT 的网站内容和广告产生了合理的信赖。

（2）原告对虚假宣传提出了肯定性陈述，但是不可起诉。本案中，原告主张 ADT 网站声明中的"最先进的技术""最先进的设备和服务"等内容构成虚假宣传。ADT 辩称，其广告内容是法律允许的"纯粹的吹嘘"，而不是虚假宣传。原告在提出虚假宣传指控时，如果能对产品的特性或特定功能提出量化、可操作的质疑，可以让法院辨别是否存在虚假宣传；但如果其只是提出了关于产品的一般性主观声明，则不能让法院辨别是否存在虚假宣传，这种指控是不可起诉的④。实际上，原告主张的这些内容非常模糊并且带有主观色彩，没有明确的认定标准，无法具体衡量其是否构成虚假宣传。因此，原告的这一肯定性陈述被认定为是不可起诉的。

最终，法院认定，原告未能就索赔提出合理的肯定性陈述，批准了 ADT 的驳回动议。

2. ADT 对原告构成疏忽性欺诈

（1）ADT 具有披露义务。

根据 CLRA 和 UCL 提出欺诈索赔，原告必须证明被告对相关信息具有披露义务且没有披露。确定披露义务，原告至少需要证明下列条件之一：①被告和原告之间存

① Fed Rules Civ. Proc. R. 8 (a) Claim for Relief. A pleading that states a claim for relief must contain: (2) a short and plain statement of the claim showing that the pleader is entitled to relief.

② See Langan *v.* United Servs. Auto. Ass'n, 69 F. Supp. 3d 965, 984 (N. D. Cal. 2014).

③ See Opperman *v.* Path, Inc. ,87 F. Supp. 3d 1018, 1028(N. D. Cal. 2014).

④ See Newcal Indus. , Inc. *v.* Ikon Office Solution, 513 F. 3d 1038, 1053 (9th Cir. 2008).

在合法的委托关系；②被告对重要事实具有排他性了解，即被告知道相关重要事实，但原告不知道；③被告主动向原告隐瞒重要事实；④被告对重要事实进行部分真实陈述，部分隐瞒[①]。

第一，ADT 知道系统存在漏洞并且容易遭受黑客攻击。根据 CLRA 以疏忽性欺诈为由提出索赔，原告必须证明被告在销售产品时知道存在缺陷或漏洞[②]。原告指控被告构成疏忽性欺诈，无须证明欺诈的时间、地点、方式等具体事实，只需笼统地证明其知情即可[③]。因为原告不是在指控欺诈行为本身，而是在指控被告不作为的疏忽，原告只需要笼统地证明 ADT 知道其系统存在漏洞且容易受到黑客攻击。

原告在 FAC 中指出：首先，ADT 在 2002 年的出版物中表示，射频工程师和 ADT 都认识到无线设备的脆弱性，因为无线家庭安全系统缺少加密和身份验证等传统安全技术；其次，制造商至少自 2012 年以来就向 ADT 表示，他们的家庭无线系统容易受到干扰；最后，ADT 在 2015 年 12 月 31 日 ~ 2016 年 2 月 2 日的记录表中承认，其产品可能受到无线设备的影响，其服务器可能受到黑客攻击或其他未经授权的访问。虽然这次承认发生在原告购买产品的四年后，但是这次承认，加上 2012 年的两项指控，使得法院可以合理地推断，ADT 在 2012 年向原告出售无线安全系统时就已经知道了所谓的漏洞。

第二，原告不知道上述事实。为了确定 ADT 的披露义务，必须证明 ADT 对上述事实具有“排他性了解”，即存在信息不对称，被告了解相关重要事实而原告不了解。

无线安全系统的具体工作原理和技术细节超出了普通消费者的认知范围。但是对于 ADT 来说属于基本常识，其至少在 2012 年就意识到系统存在漏洞并且容易受到黑客攻击。原告、被告之间存在信息不对称。因此，法院综合分析认定，ADT 满足上述第 2 条要求，具有披露义务。

(2) ADT 没有披露的信息属于重要事实。

原告主张，其在购买无线家庭安全系统时不知道系统存在漏洞，并且容易受到黑客攻击。ADT 利用信息不对称，没有将这些重要事实如实告知原告，而这些事实对于客户来说非常重要。

法院认为，ADT 遗漏的信息属于重要事实。即使 ADT 辩称这些不属于产品的实质性缺陷，但是对于客户来说，他们不需要知道系统存在什么样具体的缺陷，只需要知道可能存在缺陷这一事实即可。客户选择购买无线家庭安全系统的目的是安全和保

---

① See Falk *v*. Gen. Motors Corp., 496 F. Supp. 2d 1088, 1095 (N. D. Cal. 2007).

② See Wilson *v*. Hewlett - Packard Co., 668 F. 3d 1136, 1145 (9th Cir. 2012).

③ See Tavares *v*. Capitol Records, LLC, No. 12 - cv - 3059 - YGR, 2013 U. S. Dist. LEXIS 34317, 2013 WL 968272, at *4 (N. D. Cal. Mar. 12, 2013).

障,但是 ADT 事实上不能满足这一要求。如果客户在签订合同前知道系统存在安全漏洞,就不会选择购买。这一重要事实关系客户追求安全和保障的目的能否实现,而 ADT 却没有如实告知。

(3)原告对 ADT 的家庭安全系统存在实际信赖。

疏忽性欺诈索赔的重要证明标准是存在实际信赖①。法院认为,原告购买家庭安全系统的目的就是获得安全保障服务。基于购买目的,他们可以合理地认为系统将保障其安全,免受外部干扰,他们对这一系统存在实际的信赖。

(4)购买合同中的相关条款不构成有效的披露。

ADT 与原告的合同中存在以下内容:如果因为特殊原因导致通信电源中断,ADT 可能不会收到警报信号;报警系统无法确保百分之百的安全保护。ADT 辩称,这些内容说明其已经向原告履行了告知义务,进行了有效的披露,而不再负有更多的披露义务。

法院认为,这些内容并没有明确地向原告说明 ADT 的系统存在安全漏洞,并且容易受到黑客攻击这一重要事实,不能认定其达到了有效的披露效果。

最终,法院认定,原告充分证明了 ADT 的疏忽性欺诈行为,驳回了 ADT 的动议。

判决结果

法院批准了 ADT 关于肯定性陈述的动议,驳回了 ADT 关于欺诈性疏忽的动议。

二、本案知识点

本案主要涉及如果电子设备制造商生产的产品符合国家标准和合同约定,但无法避免黑客攻击,谁来承担黑客攻击的损失,黑客攻击是否属于不可抗力的问题。

产品缺陷责任属于无过错责任,只要产品有缺陷,无论生产商是否有过错,都要承担赔偿责任。但如果电子产品符合国家标准和合同约定,则不能认定产品存在缺陷,无法适用产品缺陷责任。此时,就第三人的侵权行为,对产品生产商适用过错推定责任推定其具有过错。但如果其能证明采用了业界公认的防黑客措施,信息安全水平符合国家强制性规定、不低于行业一般保护标准,则完成了证明自己无过错的举证责任,可以推翻过错假定,其不承担赔偿责任。

民法中的不可抗力,是指不能预见、不能避免且不能克服的客观情况。黑客攻击至少对于电子设备制造商来说是可以预见的,具备相关技术知识的消费者也可以预见,因此不属于不可抗力。

三、判决原文摘录

1. Plaintiff asserts that ADT knew, or at least should have known, that its wireless

---

① See Daniel *v.* Ford Motor Co., 806 F. 3d 1217, 1225 (9th Cir. 2015).

security systems have been vulnerable to such hacking since March 18, 2012 or earlier.

2. A statement that is quantifiable, that makes a claim as to the specific or absolute characteristics of a product, may be an actionable statement of fact while a general, subjective claim about a product is non – actionable puffery.

3. Generally, courts have not defined "exclusive" literally, but have found such claims cognizable if the defendant had "superior" knowledge of a defect that was not readily apparent and there is no or only a limited publicly available information about the defect.

4. A defect need not be proximate to be material. It is certainly plausible that a reasonable consumer would attach importance to the fact that their home security system could be easily be hacked and bypassed, even absent proven instances of such hacking.

5. At the very least, "[t]he Court cannot find, at this stage of the proceedings, that Defendant's disclosure is so unambiguous and express such that a reasonable consumer is unlikely to be deceived as a matter of law."

3-7 元宇宙设计者在虚拟世界的立法权——多伊与罗布洛克斯公司案 Doe *v.* Roblox Corp.

【案　　号】602 F. Supp. 3d 1243 (N. D. Cal. 2022)

【审理法院】美国加利福尼亚州北区联邦地区法院

【审理时间】2022 年 5 月 9 日

一、案件情况

原告:简·多伊(Jane Doe)(代表诉讼)

被告:罗布洛克斯公司(Roblox Corp.)

案件事实

被告罗布洛克斯公司在美国特拉华州注册成立,其主要营业地在加利福尼亚州。罗布洛克斯公司创建了一个"元宇宙",大约有 700 万名用户注册进入其生成的三维虚拟世界中,管理自己的虚拟形象,包括服装和其他虚拟物品。罗布洛克斯公司创造了一种名为 Robux 的虚拟游戏货币,用户使用现实流通的货币购买 Robux,再将 Robux 用于购买罗布洛克斯元宇宙中的虚拟物品。用户还可以使用 Robux 购买其他用户的虚拟物品,罗布洛克斯公司会收取一定比例的服务费(本案诉讼发生时为 30%)。

原告简·多伊是一名未成年人,提起诉讼时刚 12 岁,她在 10 岁时创建了一个罗布洛克斯元宇宙的账号，使用礼品卡购买了数百张 Robux，又使用 Robux 在游戏中购买了虚拟服装、头像装饰框等虚拟物品。简·多伊相信自己在使用 Robux 购买后即拥有这些虚拟物品，并且这些虚拟物品将一直保存在她的游戏库存中。但是，如果用户违反了《使用条款》或由于其他原因①，罗布洛克斯公司会不经警告或解释就删除其在游戏中的虚拟物品。简·多伊认为这种删除行为是非法的商业行为，具有欺诈性质，于是她代表自己和其他在罗布洛克斯元宇宙平台购买过虚拟物品并被删除的用户提起了集体诉讼。根据多伊的指控，超过一半的罗布洛克斯元宇宙用户的年龄在 13 岁以下。用户在创建罗布洛克斯账号时，需要输入他们的生日。但是罗布洛克斯公司没有提醒那些生日信息显示是未成年人的用户，其应该获得父母的许可才能创建账号。

多伊在 2021 年 5 月提起了诉讼，并于 2021 年 11 月提交了第一次修订起诉书（First Amedened Complaint，FAC）。多伊主张，罗布洛克斯公司所谓的内容审核计划违反了《加利福尼亚州反不正当竞争法》（California's Unfair Competition Law，UCL）和《加利福尼亚州消费者法律救助法案》（California Consumers Legal Remedies Act，CLRA），并且构成欺诈、侵占、不当得利，违反了诚信和公平交易的默示契约。罗布洛克斯公司则针对多伊的索赔提出了反对动议。

罗布洛克斯元宇宙的《使用条款》主要包括以下内容：《使用条款》包括关于内容审核的政策，规定在某些情况下，游戏、头像物品或其他内容可能会从服务中被删除（由于违反这些条款或其他原因）。对于用户可能因此遭受的损失，罗布洛克斯公司不承担责任，并且不退还用户花费在游戏中的 Robux 或其他资金。只要被判断为违反《使用条款》或存在其他违规情形，罗布洛克斯公司就可以在未提前通知的情况下，删除用户的虚拟物，并且用户同意放弃获得救济的权利。《使用条款》还规定，Robux 不是现实货币的替代品，用户实际上获得了使用 Robux 的"有限许可证"。这赋予了用户非排他、可撤销、有限、不可转让的权利许可。通过这种许可（即使用罗布洛克斯元宇宙），用户在遵守《使用条款》的前提下可以获得相关服务；而依据法律救济条款的规定，用户和罗布洛克斯公司同意双方都只能以个人身份对另一方提出索赔，不得代表集体提

---

① 判决书没有说明在什么情况下会触发删除虚拟物，也没有提供《使用条款》的原文链接。本书作者推测，可能是用户使用了插件或者外挂而被平台处罚，也有可能该平台在服务协议中明确规定对长期不活跃的用户进行装备的删除或者销号处理，还有可能是因为用户在该平台发表了特定的言论。在描述删除虚拟物的条件时，判决中的相关表述如下："There may be situations where games, avatar items, or other content may be removed from the Service (due to violations of these Terms or for other reasons). We will have no liability for any losses you may incur as a result, and will not be liable to refund any Robux or other funds you spent in or for that game or content."以及"at any time and without prior notice, screen, remove, edit, or block any [User Generated Content ('UGC')] that in our sole judgment violates these Terms or is otherwise objectionable."。

出索赔,双方同意通过仲裁方式解决争议,并且要求用户在提起诉讼或仲裁之前 60 天内向罗布洛克斯公司提交投诉,首先通过协商解决问题。

焦点问题

1. 多伊是否受到罗布洛克斯公司的《使用条款》的约束?法院是否享有管辖权?

2. 多伊能否提起集体诉讼?

3. 多伊是否合理地提出了索赔请求?

法院观点

1. 多伊不受罗布洛克斯公司的《使用条款》的约束,法院享有管辖权

依据《美国宪法》(U. S. Constitution)第 3 条的规定,联邦法院的管辖权仅限于实际的、正在进行的案件或争议①。在集体诉讼中,如果原告无法证明其与被告的案件或争议具有必要连接,则不能寻求集体诉讼的救济②。

罗布洛克斯公司辩称,《使用条款》要求用户在提起诉讼之前,至少在 60 天内向罗布洛克斯公司提交投诉,以协商解决方案。而多伊提起诉讼的行为违反了《使用条款》中对于争议解决方式的规定,其不具备诉讼主体资格,法院也不享有管辖权。多伊则表示,没有证据表明其同意该《使用条款》。

本案中,多伊是否受《使用条款》的约束是加利福尼亚州法律的适用问题。根据加利福尼亚州法律,有效的合同需要双方的相互同意,通过要约和承诺的过程实现。对于网站来说,只有满足以下两个条件才能认定为用户表示了同意:(1)网站在醒目的位置设置通知,提醒用户对其具有实际约束力的条款;(2)网站设置明确的同意选项,用户点击按钮即表明其同意这些条款③。用户在注册罗布洛克斯公司的账号时,页面上会出现一个按钮,用户点击该按钮表示同意服务条款,然而,没有证据表明多伊接收到了罗布洛克斯公司网站的通知,并且同意该《使用条款》。即使罗布洛克斯公司的通知页面对成年人来说足够明显且能够理解,但是对于未成年儿童来说并非如此。未成年儿童同意合同条款的能力低于成年人④,即使他们表示同意,法院在客观上也不会认定其同意。并且罗布洛克斯公司的大部分用户都是未满 13 周岁的未成年人,网站对其没有任何提醒或保护措施,如提示需要监护人许可。

综上所述,法院支持了多伊的观点,即不能认定多伊同意了罗布洛克斯公司的《使用条款》并受其约束。

---

① See Wolfson *v.* Brammer, 616 F. 3d 1045, 1053 (9th Cir. 2010).

② See Lierboe *v.* State Farm Mut. Auto. Ins. Co., 350 F. 3d 1018, 1022 (9th Cir. 2003).

③ See Berman *v.* Freedom Fin. Network, LLC, 30 F. 4th 849, 853 (9th Cir. 2022).

④ See Meadows *v.* Dickey's Barbecue Restaurants Inc., 144 F. Supp. 3d 1069, 1078 (N. D. Cal. 2015).

2. 多伊可以提起集体诉讼

罗布洛克斯公司认为，多伊代表其他用户提出的集体诉讼应当被驳回，因为《使用条款》中规定了用户不得以集体诉讼的形式提出索赔。但是法院认定《使用条款》对多伊不具有约束力，因此罗布洛克斯公司的这种观点不成立。

3. 多伊是否合理地提出了索赔请求，要具体分析

罗布洛克斯公司辩称，多伊没有合理地提出索赔请求。根据《联邦民事诉讼规则》(Federal Rule of Civil Procedure)第12(b)(6)条的规定，原告必须证明其索赔请求具有合理性①。而本案中多伊并未提出合理的索赔请求，因此应当被驳回。法院对多伊的索赔进行了分析：

(1)多伊合理地提出了罗布洛克斯公司违反《通信规范法》(Communications Decency Act，CDA)的索赔。

罗布洛克斯公司辩称，根据CDA第230(c)条的规定②，网络服务提供商为防止平台上出现不合法的内容(暴力、色情、种族歧视等)，可以对违法内容进行删除或其他限制，而不承担民事责任。罗布洛克斯公司作为网络服务提供商，删除违反《使用条款》的用户的虚拟物品，可以适用本条款的豁免。

争议的焦点在于，豁免条款仅限于网络服务提供商，而不适用于信息内容提供者。多伊主张，罗布洛克斯公司不仅是网络服务提供商，也是信息内容提供者，因此不能适用豁免条款。罗布洛克斯公司在其运营的元宇宙中提供虚拟人物形象并出售虚拟物品，本质上是虚拟商品的卖家，属于内容提供者。因此，罗布洛克斯公司在没有警告或披露的情况下删除用户购买的虚拟物品，不适用CDA有关豁免的规定，应当承担责任。

法院支持了多伊的观点，认定其合理地提出了此项索赔。

(2)多伊合理地提出了罗布洛克斯公司违反UCL和CLRA的索赔。

UCL和CLRA禁止任何非法、不公平或欺诈性的商业行为。依据这两个法律提出

---

① Fed Rules Civ. Proc. R. 12(b)：How to Present Defenses. Every defense to a claim for relief in any pleading must be asserted in the responsive pleading if one is required. But a party may assert the following defenses by motion：

(6) failure to state a claim upon which relief can be granted.

② 47 U. S. C. § 230 (c)：Protection for "Good Samaritan" blocking and screening of offensive material.

(2) Civil liability. No provider or user of an interactive computer service shall be held liable on account of—

(A) any action voluntarily taken in good faith to restrict access to or availability of material that the provider or user considers to be obscene, lewd, lascivious, filthy, excessively violent, harassing, or otherwise objectionable, whether or not such material is constitutionally protected; or

(B) any action taken to enable or make available to information content providers or others the technical means to restrict access to material described in paragraph (1) [subparagraph (A)].

索赔，原告必须证明其遭受了金钱或财产损失①。

罗布洛克斯公司辩称，Robux 并不是流通的货币或者现实的物品，用户只是获得了对 Robux 的有限使用许可，对于 Robux 和用其购买的虚拟物品不享有所有权。因此，原告丢失 Robux 和虚拟物品并不构成经济损失。

多伊主张其遭受了经济损失，因为她使用现实流通的货币（金钱）购买了 Robux，并在元宇宙中使用 Robux 购买虚拟物品，但是其购买的虚拟物品被不合理地删除，导致其花费了金钱却没有得到相应的虚拟物品，由此遭受了经济损失。

法院支持了多伊的观点，认定其合理地提出了此项索赔。

（3）多伊没有合理地提出"不公平"的索赔请求。

罗布洛克斯公司辩称，其《使用条款》没有违反了 UCL 的"不公平"原则。因为罗布洛克斯公司的《使用条款》没有违反法律、政策以及道德规范，也没有对用户造成实质性伤害。对此，多伊没有作出回应。因此，法院作出了有利于罗布洛克斯公司的认定，驳回了多伊的此项索赔，并允许其修改索赔。

（4）多伊合理地提出了"欺诈"的索赔请求。

罗布洛克斯公司辩称，多伊并没有证明存在具体的欺诈行为。

欺诈索赔的构成要件是：①被告虚假陈述或故意隐瞒相关信息；②提供误导性信息；③具有欺诈的意图；④原告对于相关内容具有合理的信赖；⑤欺诈行为给原告造成了实际损害②。

罗布洛克斯公司的整个商业模式旨在吸引用户，尤其是未成年人购买其虚拟物品。原告使用金钱购买 Robux，并在元宇宙中兑换成虚拟物品，这是常规的消费行为。原告足以合理地相信其因为消费行为而拥有这些虚拟物品，但是罗布洛克斯公司在没有任何警告或提醒的情况下删除了这些虚拟物品，通过这种方式诱使用户，特别是未成年用户重复购买其虚拟物品，具有欺诈性质。

因此，法院认定多伊合理地提出了欺诈的索赔。

（5）多伊合理地提出了"侵占"的索赔请求。

提出侵占的索赔请求，原告必须证明：①其对于争议财产享有所有权；②被告通过不合法的行为处分了原告的财产；③原告因此遭受了损失③。

罗布洛克斯公司辩称，多伊没有合理地提出侵占索赔，理由是《使用条款》规定用户对于虚拟物只享有许可使用权，而非所有权。但是法院已经对《使用条款》作出了对多伊

① See Kwikset Corp. *v.* Superior Ct. 51 Cal. 4th 310, 323, 120 Cal. Rptr. 3d 741, 246 P. 3d 877 (2011).

② See All. Mortg. Co. *v.* Rothwell, 10 Cal. 4th 1226, 1239, 44 Cal. Rptr. 2d 352, 900 P. 2d 601 (1995).

③ See Bank of N. Y. *v.* Fremont Gen. Corp., 523 F. 3d 902, 914 (9th Cir. 2008).

不具有约束力的认定,进而得出结论:多伊享有虚拟物品的所有权;罗布洛克斯公司的非法删除行为使多伊遭受了损失,符合侵占的构成要件。因此,法院支持了多伊的观点。

(6)多伊合理地提出了“不当得利”的索赔请求。

罗布洛克斯公司辩称,美国联邦第九巡回上诉法院的判例中允许以准合同形式提出不当得利索赔,因此不当得利属于准合同性质①,而多伊同意《使用条款》表明罗布洛克斯公司与多伊之间存在有效的合同,因此不适用不当得利索赔。但是基于同样的原因,法院认定《使用条款》对多伊不具有约束力,即罗布洛克斯公司和多伊之间不存在有效的合同,所以驳回了罗布洛克斯公司的观点。

(7)多伊未能合理地提出罗布洛克斯公司违反诚信和公平正义的默示契约的索赔请求。

提出此项索赔,原告、被告之间必须存在有效的合同。但是基于同样的原因,法院认定罗布洛克斯公司与多伊之间不存在有效的合同,所以法院驳回了多伊的这项索赔请求。

判决结果

法院批准了被告罗布洛克斯公司针对“不公平”以及违反诚信和公平正义的默示契约的反对动议;驳回了其他违反 CDA、UCL、CLRA、欺诈、侵占、不当得利索赔的反对动议。

二、本案知识点

1. 虚拟货币本质上是一种许可吗? 如果不是,其本质上是什么?

虚拟货币是由运营商(平台)创造并在特定虚拟世界发行的货币,从形式上来看,其必须得到运营商的许可才能发挥作用,即许可是虚拟货币流通的必要条件;但是究其本质,虚拟货币并不是一种许可,而是在特定领域流通的信誉符号。

虚拟货币和纸币、硬币或电子货币一样,都能够发挥货币职能,区别仅在于虚拟货币在特定的虚拟世界中流通。虚拟货币在虚拟世界中的价值源于用户们的共识以及信赖。用户们认可虚拟货币作为一般等价物具有相应的购买力,由此发挥货币职能。所以虚拟货币在本质上是一种信誉符号,依托于虚拟世界的经济秩序。

2. 用户对虚拟物是否享有所有权? 虚拟物的所有权有哪些内容? 其是与知识产权一样,是一种独占权,还是与物权一样,是控制权?

从社会关系理论分析,如果某种“存在”引发的社会关系与所有权相同,即可对该“存在”建立所有权制度。

平台提供虚拟物,用户基于自己的需求购买该虚拟物,具备合理的供需关系。而购买行为完成后,用户就得以“控制”该虚拟物。基于虚拟世界的规则,用户可以自己

---

① See ESG Cap. Partners, LP *v.* Stratos, 828 F. 3d 1023, 1038 (9th Cir. 2016).

使用该虚拟物,也可以再次出售给其他用户。此时虚拟物引起的社会关系与所有权无异,即占有、使用、收益、处分的财产属性。因此,可以将用户对虚拟物的“控制”看作一种所有权,建立虚拟物的所有权制度。

虚拟物所有权的具体权能,依赖于平台服务协议(合同)的具体规定。此时,虚拟物所有权制度与实在物所有权制度的唯一区别就是前者不是法定的,而是由平台规定的。

虚拟物的所有权仅体现在特定的虚拟世界中,即用户对虚拟物的“控制”不能脱离虚拟世界而单独存在。虚拟物连同虚拟世界一并,都是由平台创造的,本质上还是属于平台的财产范畴,用户对其无法进行“独占”,只能在特定的范围内“控制”。

3. 元宇宙的设计者制定的虚拟世界的规则,如何对用户构成约束?是合同,还是虚拟世界的特别法?

元宇宙设计者制定的虚拟世界的规则,通过服务协议体现为一种要约,用户明确同意该服务协议则构成承诺,基于要约承诺的过程,对用户产生合同性质的约束。作为合同条款,双方享有充分的自治权,设计者主导规则的制定,用户可以自愿选择同意或拒绝。

这些规则在概念上可以理解为独立的虚拟世界的规则,但是仍然受到现实法律规范以及道德的约束,不能将虚拟世界完全与现实世界隔绝。如果任由设计者制定虚拟世界的规则而不加以限制,可能导致其享有虚拟世界的立法权、财政权、货币发行权等权力而不受约束,对用户来说显然不公平,并且大部分国家也没有开放此种授权。

4. 虚拟世界的新规则出现后,老用户是否必须自动接受?不接受是否必须从虚拟世界撤离?撤离这个世界的损失,是否由新规则的制定者承担?

虚拟世界的新规则相当于平台变更了服务协议(合同)的主要条款,可以看作新的要约,需要用户重新承诺,即再次明确表示同意,才对用户继续生效。因此,新的规则不是自动接受的,用户可以选择拒绝接受。当然,拒绝接受意味着用户不能继续享受游戏服务,即退出虚拟世界。

退出虚拟世界的损失往往由用户自己承担。以现实生活中的游戏为例,如果用户不满意游戏的版本更新或者规则机制的更改,只能选择自己退出游戏,而无法影响游戏规则的制定,此时损失由用户自负。一般用户在退出游戏前会将账号出售给其他愿意继续玩这个游戏的用户,以转移损失,但是无法要求规则的制定者(平台)承担损失。

虚拟世界的规则往往具有强制性,由制定者主导,用户基本上只能被动接受。但是,如果有些规则明显地限制或排除用户的主要权利,为其设置不合理的义务,可以参照格式条款的规定进行无效认定,此时的相关损失可以向制定者主张。

5. 虚拟货币属于财富吗?如果不是,为何要用货币去购买,且具有价值和价格?

如果是，按照货币量应该等于社会总财富的理论，虚拟货币的出现使得社会财富总量增加，是不是应该印刷货币，以使货币量等于社会总财富，从而避免通货紧缩？

虚拟货币表面上是发行人（平台）创造的一串数据或代码，作为一般等价物在特定的虚拟世界流通。但其本质上是符号化的信誉载体，与纸币无异，人们确信这一串数据可以在下一次交易中体现相对恒定的价值，于是在本次交易中接受了它，或者用现实货币购买它。正是基于对其价值恒定的确信，其承载着发行者的信誉。由于虚拟货币在特定交易环境里充当了一般等价物，能够交易甚至升值，故可以被看作一种财富。

使用现实的货币购买或兑换虚拟货币，意味着虚拟货币连接了虚拟世界和现实世界，在某种意义上属于额外增发的货币。如果该虚拟货币得到了全国范围的普遍认可或者法律的许可，能够连通社会各个行业，则应当对其发行量进行宏观调控。如监控大数额的充值、限制虚拟货币的发行流通量，以保持“现实货币总量＋虚拟货币总量＝社会财富总量”的平衡，避免通货膨胀或紧缩；如果该虚拟货币仅限于特定的虚拟世界，影响力有限，不会对现实货币产生威胁而导致通货膨胀或紧缩，则此时不需要进行专门的限制或调控。

三、判决原文摘录

1. Defendant Roblox Corporation (“Roblox”) owns and operates an online “metaverse” in which users control avatars of themselves. Users can purchase an in－game currency and spend it on virtual items for their avatars, some of which are generated by other users.

2. Roblox will delete some items without warning to induce users to buy more. Doe alleges that this deletion scheme is an unlawful business practice and is fraudulent, and brings related claims on behalf of herself and a putative class.

3. More than half of Roblox's users are under age 13. When creating a Roblox account, users must enter their birthday. Roblox allegedly does not warn users whose birthdays show that they are minors that they should obtain parental permission to create an account.

4. Above that button is a much less conspicuous statement indicating that clicking that button has the effect of is agreeing to hyperlinked terms of use. A child—even a reasonably prudent one—would not be on inquiry notice that she was assenting to an agreement from this set of facts.

5. Congress “sought to spare” service providers the “grim choice” between taking responsibility for often enormous volumes of content or deleting nothing at all for fear of having that responsibility placed on it anyway.

下部　电信法传统问题

第一章 电信法的概念

我们从调整对象、价值目标、与电信技术的关联性三个方面来理解电信法:(1)从调整对象看,电信法是调整电信法律关系的规范,其调整对象是电信管制机构、电信企业与电信用户三者之间的关系。人们在利用电信技术传播信息的过程中形成的特定关系即电信关系,这种关系是在电信管制者、电信服务提供者、电信服务消费者之间发生的,主要涉及电信管制、电信经营、电信竞争、电信消费及消费者保护、信息安全。(2)从价值目标看,电信法是一种具有内在价值的规范,在关注效率的同时,不应当忽略了公平、正义等其他法律价值,以及其与其他法学部门的联系,包括对其他法学部门的概念、规则、原则的借鉴和重新解释。(3)从与电信技术的关联性看,广义的电信指以电磁方式传递或接收信号的通信方式,包括广播、电视、电话、互联网等各种使用电磁方式的通信手段,而不论传播路径是由发信者选择收信者(如电话、电子邮件)还是由收信者选择发信者(如广播、电视、互联网网页浏览),传输路径是单向的(如传呼)还是双向的(如电话),传输介质是双绞线、五类线还是光纤,也不论传输内容是语音(如电话)还是数据(如计算机通信)。广义的电信也称为通信,包括狭义电信、广播、电视、网络。狭义的电信,是指由发信者选择路径和信息内容的电磁传输,如电话(固话、移动电话、卫星通信)和电子邮件,排除了发信者向不特定公众传输、由收信者选择接受的信息传播方式,如广播、电视、互联网网页浏览。

本章共有六个案例。

案例1-1的争议点在于电信运营商和航空公司之间签订的关于互联网接入的电信合同是否在商业航空市场构成排他性竞争。

案例1-2和案例1-3分别是一个案件的一审和二审,一审讨论了联邦《电信法》就地方政府规制电信建设中使用公共路权一事对地方政府的授权边界;二审则别出心裁地依据以下理由推翻了一审判决:在有其他依据可援引的情形下,不应启动对地方法律的违宪审查。

案例1-4涉及对电信业务进行行政许可的歧视问题。

案例1-5涉及政府机关制定的条例的合宪性问题,本案中,法官通过分析诸如联邦《电信法》效力优先、宪法至上、平等保护公司的正当程序权、宪法中的商业条款等争议性问题，判定该条例有效。

案例1－6对联邦《电信法》保留的地方政府的自由裁量权进行了司法审查，在该案中，法官建立了一个对所争议的地方条例的审查标准，来判定该地方条例是事实上损害了电信服务的提供，还是可能损害电信服务的提供。

1－1 反垄断法和电信法的划界——斯图尔特与美国勾购有限公司案 Stewart *v.* Gogo, Inc.

【案　　号】No. C－12－5164 EMC, 2013 U. S. Dist. LEXIS 51895 (N. D. Cal. Apr. 10, 2013)

【审理法院】美国加利福尼亚州北区联邦地区法院

【审理时间】2013年4月10日

一、案件情况

原告：詹姆斯·斯图尔特(James Stewart)、约珥·米尔恩(Joel Milne)、约瑟夫·斯卓祖鲁(Joseph Strazullo)

被告：美国勾购有限公司(Gogo, Inc.，又名Aircell，以下简称Gogo公司)

案件事实

Gogo公司是一个电信服务提供者，通过向全美范围内发射蜂窝信号来连接天空—陆地(Air－to－Ground)网络(以下简称ATG网络服务)，为商业飞机提供空中网络服务。原告提起诉讼时，Gogo公司已经为90%的美国国内航空公司提供ATG网络服务。此外，Gogo公司是多家美国航空公司的独家空中网络服务提供者，并通过独家合同(通常为10年)禁止航空公司使用其他空中网络服务提供者的服务。独家合同还规定，只要是某个商业飞机使用了Gogo公司提供的网络接入服务，该飞机所在的航空公司就必须接受Gogo公司提供的空中网络服务，一旦一架飞机使用了Gogo公司的服务，这架飞机在10年内就只能使用该服务，而不能使用其他公司的接入服务。不过，一家航空公司可以让一些飞机使用Gogo公司的服务，而让其他飞机使用其他接入商的服务。在相关市场中只存在两家公司与Gogo公司竞争，分别是Row 44和ViaSat，这两家公司在相关市场内占有份额极少，服务收费也远低于Gogo公司。

原告提起诉讼称，Gogo公司通过独家合同限制贸易，在空中互联网服务市场中非法获得并维持垄断地位，违反《谢尔曼法》(Sherman Act)、《加利福尼亚州卡特赖特法案》(California Cartwright Act)、《加利福尼亚州商业职业规定》(California Business &

Professions Code),请求宣判 Gogo 公司的独家合同无效。

原告的诉讼理由是:(1)Gogo 公司的独家合同构成非法的贸易管制(restraint of trade)、非法获得垄断地位并以非法的方式维持垄断地位,违反《谢尔曼法》第 1 条①、第 2 条②;(2)Gogo 公司的独家合同是非法的贸易协定,违反《加利福尼亚州卡特赖特法案》第 16720 条③;(3)Gogo 公司的独家合同构成非法和不公平的贸易行为,违反《加利福尼亚州商业职业规定》第 17200 条④。

被告的答辩理由是:(1)在空中互联网服务市场中,尚且存在其他竞争者,被告在市场中并不占有垄断地位,请求法院重新认定事实;(2)原告对于相关市场的认定错误,且 10 年独家合同不构成限制贸易的效力,因此被告的行为不违反《谢尔曼法》;(3)同理,被告也不违反《加利福尼亚州卡特赖特法案》和《加利福尼亚州商业职业规

---

① 15 U. S. C. § 1:Every contract, combination in the form of trust or otherwise, or conspiracy, in restraint of trade or commerce among the several States, or with foreign nations, is declared to be illegal.

② 15 U. S. C. § 2:Every person who shall make any contract or engage in any combination or conspiracy hereby declared to be illegal shall be deemed guilty of a felony, and, on conviction thereof, shall be punished by fine not exceeding $100,000,000 if a corporation, or, if any other person, $1,000,000, or by imprisonment not exceeding 10 years, or by both said punishments, in the discretion of the court.

③ Cal. Bus. & Prof. Code § 16720:A trust is a combination of capital, skill or acts by two or more persons for any of the following purposes:

(a) To create or carry out restrictions in trade or commerce.

(b) To limit or reduce the production, or increase the price of merchandise or of any commodity.

(c) To prevent competition in manufacturing, making, transportation, sale or purchase of merchandise, produce or any commodity.

(d) To fix at any standard or figure, whereby its price to the public or consumer shall be in any manner controlled or established, any article or commodity of merchandise, produce or commerce for sale, barter, use or consumption in this State.

(e) To make or enter into or execute or carry out any contracts, obligations or agreements of any kind or description, by which they do all or any or any combination of any of the following:

(1) Bind themselves not to sell, dispose of or transport any article or any commodity or any article of trade, use, merchandise, commerce or consumption below a common standard figure, or fixed value.

(2) Agree in any manner to keep the price of such article, commodity or transportation at a fixed or graduated figure.

(3) Establish or settle the price of any article, commodity or transportation between them or themselves and others, so as directly or indirectly to preclude a free and unrestricted competition among themselves, or any purchasers or consumers in the sale or transportation of any such article or commodity.

(4) Agree to pool, combine or directly or indirectly unite any interests that they may have connected with the sale or transportation of any such article or commodity, that its price might in any manner be affected.

④ Cal. Bus. & Prof. Code § 17200:As used in this chapter, unfair competition shall mean and include any unlawful, unfair or fraudulent business act or practice and unfair, deceptive, untrue or misleading advertising and any act prohibited by Chapter 1 (commencing with Section 17500) of Part 3 of Division 7 of the Business and Professions Code.

定》第 17200 条。

焦点问题

1. Gogo 公司请求法院重新认定事实的请求是否合理?

2. Gogo 公司的独家合同是否违反《谢尔曼法》的规定? 若违反,合同是否有效?

3. Gogo 公司的独家合同是否违反《加利福尼亚州卡特赖特法案》《加利福尼亚州商业职业规定》?

法院观点

法院采纳了 Gogo 公司的请求,认为之前认定的案件事实并不完整,存在遗漏,应当重新进行审判确认(Judicial Notice)。诉讼发生前,松下公司(Panasonic Corporation)与美联航达成协议,通过卫星基站提供空中网络服务,已经为 300 多架商业飞机提供空中网络服务,基于该事实,Gogo 公司认为松下公司也是其在相关市场的竞争者,法院应当重新认定相关事实。对此,法院在做了相关调查后,同意 Gogo 公司对于重新进行审判确认的请求,并认可 Gogo 公司提出的新事实,根据此事实判断,认定空中网络服务市场中尚有其他竞争者存在。

法院认为,Gogo 公司的独占合同并不违法。《谢尔曼法》第 1 条规定,任何以签订合同、联合或者共谋的方式限制跨州或者跨国经济和贸易的行为都构成违法;《谢尔曼法》第 2 条限制个人的垄断行为。判断被告是否违反上述两条法律,法院必须先判断 Gogo 公司在市场中是否非法限制竞争。具体步骤如下:首先,判断 Gogo 公司是否在相关市场占有过多的市场份额;其次,判断独家合同是否限制航空公司自由选择的权利,也就是限制贸易。具体到本案,上述两个步骤表现为:第一,在相关市场份额的认定中,原告将相关市场定义为“已经为商业飞机安装空中网络服务设备的所有航空公司”,并认为 Gogo 公司在相关市场中占有 85% 的市场份额,而被告认为法院应当考虑所有可能为商业飞机安装空中网络服务设施的航空公司,此种情况下 Gogo 公司占有 16% 的市场份额。经过分析,法院同意被告的观点,相关市场的界定应当考虑所有销售的可能性,因此,在目前的相关市场中,被告在相关市场中仅占 16% 的市场份额,而非原告所称的 85%,不占有垄断地位。第二,针对 Gogo 公司的独占合同,法院认为,即使受到该合同约束,航空公司仍有权通过终止该合同的方式解脱这种约束,从而可以选择其他电信服务提供商,因此 Gogo 公司的独家合同不构成限制贸易。综上所述,Gogo 公司的独家合同不违反法律,合同有效。

对于是否违反《加利福尼亚州卡特赖特法案》和《加利福尼亚州商业职业规定》的认定,法院参照是否违反《谢尔曼法》的认定过程,判定 Gogo 公司的独家合同不构成违法。

判决结果

法院认定空中网络服务市场中还存在其他竞争者,Gogo 公司在相关市场的份额也远低于构成垄断的标准;航空公司有权解除合同,独家合同不构成限制贸易,因此不违反《谢尔曼法》《加利福尼亚州卡特赖特法案》《加利福尼亚州商业职业规定》。据此,驳回原告的诉讼请求。

二、本案知识点

1. 自然垄断的硬件强制共享

如果服务高度依赖硬件设施,那么缺乏硬件设施建设能力的服务提供商就无法提供服务。而缺乏更多服务商入门参与竞争,现有的服务商就构成了垄断,此时,对这些缺乏硬件设施配置能力的软件服务商,政府就要提供入门帮助,强制现有的硬件设施所有人向其服务竞争对手开放硬件环境,给服务竞争对手提供硬件支持,促成服务市场的竞争。这种强制开放需要具备两个要件:(1)硬件设施本身适宜自然垄断的存在形态、再建成本高、原有设施被闲置或破坏环境。这些硬件设施通常具有网络资源属性,如铁路、自来水管网、燃气管网、电信网络、有线电视网、电网。(2)服务的提供严重依赖硬件。这就是强制接入的起源——设施自然垄断下的强制开放。

本案中,有另外两家企业提供同样的服务,且第三家企业利用卫星也可提供服务,硬件再建是现实可行的,并且具有可替代技术支持下的替代性解决方案,不具备垄断屏蔽的特征,所以不需要强制开放。

2. 什么是电信法的研究领域?本案适用电信法还是反垄断法?

电信法与信息法、网络法、广播电视法、传播法、反垄断法存在交叉领域。本案属于合同垄断,通过合同禁止航空公司获得其他互联网服务商的服务,不属于电信法问题,而应属于反垄断法问题,只是服务事项为电信服务。

三、判决原文摘录

1. Therefore the re - construction of hardware is feasible, furthermore the technology to realize the service is alternative that depends on replaceable hardware, so the defendant's hardware would not constitute monopoly and need not be forced open.

2. Currently, Gogo provides "internet access connectivity to nine out of the ten domestic U. S. airlines." Furthermore, it is the "exclusive internet access connectivity provider along domestic airlines routes flown by AirTran, Alaska Airlines, American Airlines, Delta, Frontier Airlines, United Airlines, U. S. Airways, and Virgin America." Gogo uses a long - term contract (usually ten years) that "legally prevent[s] contracting airline carriers from employing any inflight internet connectivity provider, other than Gogo, during the ten - year duration of [the] contract."

3. According to Plaintiffs, the competition in the relevant market—i. e., "the United States market for inflight internet access services on domestic commercial airlines flights",

is limited, not only because of Gogo's exclusive dealing arrangements but also because of other high barriers to entry—e. g., "the high cost of infrastructure required to build a network capable of offering inflight internet connectivity" and "restrictive legal and regulatory hurdles."

4. Plaintiffs define the relevant market as "the United States market for inflight internet access services on domestic commercial airline flights." In its motion, Gogo does not necessarily dispute that market definition, cf. Newcal Indus. v. Ikon Office Soln., 513 F. 3d 1038, 1045 (9th Cir. 2008) (noting that the validity of a relevant market is typically a factual and not a legal element), but argues that this means that the Court should consider all airplanes that could be equipped with internet access and not just those airplanes that are actually equipped.

5. Plaintiffs have failed to make allegations as to why planes that could be equipped with internet access should not be considered part of the full range of selling opportunities reasonably open to competitors. In short, there is no allegation of substantial foreclosure of competition in the relevant market.

1-2 地方法因违反电信法而无效——贝尔大西洋有限公司与马里兰州乔治王子县政府案 Bell Atl. -Maryland, Inc. *v.* Prince George's Cty.

【案　　号】49 F. Supp. 2d 805 (D. Md. 1999)
【审理法院】美国马里兰州联邦地区法院
【审理时间】1999 年 5 月 24 日

1-3 有其他救济途径前提下，不应进行宪法审查——贝尔大西洋有限公司与马里兰州乔治王子县政府案[①] Bell Atl. Md., Inc. *v.* Prince George's Cty.

【案　　号】212 F. 3d 863 (4th Cir. 2000)
【审理法院】美国联邦第四巡回上诉法院

① 案例 1-2 与案例 1-3 系关联案件，故放在一起进行分析。

【**审理时间**】2000 年 5 月 15 日

一、案件情况

一审原告、被上诉人:贝尔大西洋有限公司(Bell Atlantic – Maryland, Inc.)

一审被告、上诉人:马里兰州乔治王子县政府(Prince George's County, Maryland)

案件事实

贝尔大西洋公司是一个马里兰州的公司,在马里兰州和乔治王子县地区为个人、公司和政府提供电话服务。作为乔治王子县的在位本地交换运营商(Incumbent Local Exchange Carriers,ILEC),贝尔大西洋公司需要建设提供电话服务所需要的线路和相关设施,而建造这些线路和设施需要得到县政府的许可,获得公共通路权(right – of – way)。乔治王子县是一个自治县,马里兰州立法机关授予县政府机关管理本地事务的权力。1998 年,乔治王子县政府通过、执行委员会签署了《关于使用地区公共财产和公共通路权特权许可的法案》(An Act Concerning Telecommunications Franchises for the Use of Public Property and Public Rights – of – Way in the County,以下简称诉争法案)。诉争法案规定,未获得县政府批准的特许权,任何人不得使用(包括租用)、建造和维修电信线路或者设施。为了获得县政府的特许,电信运营商必须先提交申请表;在符合县政府的规定条件后,缴纳相当于营业收入总额 3% 的特许费,并提交季度和年度财务报告;禁止转让该特许权。1998 年 12 月,贝尔大西洋公司提起诉讼,声称该法案违反州和联邦众多法律,包括 1996 年联邦《电信法》(Federal Telecommunications Act)、马里兰州普通法(合同法)。

一审法院判决诉争法案违反了联邦《电信法》。首先,诉争法案属于“直接禁止提供电信服务或者虽未直接禁止,但存在禁止提供电信服务的效果”。根据联邦《电信法》第 253(a)条①的规定,州或者地方政府的法规、规章,其他州或者地方法律的强制

---

① 47 U.S.C. §253:(a) In general

No State or local statute or regulation, or other State or local legal requirement, may prohibit or have the effect of prohibiting the ability of any entity to provide any interstate or intrastate telecommunications service.

(b) State regulatory authority

Nothing in this section shall affect the ability of a State to impose, on a competitively neutral basis and consistent with section 254 of this title, requirements necessary to preserve and advance universal service, protect the public safety and welfare, ensure the continued quality of telecommunications services, and safeguard the rights of consumers.

(c) State and local government authority

Nothing in this section affects the authority of a State or local government to manage the public rights – of – way or to require fair and reasonable compensation from telecommunications providers, on a competitively neutral and nondiscriminatory basis, for use of public rights – of – way on a nondiscriminatory basis, if the compensation

性规定,对任何实体提供跨州或者州内电信服务的能力不得直接禁止,或者虽未直接禁止,但是存在导致禁止提供电信服务的效果。本款中的"电信服务"包括州内和跨州电信服务。根据分析,虽然本案诉争法案没有直接禁止电信服务商提供电信服务,但是该法案在申请过程中设置了诸多复杂且苛刻的程序,构成"存在导致禁止提供电信服务的效果",因此违反联邦《电信法》第253(a)条。并且,该法案对联邦《电信法》第253(a)条的违反并不落入联邦《电信法》第253(c)条[①]的安全港规则豁免范围内。确定是否落入安全港规则需要判断三个条件:(1)是否符合"管理公共通路权"的规定;(2)是否符合"公正合理的补偿"的规定;(3)是否符合"使用公共通路权"的规定。具体到本案中,诚然,联邦《电信法》第253(c)条保留了地方政府管理公共路权的权力,但本案诉争法案中地方政府对电信服务提供者的管制,在最广泛的事项上以完全随意的方式设置特权,显然突破了电信法授予的管理权边界。

其次,有关联邦《电信法》第253(c)条中"公正合理的补偿",要求直接与电信运营商使用公共通路权具有关联,而本案中的特许费并没有与贝尔大西洋公司实际使用公共通路权构成实际联系。

最后,对于"使用公共通路权",法院认为,联邦《电信法》第253(c)条中的"使用"

---

required is publicly disclosed by such government.

(d) Preemption

If, after notice and an opportunity for public comment, the Commission determines that a State or local government has permitted or imposed any statute, regulation, or legal requirement that violates subsection (a) or (b) of this section, the Commission shall preempt the enforcement of such statute, regulation, or legal requirement to the extent necessary to correct such violation or inconsistency.

(e) Commercial mobile service providers

Nothing in this section shall affect the application ofsection 332(c)(3) of this title to commercial mobile service providers.

(f) Rural markets

It shall not be a violation of this section for a State to require a telecommunications carrier that seeks to provide telephone exchange service or exchange access in a service area served by a rural telephone company to meet the requirements insection 214(e)(1) of this title for designation as an eligible telecommunications carrier for that area before being permitted to provide such service. This subsection shall not apply—

(1) to a service area served by a rural telephone company that has obtained an exemption, suspension, or modification of section 251(c)(4) of this title that effectively prevents a competitor from meeting the requirements of section 214(e)(1) of this title; and

(2) to a provider of commercial mobile services.

① 47 U. S. C. § 253:(c) State and local government authority

Nothing in this section affects the authority of a State or local government to manage the public rights - of - way or to require fair and reasonable compensation from telecommunications providers, on a competitively neutral and nondiscriminatory basis, for use of public rights - of - way on a nondiscriminatory basis, if the compensation required is publicly disclosed by such government.

是指电信运营商通过安装、修改或者拆除的方式对电信线路或者设施产生实际的影响,而诉争法案中“通过租用的方式使用电信设备”显然不符合上述定义,因此,该法案并不符合联邦《电信法》第253(c)条的安全港规则。

综上所述,一审法院认定法案因违反了联邦《电信法》而无效。由于一审法院已经认定诉争法案违反联邦《电信法》而无效,对于贝尔大西洋公司提出的违反马里兰州普通法(合同法)等问题也就无须分析。

对于一审法院(地区法院)的判决,乔治王子县政府不服,遂提起上诉。请求撤销区法院的判决。

上诉人的上诉理由是:地区法院以乔治王子县政府颁布的诉争法案违反联邦《电信法》为由判决法案无效,该判决是违法的。

被上诉人的答辩理由是:乔治王子县政府颁布的诉争法案有禁止提供电信服务的效果、立法范围超过法律为州保留的界限、特许权收取的费用与使用公共路权没有直接关联性,违反联邦《电信法》,应当无效。

焦点问题

地区法院以乔治王子县政府颁布的诉争法案违反联邦《电信法》为由判决该法案无效,是否恰当?

法院观点

在一审过程中,一审原告的起诉理由中包括众多宪法问题,这就引出了地区法院何时能审查宪法问题的争议。上诉法院认为,由于宪法审查有可能导致大量地方法无效,使联邦法院和地方议会或者地方政府直接对立,只有当宪法问题是处理本案的最基本、最必要的争议时,地区法院才能进行宪法审查,否则应当尽量避免宪法问题的审理。

在本案中,贝尔大西洋公司至少提起了四个关于乔治王子县政府颁布的诉争法案的请求,对于这些请求,地区法院进行了宪法审查,判决县政府颁布的诉争法案违反联邦《电信法》而无效。但是上诉法院认为,针对贝尔大西洋公司的诉讼请求,地区法院可援引其他依据,而不是首先进行宪法审查,作出有利于贝尔大西洋公司的判决。上文中所说的其他依据,是贝尔大西洋公司在1884年和1904年通过行政许可合同的形式取得了地方政府的特许,挖地埋线、提供电信服务。1998年地方政府通过了新地方路权管理法,改变了贝尔大西洋公司使用了100多年的许可条件,政府构成行政合同违约。因此,不通过宪法审查亦能很容易地救济贝尔大西洋公司。

判决结果

上诉法院最终决定,在有其他依据可援引的情形下,地区法院不得进行宪法审查,因此上诉法院撤销了地区法院的判决,发回重审。

二、本案知识点

1. 一审知识点

（1）联邦《电信法》是司法对地方法审查的重要依据。如果没有违反联邦《电信法》的明示规则，就要判断地方法的实施是否在效果上阻碍了联邦《电信法》目的的实现。美国联邦《电信法》的立法目的体现在1996年联邦《电信法》的序言部分①，设立美国联邦电信委员会（Federal Communications Commission，FCC）的原因如1934年联邦《电信法》第151条②所述，其中涉及FCC要维护的联邦《电信法》的目的。

（2）从《美国宪法》（U. S. Constitution）规定的权力配置看，地方保有传统的教育、健康、地方税、卫生、检疫、福利等统称为“警察权力”的自治权，联邦法不干涉。联邦的权力由宪法明确列出，未列出的权力保留在州。警察权与联邦《电信法》的冲突源于联邦《电信法》保留了州就管制电信行为的一定的自治权，州在实施该权力时，可能越界，进而被联邦法禁止。

2. 二审知识点

何时动用宪法审查权，是法官在适用联邦法先占原则时首先要考虑的问题。法官手握直接否定地方法的权力，在具体案件中只要认定地方裁决所依据的法律本身违宪或违反了联邦法，就可以轻易解决问题，但在有替代办法的前提下，法官是否可以直接认定地方法无效？本案二审的回答是否定的。

本案中，贝尔大西洋公司在1884年和1904年通过行政许可合同的形式取得了地方政府的特许，挖地埋线、提供电信服务。1998年地方政府通过了新地方路权管理法，改变了贝尔大西洋公司使用了100多年的许可条件。于是，贝尔大西洋公司起诉地方政府违反联邦电信法和州法下的行政合同违约。一审法院以地方法侵入了联邦《电信

---

① The preamble of “Telecommunications Act of 1996”：To promote competition and reduce regulation in order to secure lower prices and higher quality services for American telecommunications consumers and encourage the rapid deployment of new telecommunications technologies.

② 47 U. S. C. § 151：For the purpose of：

(1) regulating interstate and foreign commerce in communication by wire and radio so as to make available, so far as possible, to all the people of the United States, without discrimination on the basis of race, color, religion, national origin, or sex, a rapid, efficient, Nation – wide, and world – wide wire and radio communication service with adequate facilities at reasonable charges,

(2) for the purpose of the national defense,

(3) for the purpose of promoting safety of life and property through the use of wire and radio communication,

(4) and for the purpose of securing a more effective execution of this policy by centralizing authority heretofore granted by law to several agencies and by granting additional authority with respect to interstate and foreign commerce in wire and radio communication, there is hereby created a commission to be known as the “Federal Communications Commission,” which shall be constituted as hereinafter provided, and which shall execute and enforce the provisions of this Act.

法》领域为由，认定地方法违宪。二审法院撤销了一审判决，发回重审。二审理由是，联邦法院应慎用宪法审查权利，能用地方法解决的案件，尽量不去判断地方法是否违反了联邦法；除非绝对必要——案件涉及的宪法问题是本案的核心争议，否则不要进行宪法审查。因为这样会大量导致地方法无效，将联邦法院直接和地方议会或政府对立起来；而且认定一个法无效会导致之前依据该法判决的大量案件翻案，导致社会关系的不稳定。本案系因地方有关路权的新立法违反了地方政府对贝尔大西洋公司于1884 年和 1904 年给予行政许可时签订的行政合同，很容易通过合同法判定地方政府违约（这本身也是原告起诉的一个理由），而无须动用宪法审查判决地方法无效（虽然这是原告起诉的另一个理由）。

三、判决原文摘录

1. As the incumbent local exchange carrier for Prince George's County, Bell Atlantic has constructed and continues to construct a network of telephone lines and related facilities needed to provide telephone services in the county. These lines and facilities use the County's public rights – of – way.

2. The County's " franchise " requirement applies equally to telephone services providers, like Bell Atlantic, which own and operate their own telephone lines and facilities, as well as to telecommunications companies which provide services through lines and facilities owned and maintained by others.

3. Furthermore, the franchise requirement covers both existing lines and facilities and future lines and facilities. Failure to obtain a franchise before using the County's public rights – of – way may subject a telecommunications company to "the immediate revocation of any existing permits, licenses or franchises issued by the County. . . "

4. It is a "familiar and well – established principle" that the Supremacy Clause, U. S. Const. art. VI, cl. 2 "This Constitution, and the Laws of the United States which shall be made in Pursuance thereof; and

Treaties made, or which shall be made, under the Authority of the United States, shall be the supreme Law of the Land; and the Judges in every State shall be bound thereby, any Thing in the Constitution or Laws of any State to the Contrary notwithstanding. " invalidates all state and local laws that "interfere with, or are contrary to," federal law.

5. In deciding the constitutional question of preemption rather than first considering the state law questions: The Court will not " anticipate a question of constitutional law in advance of the necessity of deciding it. ". . . " It is not the habit of the Court to decide questions of a constitutional nature unless absolutely necessary to a decision of the case. "

The Court will not pass upon a constitutional question although properly presented by the record, if there is also present some other ground upon which the case may be disposed of. This rule has found most varied application. Thus, if a case can be decided on either of two grounds, one involving a constitutional question, the other a question of statutory construction or general law, the Court will decide only the latter.

1-4 行政许可中的歧视——新型电话有限公司与纽约市信息技术与电信部门案 New Phone Co. *v*. N. Y. Dep't of Info. Tech. & Telecomms.

【案　　号】355 F. App'x 503 (2d Cir. 2009)
【审理法院】美国联邦第二巡回上诉法院
【审理时间】2009 年 12 月 7 日

一、案件情况

上诉人、一审原告:新型电话有限公司(The New Phone Co., Inc.)

被上诉人、一审被告:纽约市信息技术与电信部门(New York Department of Information Technology and Telecommmunications,DoITT)、纽约市威瑞森公司(Verizon New York, Inc.,以下简称威瑞森公司)、纽约市政府(the City of New York)

案件事实

DoITT 由纽约市政府授权管理地方事务。威瑞森公司在纽约州成立,是一家经营城市公共收费电话的公司。威瑞森公司作为美国电话电报公司解散后唯一经政府部门授权的公司,被独家许可在城市人行道安装公共收费电话,其拥有 9000 多部路边公共收费电话,其中部分未获得行政许可。1995 年,纽约市政府通过了《本地法 68》(Local Law 68),该法提出了公共收费电话的管理方案,规定安装或者维修路边公共收费电话必须向 DoITT 提交特权许可申请。申请人必须签订公共收费电话特权许可协议(Franchise Agreement,以下简称特权协议)并提供补充文件,其中包括放弃质疑特权协议条款的权利,才能获得修建公共收费电话的行政许可,如果未获得行政许可就修建公共收费电话,将会受到行政处罚。该协议颁布前已经经营的公共收费电话可以继续经营,但需要在 3 年内取得行政许可。

上诉人新型电话公司经营的公司在纽约设有办事处。在《本地法 68》颁布后提起诉讼,认为:DoITT 和纽约市政府在签订特权协议时优待威瑞森公司,威瑞森公司虽未达到许可标准仍然获得行政许可，DoITT 和纽约市政府故意排挤威瑞森公司的竞争者、限制其他公司经营路边公共收费电话、为威瑞森公司提供垄断地位。

地区法院以 DoITT 并非可诉对象以及新型电话公司的诉讼请求没有足够的证据支持为由驳回起诉，新型电话公司又以《本地法 68》违反联邦《电信法》(Federal Telecommunications Act)、《反垄断法》(Antitrust Law)为由提起上诉。请求确定纽约市政府制定的《本地法 68》违反联邦《电信法》和《反垄断法》，应当判决无效，地区法院判决错误，请求上诉法院撤销地区法院的判决，重新审理。

上诉人的上诉理由是：(1)《本地法 68》的公共收费电话管理方案超出联邦《电信法》赋予地方的保留权范围，违反联邦《电信法》；(2) DoITT 授权威瑞森公司特权许可的行为违反《反垄断法》。

被上诉人的答辩理由是：(1)《本地法 68》管理的公共通路权方案在联邦《电信法》赋予各州的自治权范围内，受安全港规则的保护，不违反联邦《电信法》；(2)《本地法 68》对本地区的管理政策属于《反垄断法》豁免范围，因此不构成违法。

焦点问题

1.《本地法 68》对公用付费电话管理是否违反联邦《电信法》？若违反，是否有效？

2. DoITT 授予威瑞森公司特许权利而拒绝新型电话公司的行为是否违反《反垄断法》？

法院观点

根据联邦《电信法》第 253(a)条①的规定，州或者地方政府的法规、规章，其他州或者地方法律的强制性规定，对任何实体提供跨州或者州内电信服务的能力不得直接禁止，或者虽未直接禁止，但是存在导致禁止提供电信服务的效果。该条的主要目的是将竞争引入本地市场，结束在位本地交换运营商的垄断。联邦《电信法》第 253(c)条②保留地方政府管理公共通路权的自治权。本案中，新型电话公司认为 DoITT 不合理地拒绝了其申请，意在限制其提供电信服务。但根据事实调查，DoITT 拒绝新型电话公司的特权许可申请是由于该申请不符合《本地法 68》的程序要求，并不涉及实体内容，因此并不违反联邦《电信法》第 253(a)条的规定；而《本地法 68》管理公共通路权完全在自治权范围内，因此受联邦《电信法》第 253(c)条安全港规则的保护。综上，《本地

① 47 U.S.C. §253:(a) In general

No State or local statute or regulation, or other State or local legal requirement, may prohibit or have the effect of prohibiting the ability of any entity to provide any interstate or intrastate telecommunications service.

② 47 U.S.C. §253:(c) State and local government authority

Nothing in this section affects the authority of a State or local government to manage the public rights - of - way or to require fair and reasonable compensation from telecommunications providers, on a competitively neutral and nondiscriminatory basis, for use of public rights - of - way on a nondiscriminatory basis, if the compensation required is publicly disclosed by such government.

法 68》有效。

因为美国的州不能在联邦法院受理的案件中作为被告,任何实施地方管理政策的地方政府机构和申请人,在违反联邦《反垄断法》时应当被豁免。并且,《本地法 68》属于纽约市政府在联邦《电信法》授权下对本地区的管理政策,属于《反垄断法》豁免范围内,所以纽约市政府、DoITT 以及威瑞森公司均不违反《反垄断法》。

判决结果

上诉法院决定驳回上诉,维持原判决结果,理由如下:新型电话公司的特权许可申请流程不符合《本地法 68》规定的程序要求,因此法院拒绝其申请不构成联邦《电信法》第 253(a)条规定的直接禁止任何实体提供跨州或者州内电信服务的能力,或者虽未直接禁止,但是存在导致禁止提供电信服务的效果;而《本地法 68》属于地方政府执行法律保留的权力,受联邦《电信法》第 253(c)条的安全港规则的保护,并未超过授权权限;根据《反垄断法》,在实施《本地法 68》规定的地方管理政策时,违反《反垄断法》的主体应当被豁免,因此上诉法院肯定了地区法院的判决,驳回上诉,维持原判决结果。

二、本案知识点

原告认为,行政许可中其被歧视,没有受到和威瑞森公司同样的待遇,但由于不适格(standing)①、过时效(limitation of statutes)、州被诉豁免权(state immunity)②等原因而败诉。本案不研究实体案情,只探讨两个问题:电信许可是否属于行政许可法的研究范围?为什么电信法还要研究电信许可?答案是,电信许可只是为电信服务的许可事项,整个案件的法律关系都是行政许可法范畴,不属于电信法领域,但是由于电信管理机关在裁量电信许可的具体事项时会深入到电信法律关系的内核,研判各种电信法律关系才可能得出经得起司法审查的许可结论。电信许可虽是行政许可的研究领域,但在得到许可结论之前必须关注以下电信特征:许可事项的自然垄断性、技术快速变化的专业性特点、公共利益特征、国家对这个市场的自营传统,因此,电信许可仍是电信法的研究内容。

三、判决原文摘录

1. When the regulation agents make the discretion about the permission, they would

---

① 适格意味着行为对原告造成实际的而非虚假、偶然的损害,且行为与损害结果之间存在因果关系。(Standing means the conduct hurts the plaintiff really but not illusively, and the damage is actual but not ontingency, the rationality existing between the conduct and the damage.)

② 《美国宪法第十一修正案》规定了主权豁免,司法权不得被解释为可以扩大适用于由另一州公民或外国公民对州提起的诉讼,即各州免受他州公民或不住在州内的外国人的起诉。(Namely sovereign immunity, stipulated as principle of the 11th Amendment of Constitution—The Judicial power of the United States shall not be construed to extend to any suit in law or equity, commenced or prosecuted against one of the United States by Citizens of another State, or by Citizens or Subjects of any Foreign State.)

consider the substantial relationship of the applicant in the telecom business, and research and decide diverse telecom detail relationship before getting to a decision that could stand the test of judicial reviewing.

2. A franchise is awarded to a company after it executes a standard Public Pay Phone Franchise Agreement ("Franchise Agreement") and other supplementary documents, including a waiver of the franchisee's right to challenge the terms of the Franchise Agreement.

3. Plaintiff alleges that the City and DoITT provided preferential treatment to Verizon by allowing it to stand in violation of local laws, DoITT regulations, and its franchise agreement with the City. Plaintiff further contends that the City and the DoITT actively attempted to force Verizon's competitors out of the market, by imposing more restrictive siting, polling and inspection requirements.

4. Plaintiff simply fails to allege any facts upon which the Court could conclude that plaintiff's ability to provide telecommunications services has been affected. For example, plaintiff fails to allege that the telecommunications services it could provide without a franchise, via its Building Line or indoor payphones, are not comparable to those telecommunications services Verizon is able to provide via its curbside payphones.

5. Plaintiff cannot claim a continuing injury based merely upon the City's grant of a franchise to Verizon. A continuing violation would only be present if plaintiff alleged that it had continued to reapply for a franchise and had continually been denied, or if the City had unduly delayed decision on plaintiff's application for a franchise. Neither scenario is alleged here. In conclusion, plaintiff's claims are barred by the statute of limitations.

1－5　地方政府的公共通路自治权——南方贝尔通信有限公司与莫比尔市政府案 BellSouth Telecomms., Inc. *v.* City of Mobile

【案　　号】171 F. Supp. 2d 1261（S. D. Ala. 2001）

【审理法院】美国亚拉巴马州南区联邦地区法院

【审理时间】2001 年 3 月 30 日

一、案件情况

原告：南方贝尔通信有限公司（BellSouth Telecommunications, Inc.，以下简称南方

贝尔公司)

被告:莫比尔市政府(City of Mobile)

案件事实

南方贝尔公司是佐治亚州的电信公司,为美国东南部提供电信服务。自 1879 年开始,南方贝尔公司获得亚拉巴马州的特权许可,使用公共通路权建造和运营电信设施,为企业、个人以及亚拉巴马州的政府提供电信服务,其中包括莫比尔市。1999 年 3 月,莫比尔市政府通过了《57 - 022 条例》(City Ordinance No. 57 - 022,以下简称诉争条例),根据诉争条例,任何在公共街道上进行挖掘或建造工程的主体,必须首先获得市政府工程师签发的许可证,要想获得许可证,申请者需提交许可证申请书、支付许可费用并在项目开始前向工程师提交详细的计划书。该条例规定市政府采用绑定许可(bundled permit)或者批量许可(bulk permit)的方式,因此不允许电信服务提供者单独提交申请。该条例还包含"紧急项目",允许电信服务提供商在未获得工程师许可的条件下实施紧急项目。诉争条例颁布后,南方贝尔公司提起诉讼,请求禁止执行诉争条例,认为诉争条例与联邦《电信法》(Federal Telecommunications Act)、亚拉巴马州公共服务委员会(Public Service Commission,PSC)制定的规章相冲突,且诉争条例本身也违反宪法至上原则、正当程序和平等保护原则,并授权城市工程师过度使用自由裁量权,违反贸易条款(commerce clause)。原告南方贝尔公司起诉请求禁止执行诉争条例。

原告的诉讼理由是:(1)诉争条例与联邦《电信法》第 253 条[①]相冲突,因违反联邦

---

① 47 U. S. C. § 253:(a) In general

No State or local statute or regulation, or other State or local legal requirement, may prohibit or have the effect of prohibiting the ability of any entity to provide any interstate or intrastate telecommunications service.

(b) State regulatory authority

Nothing in this section shall affect the ability of a State to impose, on a competitively neutral basis and consistent with section 254 of this title, requirements necessary to preserve and advance universal service, protect the public safety and welfare, ensure the continued quality of telecommunications services, and safeguard the rights of consumers.

(c) State and local government authority

Nothing in this section affects the authority of a State or local government to manage the public rights - of - way or to require fair and reasonable compensation from telecommunications providers, on a competitively neutral and nondiscriminatory basis, for use of public rights - of - way on a nondiscriminatory basis, if the compensation required is publicly disclosed by such government.

(d) Preemption

If, after notice and an opportunity for public comment, the Commission determines that a State or local government has permitted or imposed any statute, regulation, or legal requirement that violates subsection (a) or (b) of this section, the Commission shall preempt the enforcement of such statute, regulation, or legal requirement to the extent necessary to correct such violation or inconsistency.

《电信法》而无效；(2)诉争条例因与 PSC 制定的规章相冲突而无效；(3)诉争条例自身存在违法：违反宪法至上原则、非法削弱甚至阻止原告获得亚拉巴马州的特许权合同、违反正当程序和平等保护原则、该条例授权城市工程师过度使用自由裁量权；(4)诉争条例违反《美国宪法》(U. S. Constitution)的贸易条款。

被告的答辩理由是：(1)莫比尔市政府在联邦《电信法》的授权下行使自治权，没有超过授权范围，因此不与联邦《电信法》相冲突；(2)PSC 的立法领域尚不涉及电信设施和公共通路权，因此诉争条例不与 PSC 制定的规章相冲突；(3)诉争条例不存在原告所称的违反宪法至上原则的情形，也没有非法削弱甚至阻止原告获得亚拉巴马州的特许权合同、违反正当程序和平等保护原则、城市工程师过度使用自由裁量权的情形，因此诉争条例不违法；(4)诉争条例既不歧视州际贸易，也不违反贸易条款。

焦点问题

1. 诉争条例是否违反联邦《电信法》？若违反，是否有效？

2. 诉争条例是否违反 PSC 制定的规章？若违反，是否有效？

3. 诉争条例本身是否违法？

4. 诉争条例是否违反贸易条款？

法院观点

1. 诉争条例不违反联邦《电信法》

法院驳回了原告声称莫比尔市政府无权制定诉争条例、管理公共通路权的主张。首先，联邦《电信法》第 253 条保留地方政府在公共通路权和公共财产等方面的自治权，除美国国会明确表示其在某领域具有排他的立法权，州或者地方政府无权行使自治权的外，在其他领域州或者地方政府有权制定条例、行使地方自治权，根据对联邦《电信法》第 253(c)条的文义解释，莫比尔市政府管理通路权属于该条款下保留的地方权力，其有权管理公共通路权，据此法院驳回了原告认为诉争条例超出授权范围的

(e) Commercial mobile service providers

Nothing in this section shall affect the application of section 332(c)(3) of this title to commercial mobile service providers.

(f) Rural markets

It shall not be a violation of this section for a State to require a telecommunications carrier that seeks to provide telephone exchange service or exchange access in a service area served by a rural telephone company to meet the requirements in section 214(e)(1) of this title for designation as an eligible telecommunications carrier for that area before being permitted to provide such service. This subsection shall not apply—

(1) to a service area served by a rural telephone company that has obtained an exemption, suspension, or modification of section 251(c)(4) of this title that effectively prevents a competitor from meeting the requirements of section 214(e)(1) of this title; and

(2) to a provider of commercial mobile services.

主张；其次，联邦《电信法》第253(c)条要求州或者地方政府的管理不得存在“不合理的歧视”和“禁止提供服务”，本案不存在不合理的歧视，因此讨论焦点在于诉争条例是否构成“禁止提供服务”，根据法院调查，诉争条例没有限制或者强加申请条件，且收取的申请费直接与公共路权的实际使用相关联，因此不构成“禁止提供服务”。综上所述，诉争条例不与联邦《电信法》冲突，有效。

2. 诉争条例不违反PSC制度的规章

PSC制定的规章的内容不包括电信服务提供商使用或者获得公共通路权，而诉争条例是对公共通路权的管理，因此诉争条例不在PSC制定的规章的管辖范围内，也就不构成冲突。

3. 诉争条例本身不违法

法院驳回了原告声称诉争条例本身违法的主张：首先，法院论证了诉争条例不违反联邦《电信法》，而联邦《电信法》是依据《美国宪法》的基本原则制定的，因此讨论诉争条例是否与宪法至上原则冲突没有价值。其次，原告认为，在申请亚拉巴马州的特许权时，其已经缴纳了许可费，当原告实施该特许权时，被告作为亚拉巴马州的一个城市，不应该再次征收费用，因此，被告制定的诉争条例损害了原告的特许权。法院认为，原告开挖被告铺设的街道而产生的再建费用，可以通过向原告征收赔补费获得补偿，该征收行为不构成原告所称的强加合同。再次，莫比尔市政府提出的许可条件，旨在保护城市公共权利的完整性，合理地分配利益和责任，并没有违反《美国宪法》保障的正当程序或平等保护原则。最后，城市工程师有权拒绝建设项目的许可，工程师的自由裁量权有利于充分指导公共路权的分配，且完全不存在禁止电信服务提供者在城市内提供电信服务的效果。综上所述，诉争条例本身不构成违法。

4. 诉争条例不违反贸易条款

莫比尔市政府的行为受美国国会的授权，既不受州际贸易的干扰，也不受商业条款的影响，因此，诉争条例没有违反贸易条款。

判决结果

法院驳回了原告的诉讼请求，判决诉争条例有效：(1)莫比尔市政府享有在联邦《电信法》保留范围内行使公共通路权的基本自治权，诉争条例不违反联邦《电信法》；(2)PSC的立法范围尚未涉及电信设施和公共通路权的领域，因此诉争条例也不违反PSC制定的规章；诉争条例本身也不构成违法；(3)由于诉争条例不违反联邦《电信法》，对于原告其他请求的讨论也失去价值。

二、本案知识点

对于美国的地方电信法规的合宪性审查，应关注以下几点：(1)联邦法优先于地方法适用[①];(2)正当程序和征收[②];(3)平等和歧视[③];(4)警察权力[④];(5)商务条款;(6)谦抑原则(案件和争议)[⑤]。

三、判决原文摘录

1. The purpose of the permit fees is to enable the City to recover its costs of administration and enforcement and not for the purpose of raising revenue.

2. The intent of section 253(c) was to leave undisturbed the traditional local authority to "manage the public rights - of - way."

3. Under the rational basis review, the court's inquiry is twofold. The first step is to identify "a legitimate government purpose - a goal - which the enacting government body could have been pursuing."

4. The FCC has recognized that local governments must be allowed to perform the range of vital tasks necessary to preserve the physical integrity of the streets and highways, and this includes the continuing authority to do just what the City of Mobile's Ordinance sets out to accomplish.

---

① 相关规定参见《美国宪法》第6条:"This Constitution, and the Laws of the United States which shall be made in Pursuance thereof; and all Treaties made, or which shall be made, under the Authority of the United States, shall be the supreme Law of the Land; and the Judges in every State shall be bound thereby, any Thing in the Constitution or Laws of any State to the Contrary notwithstanding."。

② 相关规定参见《美国宪法第五修正案》:"No person shall be held to answer for a capital, or otherwise infamous crime, unless on a presentment or indictment of a Grand Jury, except in cases arising in the land or naval forces, or in the Militia, when in actual service in time of War or public danger; nor shall any person be subject for the same offence to be twice put in jeopardy of life or limb; nor shall be compelled in any criminal case to be a witness against himself, nor be deprived of life, liberty, or property, without due process of law; nor shall private property be taken for public use, without just compensation."。

③ 相关规定参见《美国宪法第十四修正案》:"Section. 1. All persons born or naturalized in the United States, and subject to the jurisdiction thereof, are citizens of the United States and of the State wherein they reside. No State shall make or enforce any law which shall abridge the privileges or immunities of citizens of the United States; nor shall any State deprive any person of life, liberty, or property, without due process of law; nor deny to any person within its jurisdiction the equal protection of the laws."。

④ 相关规定参见《美国宪法第十修正案》:"The powers not delegated to the United States by the Constitution, nor prohibited by it to the States, are reserved to the States respectively, or to the people."。

⑤ 相关规定参见《美国宪法》第3条第2款:"The judicial Power shall extend to all Cases, in Law and Equity, arising under this Constitution, the Laws of the United States, and Treaties made, or which shall be made, under their Authority; — to all Cases affecting Ambassadors, other public Ministers and Consuls; — to all Cases of admiralty and maritime Jurisdiction; — to Controversies to which the United States shall be a Party; — to Controversies between two or more States; — between a State and Citizens of another State; — between Citizens of different States; — between Citizens of the same State claiming Lands under Grants of different States, and between a State, or the Citizens thereof, and foreign States, Citizens or Subjects."。

5. After careful consideration, the court finds that there is no genuine issue of material fact, and that the City of Mobile is entitled to the entry of judgment in its favor as a matter of law.

1-6 对地方政府自由裁量权进行司法审查的标准——斯普瑞特特拉华州有限合伙企业与加利福尼亚州圣迭戈县政府案 Sprint Telephony PCS, Ltd. P'ship *v.* Cty. of San Diego

【案　　号】543 F.3d 571 (9th Cir. 2008)
【审理法院】美国联邦第九巡回上诉法院
【审理时间】2008 年 9 月 1 日

一、案件情况

上诉人、交叉上诉被上诉人、一审原告:斯普瑞特特拉华州有限合伙企业(Sprint Telephony PCS, L.P.,以下简称斯普瑞特)

被上诉人、交叉上诉上诉人、一审被告:加利福尼亚州圣迭戈县政府(County of San Diego),格雷格·考克斯(Greg Cox)、黛安娜·雅各布(Dianne Jacob)、帕姆·斯莱特(Pam Slater)、朗·罗伯茨(Ron Roberts)、比尔·霍恩(Bill Horn)(均为圣迭戈县政府管理人员)

案件事实

圣迭戈县政府颁布《圣迭戈县分区条例》(San Diego County Ordinance[①],以下简称诉争条例),制定了全方位的电信服务设施管理办法,具体包括安装、设计和修理无线服务设施的规定。其中,诉争条例第 6985 条根据外观和地理位置将被申请的设施划分为四个等级,并在不同的无线网络设施建设申请中规定了诸多相对应的实体和程序要求,例如,对建筑在工业区内可识别度较低的设备的要求通常低于对建筑在居民区内的大型基站的要求。在申请中,实质性的要求包括无线设施的位置、尺寸、设计和特征必须与邻近居民区、建筑或者设施兼容;程序性的要求包括确定地理覆盖范围,提交视觉影响分析;提交申请表格以及其他严格的审查过程;诉争条例第 7362 条赋予政府机构拒绝或者批准申请的权利。诉争条例颁布不久,斯普瑞特提起诉讼,声称诉争条例"直接禁止电信服务提供者提供电信服务,或者虽未直接禁止,但是存在导致禁止提供电

---

① No. 9549, § 1: To establish comprehensive guidelines for the placement, design and processing of wireless telecommunications facilities in all zones within the County of San Diego.

信服务"的效果，违反联邦《电信法》（Federal Telecommunications Act）第253（a）条[①]的规定，并请求法院根据《司法机关及司法程序法》（Judiciary and Judicial Procedure）第1331条[②]的规定要求被告赔偿经济损失，依据《公共健康与福利法》（The Public Health and Welfare）第1983条[③]的规定要求被告赔偿经济损失、支付律师费。经过两次审理，法院驳回了原告的请求，认为条例并不构成"直接禁止电信服务提供者提供电信服务，或者虽未直接禁止，但是存在导致禁止提供电信服务的效果"的情形，并以《公共健康与福利法》第1983条没有授权个人请求赔偿为由驳回赔偿请求。原告提起上诉，请求撤销地区法院的判决，重新进行司法审查，判决诉争条例无效，并请求圣迭戈县政府进行损害赔偿。

上诉人的上诉理由是：（1）圣迭戈县政府制定的条例在形式上产生了禁止斯普瑞特提供电信服务的效力，超出了其自由裁量权的范围，违反了联邦《电信法》第253（a）条的规定；（2）圣迭戈县政府应当根据《公共健康与福利法》第1983条的规定支付损害赔偿。

被上诉人的答辩理由是：（1）联邦《电信法》第332（c）（7）条专门针对无线服务，因此联邦《电信法》第253（a）条的规定不适用于诉争条例，而且诉争条例并没有禁止提供无线服务，故其并未超越自由裁量权范围；（2）在《公共健康与福利法》第1983条的规定下，美国国会没有授权个人损害赔偿请求权，圣迭戈县政府不应当支付损害赔偿。

焦点问题

1. 审查诉争条例的违法性时，应当适用联邦《电信法》第253（a）条还是联邦《电信法》第332（c）（7）（B）（i）（Ⅱ）条？在确定了适用条款后，根据该条款，诉争条例是否构成违法？

2. 诉争条例是否超出了联邦《电信法》赋予圣迭戈县政府的自由裁量权？

---

① 47 U. S. C. § 253：(a) In general

No State or local statute or regulation, or other State or local legal requirement, may prohibit or have the effect of prohibiting the ability of any entity to provide any interstate or intrastate telecommunications service.

② 28 U. S. C. § 1331：The district courts shall have original jurisdiction of all civil actions arising under the Constitution, laws, or treaties of the United States.

③ 42 U. S. C. § 1983：Every person who, under color of any statute, ordinance, regulation, custom, or usage, of any State or Territory or the District of Columbia, subjects, or causes to be subjected, any citizen of the United States or other person within the jurisdiction thereof to the deprivation of any rights, privileges, or immunities secured by the Constitution and laws, shall be liable to the party injured in an action at law, suit in equity, or other proper proceeding for redress, except that in any action brought against a judicial officer for an act or omission taken in such officer's judicial capacity, injunctive relief shall not be granted unless a declaratory decree was violated or declaratory relief was unavailable. For the purposes of this section, any Act of Congress applicable exclusively to the District of Columbia shall be considered to be a statute of the District of Columbia.

3. 斯普瑞特是否能根据《公共健康与福利法》第 1983 条的规定要求圣迭戈县政府支付损害赔偿?

法院观点

本案的争议焦点在于,上诉人要求适用联邦《电信法》第 253(a)条来判断诉争条例的违法性,判定结果是诉争条例违法;而被上诉人要求适用联邦《电信法》第 332(c)(7)(B)(i)(Ⅱ)条来判断诉争条例的违法性,判定结果是诉争条例不违法。法院认为,美国国会通过联邦《电信法》第 253(a)条规定,州或者地方政府的法规、规章,其他州或者地方法律的强制性规定,对任何实体提供跨州或者州内电信服务的能力不得直接禁止,或者虽未直接禁止,但是存在导致禁止提供电信服务的效果;若存在该效力,则该法规无效。联邦《电信法》第 332(c)(7)(A)条①保留了州和地方政府对建设无线设施的审批权,也就是关于无线服务设施能否建设、建设在什么位置,地方政府都有权管制[虽然在适用该条款赋予的权力时,地方政府也要遵守限制条件,即联邦《电信法》第 332(c)(7)(B)(i)(Ⅱ)条②"州和地方政府不得直接禁止提供个人无线服务,或者虽未直接禁止但存在禁止的效果"的规定]。上诉人认为,判断条例是否有效,应当适用联邦《电信法》第 253(a)条,被上诉人则认为,联邦《电信法》第 332(c)(7)条专门针对无线服务,应当适用该条款。法院认为,美国国会制定上述两个法条的目的是一样的,即州法不得直接禁止电信运营商提供电信服务,或者虽未直接禁止,但是存在导致禁止提供电信服务的效果。因此法院认为,在判断某行为是否违反上述两个条款中的任意一个条款时,应当使用同一标准——对任何实体提供跨州或者州内电信服务的能力是否直接禁止,未直接禁止的,是否存在导致禁止提供电信服务的效果。因此,在本案中,法院在判断诉争条例是否违反联邦《电信法》时,无须认定具体适用的条款,而是要判断诉争条例是否存在禁止提供无线服务的事实,对于该论点,上诉人并不能提供有力的证据证明诉争条例禁止提供电信服务或者存在禁止的效果,因此法院判定诉争条例不违反联邦《电信法》。

诉争条例在无线服务设施的申请中使用分层管理,从表面上看,诉争条例设置了申请过程中的实体和程序上的阻碍,实则是对无线服务设施建设的合理考量。判断地方法规超出联邦《电信法》赋予的自由裁量权的标准为,该地方法规已经造成了实际损

---

① 47 U. S. C. 332(c)(7)(A):Except as provided in this paragraph, nothing in this chapter shall limit or affect the authority of a State or local government or instrumentality thereof over decisions regarding the placement, construction, and modification of personal wireless service facilities.

② 47 U. S. C. § 332(c)(7)(B)(i)(Ⅱ):The regulation of the placement, construction, and modification of personal wireless service facilities by any State or local government or instrumentality thereof shall not prohibit or have the effect of prohibiting the provision of personal wireless services.

害,而不是其具有损害的可能性。本案中,实际上尚不存在地方政府拒绝斯普瑞特提供无线服务的申请的情形——在抽象行政行为诉讼中,具体行政行为尚未发生,故其损害无从谈起,因此实际损害并不存在。法院认定,诉争条例没有超出联邦《电信法》赋予圣迭戈县政府的自由裁量权。

根据《公共健康与福利法》第 1983 条的规定,当存在权利损害时,造成损害的一方应当赔偿经济损失。根据上述判断,本案诉争条例不违反联邦《电信法》,当不存在损害权利的情形时,被上诉人不需要赔偿经济损失、支付律师费用。因此,上诉法院驳回上诉人的索赔请求,肯定了地区法院的判决。

判决结果

上诉法院维持了一审法院的判决:(1)上诉人并不能提供有力的证据证明诉争条例直接禁止提供电信服务,或者虽未直接禁止,但是存在导致禁止提供电信服务的效果,因此判定诉争条例不违反联邦《电信法》;(2)此案不存在实际损害,因此诉争条例没有超出圣迭戈县政府的自由裁量权;(3)由于诉争条例不违反联邦《电信法》,因此损害赔偿被驳回;(4)上诉费用由被上诉人承担。

二、本案知识点

本案主要涉及对地方政府自由裁量权的司法审查问题。联邦《电信法》赋予了地方政府管理权限,但又要求其不得阻碍竞争和违反联邦《电信法》。因此,地方政府的自由裁量权到底多大成了一个问题。联邦《电信法》第 253 (a)、(b)条[①]对州的管理权限的划界是模糊的,依赖法官的解释。在平衡联邦法和州法的过程中,如果以州法阻碍了联邦法的实施为理由废掉州法,必须证明州法"实际"阻碍了联邦法的实施,而不是"可能"阻碍。本案确立了司法审查自由裁量权的标准:实际损害,而不是损害的可能。

三、判决原文摘录

1. The Ordinance categorizes applications for wireless telecommunications facilities into four tiers, depending primarily on the visibility and location of the proposed facility.

---

① 47 U. S. C. § 253:Removal of barriers to entry

(a) In general

No State or local statuteor regulation, or other State or local legal requirement, may prohibit or have the effect of prohibiting the ability of any entity to provide any interstate or intrastate telecommunications service.

(b) State regulatory authority

Nothing in this section shall affect the ability of a State to impose, on a competitively neutral basis and consistent with section 254 of this title, requirements necessary to preserve and advance universal service, protect the public safety and welfare, ensure the continued quality of telecommunications services, and safeguard the rights of consumers.

2. For example, an application for a low – visibility structure in an industrial zone generally must meet lesser requirements than an application for a large tower in a residential zone.

3. Before a permit is granted, the zoning board must find: That the location, size, design, and operating characteristics of the proposed use will be compatible with adjacent uses, residents, buildings, or structures.

4. Indeed, we rejected the plaintiff 's argument that, because the city's zoning ordinance granted discretion to the city to reject an application based on vague standards such as "necessity," the ordinance necessarily constituted an effective prohibition.

5. Plaintiff was required to show that the challenged ordinance actually prohibited or effectively prohibited the provision of telecommunications or wireless services, not the mere possibility of prohibition.

第二章　面向问题的研究方法

电信法研究进路的起点是发掘法律问题，既要关注电信法律关系背后的多元价值，通过精确的制度设计平衡多元利益；又要以权利义务关系为主要研究内容，避免过多论述经济学、电信管制史、电信技术、信息传播学等非法学内容。目前，我国电信法研究中大量重述规制经济学的内容、使用规制经济学的研究方法，根本原因在于没有发掘出法学问题。

本章有两个案例。

案例2－1的争议源于对网络电话（基于互联网协议的语音业务）的分类。该业务要么属于信息服务，要么属于电信服务。如果属于信息服务，则排除州管制；如果属于电信服务，则州有权管制。最有意思的是，因为案例2－1发生时该技术刚出现不久，尚未定型，美国联邦电信委员会没有就该问题给出确切的定义，在分类问题上态度暧昧。

案例2－2同样讨论了在对宽带互联网接入和网络语音服务进行归类时，信息服务和电信服务之间的区别。美国联邦电信委员会认为这两种服务均属于电信服务，但上诉人并不认同，故向法院提出了疑问。该质疑由于不成熟，被法院驳回。

2－1　如果电信传输无法区分州内和州际，则排除地方管辖权——美国明尼苏达州公共事业委员会与美国联邦电信委员会案 Minn. PUC *v.* FCC

【案　　号】483 F. 3d 570 (8th Cir. 2007)

【审理法院】美国联邦第八巡回上诉法院

【审理时间】2007年3月21日

一、案件情况

上诉人、一审原告：美国明尼苏达州公共事业委员会（Minnesota Public Utilities

Commission,MPUC)、国家公共事业消费者协会(National Association of State Utility Consumer Advocates)、俄亥俄州公共事业委员会(Public Utilities Commission of Ohio)

被上诉人、一审被告:美国联邦电信委员会(Federal Communications Commission,FCC)

案件事实

互联网语音协议(Voice Over Internet Protocol,VoIP)是在宽带互联网中利用分组交换(packet - switching)技术传递语言信息的网络应用,与传统的回路交换(circuit - switching)技术不同,使用 VoIP 应用只能定位到终端网络空间位置而非具体物理位置。随着 VoIP 使用量的增长,学术界对于 VoIP 的性质出现了大量的争论,有些州认为 VoIP 应当归为信息服务(information services),有些则认为 VoIP 应当归为电信服务(telecommunication services)。

2003 年 7 月 15 日,明尼苏达州商务部(Minnesota Public Utilities Commission, MDOC)向 MPUC 提起申请,称沃纳基控股公司(Vonage Holdings Corporation,以下简称沃纳基公司)利用 VoIP 提供的数字语音服务属于电话服务(telephone services),应当被认定为电信服务,而提供电信服务必须经过一系列的批准流程,但沃纳基公司并未经过上述审批。经过行政裁决,MPUC 命令沃纳基公司遵守提供电信服务的申请流程。沃纳基公司遂向 FCC 提交申请书,请求 FCC 将其提供的服务认定为信息服务,而不是电信服务,从而使州对该服务的电信管制无效。沃纳基公司也向联邦地区法院提起诉讼,要求禁止执行 MPUC 的命令,联邦地区法院发布永久禁令,且认定沃纳基公司提供的服务为信息服务。MPUC 遂上诉至美国联邦第八巡回上诉法院,在上诉期间,FCC 发布命令,该命令没有认定 VoIP 服务是信息服务还是电信服务,而是以 VoIP 服务的州内部分和跨州部分无法分离为由判定州的管制无效。该命令发布之后,美国国家公共事业消费者协会、俄亥俄州公共事业委员会等原告均向各法院提起诉讼。

本案最终由美国联邦第八巡回上诉法院合并审理。上诉人请求对 FCC 发布的命令进行司法审查,并宣布该命令无效。

上诉人的上诉理由是:(1)FCC 没有认定 VoIP 服务的性质属于任意的、反复无常的行为,违反联邦《电信法》(Federal Telecommunications Act);(2)将 VoIP 服务归为联邦《电信法》第 152(b)条①规定的“不可能的例外”(impossibility exception)②的理由不

---

① 47 U. S. C. § 152(b):Except as provided in sections 223 through 227 of this title, inclusive, and section 332 of this title, and subject to the provisions of section 301 of this title and subchapter V – A of this chapter, nothing in this chapter shall be construed to apply or to give the Commission jurisdiction with respect to (1) charges, classifications, practices, services, facilities, or regulations for or in connection with intrastate communication service by wire or radio of any carrier, or (2) any carrier engaged in interstate or foreign communication solely through physical connection with the facilities of another carrier not directly or indirectly

合理;(3)FCC认定“明尼苏达州911要求”(Minnesota's 911 requirements)无效的决定是任意的、反复无常的;(4)纽约公共服务委员会(New York Public Service Commission,N.Y.PSC)认为FCC的命令超越其管辖权。

被上诉人的答辩意见是:(1)VoIP服务无法区分州内部分和州际部分,因此州对VoIP服务的管制无效,在存在其他理由认定州管制无效的情况下,FCC决定不认定VoIP服务的性质是合理的;(2)VoIP服务的性质符合联邦《电信法》第152(b)条中规定的“不可能的例外”,因此FCC的决定合理;(3)“明尼苏达州911要求”给电信服务提供商造成了阻碍,且其所依据的FCC《911命令》(911 Order)颁布在后,因此FCC认定该要求无效并非任意的、反复无常的;(4)FCC认为N.Y.PSC的请求尚未达到成熟的司法审查标准。

焦点问题

1. 作为主管机关,FCC就申请人提出的认定VoIP服务性质的请求不给出明确答复(未归入信息服务或电信服务),是否属于行政法上的任意专断?

2. FCC将VoIP服务归为联邦《电信法》第152(b)条中规定的“不可能的例外”情形是否合理?州的管制是否与联邦管制相冲突?

3. FCC认定“明尼苏达州911要求”无效的决定是不是任意、反复无常的?

4. FCC的命令是否超越其管辖权?

法院观点

1. 针对焦点问题1,法院认可FCC的观点,VoIP服务无法区分州内部分和州际部

---

controlling or controlled by, or under direct or indirect common control with such carrier, or (3) any carrier engaged in interstate or foreign communication solely through connection by radio, or by wire and radio, with facilities, located in an adjoining State or in Canada or Mexico (where they adjoin the State in which the carrier is doing business), of another carrier not directly or indirectly controlling or controlled by, or under direct or indirect common control with such carrier, or (4) any carrier to which clause (2) or clause (3) of this subsection would be applicable except for furnishing interstate mobile radio communication service or radio communication service to mobile stations on land vehicles in Canada or Mexico; except that sections 201 to 205 of this title shall, except as otherwise provided therein, apply to carriers described in clauses (2), (3), and (4) of this subsection.

② 对“不可能的例外“(impossibility exception)的解释参见判决原文:“In the alternative, Vonage invoked the ‘impossibility exception’ of 47 U. S. C. § 152(b), which allows the FCC to preempt state regulation of a service which would otherwise be subject to dual federal and state regulation where it is impossible or impractical to separate the service's intrastate and interstate components, and the state regulation interferes with valid federal rules or policies.

“As already discussed, the ‘impossibility exception’ of 47 U. S. C. § 152(b) allows the FCC to preempt state regulation of a service if (1) it is not possible to separate the interstate and intrastate aspects of the service, and (2) federal regulation is necessary to further a valid federal regulatory objective, i. e., state regulation would conflict with federal regulatory policies. Qwest Corp. *v.* Scott, 380 F. 3d 367, 372 (8th Cir. 2004). We address each of the components of the impossibility exception in turn.”。

分,因此州对 VoIP 服务的管制无效;在作出该决定时,FCC 没有必要判断 VoIP 服务是电信服务还是信息服务。在联邦《电信法》的规定下,FCC 无权定义 VoIP 服务是电信服务还是信息服务,因此在有其他理由支持州管制无效的情况下,FCC 决定不认定 VoIP 服务的性质是明智的。

2. 针对焦点问题 2,法院认可 FCC 将 VoIP 服务归为联邦《电信法》第 152(b)条中规定的“不可能的例外”,并依此认定州的管制无效的决定。根据联邦《电信法》第 152(b)条的规定,当一个服务同时是联邦和州的管制客体,且将该服务的州内部分和州际部分分开不可行或者不可能时,若州的管制干扰了联邦规则和政策的实施,则属于该条所述的“不可能的例外”,FCC 有权认定州法无效。本案中,首先,VoIP 服务的州内部分和州际部分无法分开;其次,州的管制干涉了联邦管制的实施,而联邦管制是推进合法的联邦管制目标的必要手段,故当州管制违背了联邦管制的目标时,州管制无效。综上所述,VoIP 服务满足上述两点要求——VoIP 在传输过程中无法区分州内部分和跨州部分,且州管制违背了联邦管制的目标(鼓励新技术的使用和竞争),因此,FCC 将 VoIP 服务认定为“不可能的例外”而排除州的管辖权是合理的。

3. 针对焦点问题 3,法院并不认为 FCC 的决定是任意的、反复无常的。首先,根据明尼苏达州的要求,新进入者要想进入本地市场,其提供服务的质量必须达到在位本地交换运营商的服务标准,但是在实际中,沃纳基公司只能确定其服务的呼叫方,而无法判断被叫方的地理位置,无法满足该标准,因此,“明尼苏达州 911 要求”所确定的入门规则给新入门者造成了阻碍;其次,MPUC 企图拿 FCC《911 命令》中对 VoIP 的要求来为自己对沃纳基公司的入门禁止做辩解,显然不可接受,因为 FCC 的《911 命令》是在其禁止沃纳基公司入门的决定后才颁布的,无论该命令中的实质内容是否可被 MPUC 用来设定其入门条件,也不可拿在其作出决定之后的命令作为依据。基于以上两点原因,法院认为,FCC 认定“明尼苏达州的 911 要求”无效是合理的。

4. 针对焦点问题 4,法院认为还未达到成熟的司法审查的立案标准。

判决结果

经过审理,美国联邦第八巡回上诉法院认为:首先,关于管辖权的问题,在有其他理由支持州管制无效的情况下,FCC 选择不认定 VoIP 服务的性质是明智的。其次,由于 VoIP 服务的州内部分和州际部分无法区分,且州的管制与联邦管制冲突,FCC 根据联邦《电信法》第 152(b)条认定州的管制无效是正确的决定。最后,“明尼苏达州 911 要求”给新入门者造成阻碍,且 MPUC 声称作出该要求所依据的 FCC《911 命令》颁布在后,FCC 决定“明尼苏达州 911 要求”无效是合理的;而对于 N. Y. PSC 认为 FCC 的命令超越其管辖权的问题,未达到成熟的立案标准。

二、本案知识点

1. 行政决定的司法审查标准是程序,而非实体

行政决定就实体问题作出结论后,法院不具备专业审查能力,只能审查行政决定的作出过程是否符合程序性规范,而不能判断行政决定的实体内容是否恰当。由于行政的自由裁量权是法律赋予的,在法定范围内的自由裁量是行政独立的表现,司法对行政自由裁量权的尊重是法制的基本要求,正如对行政程序的司法审查是依法独立行使司法职权的表现一样,因此司法对行政的审查标准是“专业判断标准”(business judgment criteria)①。

2. 司法审查的“案例与争议”(case and controversy)以及延伸出的“无意义和不成熟”(moot and immature)标准

《美国宪法》(U. S. Constitution)第 3 条规定的司法审查的立案标准为“案件与争议”②,以此延伸出了“无意义继续审理的驳回”③和“不成熟案件驳回”④。

三、判决原文摘录

1. VoIP is an internet application utilizing “packet - switching” to transmit a voice communication over a broadband internet connection. In that respect, it is different from the “circuit - switching” application used to route traditional landline telephone calls.

2. In circuit - switched communications, an electrical circuit must be kept clear of other signals for the duration of a telephone call. Packet - switched communications travel in small digital packets along with many other packets, allowing for more efficient utilization of circuits.

---

① 法院的审查标准是专业判断标准,参见判决原文:“we emphasize the limited scope of our review of the FCC's decision. Our review is limited to the issue whether the FCC's determination was reasonable based on the record existing before it at the time. If, in the future, advances in technology undermine the central rationale of the FCC's decision, its preemptive effect may be reexamined.”。

② 《美国宪法》第 3 条阐明了“案件与争议”的标准,接受司法审查的范围仅限于案件和争议。(The acceptance of judicial review is limited to case and controversy as Article Ⅲ of the Constitution articulated the “Case and Controversy” criteria.)

③ 争议不应当是毫无意义的,如行政机关已经改变或撤销了行政决定,原告不得继续以此为由提起行政诉讼。(Moot requires the controversy should not be meaningless such as the defendant agency had already altered or rescinded the executive decision as the plaintiff claiming.)

④ 对“不成熟”(Immature)的解释,参见判决原文:“We are limited by Article Ⅲ of the Constitution to deciding actual cases or controversies ripe for review. The basic rationale of the ripeness doctrine is to prevent the courts, through avoidance of premature adjudication, from entangling themselves in abstract disagreements over administrative policies, and also to protect the agencies from judicial interference until an administrative decision has been formalized and its effects felt in a concrete way by the challenging parties. ‘A claim is not ripe for adjudication if it rests upon contingent future events that may not occur as anticipated, or indeed may not occur at all.’”。

3. Meanwhile, many state regulators argue VoIP service should be classified as a "telecommunications service," with the intrastate aspects of the service regulated at the state level and the interstate aspects regulated at the federal level.

4. FCC adopted Vonage's alternative position, which is, irrespective of whether Vonage's services should be characterized as "telecommunication services" or "information services," the FCC determined it was appropriate to preempt state regulation because it was impossible or impractical to separate the intrastate components of VoIP service from its interstate components.

5. The basic rationale of the ripeness doctrine is to prevent the courts, through avoidance of premature adjudication, from entangling themselves in abstract disagreements over administrative policies, and also to protect the agencies from judicial interference until an administrative decision has been formalized and its effects felt in a concrete way by the challenging parties.

2-2 电信服务和信息服务——美国教育委员会与美国联邦电信委员会案 Am. Council on Educ. *v.* FCC

【案　　号】371 U. S. App. D. C. 307, 451 F. 3d 226 (D. C. Cir. 2006)

【审理法院】美国哥伦比亚特区联邦巡回上诉法院

【审理时间】2006 年 6 月 9 日

一、案件情况

复审申请人:美国教育委员会(American Council on Education, ACE)

复审被申请人、一审被告:美国联邦电信委员会(Federal Communications Commission, FCC)、美国政府(United States of America)

第三人:威瑞森电话公司(Verizon Telephone Companies)及其合作伙伴

案件事实

随着科技的进步,信息技术不断发展。为了响应技术的进步,美国国会于 1994 年通过《执法通信援助法》(Communications Assistance for Law Enforcement Act, CALEA),该法案要求电信运营商确保执法人员能够访问运营商网络,以达到监管的目的。CALEA 第 1001(8)(B)(ii)条①将“电信运营商”(telecommunication carriers)定义为以公共利益为目的,提供无线服务、电子交换服务或者传输服务的普通运营商,该普通运营商可以是提供传输或者交换电子通信的实体或个人,实质上能够替代在位本地交换运营商的功能。这也就是众所周知的实质替代条款(Substantial Replacement Provision,SRP),当服务提供商提供的服务符合 SRP 时,应当被认定为电信服务,该服务提供商适用 CALEA;当其提供的服务有一项不符合时,该服务就不应当被认定为电信服务,不适用 CALEA。CALEA 第 1001(8)(C)(i)条②进一步强调,法案的客体仅为电信服务提供商,不包括信息服务提供商。

2004 年,美国司法部门、联邦调查局、美国缉毒局采取行动,要求 FCC 明确电信服务提供商的范围。作为回应,FCC 发出了征求意见的通知,该通知内容为是否应当将某些服务提供商(包括宽带网络接入服务和 VoIP 服务的提供商)定义为电信服务提供商。在收到大量评论后,FCC 发布命令,认定宽带网络接入服务和 VoIP 服务的提供商属于电信服务提供商,应当适用 CALEA。为了避免 CALEA 中 SRP 与信息服务排斥条款[第 1002(b)(2)(A)条③]之间的矛盾,FCC 将服务提供商分为三类:电信服务提供商、信息服务提供商及混合服务(hybrid services)④提供商。混合服务提供商兼具电信服务提供商与信息服务提供商的特点。对于宽带网络接入服务和 VoIP 服务的认定,FCC 认为,首先,这两种服务兼具信息服务和电信服务的特点。其次,两种服务符合 CALEA 中 SRP 的规定:(1)两种服务执行了交换和传输的基本功能;(2)该混合服务提供商具备在位本地交换运营商的功能,即宽带网络接入服务具备传统服务中的传输功能,VoIP 服务具备传统电话服务的声音功能,所以二者具备在位本地交换运营商的功能;(3)符合公共利益。据此,将二者认定为电信服务提供商,故适用 CALEA。随后,ACE 以及其他认为 FCC 的结论会影响其利益的团体共同提起诉讼,声称 FCC 的结论不符合法律规定,申请法院进行司法审查。经审查,FCC 对 CALEA 的解释及结论合

---

① CALEA § 1001 (8) (B) (ii): telecommunications carrier also includes: a person or entity engaged in providing wire or electronic communication switching or transmission service to the extent that *the Commission finds that such service is a replacement for a substantial portion of the local telephone exchange service* and that it is in the public interest to deem such a person or entity to be a telecommunications carrier for purposes of this subchapter...

② CALEA § 1001(8)(C)(i): CALEA does not apply to "persons or entities insofar as they are engaged in providing information services."

③ 47 U.S.C. § 1002(b)(2): The requirements of subsection (a) of this section do not apply to—

(A) information services; or

(B) equipment, facilities, or services that support the transport or switching of communications for private networks or for the sole purpose of interconnecting telecommunications carriers.

④ 对“混合服务”(hybrid services)的解释参见判决原文:“hybrid services contains both ‘telecommunications’ and ‘information’ components.”。

法,原告的申请被驳回。ACE 等原告遂申请复审。

本案复审申请人主张:(1)对 FCC 作出的决定进行司法审查,撤销将宽带网络接入提供商认定为电信服务提供商的决定;(2)命令 FCC 认定 VoIP 服务的服务性质。

复审申请人的理由是:(1)原告认为宽带网络接入服务应当被认定为信息服务,不在 CALEA 的适用范围内;(2)FCC 武断地拒绝了认定 VoIP 服务性质的请求。

复审被申请人的答辩理由是:(1)宽带互联网接入服务提供商所提供的服务包含电信和信息的成分,FCC 根据其电信服务的成分进行定义,是合理合法的;(2)FCC 已经依照上诉人的请求作出了认定 VoIP 服务性质的行为,并不存在上诉人所称的武断地拒绝认定的情形。

焦点问题

1. 宽带网络接入提供商应当被认定为信息服务提供商还是电信服务提供商?

2. FCC 是否武断地拒绝了认定 ACE 提出的 VoIP 服务性质的请求?

法院观点

宽带互联网接入服务具有传输和交换功能,该功能是电信服务的特征。CALEA 对于信息服务和电信服务的认定并不是非此即彼的,美国国会的意图是最大限度地进行管制,因此在解释 CALEA 时,FCC 故意扩大了实质替代条款的适用范围。为了强调美国国会的意图,FCC 阐明,当一个服务具有电信服务和信息服务的成分时,不能仅因为某个运营商提供的服务中包含信息服务就免除其履行 CALEA 的义务。也就是说,只要提供电信服务就必须履行 CALEA 的义务,因此允许 FCC 根据服务的部分性质来定义服务性质,将宽带网络接入提供商定义为电信服务提供商,FCC 的决定合理合法。

法院驳回了 ACE 认为 FCC 武断地拒绝了 ACE 提出的认定 VoIP 服务性质的请求的复审理由。ACE 认为,FCC 将 VoIP 服务归为电信服务还是信息服务并不重要,重点是 FCC 应当将该服务归为一类。法院认为,首先,CALEA 并未定义什么是该法所指的电信服务,请求者让 FCC 认定该服务是否为 CALEA 所指的电信服务,这属于强人所难,因为 FCC 根本就不知道什么是 CALEA 所指的电信服务,当然其也就不能说明请求者提供的服务是否落入这个未定义的范畴内,因此 FCC 不认定 VoIP 服务性质本身是没有错误的;其次,ACE 忽略了 FCC 已经将 VoIP 服务认定为“电信服务”的事实,尤其是在该认定中,FCC 不认为 VoIP 服务中的声音传输部分属于“信息服务”。分为哪一类,姑且不论——ACE 也并未挑战 FCC 具体将该服务分为哪一类,只是要求 FCC 进行分类。法院认为,FCC 确实进行了分类(让其承担电信服务商的义务,意味着将其分到了电信服务类),这是无法否认的。

判决结果

法院驳回了该复审申请。法院认为,FCC 将宽带网络接入提供商定义为电信服务提供商的决定合理,FCC 认定了 VoIP 服务的性质,不存在违法行为。

二、本案知识点

1. 为何要研究技术归类

新技术—不同归类—适用不同规则—不同管制。对于新技术,有两种立法形式:(1)专门立法,如电话、代孕等技术,因为其直接打破了原有的社会关系,需要确立崭新的规范,但这种情况极为少见;(2)借用原来的规范,靠扩大解释既有规范,试图涵盖新技术带来的社会关系变化,这是最常见的方法,因为重新立法成本很高,而法律解释没有成本,只要能够解释自洽。解释的原则分为两步:如果立法者意图清晰,则司法必须遵守立法者意图;如果立法者静默(从现有规则的文意无法唯一地回溯立法者意图),则司法可以做允许的(司法自由裁量权内的)、合理的(合乎情理和逻辑)解释。①

2. 电信服务和信息服务

信息服务和电信服务的差异,就是内容和管道的差异,前者受《美国宪法第一修正案》保护,政府部门不可向信息服务商提出监听(tap, bug or eavesdrop)的要求;后者不受《美国宪法第一修正案》保护,电信运营商应对政府部门的监听要求予以协助。二者在监听协助义务上的区别,源于信息服务商可以接触信息本身,而电信服务商只能维护电信管道的畅通和安全,不可以接触其中传输的信息内容。

有关信息服务和电信服务的内涵②,以及是否应当接受政府提出的监听请求③,

---

① 对"解释的原则"的解释参见判决原文:"Our review is governed by the classic two - step approach set out in Chevron [i]f the intent of Congress is clear, that is the end of the matter; if the statute is 'silent or ambiguous with respect to the specific question at issue,' we ask whether the agency's interpretation is 'permissible,' that is, 'reasonable.'

"A 'reasonable' explanation of how an agency's interpretation serves the statute's objectives is the stuff of which a 'permissible' construction is made; an explanation that is "arbitrary capricious, or manifestly contrary to the statute," however, is not."。

② 47 U. S. C. § 1001:Definitions.

...

(6) The term "*information services*"—

(A) means the offering of a capability for generating, acquiring, storing, transforming, processing, retrieving, utilizing, or making available information*via telecommunications*; and

(B) includes—

(i) a service that permits a customer to retrieve stored information from, or file information for storage in, information storage facilities;

(ii) electronic publishing; and

(iii) electronic messaging services; but

(C) does not include any capability for a telecommunications carrier's internal management, control, or operation of its telecommunications network.

...

在美国电信法里有专门的规定。判断争议涉及的服务属于电信服务还是信息服务,是本案的关键。①

三、判决原文摘录

1. The Commission recognized that it had separately adopted a different interpretation of a similar term (“telecommunications service”) under a different statute.

2. The FCC concluded that a telecommunications carrier should not escape the Act’s reach altogether simply because the carrier’s service offering has an “informational” component.

3. Because information - service providers are not subject to CALEA, they need not make their networks accessible to law - enforcement agencies.

4. The Commission has long distinguished between “information services” and the underlying “telecommunications” that transport them.

5. The Commission emphasized that both CALEA and the Telecom Act are silent regarding how (or whether) the FCC should regulate mixed services that have both “telecommunications” and “information” components... Thus, the FCC concluded that both statutes vest it with discretion to interpret Congress’s ambiguous treatment of hybrid telecommunications - information services.

---

(8) The term “telecommunications carrier”—

...

(C) does not include—

...

(i) persons or entities insofar as they are engaged in providing information services;

...

③ 47 U. S. C. § 1002:(1) Assistance capability requirements.

(a) Capability requirements

a telecommunications carrier shall ensure that its equipment, facilities, or services that provide a customer or subscriber with the ability to originate, terminate, or direct communications are capable of [serving government needs in intercepting digital and other communications]...

(b) Limitations

...

(2) Information services; private networks and interconnection services and facilities

The requirements of subsection (a) of this section do not apply to—

(A) information services;

...

① 参见判决原文:“Responding to these changing technologies, in 1994 Congress passed CALEA, which requires ‘telecommunications carriers’ to ‘ensure’ that their networks are technologically ‘capable’ of being accessed by authorized law enforcement officials. 47 U. S. C. § 1002(a). While CALEA’s substantive provisions apply to ‘telecommunications carrier[s],’ they do not apply to ‘information services.’ Determining which communications services fall where is the crux of this case.”。

第三章　电信管制

电信法首先要回答并且一直要思索的问题就是管制的边界。管制的边界随技术和理论的发展不断调整。电信法和竞争法从不同的角度规制着电信行为。电信法属于专业竞争法,规范典型电信竞争行为、禁止典型反竞争行为,至于非典型性的反竞争行为,不具有电信法律关系的共性,或者行为手段时常变换,或者是将其他领域的反竞争手段用于电信行业,对之应使用更加一般性的竞争规范——竞争法。依据电信法的规定,运营商的法定义务可以分为:资质和技术要求、对其他运营商的义务、对消费者的义务、对国家的义务。每一项义务在电信法中都应当进行详细定义。运营商不但与国家发生着有关电信资源使用权出让的法律关系,还与消费者发生着电信服务法律关系,而且其从国家获得的电信资源的使用权是其提供电信服务的保障。若国家根据宏观调控的需要,依职权变更了电信资源使用权许可合同的内容,如果这种资源恰是某种电信服务赖以提供的基础,运营商与电信用户的法律关系也应当相应作出调整。

作为经济法的一个部门法,电信法需要不断思考的问题是,什么样的经济行为需要政府规制?即划出管制和自由竞争的边界。这个问题似乎很容易回答,只有市场解决不了的才需要规制。例如,有关价格规制,只有在市场失灵的领域,或者涉及竞争定价不能实现公众基本权利的领域,才需要国家干预——由国家定价或确定价格的浮动范围。充分竞争的领域不需要规制,只需要国家维护公平竞争秩序,其他的可以交给市场。在电信中的有线通信领域,由于网络资源的自然垄断性,竞争不可能充分,所以有线价格需要规制;而在无线通信领域,虽然对频谱的限制也对其入门数量构成限制,但随着无线电通信技术的提高、智能频率分配的出现,频率限制对新进入者并不构成实质障碍。可以说,无线市场是一个可以充分竞争的领域,不需要规制无线通信价格。

本章共有三个案例。

案例3-1明确了美国联邦电信委员会是否有权执行1996年联邦《电信法》中某些价格或非价格条款,美国联邦电信委员会的条例是否可以管制非捆绑接入,以及“挑选”条款是否合法的问题。

案例3-2对美国联邦电信委员会的权限和其管制宽带服务提供商的条例的合法

性进行了司法审查。在该审查中，法官区分了基础电信服务和增值电信服务，相应的，电信服务提供商提供基础电信服务，信息服务提供商提供增值电信服务。

案例3－3解决了联邦和州在电信管制权上的分权问题，法官认为，州对州内电信服务的管制权并不因实施该权力影响了同一个运营商提供的州际电信服务而受到削减。

3－1 美国联邦电信委员会在州内互联互通上具有管辖权——美国电话电报公司与艾奥瓦州公用事业局案 AT&T Corp. *v.* Iowa Utils. Bd.

【案　　号】525 U. S. 366, 119 S. Ct. 721(1999)

【审理法院】美国联邦最高法院

【审理时间】1999年1月25日

一、案件情况

说明：本案为美国联邦最高法院合并审理的11个案件，美国联邦电信委员会(Federal Communications Commission，FCC)在某些案件中为上诉人，在另一些案件中为被上诉人，为说明方便，下文中既未将FCC列入上诉人，也未将其列入被上诉人。

上诉人：美国电话电报公司(AT&T Corporation，以下简称AT&T公司)、微波电信公司(MCI Telecommunications Corporation)、本地电信服务协会(Association For Local Telecommunications Services)、美国政府(United States of America)、美国科技公司(Ameritech Corporation)、中西部盖特股份有限公司(GTE Midwest, Incorporated)、西美公司(US West, Inc.)

被上诉人：艾奥瓦州公用事业局(Iowa Utilities Board)、加利福尼亚州(California)

案件事实

1996年联邦《电信法》(Federal Telecommunication Act)彻底重组了美国的本地电信服务市场，结束了美国历史上在位本地交换运营商(Incumbent Local Exchange Carrier，ILEC)长期占有垄断地位的局面。为了实现这一目标，美国国会制定了一系列的市场准入规则，其中，联邦《电信法》第251(c)条[①]中规定，ILEC应当承担与其竞争

---

① 47 U. S. C. §251(c): Additional obligations of incumbent local exchange carriers

In addition to the duties contained in subsection (b) of this section, each incumbent local exchange carrier has the following duties:

性本地交换运营商(Competing Local Exchange Carrier,CLEC)共享网络的义务,CLEC可以通过转售服务、租赁非捆绑网络元素、接入三种方式获得 ILEC 的网络。当选择接入方式时,CLEC 要与 ILEC 达成协议;若协议无法达成,任何一方可以请求管制地方电

---

(1) Duty to negotiate

The duty to negotiate in good faith in accordance withsection 252 of this title the particular terms and conditions of agreements to fulfill the duties described in paragraphs (1) through (5) of subsection (b) of this section and this subsection. The requesting telecommunications carrier also has the duty to negotiate in good faith the terms and conditions of such agreements.

(2) Interconnection

The duty to provide, for the facilities and equipment of any requesting telecommunications carrier, interconnection with the local exchange carrier's network—

(A) for the transmission and routing of telephone exchange service and exchange access;

(B) at any technically feasible point within the carrier's network;

(C) that is at least equal in quality to that provided by the local exchange carrier to itself or to any subsidiary, affiliate, or any other party to which the carrier provides interconnection; and

(D) on rates, terms, and conditions that are just, reasonable, and nondiscriminatory, in accordance with the terms and conditions of the agreement and the requirements of this section and section 252 of this title.

(3) Unbundled access

The duty to provide, to any requesting telecommunications carrier for the provision of a telecommunications service, nondiscriminatory access to network elements on an unbundled basis at any technically feasible point on rates, terms, and conditions that are just, reasonable, and nondiscriminatory in accordance with the terms and conditions of the agreement and the requirements of this section andsection 252 of this title. An incumbent local exchange carrier shall provide such unbundled network elements in a manner that allows requesting carriers to combine such elements in order to provide such telecommunications service.

(4) Resale

The duty—

(A) to offer for resale at wholesale rates any telecommunications service that the carrier provides at retail to subscribers who are not telecommunications carriers; and

(B) not to prohibit, and not to impose unreasonable or discriminatory conditions or limitations on, the resale of such telecommunications service, except that a State commission may, consistent with regulations prescribed by the Commission under this section, prohibit a reseller that obtains at wholesale rates a telecommunications service that is available at retail only to a category of subscribers from offering such service to a different category of subscribers.

(5) Notice of changes

The duty to provide reasonable public notice of changes in the information necessary for the transmission and routing of services using that local exchange carrier's facilities or networks, as well as of any other changes that would affect the interoperability of those facilities and networks.

(6) Collocation

The duty to provide, on rates, terms, and conditions that are just, reasonable, and nondiscriminatory, for physical collocation of equipment necessary for interconnection or access to unbundled network elements at the premises of the local exchange carrier, except that the carrier may provide for virtual collocation if the local exchange carrier demonstrates to the State commission that physical collocation is not practical for technical reasons or because of space limitations.

话服务的州委员会根据联邦《电信法》第 251 条和 FCC 的规定进行仲裁。

为了贯彻执行 1996 年联邦《电信法》,FCC 制定了《第一报告和命令》(First Report & Order,以下简称诉争命令),并命令各州实施本地价格规则。ILEC 和各州委员会提出疑问:对于管辖权,ILEC 和各州委员会坚持认为实施诉争命令中规定的本地竞争条款(local - compitition provision)的原始权力属于各州委员会而非 FCC;另外,他们认为,在本地竞争条款中,计算互联互通非捆绑性接入价格时所采用的"全要素长期增量成本"(Total Element Long Run Incremental Cost,TELRIC)的计算方法,应该使用已经发生的成本,而本地竞争条款却使用了未来成本,故条例无效;对于诉争命令中的非捆绑元素接入管理条款,FCC 明显降低了对请求租赁网络元素一方的要求,与联邦《电信法》相冲突;而对于诉争命令中的选择(pick and choose)条款,FCC 要求 ILEC 必须满足 CLEC 提出的任何互联互通、提供服务和网络元素接入的请求。

该争议首先由 ILEC 和各州委员会向各地区法院提起诉讼,后整合至美国联邦第八巡回上诉法院合并审理。

上诉人请求对 FCC 制定的诉争命令和实施本地竞争条例的命令进行司法审查,禁止执行该条例。

上诉人的上诉理由是:(1)1996 年联邦《电信法》并未专门赋予 FCC 管辖权,因此 FCC 无权制定诉争命令,并要求各州实施本地竞争条款;(2)诉争命令中的竞争条款与联邦《电信法》相冲突;(3)FCC 对诉争命令中的"挑选"条款的解释不合理。

被上诉人的理由是:(1)尽管 1996 年联邦《电信法》没有专门规定 FCC 的管辖权,但是 1934 年联邦《电信法》的授权仍然有效,因此 FCC 并没有丧失管辖权;(2)诉争命令中的竞争条款有利于 1996 年联邦《电信法》目标的实现,与联邦《电信法》不相冲突;(3)FCC对诉争命令中的"挑选"条款是在联邦《电信法》的依据下进行的解释,是合理的。

焦点问题

1. 在 1996 年联邦《电信法》的规定下,FCC 是否有管辖权制定诉争命令?是否有权要求各州实施本地竞争条例?

2. 诉争命令中的竞争条款是否与联邦《电信法》相冲突?

3. FCC 对诉争命令中的"挑选"条款的解释是否合理?

法院观点

1. 法院驳回上诉人的请求,认定 FCC 有管辖权。上诉人认为,依据联邦《电信法》

第 152(b)条[①]的规定,FCC 没有制定诉争命令的管辖权,对于 1934 年联邦《电信法》第 201(b)条对 FCC 的一般授权的解读引发了学术界的讨论;法院认为,1934 年联邦《电信法》第 201(b)条[②]授权 FCC 在公共利益方面制定规则和条例,在颁布 1996 年联邦《电信法》时,美国国会明确表示,1996 年联邦《电信法》是对 1934 年联邦《电信法》的修改,未修改部分仍然有效,因此 1996 年联邦《电信法》虽未特别规定对 FCC 的授权,但也并没有剥夺 FCC 的管辖权。而对于 FCC 要求各州实施本地竞争条款的规定,上诉人指出,联邦《电信法》第 252(c)条[③]委托州委员会制定价格规则,因此 FCC 的管辖无效。法院认为,FCC 命令各州实施本地竞争条款并没有禁止州依据联邦《电信法》第 252(c)条的定价标准制定价格规则,各州依据上述条款的授权,依照本地区具体情况建立的定价规则共同构成价格管制,但由于各州制定的价格规则在效力上处于同等地位,在价格管制上不够权威,而 FCC 在统一管制上具有权威性,法院认为 FCC 拥有潜在管辖权命令各州实施其竞争条款。

2. 法院驳回上诉人请求,认定 FCC 不违反联邦《电信法》。上诉人认为,关于竞争

---

① 47 U. S. C. § 152(b):State regulatory authority

Nothing in this section shall affect the ability of a State to impose, on a competitively neutral basis and consistent with section 254 of this title, requirements necessary to preserve and advance universal service, protect the public safety and welfare, ensure the continued quality of telecommunications services, and safeguard the rights of consumers.

② 47 U. S. C. § 201(b): All charges, practices, classifications, and regulations for and in connection with such communication service, shall be just and reasonable, and any such charge, practice, classification, or regulation that is unjust or unreasonable is declared to be unlawful: *Provided*, That communications by wire or radio subject to this chapter may be classified into day, night, repeated, unrepeated, letter, commercial, press, Government, and such other classes as the Commission may decide to be just and reasonable, and different charges may be made for the different classes of communications: *Provided further*, That nothing in this chapter or in any other provision of law shall be construed to prevent a common carrier subject to this chapter from entering into or operating under any contract with any common carrier not subject to this chapter, for the exchange of their services, if the Commission is of the opinion that such contract is not contrary to the public interest: *Provided further*, That nothing in this chapter or in any other provision of law shall prevent a common carrier subject to this chapter from furnishing reports of positions of ships at sea to newspapers of general circulation, either at a nominal charge or without charge, provided the name of such common carrier is displayed along with such ship position reports. The Commission may prescribe such rules and regulations as may be necessary in the public interest to carry out the provisions of this chapter.

③ 47 U. S. C. § 252(c):Standards for Arbitration

In resolving by arbitration under subsection (b) any open issues and imposing conditions upon the parties to the agreement, a State commission shall—

(1) ensure that such resolution and conditions meet the requirements of section 251, including the regulations prescribed by the Commission pursuant to section 251;

(2) establish any rates for interconnection, services, or network elements according to subsection (d); and

(3) provide a schedule for implementation of the terms and conditions by the parties to the agreement.

条款,FCC 制定的规则不符合网络元素的法定定义(去除了"非捆绑元素"后的"网络元素",不符合"网络元素"的定义),且没有充分考虑必需性、可能造成的损害以及设施所有权的问题。法院认为,首先,根据联邦《电信法》第 153(35)条[①]的解释,FCC 将设施的物理性质包含在定义中是合理的;其次,FCC 制定的规则与法规保持一致,将可利用的网络元素从 ILEC 网络中分离出来,与其竞争者实现网络元素的共享,充分考虑了 ILEC 和竞争者的服务能力。虽然这种规则不能实现公平价值,但是为实现 1996 年联邦《电信法》的目标确立了合理的基础,因此 FCC 制定的非捆绑元素接入条例不违反联邦《电信法》。

3. 关于 FCC 的"挑选"条款,依据《美国联邦法规》(Federal Regulation)第 51.809(a)条的规定[②],ILEC 必须无条件地及时为任何提出申请的电信运营商提供互联互通、服务或者网络元素协议;保证协议中的任何关于互联互通、电信服务以及网络元素的规定都能有效实施;且规定接受协议中任何一个条款的运营商必须接受全部条款。尽管该条例对于协议双方而言显然是不公平的,但这是联邦《电信法》第 252(i)条[③]赋予 ILEC 的法定义务,因此法院很难判决 FCC 制定的条例违法。

判决结果

法院决定驳回上诉人的诉讼请求。法院认为,1934 年联邦《电信法》赋予 FCC 电信管制的管辖权,该管辖权不会因为任何法律法规的制定或者对联邦《电信法》的解释而丧失,因此 FCC 在州内互联互通的管制上有管辖权;诉争命令中的竞争条款是为了更好地实现联邦《电信法》的目标,不违反联邦《电信法》;FCC 对于诉争命令中"挑选"条款的解释虽然对协议双方是不公平的,但不违反联邦《电信法》。

二、本案知识点

本案探讨了 FCC 的管理权限。FCC 的组建和初始职权源自 1934 年联邦《电信法》第 4 条,随着新技术的出现,电信行为发生了演变和新增,对于新出现的电信法律

---

① 47 U. S. C. § 153 (35): Network element. The term "network element" means a facility or equipment used in the provision of a telecommunications service. Such term also includes features, functions, and capabilities that are provided by means of such facility or equipment, including subscriber numbers, databases, signaling systems, and information sufficient for billing and collection or used in the transmission, routing, or other provision of a telecommunications service.

② 47 CFR § 51.809 (a): An incumbent LEC shall make available without unreasonable delay to any requesting telecommunications carrier any individual interconnection, service, or network element arrangement contained in any agreement to which it is a party that is approved by a state commission pursuant to section 252 of the Act, upon the same rates, terms, and conditions as those provided in the agreement.

③ 47 U. S. C. § 252(i): A local exchange carrier shall make available any interconnection, service, or network element provided under an agreement approved under this section to which it is a party to any other requesting telecommunications carrier upon the same terms and conditions as those provided in the agreement.

关系，FCC 是否具有当然的管理权以及特别的管制方法，需要由法律（如 1996 年对联邦《电信法》的修改）明确或者由法官解释。本案就是美国联邦最高法院对于 1996 年联邦《电信法》中的“接入和互联互通”条款中涉及的 FCC 的管制权限和管制手段的合法性问题给出的解释。对于州内妨碍竞争问题，州公用事业管理局（原告/上诉人一方）主张，1996 年联邦《电信法》没有专门赋予 FCC 管理权，因此，联邦并未根据《美国宪法》的“（州际）贸易条款”获得该事项的管辖权，该权利保留在州。原告主张，因拒绝互联互通引起的反竞争问题的管理权也保留在州，联邦无管辖权。法院否决了此观点，认定了 FCC 在州内互联互通上的管辖权①。

三、判决原文摘录

1. We are of the view, however, that the FCC did not adequately consider the “necessary and impair” standards when it gave blanket access to these network elements, and others, in Rule 319. That Rule requires an incumbent to provide requesting carriers with access to a minimum of seven network elements: the local loop, the network interface device, switching capability, interoffice transmission facilities, signaling networks and call – related data bases, operations support systems functions, and operator services and directory assistance.

2. The FCC’s “pick and choose” rule provides, in relevant part:

“An incumbent LEC shall make available without unreasonable delay to any requesting telecommunications carrier any individual interconnection, service, or network element arrangement contained in any agreement to which it is a party that is approved by a state commission pursuant to section 252 of the Act, upon the same rates, terms, and conditions

---

① 审理本案的美国联邦最高法院的斯卡利亚法官（Antonin Gregory Scalia）是通过推理，得出 FCC 对接入和互联互通具有管辖权的：

“(1) The basic attack was jurisdictional. The LECs and state commissions insisted that primary authority to implement the local – competition provisions belonged to the States rather than to the FCC. They thus argued that many of the local – competition rules were invalid.

“(2) 47 U. S. C. § 152 (b) ‘..., nothing in this chapter shall be construed to apply or to give the Commission jurisdiction with respect to ... charges, classifications, practices, services, facilities, or regulations for or in connection with intrastate communication service ...’

“respondents argue that the 1996 Act does nothing to displace the presumption that the States retain their traditional authority over local phone service.

“(3) Section 201 (b), a 1938 amendment to the Communications Act of 1934, provides that ‘[t] he Commission may prescribe such rules and regulations as may be necessary in the public interest to carry out the provisions of this Act.’ the Commission’s rulemaking authority would seem to extend to implementation of the local – competition provisions.

“(4) In any event, the mere lack of parallelism is surely not enough to displace that explicit authority. We hold, therefore, that the Commission has jurisdiction to design a pricing methodology.”。

as those provided in the agreement.

3. Respondents argue that this rule threatens the give – and – take of negotiations, because every concession as to an "interconnection, service, or network element arrangement" made (in exchange for some other benefit) by an incumbent LEC will automatically become available to every potential entrant into the market.

4. The 1996 Act can be read to grant (borrowing a phrase from incumbent GTE) "most promiscuous rights" to the FCC vis – à – vis the state commissions and to competing carriers vis – à – vis the incumbents—and the Commission has chosen in some instances to read it that way. But Congress is well aware that the ambiguities it chooses to produce in a statute will be resolved by the implementing agency.

5. Finally, respondents challenge a provision giving the Commission general authority to hear complaints arising under the Communications Act of 1934, also gives it authority to review agreements approved by state commissions under the local – competition provisions. The Court of Appeals erred in reaching this claim because it is not ripe. When, as is the case with this Commission statement, there is no immediate effect on the plaintiff's primary conduct, federal courts normally do not entertain pre – enforcement challenges to agency rules and policy statements.

3 – 2 信息服务商不承担网络中立义务——美国威瑞森公司与美国联邦电信委员会案 Verizon *v.* FCC

【案　号】408 U. S. App. D. C. 92, 740 F. 3d 623 (2014)
【审理法院】美国哥伦比亚特区联邦巡回上诉法院
【审理时间】2014 年 1 月 14 日

一、案件情况

上诉人:美国威瑞森公司(Verizon)
被上诉人:美国联邦电信委员会(Federal Communications Commission, FCC)
第三人:独立电话联盟(Independent Telephone & Telecommunications Alliance)

案件事实

电话公司通过电缆设施传输的信息非常有限,为了达到增强服务的效果,用户需要访问互联网。为了更好地理解本案争议,必须先了解互联网、互联网相关市场和FCC管制互联网的历史。互联网相关市场主要涉及:中枢网络(backbone networks)、宽带提供商(broadband providers)、边缘提供商(edge providers)和最终用户(end users)四个概念。中枢网络通过互联长途光纤连接高速路由器来传输大量的数据,网络用户一般通过本地接入提供商(如威瑞森公司)来访问中枢网络;边缘提供商,如亚马逊(Amazon)公司、谷歌(Google)公司在互联网上提供内容和互联网服务;最终用户在发表和转发内容时,通常扮演边缘提供商的角色。

FCC致力于迫使宽带服务提供商对所有的网络流量,无论来源、无论用途均同等对待,也就是公众普遍所知的"网络中立"。"网络中立"用立法者的术语来表述就是"互联网公开"(internet openness),其支持者担心宽带提供商和边缘提供商之间的冲突会导致宽带提供商限制最终用户访问某些边缘提供商、降低访问质量或向边缘提供商收取额外费用等现象。《计算机Ⅱ规则》(Computer Ⅱ Regime)将1934年联邦《电信法》(Federal Telecommunications Act)管制的普通电信运营商提供的电信服务和增强服务同等对待,但实际上二者并不相同,基础服务是简单的信息传输,而增强服务需要进行信息的处理。例如,FCC将电话服务定义为基础服务,因为该服务仅通过客户之间的互动实现信息的交换;而增强服务需要计算机处理内容、代码和其他相关信息。

基础服务提供商是联邦《电信法》第201(a)条①规定的提供电信服务的主体,其义务包括第202(a)条②规定的不得存在不公平或者不合理的歧视;以及第201(b)条③规

① 47 U. S. C. §201(a): It shall be the duty of every common carrier engaged in interstate or foreign communication by wire or radio to furnish such communication service upon reasonable request therefor; and, in accordance with the orders of the Commission, in cases where the Commission, after opportunity for hearing, finds such action necessary or desirable in the public interest, to establish physical connections with other carriers, to establish through routes and charges applicable thereto and the divisions of such charges, and to establish and provide facilities and regulations for operating such through routes.

② 47 U. S. C. §202(a): It shall be unlawful for any common carrier to make any unjust or unreasonable discrimination in charges, practices, classifications, regulations, facilities, or services for or in connection with like communication service, directly or indirectly, by any means or device, or to make or give any undue or unreasonable preference or advantage to any particular person, class of persons, or locality, or to subject any particular person, class of persons, or locality to any undue or unreasonable prejudice or disadvantage.

③ 47 U. S. C. §201(b): All charges, practices, classifications, and regulations for and in connection with such communication service, shall be just and reasonable, and any such charge, practice, classification, or regulation that is unjust or unreasonable is declared to be unlawful: *Provided*, That communications by wire or radio subject to this chapter may be classified into day, night, repeated, unrepeated, letter, commercial, press, Government, and such other classes as the Commission may decide to be just and reasonable, and different charges may be made for the different classes of communications: *Provided further*, That nothing in this chapter or in any other provision of law shall be construed to prevent a common carrier subject to this chapter from entering into or operating under any contract with any common carrier not subject to this chapter, for the exchange of their services,

定的以公正、合理的价格收费。而增强服务的实现则需要第三方互联网服务提供商(Internet Service Provider,ISP),如美国在线,在基础服务的基础上接入网络传输设备。

在区分了基础服务和增强服务的差异后,《计算机Ⅱ规则》重新定义了两类实体:提供基础服务的电信运营商(telecommunication carriers)、提供增值服务的信息服务提供商(information - service providers)。联邦《电信法》第二章中的"公共运营商"只针对电信运营商,而非信息服务提供商。

然而在4年后,在确定如何管制有线电缆公司(cable companies)提供的宽带服务时,FCC改变了《计算机Ⅱ规则》确立的分类标准。按照《计算机Ⅱ规则》原来建立的划分信息服务和电信服务的标准——根据提供服务的过程中是否存在处理信息的环节来划分(仅提供传输服务的为基础服务,其服务提供商为电信运营商;服务中包含信息处理环节的为增值服务,其服务提供商为信息服务提供商),有线宽带提供商由于不对信息进行处理而属于电信运营商。现在,FCC直接将宽带服务定义为综合的信息服务,即使是拥有并运营"最后一英里"传输设施的有线电缆宽带服务商,也被归为信息服务提供商,而不必承担电信服务提供商的义务。根据以上定义,有线宽带提供商不是电信运营商,因此对其豁免联邦《电信法》第二章规定的义务。美国国会也将其他类型的宽带服务提供商定义为信息服务提供商。因为有线电缆公司仅提供宽带服务,按照上述新的认定办法不属于电信运营商,因此它们完全被《计算机Ⅱ规则》排除在外。在美国国家有线电视公司诉X品牌互联网服务公司案①中,美国联邦最高法院支持FCC的分类方法,认为其解释符合1996年联邦《电信法》。之后,FCC定义了其他类型的宽带服务提供商,例如,数字用户线(Digital Subscriber Line,DSL)和手机无线上网服务也属于信息服务商,不受联邦《电信法》第二章有关公共运营商的管制。

康卡斯特案②后,FCC颁布了《开放互联网命令》(Open Internet Order,也就是本案的诉争命令,以下简称诉争命令)。该命令赋予了宽带运营商披露、反屏蔽、反区别对待的义务。FCC认为,联邦《电信法》第706条赋予其制定政策鼓励先进电信技术的权利,正是根据该法条,FCC制订了鼓励宽带基础设施部署的命令。在内容上,诉争命令

---

if the Commission is of the opinion that such contract is not contrary to the public interest: *Provided further*, That nothing in this chapter or in any other provision of law shall prevent a common carrier subject to this chapter from furnishing reports of positions of ships at sea to newspapers of general circulation, either at a nominal charge or without charge, provided the name of such common carrier is displayed along with such ship position reports. The Commission may prescribe such rules and regulations as may be necessary in the public interest to carry out the provisions of this chapter.

① See National Cable & Telecommunications Ass'n *v.* Brand X Internet Services, 545 U. S. 967, 125 S. Ct. 2688, 162 L. Ed. 2d 820 (2005).

② See In re Preserving the Open Internet, 25 FCC Rcd 17905, 2010 FCC LEXIS 7455, 52 Comm. Reg. (P & F) 1.

建立了两套预防性条款(prophylactic rules),囊括了之前长期存在的公开规则。其中一套规则适用于固定(fixed)宽带服务提供商,另一套规则适用于移动(mobile)宽带服务提供商,并且诉争命令提高了对宽带网络提供商的要求,具体包括:固定和移动服务提供商的透明度(transparency)规则、对固定和移动服务提供商的防堵(anti – blocking)规则、对固定宽带供应商的反歧视(anti – discrimination)规则。

上诉人威瑞森公司称,在程序上 FCC 错误地解读了联邦《电信法》第 706 条的规定,FCC 并无权制定该诉争命令;在实体上,反歧视规则导致不同的宽带服务提供商(固定和移动)之间的区别对待,其内容不合法,且 FCC 并未说明防堵规则存在的合理性,应当无效。上诉人请求对 FCC 制定的诉争命令重新进行司法审查,判决该命令无效。

上诉人的上诉理由是:(1)FCC 对于联邦《电信法》第 706 条的解释是错误的,该条款并未授权 FCC 制定诉争命令,因此 FCC 在程序上无权制定诉争命令;(2)FCC制定的诉争命令在内容上不合理:诉争命令中的反竞争规则和防堵规则加重了宽带服务商的义务,与联邦《电信法》鼓励先进技术的意图相违背。

被上诉人的答辩意见是:(1)FCC 对于联邦《电信法》第 706 条的解释是合理的,联邦《电信法》确实授权 FCC 制定命令以消除基础设施壁垒,因此 FCC 有权制定诉争命令;(2)在内容上,诉争命令意在促进市场发展,提高电信服务提供商的竞争力,是合理的。

焦点问题

1. FCC 制定诉争命令是否在其法定权限内?

2. FCC 制定的诉争命令内容是否合法?

法院观点

本案中,法院的职责并非评定“互联网公开”原则的价值,而是判断 FCC 是否超越了法定授权。根据联邦《电信法》第 706(a)条①的规定,FCC 和各州委员会有权制定政策鼓励先进电信技术,促进电信市场竞争,FCC 将该法条解释为联邦《电信法》对其的授权,允许其制定规则,管理宽带服务提供商,该解释是合理的,因此在程序上 FCC 没有超越法定授权。

有关诉争命令的内容,法院支持了上诉人的请求,撤销了其中的反歧视和防堵规则。法院认为这两项内容违反了联邦《电信法》鼓励使用先进技术的规定。法院认为,一方

---

① 47 U. S. C. § 706 (a): The Commission and each State commission with regulatory jurisdiction over telecommunications services shall encourage the deployment on a reasonable and timely basis of advanced telecommunications capability to all Americans (including, in particular, elementary and secondary schools and classrooms) by utilizing, in a manner consistent with the public interest, convenience, and necessity, price cap regulation, regulatory forbearance, measures that promote competition in the local telecommunications market, or other regulating methods that remove barriers to infrastructure investment.

面,FCC 合理地解释了联邦《电信法》第 706 条对其的一般性授权,其有权制定鼓励先进技术使用人的政策,实际上,FCC 也依此行为了,为鼓励宽带服务商使用新技术,FCC 将其分类为信息服务商,不属于电信运营商,从而对其豁免了联邦《电信法》第二章中对公共运营商的管制;另一方面,FCC 又矛盾地要求宽带服务商承担如诉争规则要求的义务,显然违背了联邦《电信法》第 706 条鼓励代表先进技术的宽带服务的规定。更进一步讲,FCC 并未论证联邦《电信法》中反歧视、防堵规则可以适用于电信服务商以外的主体,实际上,对于信息服务商是否可以适用反歧视、防堵规则的问题 FCC 并未论述。因此,作为信息服务商的宽带服务商并不能适用反歧视、防堵规则,该部分诉争命令应被撤销。

判决结果

对于上诉人的上诉请求,法院部分确认,部分驳回:(1)经过审理,法院判决 FCC 在程序上有权制定诉争命令;(2)实体上,反歧视规则和反屏蔽规则的内容违反联邦《电信法》有关鼓励先进技术使用人的规定,因此诉争命令的该部分被撤销。

二、本案知识点

对于新出现的宽带接入服务,在分类时,为了不让其承担接入、互联互通等电信传输者的义务,FCC 将其归为信息服务商。但接下来的问题是,信息服务商有权选择性传输信息,即有权操作经其传输的信息(甄别、编辑、过滤、汇编信息),而不像作为管道商的电信传输者,不得对由其传输的信息进行任何操作。于是,FCC 对宽带接入商专门制定了规章,即诉争命令,既肯定了其作为信息服务商的地位,又剥夺了其对信息进行操作的权利,让其负有如传输者一样的中立(neutral as carrier)、非歧视(non - discrimination)、防堵的义务。本案中,威瑞森公司起诉,要求认定该规章违反联邦《电信法》,法院不去判定“开放互联网命令”的价值(business judgment),而是以 FCC 让代表先进技术的宽带服务商承担中立、不歧视、防堵的义务违背了联邦《电信法》第 706 条鼓励先进技术的规定为理由,支持了威瑞森公司的部分请求。

本案就“基础业务”和“增值业务”的区别有详细的分析和定义:基础业务只是传输信息,而不能处理信息;增值业务含有信息处理环节;提供基础业务的为电信服务商,提供增值业务的为信息服务商。更进一步的分析可参见判决原文①。

---

① 参见判决原文:“Telecommunications carriers providing basic services, and information - service providing enhanced service, as the following cited.

“The Computer Ⅱ rules drew a line between ‘basic’ services, which were subject to regulation under Title Ⅱ of the Communications Act of 1934 as common carrier services and ‘enhanced’ services, which were not.

“What distinguished ‘enhanced’ services from ‘basic’ services was the extent to which they involved the processing of information rather than simply its transmission. For example, the Commission characterized telephone service as a ‘basic’ service, because it involved a ‘pure’ transmission that was ‘virtually transparent in terms of its interaction with customer supplied information,’ Services that involved ‘computer processing applications. . .

三、判决原文摘录

1. We think it obvious that the Commission would violate the Communications Act were it to regulate broadband providers as common carriers. Given the Commission's still - binding decision to classify broadband providers not as providers of "telecommunications services" but instead as providers of "information services".

2. The Court reasoned that if the Commission sought to exercise such ancillary jurisdiction over cable operators on the basis of its authority over broadcasters, it must also respect the specific statutory limits of that authority, as "without reference to the provisions of the Act directly governing broadcasting, the Commission's jurisdiction ... would be unbounded."

3. The Commission's explanation in the Open Internet Order for why the regulations do not constitute common carrier obligations and its defense of those regulations here largely rest on its belief that, with respect to edge providers, broadband providers are not "carriers" at all.

4. In requiring that all edge providers receive this minimum level of access for free, these rules would appear on their face to impose per se common carrier obligations with respect to that minimum level of service.

5. For the forgoing reasons, although we reject Verizon's challenge to the Open Internet Order 's disclosure rules, we vacate both the anti - discrimination and the anti - blocking rules.

3 - 3　地方政府可以在电信法基础上制定附加规则——美国达布西控股有限公司与索普金案 WWC Holding Co. *v.* Sopkin

【案　　号】488 F. 3d 1262 (10th Cir. 2007)

【审理法院】美国联邦第十巡回上诉法院

---

used to act on the content, code, protocol, and other aspects of the subscriber's information'—a definition that encompassed the services needed to connect an end user to the Internet—constituted enhanced services.

"Tracking theComputer Ⅱ distinction between basic and enhanced services, the Act defines two categories of entities: telecommunications carriers, which provide the equivalent of basic services, and information - service providers, which provide the equivalent of enhanced services. The Act subjects telecommunications carriers, but not information - service providers, to Title Ⅱ common carrier regulation."。

【审理时间】2007 年 6 月 5 日

一、案件情况

上诉人、一审被告：格雷戈里·E. 索普金（Gregory E. Sopkin）、波利·E. 佩奇（Polly E. Page）、卡尔·米勒（Carl Miller）

说明：三人为科罗拉多州公共事业委员会委员，以官方身份代表科罗拉多州公共事业委员会（Commissioners of the Public Utilities Commission of the State of Colorado, PUC）

被上诉人、一审原告：美国达布西控股有限公司（WWC Holding Co.，Inc.，以下简称 WWC 公司）

案件事实

1996 联邦《电信法》（Federal Telecommunications Act）改变了美国电信管理办法，建立了确保全美公民使用电信服务的"普遍服务"制度。依据联邦《电信法》第 254（b）条①

---

① 47 U. S. C. § 254（b）：Universal service principles

The Joint Board and the Commission shall base policies for the preservation and advancement of universal service on the following principles：

（1）Quality and rates

Quality services should be available at just, reasonable, and affordable rates.

（2）Access to advanced services

Access to advanced telecommunications and information services should be provided in all regions of the Nation.

（3）Access in rural and high cost areas

Consumers in all regions of the Nation, including low – income consumers and those in rural, insular, and high cost areas, should have access to telecommunications and information services, including interexchange services and advanced telecommunications and information services, that are reasonably comparable to those services provided in urban areas and that are available at rates that are reasonably comparable to rates charged for similar services in urban areas.

（4）Equitable and nondiscriminatory contributions

All providers of telecommunications services should make an equitable and nondiscriminatory contribution to the preservation and advancement of universal service.

（5）Specific and predictable support mechanisms

There should be specific, predictable and sufficient Federal and State mechanisms to preserve and advance universal service.

（6）Access to advanced telecommunications services for schools, health care, and libraries

Elementary and secondary schools and classrooms, health care providers, and libraries should have access to advanced telecommunications services as described in subsection（h）of this section.

（7）Additional principles

Such other principles as the Joint Board and the Commission determine are necessary and appropriate for the protection of the public interest, convenience, and necessity and are consistent with this chapter.

的规定，普遍服务规则包括：以公平、合理的价格提供高质量的电信服务；在任何地理位置都能接收该服务；农村地区和高成本地区的电信服务和价格与其他地区无明显差异。为了确保实现普遍服务，美国国会创建了联邦普遍服务基金，向电信运营商征收费用，而运营商缴纳的费用最后通常会转嫁给客户；征收的联邦普遍服务基金又会作为公共补贴分配给提出申请的电信运营商或者指定的符合条件的电信运营商（Eligible Telecommunications Carrier，ETC）。在联邦《电信法》第254（f）条①的授权下，各州有权建立自己的普遍服务项目。科罗拉多州已通过国家资助机制，为符合条件的电信服务提供商分发普遍服务基金补贴。WWC 公司是一家提供移动电话服务的电信公司。2003 年，WWC 公司向 PUC 提出申请，企图通过被指定为 ETC 获得联邦普遍服务补贴，以弥补其在科罗拉多州农村地区提供电信服务的亏损。通过审查，PUC 以 WWC 公司的申请不符合条件为由拒绝，WWC 公司申请复议，仍遭拒绝。WWC 公司遂提起诉讼。地区法院支持 WWC 公司，责令州委员会批准 WWC 公司的请求，将 WWC 公司认定为 ETC；且认为 PUC 在指定 ETC 时附加了保护消费者利益的条件，该部分条件的附加超出联邦《电信法》的授权，违反联邦《电信法》；并规定，对于 PUC 已经设定的认定 ETC 的标准，只有通过立法程序（a rule - making proceeding）制定正式规则才能应用于实际中。PUC 遂提起上诉。

上诉人请求撤销地区法院的判决：撤销将 WWC 公司认定为 ETC 的决定，判决 PUC 在指定 ETC 时附加保护消费者利益的条件不违反联邦《电信法》，对于 PUC 已经设定的认定 ETC 的标准，PUC 可以不通过立法程序制定正式规则。

上诉人的上诉理由是：（1）根据联邦《电信法》的授权，PUC 在认定 ETC 时，有权在批准审核中附加一定的条件；（2）对于 PUC 已经设定的认定 ETC 的标准，PUC 没有通过立法程序制定正式规则的法定义务，因此可以不制定正式规则。

被上诉人的答辩意见是：（1）PUC 在认定 ETC 时附加一定的条件超出联邦《电信法》的授权，属于联邦《电信法》之外的立法，因此其认定标准无效；（2）对于 PUC 已经设定的认定 ETC 的标准，PUC 应当通过立法程序制定正式规则，才能应用于司法实践。

---

① 47 U.S.C. §254（f）：State authority

A State may adopt regulations not inconsistent with the Commission's rules to preserve and advance universal service. Every telecommunications carrier that provides intrastate telecommunications services shall contribute, on an equitable and nondiscriminatory basis, in a manner determined by the State to the preservation and advancement of universal service in that State.

A State may adopt regulations to provide for additional definitions and standards to preserve and advance universal service within that State only to the extent that such regulations adopt additional specific, predictable, and sufficient mechanisms to support such definitions or standards that do not rely on or burden Federal universal service support mechanisms.

焦点问题

1. 对于哪些运营商能获得普遍服务基金补助的标准，PUC 是否有权在联邦《电信法》之外附加条件？

2. 根据联邦《电信法》的规定，PUC 是否必须通过立法程序制定关于 ETC 标准的正式规则？

法院观点

1. 联邦《电信法》将电信服务的管制分为跨州和州内两部分，对于跨州服务，美国国会已经完全授权联邦电信委员会（Federal Communications Commission，FCC）管辖，对于州内服务，各州政府享有排他性的管辖权。有些电信服务提供商同时提供跨州和州内电信服务，因此联邦和州的双重管制会对这些主体造成一定的负面影响；为了分配联邦管制和州管制之间的责任，1993 年和 1996 年联邦《电信法》做了一系列的修改，美国国会将联邦《电信法》的管理区域扩展到本地竞争市场，消除了各州政府独家管理的区域。美国联邦最高法院认为，1996 年联邦《电信法》保留了各州政府对州内电信服务的管制权。在联邦《电信法》下，FCC 负责手机服务的管制，甚至扩展到州内部分。此外，联邦《电信法》保留了国家监管职能，依据联邦《电信法》第 253（a）条的规定[①]，对任何实体提供跨州或者州内提供电信服务的能力不得直接禁止，或者虽未直接禁止，但是存在导致禁止提供电信服务的效果。然而，美国国会也表示，依据联邦《电信法》第 253（b）条的规定[②]，任何对电信服务的监管必须建立在竞争中立的基础上，必须保护和促进普遍服务，保护社会公共利益，确保持续提供高质量的电信服务，保护消费者的权利。因此，只要州的管制不与 FCC 制定的规则相冲突、州的项目不会给联邦项目增加负担，州政府在联邦《电信法》下有权建立并使用自己的普遍服务标准和资金支持机制。PUC 在认定 ETC 时额外附加的标准不与 FCC 规则相冲突，也并未给联邦项目增加负担，因此，PUC 在认定 ETC 时附加一定的条件并非联邦《电信法》之外的立法，而是履行联邦《电信法》的授权。

2. 根据联邦《电信法》第 254（f）条的规定，联邦《电信法》授权州委员会制定自己的管理机制，建立自己的标准来保护和发展普遍服务；州的管理机制不能与 FCC 普遍

---

① 47 U. S. C. § 253（a） In general

No State or local statute or regulation, or other State or local legal requirement, may prohibit or have the effect of prohibiting the ability of any entity to provide any interstate or intrastate telecommunications service.

② 47 U. S. C. § 253（b） State regulatory authority

Nothing in this section shall affect the ability of a State to impose, on a competitively neutral basis and consistent with section 254 of this title, requirements necessary to preserve and advance universal service, protect the public safety and welfare, ensure the continued quality of telecommunications services, and safeguard the rights of consumers.

服务规则相冲突。在本案中,联邦《电信法》第254(f)条虽然授权州委员会建立本州内的普遍服务制度,但并没有强加给州委员会必须在本州建立普遍服务或者通过立法程序来设置 ETC 标准的义务;而且,当州委员会采用联邦普遍服务制度时,可直接适用联邦《电信法》和 FCC 普遍服务规则。综上所述,PUC 不需要制定正式规则。

判决结果

法院决定支持上诉人的上诉请求,PUC 有权制定规则确定适用于本州的 ETC 标准;PUC 不需要通过立法程序来设置 ETC 标准。

二、本案知识点

1. 本案涉及州和联邦管制权力的分权问题

州公共事业委员会就认定电信运营商为"合格电信运营商"附加了保护消费者利益的条件,电信运营商认为这是在联邦《电信法》之外附加的条件,违反联邦法,遂提起诉讼。下级法院支持了原告,上诉法院撤销下级法院判决,认定州公共事业委员会设定的条件有效。

2. 本案是联邦和州在普遍服务事项上的分权

根据《美国宪法》(U. S. Constitution)第 1 条第 8 款第 3 项①的规定,只有州际商业事务属于联邦政府管辖,州内商业事务的管理权保留在州内。由于电话无法区分州内和州外,联邦具有普遍管辖权,但州可以在不与联邦冲突的前提下,在联邦立法的真空地带建立本地法。原告宣称的在某领域只要有联邦立法州就无权进入该领域,是错误的。只要不与联邦已有的规则冲突,州可以建立附加规则,因为其并不是在联邦《电信法》之外立法,而是履行联邦《电信法》的授权,就联邦《电信法》的具体条款在本地的适用,实施联邦《电信法》赋予其的地方管制权。

三、判决原文摘录

1. In this case, the state has power to establish additional requirement besides federal requirement about universal service subsidy in the name of interest reserved in state such as consumer protection. "authority of PUC to make ETC designation was not curtailed merely on showing that exercise of such authority affected interstate components of services provided by provider".

2. This case involves the question of whether and how the federal Telecommunications Act restricts a state's authority to impose conditions on wireless service providers seeking to be designated as an "eligible telecommunications carrier" ("ETC") under Section 214(e)

---

① U. S. C. Const. Art. Ⅰ, § 8, Cl 3: To regulate Commerce with foreign Nations, and among the several States, and with the Indian Tribes.

(2) of the Act when those conditions would affect the interstate components of a carrier's services.

3. 47 U. S. C. § 254 (b): "Universal service" includes the principles of: quality telecommunications service at "just, reasonable, and affordable rates;" service availability in all regions of the country; and services and rates in rural and high – cost areas that are comparable to other areas.

4. Because the same carriers provide both interstate and intrastate service, actions taken by federal and state regulators within their respective domains necessarily affect the general financial health of those carriers, and hence their ability to provide service, in the other "hemisphere."

5. It is clear that states have authority under the Telecommunications Act to adopt their own universal service standards and create funding mechanisms sufficient to support those standards, as long as the standards are not inconsistent with the FCC's rules, and as long as the state program does not burden the federal program.

第四章　市场准入

电信网络资源的稀缺性要求对从业者进行总量控制,这是行业初期采用特许入门的经济学基础。随着电信技术的发展,电信业的自然垄断性可以最大限度地与运营资格剥离:只有涉及使用稀缺资源的领域才有必要保留特许。待行业发展成熟后,管制重点不在入门,而是以清晰的权利义务规范为依据的日常监管。如果不涉及稀缺资源使用权分配,可不设入门许可,或采用登记制。欧盟《电信框架指令》和美国1996年联邦《电信法》皆反映了此立法趋势。

世界范围内拆分网络运营权和电信稀缺资源使用权的做法,给我们指出了电信入门许可的改革方向,即不再将网络经营权和电信稀缺资源使用权捆绑在一起共同许可,而是分别许可:通过招标、拍卖等竞争性选择方式特许电信稀缺资源使用权,对网络经营权采用普通许可,或不设定许可。这样做的理念是:将稀缺资源使用权不视为企业的入门条件,而是作为企业的财产,并允许其流转,以实现资源效益最大化。在成熟的管制模式下,以建立入门后清晰、缜密的权利义务关系为制度设计重点,而不过分依赖于入门审查。

本章共包含三个案例。

案例4－1聚焦于美国联邦电信委员会在颁发执照过程中适用谦抑原则是否会损害公共利益的问题。本案中,网络服务提供商请求获得美国联邦电信委员会的批准以使用特定的频率提供无线宽带网络接入服务,却被拒绝,因此该服务商对美国联邦电信委员会未适用谦抑原则作出的拒绝决定提起了司法审查。

案例4－2讨论了地方政府对无线服务提供商建设基站实施总量控制政策的合法性问题。原告对镇规划委员会提起诉讼,认为该委员会曾批准了其他运营商建设基站的类似申请,却拒绝了原告的申请,构成区别对待。

案例4－3阐明了美国联邦《电信法》中的安全港规则[1996年联邦《电信法》第253(c)条]的适用问题。安全港规则要求在判定各州就设立市场准入限制而行使的州自治权是否合法的问题上,遵循“竞争中立”和“非歧视”原则。本案中,市政当局制定的条例由于减少了竞争、造成市场进入障碍,违反了联邦《电信法》而无效。

4-1 电信资源分配中行政机关的容忍原则——迈图泽网络公司与美国联邦电信委员会案 M2Z Networks, Inc. *v.* FCC

【案　　号】385 U. S. App. D. C. 38,558 F. 3d 554 (2009)

【审理法院】美国哥伦比亚特区联邦巡回上诉法院

【审理时间】2009 年 3 月 10 日

一、案件情况

上诉人:迈图泽网络公司(M2Z Networks)

被上诉人:美国联邦电信委员会(Federal Communications Commission,FCC)

案件事实

2005 年 9 月,FCC 指定 2155-2175 MHz 波段的无线电频谱用于高级无线服务(Advanced Wireless Services,AWS),并将该部分称为 AWS-3。直到 2007 年 9 月,AWS-3 波段的无线电频谱也没有实际投入使用。

2006 年 5 月 2 日,迈图泽网络公司向 FCC 提出申请,请求获得 AWS-3 波段的使用许可。迈图泽网络公司认为,该波段虽然已经于 1992 年划分给 AWS,但自 1992 年开始一直处于闲置状态,FCC 应当考虑公共利益,遵循行政机关的容忍原则,批准迈图泽网络公司使用该波段的申请。2007 年 2 月,在未对该申请的实体问题进行评价的情况下,FCC 认为该申请可受理。一般情况下,对于波段执照的申请应当根据已经存在的服务规则进行评价。然而,由于 AWS-3 波段没有既存的服务规则,FCC 依照了联邦《电信法》(Federal Telecommunications Act)第 309(a)条①中的一般法定授权规则。在申请后,FCC 向公众征集了反对意见和该波段的其他申请人,FCC 收到了大量的评论和 6 个新的申请。2007 年 8 月 31 日,FCC 一视同仁地拒绝了所有 AWS-3 波段的无线电频谱的申请请求,拒绝了迈图泽网络公司对于适用容忍原则的请求,并认为对于该波段的分配,公共利益应当作为第一要义。迈图泽网络公司遂向地区法院提起诉讼,认为 FCC 没有遵循容忍原则,拒绝其申请的决定不符合公共利益,要求对 FCC 的

---

① 47 U. S. C. § 309(a):Considerations in granting application

Subject to the provisions of this section, the Commission shall determine, in the case of each application filed with it to whichsection 308 of this title applies, whether the public interest, convenience, and necessity will be served by the granting of such application, and, if the Commission, upon examination of such application and upon consideration of such other matters as the Commission may officially notice, shall find that public interest, convenience, and necessity would be served by the granting thereof, it shall grant such application.

决定进行司法审查。地区法院认为，FCC 对其申请进行了合理的分析，认为批准申请、分配该波段将损害公共利益，遂拒绝了迈图泽网络公司的申请，FCC 的决定是正确的。迈图泽网络公司不认可该判决，遂提起上诉，认为 FCC 没有遵循容忍原则、对公共利益的考量不合理、没有履行竞价招标的法定义务，违反联邦《电信法》。在法院审查实体问题前，FCC 首先提起了管辖权异议。上诉人则请求上诉法院撤销一审法院的判决。

上诉人的上诉理由是：（1）FCC 没有根据联邦《电信法》第 160（a）条①的规定，对迈图泽网络公司的申请适用容忍原则，不合法；（2）FCC 根据联邦《电信法》第 157（a）条②的规定，对迈图泽网络公司的申请涉及的公共利益的考量不合理；（3）FCC 没有履行联邦《电信法》第 309（j）条③下竞价招标的法定义务。

被上诉人的答辩意见是：（1）在审查实体问题前，由于行政决定的复议前置原则，法院对本案没有管辖权；（2）适用容忍原则会增加 FCC 的义务，而这部分义务的增加又无益于公共利益，因此 FCC 拒绝适用容忍原则的决定是正确的；（3）迈图泽网络公司使用的技术并非新型技术，该技术速度低、扩展范围窄，并不符合公共利益的需求，FCC 的考量是合理的；（4）FCC 没有履行竞价招标义务是出于对公共利益的考量，并不违反联邦《电信法》。

焦点问题

1. 本案是否应当适用复议前置原则，而使得法院对本案没有管辖权？

2. FCC 是否应当依据联邦《电信法》第 160（a）条的规定适用容忍原则？

3. 迈图泽网络公司的申请是否符合联邦《电信法》第 157（a）条下对公共利益的

---

① 47 U. S. C. § 160(a): Regulatory flexibility

Notwithstandingsection 332 (c) (1) (A) of this title, the Commission shall forbear from applying any regulation or any provision of this chapter to a telecommunications carrier or telecommunications service, or class of telecommunications carriers or telecommunications services, in any or some of its or their geographic markets, if the Commission determines that—

(1) enforcement of such regulation or provision is not necessary to ensure that the charges, practices, classifications, or regulations by, for, or in connection with that telecommunications carrier or telecommunications service are just and reasonable and are not unjustly or unreasonably discriminatory;

(2) enforcement of such regulation or provision is not necessary for the protection of consumers; and

(3) forbearance from applying such provision or regulation is consistent with the public interest.

② 47 U. S. C. § 157 (a): [a] ny person or party (other than the Commission) who opposes a new technology or service proposed to be permitted under this chapter shall have the burden to demonstrate that such proposal is inconsistent with the public interest.

③ 47 U. S. C. § 309 (j)(1): General authority. If, consistent with the obligations described in paragraph (6)(E), mutually exclusive applications are accepted for any initial license or construction permit, then, except as provided in paragraph (2), the Commission shall grant the license or permit to a qualified applicant through a system of competitive bidding that meets the requirements of this subsection.

考量？

4. FCC 是否履行了联邦《电信法》第 309(j)条规则下竞价招标的法定义务？

法院观点

1. 对于行政机关作出的决定，法院驳回了 FCC 认为的在行政救济用尽以后法院才有管辖权的观点。法院认为，《行政程序法》(Administrative Procedure Act, APA)并不对法院的管辖权造成阻碍，相反，司法用尽原则应当审慎地适用，依据本案事实，该原则并不适用于本案的情形，因此法院不会因行政救济尚未用尽而失去管辖权，地区法院具有审理该案件的管辖权。

2. 依据《美国联邦法规》(Federal Regulation)第 945(b)条[①]的要求，委员会对于非竞价招标的申请应当在受理之日起 31 天后开始审查；《美国联邦法规》第 945(c)条[②]规定，当委员会在不举行听证的情况下批准申请时，该申请者必须在法律上、技术上、财政上符合条件。尽管依据联邦《电信法》第 160 条的规定，适用容忍原则时迈图泽网络公司可以不遵循上述《美国联邦法规》第 945(b)条和第 945(c)条的规定，但只有在不损害他人利益、公共利益时，行政机构才可以适用容忍原则放宽执法的严格性；联邦《电信法》第 309(a)条也具体规定了放宽执法的标准，即提出的申请与公共利益的需求相一致。判断 FCC 在处理迈图泽网络公司的申请时是否遵循容忍原则，要先判断该申请是否符合公共利益。法院从成本利益的角度进行分析，若满足迈图泽网络公司的请求，在不举行听证的情况下颁发许可，虽然会节省很多时间，但 FCC 却需要考虑申请者其他各方面的因素，这显然增加了 FCC 的负担，而这种负担又无益于公共利益，甚至会危害公共利益。因此在决定是否批准申请时 FCC 没有适用容忍原则，该决定是合理的。

3. 联邦《电信法》第 157 条规定，任何使用新型技术能够满足公共利益需求的申请都应当被批准，迈图泽网络公司认为其申请满足联邦《电信法》第 157 条的规定，应当被批准。而 FCC 指出，迈图泽网络公司使用的技术已经被很多电信公司采用，并非新技术，且该技术速度低、扩展范围窄，并不符合公共利益的需求。法院认可 FCC 的观点，判决 FCC 以迈图泽网络公司的计划不满足公共利益为由拒绝其申请是合理的。

---

① 47 C. F. R. § 1. 945(b): License grants—non - auctionable license applications. No application that is not subject to competitive bidding under § 309(j) of the Communications Act will be granted by the Commission prior to the 31st day following the issuance of a Public Notice of the acceptance for filing of such application or of any substantial amendment thereof, unless the application is not subject to § 309(b) of the Communications Act.

② 47 C. F. R. § 1. 945 (c): Grant without hearing. In the case of both auctionable license applications and non - mutually exclusive non - auctionable license applications, the Commission will grant the application without a hearing if it is proper upon its face and if the Commission finds from an examination of such application and supporting data, any pleading filed, or other matters which it may officially notice.

4. 在联邦《电信法》第 309(j) 条下,FCC 在招标过程中必须通过系统的竞争投标规则妥善处理互斥的申请,并且在评估申请时,应当优先考虑公共利益,FCC 在决定是否拍卖该波段的使用权时,考虑可能造成公共利益的损害而放弃对该频率的拍卖,因此 FCC 没有任意地放弃义务,该决定是正确的。

判决结果

上诉法院确认了地区法院的判决并驳回上诉:(1)法院不会因行政救济尚未用尽而失去管辖权,因此上诉法院认定地区法院对本案有管辖权;(2)迈图泽网络公司的对于容忍原则的申请并不符合公共利益的需求,因此 FCC 没有遵循容忍原则是合理的;(3)迈图泽网络公司使用的技术落后,FCC 以迈图泽网络公司的计划不满足公共利益的需求为由拒绝申请是合理的;(4)FCC 放弃招标是出于公共利益的考量,并非任意、武断的,因此 FCC 并未违反联邦《电信法》。

二、本案知识点

本案主要涉及两个问题:

1. 复议之前不得起诉:有些行政决定作出后,不服该决定的可以直接起诉或者复议;而有些复议是起诉的必要程序,没有复议就不能起诉。法律设定这种复议前置程序大多是针对比较专业化的实体问题,行政机关有对实体问题进行判断的专业能力,而法院需要组织专家委员会判定,法官不具有电信技术的专业能力,所以要求穷尽行政程序后才可启动司法程序。

2. 行政机关的容忍原则:如果放松执法可以不对当事人造成伤害,并且无损公共利益,这种情况下严格执法只是为了维护法律的权威性,则可以适当容忍,法外开恩。

在本案中,一个留给应急服务的频率闲置了很多年,FCC 尚未决定如何更改其用途、制定投标规则,此时网络服务提供商因要求在分配规则颁布前先使用该频率被拒绝,遂以行政机关没有遵循容忍原则为由提起诉讼。判断 FCC 拒绝许可是否出于维护公共利益成为本案的关键。本案中,FCC 拒绝颁发频率牌照并非未考虑容忍原则而武断拒绝,而是进行了合理的分析,因为这样做将损害公共利益而拒绝。

三、判决原文摘录

1. The principle of forbearance request, means the agent could be deferential to the counterpart's outlaw claims and not be prudential to strictly enforce law on the condition of the law's enforcements would destroy the counterpart's interest but not enhance the public interest.

2. Though M2Z may imply that the Commission has dragged its feet, the Commission counters that it has long "recognize[d]" the difficulty of replacing old licensees with emerging technology licensees.

3. The exhaustion requirement ensures that the Commission has the opportunity to pass on all issues in the case before the issues are presented for review by the court.

4. Congress provided that "the Commission shall forbear from applying any regulation or any provision" of the relevant statute "if the Commission determines that . . . forbearance from applying such provision or regulation is consistent with the public interest.

5. While [M2Z's] proposed approach may result in the issuance of a license sooner than conforming to established processes, such licensing would come at the expense of establishing a complete record that enables the Commission to consider all of the relevant factors in determining whether to grant a license without a hearing.

4-2 电信许可中的入门歧视——斯普瑞特频谱公司与美国伊斯顿镇政府案 Sprint Spectrum L. P. *v.* Town of Easton

【案　　号】982 F. Supp. 47 (D. Mass. 1997)

【审理法院】美国马萨诸塞州联邦地区法院

【审理时间】1997 年 10 月 6 日

一、案件情况

原告:斯普瑞特频谱公司(Sprint Spectrum L. P.)

被告:美国伊斯顿镇政府(Town of Easton)

案件事实

1996 年 2 月 8 日,时任美国总统克林顿签署联邦《电信法》(Federal Telecommunications Act),该法第 332 条用以调节无线服务设施的布局和建设、规范移动通信服务、促进电信市场的竞争。在州和地方政府批准建设无线服务设施方面,该条款虽然没有完全收回对州和地方的授权,但在权限上设定了很多限制。此外,该法还将拒绝申请的举证责任转移给政府机构,申请者(通常为电信服务提供商)不负举证责任。联邦《电信法》第 332(c)(7)(B)条①规定,在调节个人无线设施的布局和建设上,州和地方政府"对

① 47 U. S. C. §332(c)(7)(B): Limitations

(i) The regulation of the placement, construction, and modification of personal wireless service facilities by any State or local government or instrumentality thereof—

(Ⅰ) shall not unreasonably discriminate among providers of functionally equivalent services; and

同等服务提供商不合理的歧视”和“禁止提供无线服务”均构成违法。本案中，斯普瑞特频谱公司为电信服务提供商，计划采用新型数字技术向用户提供无线网络。1995年，斯普瑞特频谱公司经美国联邦电信委员会的许可，获得了马萨诸塞州和罗得岛的个人电信服务许可证，1996年8月，斯普瑞特频谱公司向伊斯顿镇政府提出特权许可的申请，申请建造一个150英尺(约45.72米)的基站，以提供个人电信服务网络。1996年11月23日，伊斯顿镇政府从安全性、视觉影响以及公共利益等方面考虑，拒绝了该申请。斯普瑞特频谱公司提起诉讼，声称伊斯顿镇政府的拒绝违反了联邦《电信法》第332(c)(7)(B)条的规定，侵犯了其在《公共健康与福利法》(The Public Health and Welfare)第1983条①下的实体权利。

原告斯普瑞特频谱公司请求判决伊斯顿镇政府拒绝其申请的决定违法，伊斯顿镇政府向其赔偿经济损失。

原告的起诉理由是：(1)伊斯顿镇政府同意其他电信运营商的申请，却拒绝斯普瑞特频谱公司提供同等服务的申请，伊斯顿镇政府在电信运营商之间存在差别对待，并且没有足够的证据支持其拒绝理由，其违反了联邦《电信法》和《州管理法》(State Law Governing Local Boards)；(2)伊斯顿镇政府拒绝申请的决定侵犯《公共健康与福利法》

(Ⅱ) shall not prohibit or have the effect of prohibiting the provision of personal wireless services.

(ii) A State or local government or instrumentality thereof shall act on any request for authorization to place, construct, or modify personal wireless service facilities within a reasonable period of time after the request is duly filed with such government or instrumentality, taking into account the nature and scope of such request.

(iii) Any decision by a State or local government or instrumentality thereof to deny a request to place, construct, or modify personal wireless service facilities shall be in writing and supported by substantial evidence contained in a written record.

(iv) No State or local government or instrumentality thereof may regulate the placement, construction, and modification of personal wireless service facilities on the basis of the environmental effects of radio frequency emissions to the extent that such facilities comply with the Commission's regulations concerning such emissions.

(v) Any person adversely affected by any final action or failure to act by a State or local government or any instrumentality thereof that is inconsistent with this subparagraph may, within 30 days after such action or failure to act, commence an action in any court of competent jurisdiction. The court shall hear and decide such action on an expedited basis. Any person adversely affected by an act or failure to act by a State or local government or any instrumentality thereof that is inconsistent with clause (iv) may petition the Commission for relief.

① 42 U. S. C. § 1983: Every person who, under color of any statute, ordinance, regulation, custom, or usage, of any State or Territory or the District of Columbia, subjects, or causes to be subjected, any citizen of the United States or other person within the jurisdiction thereof to the deprivation of any rights, privileges, or immunities secured by the Constitution and laws, shall be liable to the party injured in an action at law, suit in equity, or other proper proceeding for redress, except that in any action brought against a judicial officer for an act or omission taken in such officer's judicial capacity, injunctive relief shall not be granted unless a declaratory decree was violated or declaratory relief was unavailable. For the purposes of this section, any Act of Congress applicable exclusively to the District of Columbia shall be considered to be a statute of the District of Columbia.

第 1983 条下斯普瑞特频谱公司的实体权利,应当赔偿损失。

被告的答辩理由是:(1)伊斯顿镇政府认为原告申请的项目存在安全隐患,影响周围区域的视觉美观,且不会促进公共利益,因此其拒绝原告的申请是合理的,该决定没有违反联邦《电信法》和《州管理法》;(2)伊斯顿镇政府并未侵犯斯普瑞特频谱公司所称的实体权利。

焦点问题

1. 伊斯顿镇政府拒绝斯普瑞特频谱公司的申请是否构成“不合理的歧视”?若构成,是否违反联邦《电信法》和《州管理法》?

2. 根据《公共健康与福利法》第 1983 条的规定,伊斯顿镇政府是否侵犯了斯普瑞特频谱公司的实体权利?若侵犯,是否应当进行损害赔偿?

法院观点

1. 法院判决被告的决定违反了联邦《电信法》。伊斯顿镇政府在处理原告的申请时,显然构成不合理的歧视。首先,基于安全的理由,伊斯顿镇政府已经明确表示,原告的申请不会造成交通的阻塞,也不会对行人的安全造成损害,只是以其在行人密集区建设基站为由拒绝,该理由显然不合理;其次,伊斯顿镇政府认为该申请会影响周围建筑的美观,但大量证据表明原告申请建设的设备并不会损害该区域建筑的完整性及其特色,因此以该申请影响视觉美观为由拒绝不合理;最后,出于对公共利益的考量,伊斯顿镇政府认为原告的申请并不会促进公共利益,但对此没有充分的证据支持,因此其以该申请不能促进公共利益为由拒绝不合理。伊斯顿镇政府作出拒绝申请的决定,实际上是为了保护已有的无线服务提供商,依照联邦《电信法》第 332(c)(7)(B)条的规定,在调节个人无线设施的布局和建设时,州和地方政府对同等服务提供商不合理的歧视构成违法。因此,伊斯顿镇政府的决定显然构成不合理的歧视,违反联邦《电信法》。综上所述,被告的决定违反联邦《电信法》,其决定无效,应当颁发原告许可证。由于已经判定被告的决定违反了联邦《电信法》,因此没有必要再讨论该决定是否违反《州管理法》。

2. 法院认为,《公共健康与福利法》第 1983 条的适用条件是,只有在联邦《电信法》明示或者默示地排除适用该条款时,《公共健康与福利法》第 1983 条才会无效,而联邦《电信法》并没有对该法的适用默示或者明示地排除,因此原告可以依据《公共健康与福利法》第 1983 条要求被告进行赔偿,且本案中也存在侵犯联邦《电信法》第 332(c)(7)(B)(v)条赋予原告实体权利的事实,因此被告应当赔偿。

判决结果

法院确认原告请求:(1)伊斯顿镇政府以安全性、视觉影响和公共利益为由拒绝斯普瑞特频谱公司申请的理由均不成立,伊斯顿镇政府构成不合理的歧视,违反联邦《电信法》;(2)伊斯顿镇政府侵犯了斯普瑞特频谱公司的实体权利,应当赔偿。

二、本案知识点

总量控制何时构成准入歧视?如果市场上有类似的服务,监管部门是否可以以市场上有足够的服务为由拒绝新入门者?只要不涉及稀缺资源的使用,监管部门就不可实行总量控制。无论有多少服务提供者,监管部门只能将维护合理数量的服务提供者的重任交给市场,在自由竞争状态下优胜劣汰,而不能进行总量控制。

在本案中,法院认定监管部门以市场上有类似服务提供者为由拒绝新入门者,构成入门歧视,要求其为新入门者颁发入门许可。美国联邦《电信法》为地方政府保留了管制无线电发射塔的权力,但因担心地方政府滥用此管制权而破坏竞争,又为其设定了严格限制①——地方政府如果想拒绝无线电发射装置的设立申请,只能以阻挡视线、破坏美观、不利于安全为由②,而且举证责任在于政府③。

三、判决原文摘录

1. Plaintiff alleges that the Board violated § 704 of the TCA by unreasonably discriminating among providers of functionally equivalent services, by prohibiting the provision of PCS services in the Easton area, and by failing to make findings supported by substantial evidence in the record.

2. In denying Plaintiff's request for a Special Permit, the Board improperly discriminated between providers of functionally equivalent services by relying upon factors other than those permitted under the TCA.

3. With respect to safety, the Board explicitly stated in its findings that Plaintiff's request would not create undue traffic congestion or unduly impair pedestrian safety, only that it would add to an already congested area.

4. Defendant has failed to support its contention that its denial of Plaintiff's request for a special permit was based on substantial evidence of permissible considerations.

5. Accordingly, the court finds that the Board's decision constituted unreasonable

---

① 参见判决原文:"Although the TCA 'does not completely preempt the authority of state and local governments to make decisions regarding the placement of wireless communications service facilities within their borders,' it does impose significant limitations on this authority."。

② 参见判决原文:"The TCA's legislative history clarifies that local Boards have discretion to treat facilities differently only in so far as they "create different visual, aesthetic, or safety concerns... to the extent permitted under generally applicable zoning requirements."。

③ 参见判决原文:"Additionally, the TCA shifts the burden of proof to the government agency that denied the applicant's siting request rather than burdening the applicant with producing substantial evidence supporting its approval."。

discrimination between providers of wireless services, in violation of the TCA, and therefore, summary judgment is ALLOWED for Count Ⅰ.

4-3 将已有业绩作为入门条件构成歧视——美国西纽约镇政府与新泽西付费电话协会案 N. J. Payphone Ass'n, Inc. *v.* Town of W. N. Y.

【案　　号】299 F. 3d 235 (3d Cir. 2002)

【审理法院】美国联邦第三巡回上诉法院

【审理时间】2002年7月26日

一、案件情况

上诉人:美国西纽约镇政府(Town of West New York)

被上诉人:新泽西付费电话协会(New Jersey Payphone Association,以下简称付费电话协会)

案件事实

付费电话协会是一个非营利性组织,其成员经营付费电话业务。2006年2月,西纽约镇政府制定了《西纽约镇公共付费电话特权条例》(Franchise for Public Pay Telephones throughout the Town of West New York,以下简称诉争条例),规定西纽约镇政府有权保留公共财产和公共通路权的管理权,在本地市场准入中要求进入本地市场的电信运营商必须获得特权许可,并对有权参加竞标使用公共财产和公共通路权的电信运营商制定了新的标准。该标准所考量的因素包括:申请人经历、申请人维持付费电话的能力、申请人提供电话服务的效率、申请人在缺少私人电话地区提供电话服务的意愿、申请人维持付费电话的历史,以及申请人提供公共电话的费用。在诉争条例颁布后,付费电话协会在两个地区的竞标均未成功。随后,付费电话协会起诉西纽约镇政府,声称根据联邦《电信法》第253条①的规定,西纽约镇政府无权制定诉争条例,

---

① 47 U. S. C. § 253:(a) In general

No State or local statute or regulation, or other State or local legal requirement, may prohibit or have the effect of prohibiting the ability of any entity to provide any interstate or intrastate telecommunications service.

(b) State regulatory authority

Nothing in this section shall affect the ability of a State to impose, on a competitively neutral basis and consistent with section 254 of this title, requirements necessary to preserve and advance universal service, protect the public safety and welfare, ensure the continued quality of telecommunications services, and safeguard the rights

且诉争条例中对电信服务提供商划定的标准也违反了联邦《电信法》(Federal Telecommunicatiors Act)、西纽约镇当地法律和《美国宪法》(U. S. Costitution)。地区法院批准付费电话协会简易判决的请求,认为诉争条例存在禁止付费电话服务的效果,违反联邦《电信法》第253(a)条的规定,判决诉争条例无效。

西纽约镇政府对地区法院作出的简易判决提起上诉,否认诉争条例存在禁止提供付费电话的效力,并声称其制定的条例在联邦《电信法》第253(c)条规定的安全港规则的范围内。请求撤销地区法院的判决,恢复诉争条例的效力。

上诉人的上诉理由是:(1)在市场准入规则中,西纽约镇政府制定的诉争条例不存在禁止提供无线服务的效力,并没有违反联邦《电信法》第253(a)条的规定;(2)根据联邦《电信法》第253(c)条,西纽约镇政府制定的条例在安全港规则的范围内。

被上诉人的答辩理由是:(1)西纽约镇政府通过诉争条例设置市场准入的障碍,构成禁止提供电信服务商提供电信服务的效力,违反联邦《电信法》第253(a)条的规定;(2)西纽约镇政府设定的标准并非市场自由选择,而是人为地控制竞争,显然超出了联邦《电信法》第253(c)条规定的安全港规则的范围。

---

of consumers.

(c) State and local government authority

Nothing in this section affects the authority of a State or local government to manage the public rights - of - way or to require fair and reasonable compensation from telecommunications providers, on a competitively neutral and nondiscriminatory basis, for use of public rights - of - way on a nondiscriminatory basis, if the compensation required is publicly disclosed by such government.

(d) Preemption

If, after notice and an opportunity for public comment, the Commission determines that a State or local government has permitted or imposed any statute, regulation, or legal requirement that violates subsection (a) or (b) of this section, the Commission shall preempt the enforcement of such statute, regulation, or legal requirement to the extent necessary to correct such violation or inconsistency.

(e) Commercial mobile service providers

Nothing in this section shall affect the application ofsection 332(c)(3) of this title to commercial mobile service providers.

(f) Rural markets

It shall not be a violation of this section for a State to require a telecommunications carrier that seeks to provide telephone exchange service or exchange access in a service area served by a rural telephone company to meet the requirements insection 214(e)(1) of this title for designation as an eligible telecommunications carrier for that area before being permitted to provide such service. This subsection shall not apply—

(1) to a service area served by a rural telephone company that has obtained an exemption, suspension, or modification of section 251(c)(4) of this title that effectively prevents a competitor from meeting the requirements of section 214(e)(1) of this title; and

(2) to a provider of commercial mobile services.

焦点问题

1. 西纽约镇政府的条例是否违反联邦《电信法》第 253(a)条的规定?

2. 诉争条例是否受联邦《电信法》第 253(c)条规定的安全港规则的保护?

法院观点

法院依据宪法至上原则,判决州法因违反或者干涉联邦法而无效。联邦《电信法》第 253(a)条规定,州或者地方政府的法规、规章,其他州或者地方法律的强制性规定,对任何实体提供跨州或者州内提供电信服务的能力不得直接禁止,或者虽未直接禁止,但是存在导致禁止提供电信服务的效果;联邦《电信法》第 253(c)条是第 253(a)条的安全港规则,即保留地方政府在公共通路权和公共利益等方面的自治权,但政府制定政策时应是"竞争中立"(competitively neutral)和"非歧视"(nondiscriminatory)的;联邦《电信法》第 253(d)条规定,凡是违反本条前款任何规定的,就构成违反联邦《电信法》。法院认为,在本案中,西纽约镇政府通过诉争条例设置市场准入的障碍,构成禁止电信服务提供商提供电信服务的效果,违反联邦《电信法》第 253(a)条的规定;而判断是否超过安全港规则的界限则需判断条例是否是"竞争中立"和"非歧视"的。西纽约镇政府应该制定统一标准来颁发地区特许权证,然而诉争条例中所确立的标准要求竞标者要想服务两个区域,至少拥有 75 ~ 100 台付费电话,并证明其提供付费电话服务的能力,且根据要安装的付费电话的数量缴纳一定的保证金。该条款明显地存在差别对待,因为该标准有利于已经建设了一定规模的电话设备、拥有较多资源的大公司,对于小公司而言,由于其并未建设一定数量的电话,从一开始就失去了竞标的资格,这些规定并非市场化的自由选择,其真正目的在于人为控制本地竞争市场,因此构成歧视。由于竞争条款建立了一系列的排他性特权许可规定,而这些规定存在区别对待,违反了安全港规则要求的"竞争中立"和"非歧视"原则,超出了安全港规则的范围,因此违反联邦《电信法》。

判决结果

上诉法院决定维持地区法院的判决,驳回上诉:州和地方行使自治权受"竞争中立"和"非歧视"的限制,西纽约镇政府确立的竞标准入的门槛,超出联邦《电信法》第 253(c)条规定的安全港规则的界限,因与联邦《电信法》冲突而无效。

二、本案知识点

对于电信服务的入门许可,为禁止地方政府违法设定准入门槛,联邦《电信法》在州和联邦之间作出的平衡是:州具有基于传统警察权力的自治权,但受到"竞争中立"和"非歧视"的限制,否则无效,这就是联邦《电信法》第 253(c)条为州的警察权力划出的权力边界,也叫安全港规则。如果州用自己的标准而非市场化手段选择一家独占市场,则违反了该条款,突破了安全港的边界,构成歧视。

本案法官通过解释联邦《电信法》的立法意图,给地方自治权划出了一条边界:非歧视和竞争中立。因此，地方在实施自治权时，所建立的规则不得赋予任何一家运营商优于其他竞争者的特权。①

三、判决原文摘录

1. The FCC reads them as straightforward limits on both the power to manage the rights of ways reserved for local governments in general and their freedom to impose fees for use of the rights of way.

2. There are multiple readings possible, several of which require rights - of - way management to be at least nondiscriminatory and others of which require it to be both nondiscriminatory and competitively neutral.

3. Congress intended permissible management of the rights of way to be limited to those local statutes or regulations that are nondiscriminatory and competitively neutral.

4. The Ordinance is facially discriminatory in that it permits the Town to choose one service provider allowed to provide pay telephone service to the public to the exclusion of all others based on criteria determined by it rather than the market.

5. The rationales behind the doctrine of avoiding constitutional questions except as a last resort are grounded in fundamental constitutional principles - the "great gravity and delicacy" of judicial review, separation of powers, the paramount importance of constitutional adjudication, the case or controversy requirement, and principles of federalism.

---

① 参见判决原文："What it cannot do is what it has tried to do: create a set of rules the purpose of which is to select one company over others for preferential treatment. we have already found that the attempt to set up an exclusive franchise is itself preempted by Section 253(a) and not saved by Section 253(c)."。

第五章　接入和互联互通

接入是互联互通的上位概念,包括所有接入他人网络或接受他人服务的行为;互联互通仅指网络之间物理的或逻辑的连接,其目的是让本网的用户可以与他网的用户通信或者享受他网的服务。接入除去互联互通之外,主要是指单向地利用他人的网络向他网用户提供服务,直接与他网客户建立合同关系。如利用他人的有线电视网提供上网服务。接入的目的是竞争,互联互通的目的是方便电信用户。

互联互通争议最能反映电信法律关系的基本冲突。从理论上讲,接入和互联互通争议最终是可以通过确定具有激励性的接入价格解决的。接入费一般由国家定价,定价的原则是以成本为基础。接入费定价对于接入权的实现具有决定意义;如果接入费定价过高,申请者就会放弃接入而考虑自行铺设网络,当其无力承担自建网络的巨大沉淀资本时,将选择退出市场;如果接入费定价过低,被申请人就没有动力投资建网以及进行与网络有关的科技研发。

互联互通有可能被恶意利用,借以形成互联双方的业务兼并,从而可能引发进一步的行业垄断。一方面,如果管理者放任任何互联请求的执行,容易引发请求者和被请求者企图通过互联的方式进行更大规模的行业垄断;另一方面,如果管理者对互联互通的请求过于慎重,又会造成请求者因不能及时完成互联而退出市场,弱化了市场竞争。在平衡了这对矛盾后,将互联请求的准许作为一般规定,而将互联双方是否构成垄断的审查作为特例。

本章共包含九个案例,案例5－1至案例5－6关于接入,案例5－7至案例5－9关于互联互通。

案例5－1中,在位本地交换运营商起诉了地方政府,因后者作出的决定要求前者以成本价向其竞争者提供“接入设施”。本案的关键点在于“接入设施”是否属于美国联邦电信委员会要求的在位本地交换运营商应以成本价向其竞争对手提供的“基础网络元素”。

案例5－2涉及两个关键概念,准合同和推定订购。本案中,在位本地交换运营商作为原告,要求被告长途运营商支付接入费,后者并不承认订购了上述服务,并且质疑原告费率的合理性。本案的关键点在于是否可以推定被告订购了接入服务,或者二者之间是否建立了准合同关系,原告能否在按劳计酬原则下获得补偿。

案例5-3关于接入和互联互通的差别问题。后者被美国联邦电信委员会定义为"连接两个网络用于相互交换流量"。本案中,原告为竞争性本地交换运营商,其真正意图是通过被告(在位本地交换运营商)的网络接入第三方网络。原告向被告发出了互联请求,被告拒绝了该请求,并得到了法官的支持。

案例5-4是对于美国联邦电信委员会命令的司法审查。该命令采用了全美统一标准,要求在位本地交换运营商,无论市场的地理位置,无论消费者的阶层,都要向其竞争者非捆绑地租赁各种网络元素。法官撤销了该命令,因为该命令并未充分适用"必要且损害"原则,也未考虑在任何一个具体市场里其对竞争的损害程度。

案例5-5关于政府定价下如何确定"最终用户"或"消费者"的问题。本案中,原告声称其收到的被告的接入费账单违反了政府定价,被告(竞争性本地交换运营商)构成不当得利。被告以原告违约、违反默示合同、不当得利为由提出了反诉。法官认为,原告并非最终用户,被告应豁免其接入费,因此被告征收接入费的行为是不公正、不合理的,构成违法。

案例5-6关于美国联邦电信委员会豁免在位本地交换运营商向其竞争者提供非捆绑性接入的义务问题,该豁免仅限于接入前者的光纤网络设施。法院支持了美国联邦电信委员会确立的两个标准:(1)豁免非捆绑接入义务的长期影响超过了其短期影响;(2)考虑激励整个国家通信能力的提升,采用谦抑原则,不强迫使用了先进技术的企业向其竞争者非捆绑开放网络。

案例5-7分析了互联互通中的四个关键概念,分别是互联互通谈判中的"诚信原则"、互联实施中的"技术可行",以及互联协议中的"接入收费"和"相互补偿"。法官认为,当事人在向法院提起"诚信原则"的主张前,应先向行政管制者提出该请求;任何可以实施互联的技术都构成"实现互联的方法";如果路由经过了交互运营商的网络,就必须相互补偿。

案例5-8讨论了在美国联邦电信委员会的规则被司法审查无效后,基于此建立的互联互通协议是否合法的问题。本案法官认为,尽管美国联邦电信委员会制订的强制性捆绑分立网络元素的管理规则被司法审查无效了,但该协议要求在位本地交换运营商在其竞争者的要求下捆绑那些本来分立的网络元素并不违反联邦《电信法》。

案例5-9关于联邦法院对一个互联协议中约定的相互补偿权的管辖权问题。本案中,在位本地交换运营商起诉了马里兰州公共服务委员会,依照《美国宪法第十一修正案》的规定,该案例明显超越了联邦法院的管辖权,但美国联邦最高法院持相反的意见,认为联邦法院在下述条件下有管辖权:法院只需主导直接的询问,来判断原告所指称的行为是否违反了联邦法,且原告所寻求的救济是可以预期的。

5-1 “入口设施”归入互联互通网络元素——美国拓珂公司与密歇根州贝尔电信公司案 Talk Am., Inc. *v.* Mich. Bell Tel. Co.

【案　　号】564 U. S. 50, 131 S. Ct. 2254(2011)
【审理法院】美国联邦最高法院
【审理时间】2011 年 6 月 9 日

一、案件情况

三审上诉人、一审被告、二审上诉人:美国拓珂公司(Talk America, Inc., 以下简称拓珂公司)

三审被上诉人、一审原告、二审被上诉人:密歇根州贝尔电信公司(Michigan Bell Telephone Co.,以下简称贝尔公司)、美国电话电报公司(AT& T Michigan,以下简称AT& T 公司)

案件事实

1996 年联邦《电信法》从两个方面要求在位本地交换运营商(Incumbent Local Exchange Carrier,ILEC)向竞争性本地交换运营商(Competitive Local Exchange Carrier,CLEC)以成本价格提供电信网络设备:(1)联邦《电信法》(Federal Telecommunications Act)第 251(c)(3)条[①]要求 ILEC 向 CLEC 提供基础的非捆绑网络元素的租赁,联邦电信委员会(Federal Communications Commission,FCC)以必要原则(CLEC 申请接入的网络元素是否为其提供服务所必要的)和损害原则(ILEC 不提供网络元素是否对CLEC 造成了显著的损害)确定是否准许强制接入网络元素,使新进入的电信服务商无

① 47 U. S. C. §251(c)(3):Unbundled access

The duty to provide, to any requesting telecommunications carrier for the provision of a telecommunications service, nondiscriminatory access to network elements on an unbundled basis at any technically feasible point on rates, terms, and conditions that are just, reasonable, and nondiscriminatory in accordance with the terms and conditions of the agreement and the requirements of this section and section 252 of this title. An incumbent local exchange carrier shall provide such unbundled network elements in a manner that allows requesting carriers to combine such elements in order to provide such telecommunications service.

须自己建设所有的必要元素;(2)联邦《电信法》第251(c)(2)条[①]要求ILEC与新进入的交换服务运营商签订互联互通协议,保证CLEC的客户能够与ILEC的客户互通电话。互联互通的义务与提供非捆绑元素的义务相互独立,且在判断是否需要强制互联互通时不考虑损害原则。

2003年,FCC颁布了《三年重审命令》(Triennial Review Order),与之前的命令相反,该命令并不认为联邦《电信法》第251(c)(3)条强制ILEC向CLEC以成本价提供"入口设施"的非捆绑接入,因为该设施根本就不是网络元素。上述"入口设施",是指连接两个本地交换运营商网络之间的传输设施,一般是指有线或同轴电缆。为此,FCC指出,"入口设施"用于互联互通和回程呼叫,并强调该命令并不改变ILEC履行联邦《电信法》第251(c)(2)条规定的提供互联互通的义务,即互联互通中的"入口设施"仍然需要按照成本价非捆绑提供。这样,该命令的执行结果就是ILEC豁免了在回程呼叫中提供非捆绑的"入口设施"的义务。

2005年,FCC发布《三年发回再审令》(Triennial Review Remand Order),改变了之前的"入口设施"并非网络元素的观点,但仍然认为在联邦《电信法》第251(c)(3)条的规定下,ILEC不需要以成本价格向CLEC提供用于互联互通的"入口设施"的租赁,FCC认为CLEC并不会因此受到损害。

在FCC发布《三年发回再审令》后,作为ILEC的AT&T公司通知作为CLEC的拓珂公司,其不再以成本价格向拓珂公司出租"入口设施"用于互联互通,而是以更高的价格。拓珂公司向密歇根州公共服务委员会(Public Service Commission,PSC)提起申诉,认为AT&T公司的做法违反了联邦《电信法》的规定。经过裁决,密歇根州PSC命令AT&T公司继续以成本价格提供"入口设施"的租赁,AT&T公司向地区法院提起诉讼,反对密歇根州PSC发布的命令,地区法院撤销了密歇根州PSC发布的命令,CLEC于是向联邦第六巡回上诉法院提起上诉,上诉法院肯定了地区法院的判决。拓珂公司又向美国联邦最高法院提起上诉,认为以成本价格提供"入口设施"作为互联互通的必要元素是联邦《电信法》规定的法定义务,AT&T公司应当遵守。

---

① 47 U. S. C. §251(c)(2):Interconnection

The duty to provide, for the facilities and equipment of any requesting telecommunications carrier, interconnection with the local exchange carrier's network—

(A) for the transmission and routing of telephone exchange service and exchange access;

(B) at any technically feasible point within the carrier's network;

(C) that is at least equal in quality to that provided by the local exchange carrier to itself or to any subsidiary, affiliate, or any other party to which the carrier provides interconnection; and

(D) on rates, terms, and conditions that are just, reasonable, and nondiscriminatory, in accordance with the terms and conditions of the agreement and the requirements of this section and section 252 of this title.

上诉人请求法院恢复密歇根州 PSC 发布的命令,要求 AT&T 公司以成本价格向拓珂公司提供“入口设施”的租赁。

上诉人的上诉理由是:根据联邦《电信法》的规定,AT&T 公司应以成本价格向拓珂公司出租“入口设施”,以此提供互联互通是电信法规定的法定义务,其应当遵守。

被上诉人的答辩理由是:以成本价格提供租赁的设施是指联邦《电信法》规定的互联互通设施,而现有的“入口设施”并非互联互通设施,因此 AT&T 公司有权不以成本价格,而是以更高的价格提供接入服务。

焦点问题

AT&T 公司是否有义务以成本价格向拓珂公司提供“入口设施”租赁以实现互联互通服务?

法院观点

联邦《电信法》第 251(c)(2)条仅规定了 ILEC 提供互联互通的义务,但并未规定 ILEC 以成本价格提供“入口设施”的义务,且未明确定义“入口设施”就是互联互通的必要元素。

在缺少法律规定的前提下,法官转向了 FCC 对上述法律的解释。正如之前判例所确定的,法院尊重政府机构对其管制条例的解释,除非该解释属于“明显的错误或者与管制条例冲突”(“plainly erroneous or inconsistent with the regulation[s]”),或者有其他原因怀疑该解释没有反映机构的公平性和对该问题的充分考虑。在上述情况之外,政府机关的解释均有法律效力。

FCC 认为,其要求 AT&T 公司以成本价格提供“入口设施”,是为了互联互通的需要,并分三步进行了解释:首先,依照联邦《电信法》第 251(c)(2)条的规定,ILEC 必须以成本价格满足任何提出租赁设施的请求,以实现互联互通的目的,除非技术上不可行;其次,在 ILEC 必须租赁的设施中包括“入口设施”,也就将“入口设施”归为了互联互通的一部分;最后,从“入口设施”接入对于满足互联互通的目的在技术上是可行的。

法院认为,FCC 对于该管制条例的解释不属于“明显的错误或者与管制条例冲突”。首先,对于 AT&T 公司认为的“入口设施”并非 ILEC 网络一部分的观点,法院持反对态度。FCC 将“入口设施”归为 ILEC 网络的一部分显然是合理的,这属于专业判断(business judgment),不是法律问题,法官对此不发表观点,接受专业主管机关的意见。其次,法官不同意 AT&T 公司认为的 FCC 的解释与管制条例相冲突的观点,管制条款的内容为:互联互通是以交换流量(mutual exchange of traffic)为目的的两个网络的连接,不包括流量的传输和终止。AT&T 公司认为,上述互联互通的定义排除了“流量的传输和终止”（transport and termination of traffic），“入口设施”属于传输和终止设施，鉴于互联互通的定义已经排除了传输和终止设施，因此互联互通不包括“入口设施”。法院驳回了该观点，认为AT&T公司对于“入口设施”的解释过于狭窄，对于“入口设施”更合理的解读是，其不仅包括AT&T公司所指的传输和终止设施，还包括流量交换设施。在FCC对互联互通的管制中，其将流量交换过程分为两部分：第一部分，流量的传输和终止（不属于互联互通）；第二部分，流量的相互交换（属于互联互通）。“入口设施”除了用于第一部分，还用于第二部分，而AT&T公司认为的“入口设施”仅包括第一部分，因此即使AT&T公司认为的互联互通不包括“入口设施”是正确的，该结论中的“入口设施”也仅是指第一部分的“入口设施”，而法院认为“入口设施”还包括第二部分，即使互联互通排除了第一部分的“入口设施”，也不排除第二部分的“入口设施”，而当“入口设施”用于第二部分（流量交换）时，则归为互联互通。根据上述分析，用于流量交换的“入口设施”可归为互联互通，因此FCC的解释不与管制条例内容相冲突。

另外，FCC对于其管制条例的解释，不存在无法反映FCC的公平性和其对该问题的充分考虑的情况。FCC对其管制条例的解释有效，ILEC应当以成本价格提供租赁“入口设施”。

判决结果

法院经过审理，确定FCC分三步阐述了ILEC以成本价格提供租赁“入口设施”的必要性并认定其为ILEC提供互联互通网络元素的法定义务：(1)提供租赁互联互通设施的义务；(2)现有设施包括“入口设施”；(3)接入“入口设施”在技术上是可行的。美国联邦最高法院认可该解释，因此，其支持一审法院的决定，认为ILEC有义务向CLEC以成本价格租赁“入口设施”。

二、本案知识点

本案中，要重点关注以下7个问题：(1)接入和互联互通的必要性和区别是什么？(2)接入可以类比于知识产权法上的强制许可，实施强制许可的本质是什么？(3)互联互通和财产法上的地役权类似，确立地役权的条件是什么？(4)如何认定网络元素？(5)什么是非捆绑？(6)如何确定接入费用，为何要以成本为基础？(7)根据必要和损害原则，ILEC的接口设备是否属于网络元素？

笔者认为，为回答上述问题，有必要精读本案判决书原文①。

三、判决原文摘录

1. In the Remand Order's wake, respondent AT&T notified competitive LECs that it would no longer provide entrance facilities at cost – based rates for either backhauling or interconnection, but would instead charge higher rates.

2. The FCC retreated from the view that entrance facilities are not network elements, but adhered to its previous position that cost – based unbundled access to such facilities need not be provided under § 251C(3).

3. In these cases, we consider whether an incumbent provider of local telephone service must make certain transmission facilities available to competitors at cost – based rates.

4. The Federal Communications Commission (FCC or Commission) as amicus curial contends that its regulations require the incumbent provider to do so if the facilities are to be used for interconnection: to link the incumbent provider's telephone network with the competitor's network for the mutual exchange of traffic.

5. Petitioners contend that AT&T must lease its existing entrance facilities for interconnection at cost – based rates. We agree.

5－2 接入服务的"推定订购"和"准合同"——爱德瓦特电信公司与美国电话电报公司案 Advamtel, LLC *v.* AT&T Corp.

【案　　号】118 F. Supp. 2d 680 (E. D. Va. 2000)

---

① 参见判决原文："The Telecommunications Act of 1996 requires incumbent local exchange carriers (LECs)—i. e., providers of local telephone service—to share their physical networks with competitive LECs at cost – based rates in two ways relevant here. First, 47 U. S. C. § 251(c)(3) requires an incumbent LEC to lease 'on an unbundled basis'—i. e., a la carte—network elements specified by the Federal Communications Commission (FCC) to allow a competitor to create its own network without having to build every element from scratch. In identifying those elements, the FCC must consider whether access is 'necessary' and whether failing to provide it would "impair" the competitor's provision of service. § 251(d)(2). Second, § 251(c)(2) mandates that incumbent LECs 'provide ... interconnection' between their networks and competitive LECs' to ensure that a competitor's customers can call the incumbent's customers, and vice versa. The interconnection duty is independent of the unbundling rules and not subject to impairment analysis.

"An incumbent LEC must make its existing entrance facilities available to competitors at cost – based rates if the facilities are to be used for interconnection—and this Court defers to the FCC's views."。

【审理法院】美国弗吉尼亚州东区联邦地区法院亚历山大分院

【审理时间】2000 年 10 月 27 日

一、案件情况

原告、反诉被告:爱德瓦特电信公司(Advamtel, Llc,以下简称爱德瓦特公司)等

被告、反诉原告:美国电话电报公司(AT&T Corp. ,以下简称 AT&T 公司)

案件事实

1996 年联邦《电信法》(Federal Telecommunications Acts)旨在打开本地电信服务市场,结束在位本地交换运营商(Incumbent Local Exchange Carrier,ILEC)的垄断地位。为了实现这一目的,联邦《电信法》第 251(c)条①规定,ILEC 的网络不仅需要支持本地

---

① 47 U. S. C. § 251(c):Additional obligations of incumbent local exchange carriers

In addition to the duties contained in subsection (b) of this section, each incumbent local exchange carrier has the following duties:

(1) Duty to negotiate

The duty to negotiate in good faith in accordance with section 252 of this title the particular terms and conditions of agreements to fulfill the duties described in paragraphs (1) through (5) of subsection (b) of this section and this subsection. The requesting telecommunications carrier also has the duty to negotiate in good faith the terms and conditions of such agreements.

(2) Interconnection

The duty to provide, for the facilities and equipment of any requesting telecommunications carrier, interconnection with the local exchange carrier's network—

(A) for the transmission and routing of telephone exchange service and exchange access;

(B) at any technically feasible point within the carrier's network;

(C) that is at least equal in quality to that provided by the local exchange carrier to itself or to any subsidiary, affiliate, or any other party to which the carrier provides interconnection; and

(D) on rates, terms, and conditions that are just, reasonable, and nondiscriminatory, in accordance with the terms and conditions of the agreement and the requirements of this section and section 252 of this title.

(3) Unbundled access

The duty to provide, to any requesting telecommunications carrier for the provision of a telecommunications service, nondiscriminatory access to network elements on an unbundled basis at any technically feasible point on rates, terms, and conditions that are just, reasonable, and nondiscriminatory in accordance with the terms and conditions of the agreement and the requirements of this section andsection 252 of this title. An incumbent local exchange carrier shall provide such unbundled network elements in a manner that allows requesting carriers to combine such elements in order to provide such telecommunications service.

(4) Resale

The duty—

(A) to offer for resale at wholesale rates any telecommunications service that the carrier provides at retail to subscribers who are not telecommunications carriers; and

(B) not to prohibit, and not to impose unreasonable or discriminatory conditions or limitations on, the resale of such telecommunications service, except that a State commission may, consistent with regulations prescribed by

通话，还要支持长途电话，也就是为非在位本地交换运营商提供呼出接入(originating access)和终止接入(terminating access)服务。没有这两项服务的支持，竞争性本地交换运营商(Competitive Local Exchange Carrier，CLEC)就无法在本地市场提供电信服务。实际操作中，当CLEC实际使用该服务时，ILEC会自动计费，并在费用产生后向CLEC寄送账单，CLEC只有在收到ILEC的账单后才知道该笔费用的存在。1997年4月，被告AT&T公司(作为CLEC)开始接受原告爱德瓦特公司等公司(作为ILEC)提供的呼入接入和终端接入服务——爱德瓦特公司等公司将其客户接入AT&T公司的网络上，使这些客户可以接受AT&T公司的服务。而AT&T公司不知道这些客户是由爱德瓦特公司等公司接进来的，后者在整个服务期满前，都未向AT&T公司提供任何票据表明该接入服务由其提供。到1998年11月服务期满时，爱德瓦特公司等公司要求AT&T公司支付接入费。AT&T公司拒绝支付。爱德瓦特公司等公司遂对AT&T公司提起诉讼，请求判决AT&T公司支付接入费。AT&T公司声称，其并未要求爱德瓦特公司等公司提供接入服务，并以爱德瓦特公司等公司主张的价格不合理，违反联邦《电信法》第201(a)条①、第201(b)条②为由提起反诉。对于双方争议的政府批准价格

---

the Commission under this section, prohibit a reseller that obtains at wholesale rates a telecommunications service that is available at retail only to a category of subscribers from offering such service to a different category of subscribers.

(5) Notice of changes

The duty to provide reasonable public notice of changes in the information necessary for the transmission and routing of services using that local exchange carrier's facilities or networks, as well as of any other changes that would affect the interoperability of those facilities and networks.

(6) Collocation

The duty to provide, on rates, terms, and conditions that are just, reasonable, and nondiscriminatory, for physical collocation of equipment necessary for interconnection or access to unbundled network elements at the premises of the local exchange carrier, except that the carrier may provide for virtual collocation if the local exchange carrier demonstrates to the State commission that physical collocation is not practical for technical reasons or because of space limitations.

① 47 U. S. C. § 201(a): It shall be the duty of every common carrier engaged in interstate or foreign communication by wire or radio to furnish such communication service upon reasonable request therefor; and, in accordance with the orders of the Commission, in cases where the Commission, after opportunity for hearing, finds such action necessary or desirable in the public interest, to establish physical connections with other carriers, to establish through routes and charges applicable thereto and the divisions of such charges, and to establish and provide facilities and regulations for operating such through routes.

② 47 U. S. C. § 201(b): All charges, practices, classifications, and regulations for and in connection with such communication service, shall be just and reasonable, and any such charge, practice, classification, or regulation that is unjust or unreasonable is declared to be unlawful: *Provided*, That communications by wire or radio subject to this chapter may be classified into day, night, repeated, unrepeated, letter, commercial, press, Government, and such other classes as the Commission may decide to be just and reasonable, and different charges (tariff)的合理性问题已送至联邦电信委员会(Federal Communications Commission, FCC)进行裁决,法院只审理双方适用简易程序的诉讼请求。原告请求 AT&T 公司支付爱德瓦特公司等公司的接入费,适用简易判决审理此案。

原告认为:AT&T 公司接受了爱德瓦特公司等公司为其提供的呼入接入服务和终止接入服务的事实清楚,AT&T 公司应当支付接入费,并且适用简易判决。

被告的答辩理由是:AT&T 公司并没有订购爱德瓦特公司等公司的接入服务,因此没有义务支付费用。

反诉原告(AT&T 公司)的起诉请求是:(1)判决爱德瓦特公司等公司要 AT&T 公司支付的价格不合理,违反联邦《电信法》;(2)AT&T 公司没有义务支付接入费,请求适用简易判决进行审理。

反诉原告的起诉理由是:(1)爱德瓦特公司等公司以不合理的价格向 AT&T 公司发送账单,违反联邦《电信法》第 201(a)条、第 201(b)条;(2)AT&T 公司未订购爱德瓦特公司等公司服务的事实清楚,应当适用简易判决。

反诉被告(爱德瓦特公司)的答辩理由是:爱德瓦特公司等公司要求支付的价格并非不合理,不违反联邦《电信法》。

焦点问题

1. AT&T 公司是否需要向爱德瓦特公司等公司支付接入费? 该争议能否适用简易判决?

2. 爱德瓦特公司等公司能否依照准合同(quasi – contract)原则要求 AT&T 公司支付接入费用?

法院观点

1. 对于 AT&T 公司是否应当支付接入费用的问题,双方都要求适用简易判决,但法院驳回了适用简易判决的请求。爱德瓦特公司等公司提出适用简易判决,其认为 AT&T 公司接受了政府批准价格下的接入服务,该事实是没有争议的,AT&T 公司应当支付接入费用。而 AT&T 公司要求适用简易判决是因为没有任何记录能够证明其订

---

may be made for the different classes of communications: *Provided further*, That nothing in this chapter or in any other provision of law shall be construed to prevent a common carrier subject to this chapter from entering into or operating under any contract with any common carrier not subject to this chapter, for the exchange of their services, if the Commission is of the opinion that such contract is not contrary to the public interest: *Provided further*, That nothing in this chapter or in any other provision of law shall prevent a common carrier subject to this chapter from furnishing reports of positions of ships at sea to newspapers of general circulation, either at a nominal charge or without charge, provided the name of such common carrier is displayed along with such ship position reports. The Commission may prescribe such rules and regulations as may be necessary in the public interest to carry out the provisions of this chapter.

购了爱德瓦特公司等公司提供的接入服务，AT&T 公司显然不需要支付接入费用。法院认为，根据联邦《电信法》第 203(c)条的规定[①]，批准价格原则要求 ILEC 向 FCC 申报价格，该价格一旦被批准，就不能改变，不以批准价格提供服务构成歧视性收费。虽然依照价格批准原则，AT&T 公司确实应当支付接入费，但 AT&T 公司坚持认为其并没有订购该接入服务。于是，关于在未订购的情况下批准价格原则能否适用，就要判断 AT&T 公司的行为是否构成推定订购(constructive ordering)。构成"推定订购"需要满足三个条件：首先，已经互联，且这种接入方式在开始的时候就已经被预见到了；其次，未采取行动阻止接受该接入服务；最后，事实上接受了该接入服务。对此，AT&T 公司认为：首先，其未订购原告的接入服务；其次，原告爱德瓦特公司等公司不应当将其客户的电话未经 AT&T 公司许可就接入 AT&T 公司的网络(转头就找 AT&T 公司要接入费)；最后，爱德瓦特公司等公司应当停止将其客户接入 AT&T 公司网络并订购 AT&T 公司的服务。而且爱德瓦特公司等公司在未经 AT&T 公司授权的情况下采取一系列行动将其客户接入 AT&T 公司的网络，侵犯了 AT&T 公司的实体权利。爱德瓦特公司等公司认为 AT&T 公司的论证并不足以证明其无须支付服务费用。综上所述，关于 AT&T 公司是否需要支付服务费争议很大，因此不能适用简易程序。

2. 爱德瓦特公司等公司又提出了准合同原则来证明其与 AT&T 公司之间的合同关系，法院判决该原则在本案中并不适用。爱德瓦特公司等公司声称，AT&T 公司应当以准合同原则支付费用，虽然双方没有建立正式合同，但是爱德瓦特公司等公司给 AT&T 公司提供了接入服务；AT&T 公司虽然不承认订购了该服务，但仍然构成不当得利(普通法称为"准合同")，应当按照实际价格支付补偿。一旦政府价格被有效提交至 FCC，双方就被禁止商讨协议中的价格，如果推定准合同存在，就意味着双方可以协商价格条款，而这违背了资费的批准原则，因此爱德瓦特公司等公司要求适用准合同原则的诉求也被否决。为了论证这种观点，法院又讨论了联邦《电信法》第 211 条[②]，该条款虽然允许服务提供

---

① 47 U. S. C. § 203 (c): No carrier shall (1) charge, demand, collect, or receive a greater or less or different compensation for such communication, or for any service in connection therewith, between the points named in any such schedule than the charges specified in the schedule then in effect, or (2) refund or remit by any means or device any portion ofthe charges so specified, or (3) extend to any person any privileges or facilities in such communication, or employ or enforce any classifications, regulations, or practices affecting such charges, except as specified in such schedule.

② 47 U. S. C. § 211: (a) Every carrier subject to this chapter shall file with the Commission copies of all contracts, agreements, or arrangements with other carriers, or with common carriers not subject to the provisions of this chapter, in relation to any traffic affected by the provisions of this chapter to which it may be a party.

(b) The Commission shall have authority to require the filing of any other contracts of any carrier, and shall also have authority to exempt any carrier from submitting copies of such minor contracts as the Commission may determine.

商之间的单独协议，但并不排除联邦《电信法》第203（c）条的使用。也就是说，单独协议只能发生在特定的、不影响经政府批准的价格的情况下。总而言之，由于该服务在政府定价下提供，协议双方无权以与政府定价不同的价格签订合同或准合同。本案如推定存在准合同，价格就可能偏离政府批准价格，因此准合同原则在此并不适用。

判决结果

法院决定保留事实争议，驳回准合同原则适用的请求：（1）经过审理，法院认为关于爱德瓦特公司等公司是否为AT&T公司提供服务的事实争议很大，不能适用简易判决；（2）原告提出的准合同原则不适用。

二、本案知识点

1. 准合同

“准合同”，是指由于不当得利（unjust enrichment）或无因管理（voluntary service）而形成的赔偿关系。认定准合同存在是为了避免显失公平（unconscionability）的后果。准合同不是默示合同（implied contract），后者缺乏形式要件，但实体上达成了合同，而准合同在实体上就没有合同，只是为了避免不公平，法律假设了合同的存在。在本案中，CLEC向FCC上报了接入价格，也得到了批准，声称给AT&T公司提供了接入服务，但AT&T公司不承认接受了服务。CLEC声称，即使AT&T公司不承认接受了服务，也属于准合同，构成不当得利，要求按照实际价格得到补偿。法院驳回了准合同的说法，因为只要被批准了的价格就不能更改，而准合同建立的价格不是批准价格，所以，就违反批准价格而言，不可能构成准合同。

2. 批准价格

经过电信监管部门批准的价格，我国称为“政府定价”。本案对批准价格的定义是经过FCC批准的价格。①

3. 推定订购

本案给出了构成推定订购的三个要件：可以预见、没有拒绝、实际接受。②

三、判决原文摘录

1. Because a determination that the parties entered into a quasi – contract could result in the recovery of a rate other than that specified in the tariff, plaintiffs' quasi – contract

① 参见判决原文：“Tariffs have been defined as ‘essentially offers to sell on specified terms, filed with the FCC and subject to modification or disapproval by it.’ As tariffs are filed with the FCC, they are available for public view.”。

② 参见判决原文：“Thus was born the constructive ordering doctrine under which a party ‘orders’ a carrier's services when the receiver of services (1) is interconnected in such a manner that it can expect to receive access services; (2) fails to take reasonable steps to prevent the receipt of access services; and (3) does in fact receive such services. Application of the constructive ordering doctrine here ensures that all who received services from plaintiffs will be charged the same rate.”。

claim must fail under the filed – rate doctrine.

2. Sixteen competitive local exchange carriers (“CLECs”) bring this severed action against AT&T Corporation (“AT&T”) to collect fees allegedly owed to them pursuant to a published tariff. AT&T contends it has no obligation to pay the fees because the tariff rate is unreasonable and because AT&T never ordered the services or agreed to pay the tariff rates.

3. Plaintiffs argue that AT&T, once it received plaintiffs' services, was obligated to pay the published tariff charges it owed, rather than employ the self – help measure of refusing to pay.

4. AT&T has filed a partial motion for summary judgment, arguing that plaintiffs have no claim because AT&T never ordered any of plaintiffs' services. As part of their response to this argument, plaintiffs seek to recover for the services rendered on a quantum meruit basis.

5. Accordingly, the parties were without authority to negotiate any separate arrangements, including implied contracts, that would have provided services at any rate other than that indicated in the tariff.

5 – 3 互联互通和接入——斯普瑞特公司与伊利诺伊州商务委员会案 SprintCom, Inc. *v.* Comm'rs of Ill. Commerce Comm'n

【案　　号】790 F. 3d 751 (7th Cir. 2015)

【审理法院】美国联邦第七巡回上诉法院

【审理时间】2015 年 6 月 23 日

一、案件情况

上诉人、一审原告：斯普瑞特公司(SprintCom, Inc.)

被上诉人、一审被告：伊利诺伊州商务委员会(Commissioners of the Illinois Commerce Commission, ICC)、伊利诺伊州贝尔电话公司(Illinois Bell Telephone Co.，以下简称贝尔公司)

案件事实

1996 年之前，在美国各地，本地运营商几乎攫取了 99% 的本地电信收入，在本地电信市场占有垄断地位。1996 年联邦《电信法》(Federal Telecommunications Act)旨在结束这种垄断局面，在本地电信市场引入竞争。在已有电信基础设施能够满足本地全部电话需求的情况下，新入门者若还需自建基础设施，这部分成本用电信收费很难弥补。因此，联邦《电信法》要求垄断者向新进入者提供接入服务，但可以向后者收取一定的费用(包括固定价格和可变价格);并且允许后者使用垄断者的基础设施。如果垄断者拒绝新进入者的互联请求,或者提出苛刻的要求作为条件,就会导致新进入者的客户无法与垄断者庞大的客户群体互联互通,很大程度上限制了新进入者吸引客户的能力,这是联邦《电信法》的立法者不愿看到的。对 1996 年联邦《电信法》在促进本地电信市场的竞争效果方面进行的评估表明,对 1996 年联邦《电信法》的作用的评价是毁誉参半。为了控制接入价格,使接入价格尽可能地便宜,美国联邦电信委员会(Federal Communications Commission,FCC)规定该价格既不能高于全要素公正合理的价格,也不能高于全要素长期增量成本(Total Element Long Run Incremental Cost,TELRIC),只能稍高于垄断者向终端客户提供的价格。事实上,TELRIC 价格的计算依据的是更先进的电信技术,而该技术本地垄断者也不见得在使用,因此 TELRIC 价格有时甚至比本地垄断者向终端客户提供的价格还低。

贝尔公司是前市场垄断者美国电话电报公司(AT&T Corp.,以下简称 AT&T 公司)分离之后的一家公司,为本地电话提供长途交换服务,在本地电信市场占有垄断地位。斯普瑞特公司作为芝加哥电信市场的新进入者,请求与 AT&T 公司达成协议,与本地网络连接,并希望以 TELRIC 价格接入贝尔公司的基础电信设施,使斯普瑞特公司的客户可以接听或者呼叫伊利诺伊州地区范围外(该范围由贝尔公司控制)的电话,斯普瑞特公司请求和贝尔公司以 TELRIC 价格签订互联互通协议。斯普瑞特公司认为,根据联邦《电信法》第 251(c)(2)条的规定①,为其提供互联互通是贝尔公司的法定义务,其将该法条解读为:在 TELRIC 价格的收费标准下,贝尔公司必须同意斯普瑞特公司的申

---

① 47 U.S.C. §251(c):Additional obligations of incumbent local exchange carriers

In addition to the duties contained in subsection (b) of this section, each incumbent local exchange carrier has the following duties:

(1) Duty to negotiate

The duty to negotiate in good faith in accordance with section 252 of this title the particular terms and conditions of agreements to fulfill the duties described in paragraphs (1) through (5) of subsection (b) of this section and this subsection. The requesting telecommunications carrier also has the duty to negotiate in good faith the terms and conditions of such agreements.

(2) Interconnection

The duty to provide, for the facilities and equipment of any requesting telecommunications carrier, interconnection with the local exchange carrier's network—

(A) for the transmission and routing of telephone exchange service and exchange access;

(B) at any technically feasible point within the carrier's network;

(C) that is at least equal in quality to that provided by the local exchange carrier to itself or to any subsidiary, affiliate, or any other party to which the carrier provides interconnection; and

(D) on rates, terms, and conditions that are just, reasonable, and nondiscriminatory, in accordance with the terms and conditions of the agreement and the requirements of this section and section 252 of this title.

请。然而，贝尔公司拒绝了，贝尔公司引用 FCC 对于互联互通的定义，也就是《美国联邦法规》(Federal Regulation)第 51.5 条[①]中的规定：互联互通是为了实现流量的交换而连接两个网络元素，不包括流量的传输和终止。因此，互联互通仅限于斯普瑞特公司客户和贝尔公司客户之间；如果贝尔公司将斯普瑞特公司的客户连接至贝尔公司范围外的客户，则属于接入（流量的传输和终止），而不是互联互通（因为互联互通是两个网络的流量交换，不包括流量的传输、终止）。因此，贝尔公司认为，不能适用互联互通的 TELRIC 价格。斯普瑞特公司向 ICC 提起申诉，要求 ICC 对贝尔公司的决定进行仲裁，并命令贝尔公司同意其接入请求。ICC 拒绝了斯普瑞特公司的请求。斯普瑞特公司遂向地区法院提起诉讼，地区法院支持了 ICC 的决定。随后斯普瑞特公司提起上诉，请求撤销一审法院的判决。

上诉人的上诉理由是：上诉人的互联互通请求是依据联邦《电信法》提出的，按照

---

(3) Unbundled access

The duty to provide, to any requesting telecommunications carrier for the provision of a telecommunications service, nondiscriminatory access to network elements on an unbundled basis at any technically feasible point on rates, terms, and conditions that are just, reasonable, and nondiscriminatory in accordance with the terms and conditions of the agreement and the requirements of this section and section 252 of this title. An incumbent local exchange carrier shall provide such unbundled network elements in a manner that allows requesting carriers to combine such elements in order to provide such telecommunications service.

(4) Resale

The duty—

(A) to offer for resale at wholesale rates any telecommunications service that the carrier provides at retail to subscribers who are not telecommunications carriers; and

(B) not to prohibit, and not to impose unreasonable or discriminatory conditions or limitations on, the resale of such telecommunications service, except that a State commission may, consistent with regulations prescribed by the Commission under this section, prohibit a reseller that obtains at wholesale rates a telecommunications service that is available at retail only to a category of subscribers from offering such service to a different category of subscribers.

(5) Notice of changes

The duty to provide reasonable public notice of changes in the information necessary for the transmission and routing of services using that local exchange carrier's facilities or networks, as well as of any other changes that would affect the interoperability of those facilities and networks.

(6) Collocation

The duty to provide, on rates, terms, and conditions that are just, reasonable, and nondiscriminatory, for physical collocation of equipment necessary for interconnection or access to unbundled network elements at the premises of the local exchange carrier, except that the carrier may provide for virtual collocation if the local exchange carrier demonstrates to the State commission that physical collocation is not practical for technical reasons or because of space limitations.

① 47 C. F. R. § 51.5: Interconnection is the linking of two networks for the mutual exchange of traffic. This term does not include the transport and termination of traffic.

TELRIC 价格计费也是 FCC 规定的，故应当被支持。

被上诉人的答辩理由是：贝尔公司不仅将其客户和与其互联的运营商（如斯普瑞特公司）的客户互联，其网络还连接着交换运营商。如果斯普瑞特公司的客户要打长途，斯普瑞特公司就能利用贝尔公司的网络把此呼叫接到该交换运营商处，这已经不是传统意义上的互联，而是利于被互联的网络接入第三方网络，故斯普瑞特公司的要求本质上不是互联互通，而是接入。此时斯普瑞特公司仍然要求贝尔公司按照 TELRIC 价格计费是没有道理的，TELRIC 价格只用于互联互通，而不用于接入。所以，斯普瑞特公司提出的互联互通请求并非 TELRIC 价格适用的客体，贝尔公司没有义务以 TELRIC 价格为斯普瑞特公司提供接入服务。

焦点问题

1. 斯普瑞特公司向贝尔提出的请求属于互联互通，还是接入？

2. 当贝尔公司为斯普瑞特公司提供接入服务时，斯普瑞特公司是否可以按照 TELRIC 价格付费？

法院观点

法院驳回了斯普瑞特公司认为的其有权要求贝尔公司以 TELRIC 价格提供接入服务的请求。法院认为，FCC 要求的互联价格是 TELRIC 价格（很低），而接入价格不是，且强制接入必须满足“必要且损害”的条件。FCC 将“互联互通”解释为新进入者与现有运营商之间的通信流量的交换，但不包括现有运营商帮助新进入者与第三方的网络进行互联，后一种情况属于接入，而不是互联，故不要求以 TELRIC 价格（低价）结算；1996 年联邦《电信法》也没有明确授权新进入者可以以低价进入竞争市场。虽然联邦《电信法》第 251（c）（3）条规定了在位本地交换运营商应当以成本价格提供任何被要求的非捆绑网络元素接入，但是联邦《电信法》第 251（d）（2）条[①]明确了第 251（c）（3）条的具体适用要求，那就是必须符合两个条件：（1）接入该网络元素是必需的；（2）拒绝提供该网络元素会损害新入电信运营商接入本地市场的能力。本案中，斯普瑞特公司并未证明其要求的“接入”符合上述条件，即使可以证明，也不能享受互联的 TELRIC 价格。

另外，斯普瑞特公司提出，在其为客户提供的服务中，只要部分流量符合贝尔公司 TELRIC 价格要求，斯普瑞特公司的其他不符合 TELRIC 价格要求的流量也可享受 TELRIC 价格。而该争议点也被《美国联邦法规》第 51.5 条否决，依据该条款的规定，

---

① 47 U. S. C. § 251(d)(2): whether—

(A) access to such network elements as are proprietary in nature is necessary; and

(B) the failure to provide access to such network elements would impair the ability of the telecommunications carrier seeking access to provide the services that it seeks to offer.

以 TELRIC 价格计费的是互联互通，而斯普瑞特公司所谓的“互联互通”是借助贝尔公司提供的接入服务与第三方公司之间的“互联互通”，对于贝尔公司而言，这只能算作接入，而不是互联互通，因此并非按照 TELRIC 计价的客体。

判决结果

地区法院判决贝尔公司有权拒绝其请求是合理的，上诉法院肯定了地区法院的判决。上诉法院认为，斯普瑞特公司提出的“互联互通”实质为强制接入，但其并未证明符合联邦《电信法》第 251（c）（3）条规定的强制接入的两个条件——必要和损害（necessary and impair）；即使斯普瑞特公司证明了其要求符合接入的条件，也不能享受《美国联邦法规》第 51.5 条规定的以 TELRIC 计价的优惠，因为 TELRIC 只针对互联互通，而非接入。因此，地区法院判决贝尔公司有权拒绝其请求是合理的，FCC 的裁决正确。

二、本案知识点

1. 接入和互联互通

接入是单向的，“C 将 A 网接入 B 网”，是指 A 网发起呼叫后 C 传输（transport）A 的信息并且在 B 网找到适当的位置落地（termination），因此，接入就是流量的传输和终止（transport and termination of traffic）。

互联互通，是接入的一种特殊情形，是双向接入，“A 网和 B 网互联”，是指 A 网发起呼叫后由 B 网将信息传输到 B 网并落地，以及 B 网发起呼叫后由 A 网将信息传输到 A 网并落地。因此，互联互通是 A 网和 B 网流量的交换（Interconnection is the linking of two networks for the mutual exchange of traffic）。

发起（originate），既不是接入也不是互联互通，是由本网自己完成的，不需要借助任何网的帮助。这样就可以理解联邦《电信法》中对互联互通的定义以及法官对其的解释了：互联互通是为了实现流量的交换而连接两个网络元素，不包括流量的传输和终止。

“跨网接入”是否属于互联互通？在本案中，斯普瑞特公司请求和贝尔公司互联互通，目的是通过其所谓的“互联”接入其他运营商的网络，且按照互联中受规制的 TELRIC 支付费用。原告的真实目的是通过被告贝尔公司的网络接入第三方网络，其对贝尔公司网络的利用不属于互联，而是接入，需要交纳比互联费高得多的接入费（虽然接入费仍受规制）。FCC 支持了贝尔公司，认定联邦《电信法》上的“互联”仅指双方客户之间的互联，不包括协助接入其他运营商的网。法官支持了 FCC 的观点，从而认定 ILEC 可以征收 CLEC 的接入费，而非 TELRIC。①

---

① 参见判决原文：“The Judge hold that the ILEC was not required to provide interconnection for calls originating from end – user on interexchange carrier that plaintiff CLEC sought to route through ILEC's network at total element long run incremental cost（TELRIC）rates; ILEC could impose access charges on any interregional calls that CLEC routed through its network.”。

本案中,斯普瑞特公司之所以请求互联而不是接入,是由于:(1)互联请求必须得到满足,而接入请求需证明“必要和损害”才可以得到满足;(2)互联费按照 TELRIC 计费,远低于接入费(access charges)。

2. 接入费数额严重影响接入的可行性

过高的接入费形成入门壁垒,削弱了新入门者的实质竞争力,无法达到竞争效果;过低的接入费减少了投资建设网络的回报,导致人人等着“搭便车”,无人愿意投资进行网络建设。①

3. 互联互通费的设置原则

互联互通费的设置原则是“公平合理定价法”,该费率即 TELRIC,其比征收价格略高,且略高于 ILEC 的边际成本,有时未使用先进技术的 ILEC 的 TELRIC 甚至低于边际成本,因为 TELRIC 是按照使用先进技术设定的。②

4. “接入权”的权利限制

必要和损害原则是对“接入权”的权利限制。并非 ILEC 的全部网络都可以被新进入者低价使用,只有满足必要和损害原则后,其才有权要求接入 ILEC 的网络。③

---

① 参见判决原文:“The monopolist would have recovered its infrastructure costs and could therefore charge a remunerative price lower than any new entrant's price charging its customer if the new entrant building its own infrastructure, since the new entrant would have to charge a price that covered not only its marginal costs but also its fixed costs, that is, the costs of building an infrastructure competitive with the monopolist's.

“Alternatively, the monopolist could either refuse to connect its network to that of the new entrant or agree to do so only on exorbitant terms; that would prevent the entrant's customers from reaching the monopolist's large customer base and would thus severely limit the entrant's ability to attract customers.”。

② 参见判决原文:“‘just and reasonable’ price for interconnection. Such a rate, is only slightly above the monopolist's marginal cost (the cost that the last call made adds to the company's total costs, as distinct from average cost). Indeed TELRIC rates sometimes are below even the carrier's marginal cost because they are required to be based on the most advanced telecommunications technology, which the local monopolist may not be using. The Supreme Court described TELRIC rates as being just above the confiscatory level.”。

③ 参见判决原文:“47 U.S.C. § 251(c)(3) requires incumbent local exchange carriers to provide to any requesting telecommunications company unbundled access to specific facilities, as opposed to the incumbent local exchange carrier's entire network, at TELRIC rates.

“One effect of such a requirement would be to sap Illinois Bell's motivation to improve its network.

“In making that determination ‘the Commission shall consider, at a minimum, whether—(A) access to such network elements as are proprietary in nature is necessary; and (B) the failure to provide access to such network elements would impair the ability of the telecommunications carrier seeking access to provide the services that it seeks to offer.”。

5. 为何强制接入不可以矫枉过正

低于成本的接入费将导致 ILEC 没有铺网的动力。①

三、判决原文摘录

1. If the existing infrastructure could handle the entire local demand for telephone service, a new entrant, needing to create its own infrastructure, might be unable to charge prices that would recover the costs of that infrastructure. The monopolist would have recovered its infrastructure costs and could therefore charge a remunerative price lower than any new entrant, since the new entrant would have to charge a price that covered not only its marginal costs but also its fixed costs, that is, the costs of building an infrastructure competitive with the monopolist's.

2. In this case, the plaintiff chose rather interconnect request than access request, for the following reasons: interconnect is unconditional, and access's conditional is "necessary and impair"; interconnection's fee is(TELRIC) rates which is much lower than access fee.

3. One effect of such a requirement would be to sap Illinois Bell's motivation to improve its network. As explained in U. S. Telecom Association v. FCC, 290 F. 3d 415, 424, 351 U. S. App. D. C. 329 (D. C. Cir. 2002), "a regulated price below true cost will reduce or eliminate the incentive for an [incumbent local exchange carrier] to invest in innovation (because it will have to share the rewards with [the new entrants]), and also for a [new entrant] to innovate (because it can get the elementcheaper as a UNE)"—an "unbundled network element," which is to say a part of an incumbent local exchange carrier's network that another carrier is entitled to demand access to at TELRIC prices.

4. The monopolist would have recovered its infrastructure costs and could therefore charge a remunerative price lower than any new entrant, since the new entrant would have to charge a price that covered not only its marginal costs but also its fixed costs, that is, the costs of building an infrastructure competitive with the monopolist's.

5. Sprint is conceded to be entitled to pay only TELRIC rates for using Illinois Bell's infrastructure to route a call to a subscriber to the Bell company's telephone service. It may also be entitled to use the Bell company's infrastructure at TELRIC rates when a Sprint

---

① 参见判决原文:"A regulated price below true cost will reduce or eliminate the incentive for an [incumbent local exchange carrier] to invest in innovation (because it will have to share the rewards with [the new entrants]), and also for a [new entrant] to innovate (because it can get the element cheaper as a UNE)—an 'unbundled network element,' which is to say a part of an incumbent local exchange carrier's network that another carrier is entitled to demand access to at TELRIC prices."。

customer calls a customer of any local exchange carrier, which need not be Illinois Bell, in Illinois Bell's exchange area.

5-4 认定"非捆绑网络元素"的标准和交叉补贴——美国电信协会与美国联邦电信委员会案 United States Telecom Ass'n *v.* FCC

【案　　号】351 U. S. App. D. C. 329,290 F. 3d 415 (2002)

【审理法院】美国哥伦比亚特区联邦巡回上诉法院

【审理时间】2002 年 5 月 24 日

一、案件情况

上诉人、一审原告:美国电信协会(United States Telecom Association)

被上诉人、一审被告:联邦电信委员会(Federal Communications Commission, FCC)、美国政府(United States of America)

第三人:贝尔大西洋电话公司(Bell Atlantic Telephon Companies)、美国电话电报公司(AT&T Corporation)

案件事实

1996 年联邦《电信法》(Federal Telecommunications Act)旨在促进竞争、减少政府机构的监管,以保护美国电信消费者;以及鼓励创新电信技术,以便提供更低价格、更高质量的服务。为了实现这一目标,联邦《电信法》第 251(c)(3)条[①]要求在位本地交换运营商(Incumbent Local Exchange Carrier, ILEC)向竞争性本地交换运营商(Competitive Local Exchange Carriers, CLEC)提供非捆绑(unbundle)网络元素的租赁。

① 47 U. S. C. § 251(c)(3): Unbundled access

The duty to provide, to any requesting telecommunications carrier for the provision of a telecommunications service, nondiscriminatory access to network elements on an unbundled basis at any technically feasible point on rates, terms, and conditions that are just, reasonable, and nondiscriminatory in accordance with the terms and conditions of the agreement and the requirements of this section and section 252 of this title. An incumbent local exchange carrier shall provide such unbundled network elements in a manner that allows requesting carriers to combine such elements in order to provide such telecommunications service.

依照联邦《电信法》第251(d)(2)条的规定[1]，当决定哪些网络元素可以租赁时，应当考虑：(1)提供该网络元素是否是必需的；(2)未能提供该网络元素是否会对电信服务提供者造成损害。

在1996年联邦《电信法》实施后，为细化竞争条款，FCC发布了《第一报告和命令》(First Report and Order)，也称《第一本地竞争命令》(First Local Competition Order)，FCC对于联邦《电信法》第251(c)(3)条中的"损害"(impair)给出了解释，损害意味着减损价值。一般来说，新进入者进入本地市场时，得不到ILEC网络元素的接入支持，意味着其提供服务的能力将会被损害，服务成本增大，因此必须考虑是否向其强制开放ILEC的非捆绑网络元素。美国联邦最高法院认为，FCC发布的命令中对于"损害"的解释太过于宽泛。在艾奥瓦州公共事业委员会诉FCC案[2]中，美国联邦最高法院也处理了ILEC向CLEC租赁各种非捆绑网络元素(Unbundled Network Elements, UNEs)价格的问题，撤销了联邦第八巡回上诉法院认为的FCC没有权利设置非捆绑网络元素价格的决定。另外，对于FCC的定价规则——全要素长期增量成本规则(Total Element Long - run Incremental Cost, TELRIC)，联邦第八巡回上诉法院判决该规则无效，而随后美国联邦最高法院撤销了该判决，支持了TELRIC规则。在被美国联邦最高法院要求重新定义"损害"后，FCC再次制定命令，称为《本地竞争命令》(Local Competition Order，以下简称诉争命令)，该命令为了要求ILEC提供非捆绑性接入，改变了对于"损害"的定义，如果考虑自己提供网络元素或者第三方提供替代性网络元素的情况后，缺乏该网络元素仍然实质性损害请求人提供服务的能力，则构成损害。在这种情况下，ILEC必须给CLEC提供非捆绑网络元素。在衡量可替代网络元素时，FCC认为，应当考量其他相关成本、进入网络的及时性、提供的网络质量、普遍存在性、网络业务操作效果。一审(先前程序)是FCC针对美国联邦最高法院1999年1月的决定作出的回应，该决定指示FCC重新评估1996年联邦《电信法》第251条的分类义务。FCC进行了一系列评估与审查，最终得出结论。FCC认为，要考虑的不仅是简单的"损害"问题，还需要考虑能够影响联邦《电信法》目标的其他因素：非绑定性接入能否迅速促进本地市场的竞争、促进基础设施的投资和发展、减少管制义务、促进市场稳定和管理方案的实施。

本地铜环线路是网络元素，该线路能够在多个频率内传输信息，使本地运营商既

---

① 47 U.S.C. §251(d)(2): whether—

(A) access to such network elements as are proprietary in nature is necessary; and

(B) the failure to provide access to such network elements would impair the ability of the telecommunications carrier seeking access to provide the services that it seeks to offer.

② See Iowa Utilities Board *v.* FCC, 219 F.3d 744 (8th Cir. 2000).

能提供传统旧式电话接入服务,又能提供数字用户线(Digital Subscriber Line,DSL)接入服务。诉争命令中有一部分是共享命令,该共享命令中,FCC 决定不能将铜环线路的高频段部分与 ILEC 的电话业务捆绑销售。也就是说,当运营商购买铜环线路的高频部分用于提供 DSL(拨号上网)时,不能捆绑销售该铜环线路的低频部分(电话服务)。在这种操作模式下,ILEC 和 CLEC 同时使用相同的铜环线路提供不同的服务。只有在 ILEC 能够证明执行该命令会明显降低服务质量时,ILEC 才可以不履行该命令。在诉争命令制定后,美国电信协会请求对该命令进行司法审查,宣布其无效。

上诉人的诉讼理由是:(1)诉争命令中 CLEC 可接入的网络元素种类繁多,其目的是使 CLEC 能够更快地进入本地市场,但对 ILEC 存在潜在影响,侵犯了 ILEC 的权益,其中租赁非捆绑网络元素的强制性规定打击了 ILEC 创新和投资网络建设的积极性,会对市场产生不利影响;(2)诉争命令中关于不能捆绑接入本地铜环线路的规定忽略了成本差异,因此不合理。

被上诉人的答辩理由是:(1)FCC 制定诉争命令是为了打开本地市场,促进市场竞争,并未故意损害 ILEC 的利益;(2)诉争命令扩大了 CLEC 对非捆绑网络元素的选择权,加速了本地市场竞争,并非原告所称的不合理。

焦点问题

1. 诉争命令是否不合理地减损了 ILEC 的利益?

2. 诉争命令中对成本的考量是否合理?

法院观点

上诉法院认为,诉争命令的可实施性有待考量,FCC 将其选择非捆绑接入元素的标准不加区分地适用于美国全国各地,忽略了部分市场的特殊性。上诉人认为,一方面,CLEC 可以接入更加多样的网络元素,使本地市场内电信运营商数量剧增,这在一定程度上会分散 ILEC 的客户,对 ILEC 存在潜在影响;另一方面,FCC 对于网络元素接入价格的强制性规定,打击了 ILEC 创新和投资网络建设的积极性。法院认为,在开放的竞争市场下,ILEC 电话收费低于成本的 40%,虽然 ILEC 可以在其他领域收取成本以上的费用补偿市场竞争带来的损失,但在特定市场中仍然存在损失无法弥补、营业额亏损的可能性。另外,虽然 1996 年联邦《电信法》规定了 ILEC 建设电信设施的义务,为租赁网络元素做好了铺垫,但是 FCC 规定了强制接入价格,这种竞争模式几乎没有激励效应。综上所述,FCC 在制定诉争命令时没有充分考虑联邦《电信法》中的"必要且损害",没有考虑某些地区电信市场的特殊性,因此对诉争命令的可实施性需要进一步进行考量。

法院肯定了上诉人的观点,认为诉争命令中对成本的考量并不合理。基于不同市场的成本差异,最大限度上拆分网络元素是不合理的,FCC 已经意识到,每个非捆绑元素都有自己的成本,以及传播、创新等一系列复杂的问题,并且随着市场的变化和竞争的增加，将网络元素进行统一化的分类、采用统一的成本计算方式越来越不可行，因此联邦《电信法》的实施需要平衡各种影响因素。FCC 制定的诉争命令忽视了成本差异，造成了损害，由此可见，统一标准的规定无法实现竞争的价值。FCC 命令解除部分本地铜环线路的捆绑，没有考虑可能会造成的损害，也没有考虑电缆，甚至卫星宽带服务等其他可替代性方案，显然是不合理的。

判决结果

法庭支持上诉人的申请，撤销诉争命令。FCC 在制定诉争命令时，没有充分考虑联邦《电信法》中的“必要且损害”标准，没有考虑某些地区电信市场的特殊性，其可实施性需要进一步进行考量。即使没有诉争命令中对本地铜环非捆绑性的要求，也不会对 CLEC 造成损害。故不能将其归入强制接入的范围。

二、本案知识点

1. 在认定“非捆绑网络元素”时，FCC 使用了全美国统一标准，而不是根据个案情况具体判断是否符合“必要且损害”标准，法院否定了这一做法，认为建立统一标准本身就是违反“必要且损害”原则的，因为 FCC 没有关注个案的具体市场情况就利用统一标准作出了决定。①

2. 交叉补贴，是指既有垄断业务也有竞争业务的从业者，用垄断业务的高额利润补贴竞争义务的亏损，使其可以承受定价远低于市场价格的竞争业务亏损，从而获得竞争优势。典型的交叉补贴的例证是美国的 AT&T 公司，其 1964 年的垄断业务（长途服务）的收益率为 10%，而其竞争业务（电报专线）的收益率为 1.4%，可以看出其对垄断业务的收费畸高，而对竞争性业务的收费畸低，而与其竞争的电信公司不能得到从垄断性业务中才能得到的补贴，从而处于不利的竞争地位。由于交叉补贴使面向单一群体服务的电信公司缺少补贴而不能平等地参与竞争，管理当局严格限制交叉补贴的存在。

三、判决原文摘录

1. In finding that the CLECs' lack of access to each of the many elements “materially diminished” their ability to provide service, the Commission nowhere appears to have considered the advantage CLECs enjoy in being free of any duty to provide underpriced service to rural and/or residential customers and thus of any need to make up the difference elsewhere.

2. One reason for such market - specific variations in competitive impairment is the

① 参见判决原文：“As to almost every element, the Commission chose to adopt a uniform national rule, mandating the element's unbundling in every geographic market and customer class, without regard to the state of competitive impairment in any particular market. As a result, UNEs will be available to CLECs in many markets where there is no reasonable basis for thinking that competition is suffering from any impairment of a sort that might have the object of Congress's concern.”。

cross – subsidization often ordered by state regulatory commissions, typically in the name of universal service. This usually brings about undercharges for some subscribers (usually rural and/or residential) and overcharges for the others (usually urban and/or business).

3. One order requires ILECs to lease a variety of "unbundled network elements" ("UNEs") to competitive local exchange carriers ("CLECs"), and the other unbundles a portion of the spectrum of local copper loops so that CLECs can offer competitive Digital Subscriber Line ("DSL") internet access.

4. We believe we must consider this standard by evaluating whether a carrier could offer a service using other unbundled elements within an incumbent LEC's network.

5. Congress sought to foster competition in the telephone industry, and plainly believed that merely removing affirmative legal obstructions would not do the job.

5 – 5 以政府批准价征收接入费时"最终用户"的认定——斯普瑞特电信公司与科饶恩克里克苏族部落法院案 Sprint Communs. Co. L. P. *v.* Crow Creek Sioux Tribal Court

【案　　号】316 F. R. D. 254 (D. S. D. 2016)

【审理法院】美国南达科他州联邦地区法院

【审理时间】2016 年 2 月 26 日

一、案件情况

原告:斯普瑞特电信公司(Sprint Communications Company L. P. ,以下简称斯普瑞特公司)

被告:科饶恩克里克苏族部落法院(Crow Creek Sioux Tribal Court)、美洲原住民电信公司(Native American Telecom, LLC. ,以下简称 NAT 公司)、B. J. 琼斯(B. J. Jones,法院专门职员)

案件事实

斯普瑞特公司在美国全国范围内提供长途电话服务,属于局间交换运营商(Interexchange Carrier, IXC)。在联邦电信委员会(Federal Communications Commission, FCC)的监管规则下,斯普瑞特公司在提供跨州电信服务时,需要向本地交换运营商(Local Exchange Carrier, LEC)支付接入费。

NAT 公司是一家电信服务提供商,2008 年 10 月,科饶恩克里克苏族部落委员会授权其在部落内提供电信服务。FCC 于 2009 年 9 月批准了 NAT 公司提交的第一个州际价格,称为 1 号政府批准价格,在 2009 年 10 月生效;其中有过一个 2 号政府批准价格,与本案无关;第三个州际价格于 2011 年 8 月生效,称为 3 号政府批准价格。

NAT 公司运营自由会议呼叫系统,用于会议呼叫(conference calling)、聊天线路(chat-lines)和其他相似的服务,该系统与自由会议公司(Free Conferencing Corporation)相连接。使用该系统的部分用户不直接向 NAT 公司支付会议呼叫产生的费用,而是由电信服务提供商进行评估并收取服务费用,之后 NAT 公司根据已经批准的政府定价向电信服务提供商发送账单,收取接入费用。斯普瑞特公司为该业务关系中的电信服务提供商,在支付了 NAT 公司发送的关于会议电话的两张账单后,斯普瑞特公司停止了支付,并认为 NAT 公司从中作梗,通过接入激励(access stimulation)和流量灌入(traffic pumping)的手段人为增加会议呼叫、聊天线路服务产生的流量。

2010 年 8 月 16 日,斯普瑞特公司提起诉讼,认为 NAT 公司的行为违反联邦《电信法》(Federal Telecommunications Act),构成不当得利。

2011 年 3 月 8 日,NAT 公司修改了其答辩理由,并提起反诉,认为斯普瑞特公司违反美国《合同法》(Contract Law),构成不当得利,并提起确认之诉(反诉争议不属于本案的讨论范围)。

2011 年 11 月 29 日,FCC 发布了《连接美国基金最终规则》(Connect America Fund Final Rule),其中解决了接入激励和流量灌入的问题。2011 年 12 月 27 日,法院讨论了上述规则在本案中的适用情况,并于 2012 年 2 月 22 日作出决定,由于法律的不可追溯性,《连接美国基金最终规则》并不适用于本案。

之后,法院判定斯普瑞特公司提起的诉讼为未决案件,中止审理,并要求 FCC 解决双方争议的相关问题,法院还要求双方定期更新 FCC 审查的情况。根据法院陆续收到的双方更新的信息,在接下来两年中,FCC 一直没有解决相关问题。2014 年 7 月 23 日,FCC 组织双方确认了以下事实:NAT 公司在 2014 年 6 月 12 日收到了来自南达科他州公共事业委员会(South Dakota Public Utilities Commission,SDPUC)的特权许可,允许其在南达科他州提供电信服务。

在中止审理期间,NAT 公司获得了新的授权、FCC 并未进行任何审理,因此双方提出疑问:本案诉讼争议是否仍然有效。对此,法院提议继续审理之前暂停审理的争议,撤回委托给 FCC 解决的问题,允许双方在一定期限内修改诉讼请求。斯普瑞特公司并未修改其诉讼请求,NAT 公司在 2014 年 9 月 9 日修改了诉讼请求,由于法院中止审理期间服务尚未停止,NAT 公司增加了对斯普瑞特公司在该期间的违法行为的控诉。[①] 基于以上事实,展开本案的讨论。

原告请求:(1)判决 NAT 公司向斯普瑞特公司主张的州际政府批准价格的行为违法;(2)判决 NAT 公司返还斯普瑞特公司已经支付的费用,并支付本案所需的律师代理费。

原告的诉讼理由是:(1)在原告斯普瑞特公司起诉的时候(2010 年 8 月 16 日),NAT 公司尚未获得 SDPUC 的行政许可,之后,在本案诉讼过程中,NAT 公司于 2014 年 6 月 12 日获得了该许可,那么,在此之前,NAT 公司尚不属于竞争性本地交换运营商(Competitive Local Exchange Carrier,CLEC),故其无权强制斯普瑞特公司以州际政府批准价格支付接入费。(2)由 NAT 公司提供自由会议服务的用户(以下简称自由会议服务用户)并非政府批准价格条目下的"最终用户"或者"消费者",因此 NAT 公司以政府批准价格向斯普瑞特公司收取接入费违反联邦《电信法》;由于 NAT 公司的行为对斯普瑞特公司造成了实际损失,因此其应当支付本案中斯普瑞特公司产生的律师代理费,并对上述诉讼请求适用简易判决。

被告的答辩理由是:(1)NAT 公司获得 SDPUC 的行政许可前,科饶恩克里克苏族部落委员会的授权足以使其行使 CLEC 的权利,按照政府批准价格收费;(2)NAT 公司不认可斯普瑞特公司的主张,认为接受自由会议服务的用户是政府批准价格的"最终用户"或者"消费者",但同意适用简易判决。

焦点问题

1. NAT 公司是否有权要求斯普瑞特公司按照政府批准的州际价格支付接入费?

2. NAT 公司是否构成不当得利? NAT 公司是否应当支付本案中斯普瑞特公司产生的律师代理费?

法院观点

1. 关于 NAT 公司是否有权要求斯普瑞特公司按照政府批准的州际价格支付接入费的问题

NAT 公司作为电信服务提供商,虽然早在 2008 年就已经获得科饶恩克里克苏族部落委员会的行政许可,有资格在部落内提供电信服务。但是直到 2014 年 6 月 12 日,NAT 公司才获得 SDPUC 的行政许可,因此斯普瑞特公司认为在 NAT 公司获得 SDPUC 的行政许可前,NAT 公司就没有提供电信服务的资格,不属于 CLEC,也就无权向斯普瑞特公司主张以州际政府批准价格为准的接入价格。法院驳回了该观点,法院认为,无论 SDPUC 是否授予 NAT 提供电信服务的资格,在部落内,科饶恩克里克苏族

① 本案事实部分参考 Sprint Communications Co. L. P. *v*. Crow Creek Sioux Tribal Court,121 F. Supp. 3d 905(D. S. D. 2015),reconsideration denied,316 F. R. D. 254(D. S. D. 2016).

部落委员会已明确许可其提供电信服务，该许可包括在保留领地内行使作为CLEC的权力。最终，NAT公司获得了SDPUC的行政许可，但在获得该行政许可前，部落委员会的授权足以使其获得电信服务提供商的资格，作为CLEC行使其权利，包括强制斯普瑞特公司支付其主张的以州际政府批准价格为准的接入价格。

2. 关于NAT公司是否构成不当得利的问题

斯普瑞特公司认为NAT公司不适当地向其收取了接入费，违反联邦《电信法》第201(b)条，并请求适用简易判决。联邦《电信法》第201(b)条要求任何与电信服务相关的收费必须是公正公平的，不公正、不合理的收费构成违法，且根据联邦《电信法》第207条的规定，因违反联邦《电信法》第201条造成的损失，任何人均可向联邦法院主张赔偿。并且FCC明确表示，LEC只能向批准价格的"最终用户"或者"消费者"收取接入费用，若收取的对象并非"最终用户"或者"消费者"，则构成不公正、不合理的收费。

(1)以1号政府批准价格收取接入费的合理性。根据法庭调查，2009年10月22日，NAT公司向FCC提交的1号政府批准价格被批准生效。法院认为，在NAT公司向斯普瑞特公司发送账单，企图收取的接入费用中，包含了NAT公司为斯普瑞特公司提供接入并传输至自由会议服务用户的通话，但是在NAT公司与自由会议服务的用户的关系中，这些用户并不是1号政府批准价格的"最终用户"或者"消费者"，因此对于该部分通话，NAT公司不能向斯普瑞特公司发送账单收取接入费。NAT公司虽然不认可上述观点，但同意适用简易判决，因此法院适用简易判决。法院最终得出结论，对于1号政府批准价格，NAT公司以不公正、不合理的价格向斯普瑞特公司收取接入费用，违反了联邦《电信法》。另外，斯普瑞特公司也主张NAT公司支付本案中其产生的律师代理费，法院认为，根据联邦《电信法》第206条①的规定，当电信运营商实施违法行为时，应当支付对方合理的律师代理费，由于上述判决已经确定NAT公司的行为违法，其应当支付本案中斯普瑞特公司的律师代理费。

(2)以3号政府批准价格收取接入费的合理性。要判断NAT公司以3号政府批准价格向斯普瑞特公司收取费用是否恰当，需要判断自由会议服务的用户是否为政府批准价格的"最终用户"或者"消费者"，对此，法院需要从以下几点综合判断：①自由会议服务的用户是否需要为LEC提供的服务支付服务费用；②LEC是否以同一标准对

---

① 47 U.S.C. §206: In case any common carrier shall do ... any act, matter, or thing in this chapter prohibited or declared to be unlawful, ... such common carrier shall be liable to the person or persons injured thereby for the full amount of damages sustained in consequence of any such violation of the provisions of this chapter, together with a reasonable counsel or attorney's fee, to be fixed by the court in every case of recovery, which attorney's fee shall be taxed and collected as part of the costs in the case.

待自由会议服务的用户和其他客户;③LEC 和自由会议服务的用户是否签署了排他性的协议;④对于服务产生的流量,LEC 对自由会议服务的用户与其他客户是否区别对待;⑤LEC 和自由会议服务的用户的合同条款与传统合同条款是否有所不同;⑥LEC 是否及时报告其服务收入以及向普遍服务基金缴费。对于自由会议服务的用户的定位,有很多争议。对该部分,法院拒绝了简易判决的请求。在目前的条件下,法院无法认定这些用户是否为 3 号政府批准价格的"最终用户"或者"消费者",因此法院未作出明确判决,要求斯普瑞特公司补充有关呼叫和传输电话性质的材料,然后进一步审理。

判决结果

法院认为,在 NAT 公司获得 SDPUC 的行政许可前,部落委员会的授权足以使其行使 CLEC 的保留权力,强制斯普瑞特公司按照政府批准价格支付接入费,斯普瑞特公司不支付接入费的诉讼请求被驳回;对于 1 号政府批准价格的合法性,适用简易程序进行审理,自由会议服务的用户并非 1 号政府批准价格的"最终用户"或者"消费者",NAT 公司构成不合理收费,违反联邦《电信法》第 201(b)条;对于自由会议服务的用户是否为 3 号政府批准价格的"最终用户"或者"消费者"的问题,现有文件不足以作出判断,因此法院要求斯普瑞特公司继续补充证据,在本次裁决中无法认定 NAT 公司违反了 3 号政府批准价格。

二、本案知识点

电信法上的"不当得利"(unjustice enrichment)分两种情形:其一,被电信监管机构批准的资费标准应只针对特定用户适用,如果被用于另外的客户,则电信运营商多收的部分费用构成不当得利。本案就是这种情况。其二,新技术代替了旧技术,且新技术成本明显低于旧技术的,如果电信运营商一方面采用了新技术避免了高成本的旧技术,另一方面继续按照提供旧技术服务时的收费标准向客户收费,就构成不当得利,这种情况客户是无法发现的,因为新旧技术效果一样。

如何概括出法律问题(issue),是本案的关键。本案中,FCC 批准了本地电信运营商 NAT 公司申请的资费表,其中包含接入费(access charge)一项,征收对象为最终用户或消费者。原告斯普瑞特公司接入了 NAT 公司的网络,并给其用户(文中称"自由会议服务的用户")提供服务。NAT 公司给斯普瑞特公司发送了账单,征收接入费。斯普瑞特公司以 NAT 公司在被地方电信管制机构批准前不具有收费资格,以及自由会议服务的用户不是最终用户为由,要求认定 NAT 公司不当得利。因此,本案需要解决两个问题:NAT 公司被部落委员会批准但没有被地方电信管理机构批准前是否有权征收接入费？自由会议服务的用户是不是终端客户？① 本案法院支持了斯普瑞特公司。

三、判决原文摘录

1. NAT did not receive a certificate of authority from the SDPUC until June 12, 2014. Sprint contended that NAT was not operating as a competitive local exchange carrier (CLEC) until it received a certificate of authority from the SDPUC, and NAT's tariffs were unenforceable prior to that time.

2. The Farmers analysis is fact - driven and whether an entity is treated as an "end user" or "customer" can change over time.

3. The mere existence of some alleged factual dispute between the parties is not sufficient by itself to deny summary judgment. Instead, the dispute must be outcome determinative under prevailing law. The facts, and inferences drawn from those facts, are viewed in the light most favorable to the party opposing the motion for summary judgment.

4. NAT's interrogatory asks Sprint to provide the basis for Sprint's argument that NAT was not providing Sprint with a compensable service. That argument is a focal point of this case. Thus, NAT's interrogatory does not ask Sprint about a legal issue unrelated to the facts of the case.

5. As to the substance of Sprint's response, the court finds it is sufficient. NAT's interrogatory asked Sprint to state the basis for Sprint's argument that NAT's tariff violates FCC regulations or statutory authority. Sprint explained its argument that certain provisions of NAT's tariff may violate the FCC's Northern Valley line of cases. No further response is needed. Thus, NAT's motion to compel a more complete response is denied.

---

① 参见判决原文："The FCC has declared as unjust and unreasonable the practice of billing for access services that are not provided to an 'end user' or 'customer' under the terms of a LEC's interstate tariff. . . . Thus, whether NAT properly billed Sprint for access charges under that tariff depends on whether Free Conference is an 'end user' or 'customer' under the terms of the tariff. Under this analysis, the court must apply a multi - factor test, articulated by the FCC, that assesses the actual business relationship between NAT and Free Conferencing."。

5－6　为鼓励投资而豁免运营商的强制接入义务——地球连线电信公司与美国联邦电信委员会案 EarthLink, Inc. *v.* FCC

【案　　号】373 U.S. App. D.C. 202,462 F.3d 1（2006）

【审理法院】美国哥伦比亚特区联邦巡回上诉法院

【审理时间】2006 年 8 月 15 日

一、案件情况

上诉人、一审原告：地球连线电信公司（EarthLink, Inc.,以下简称地球公司）

被上诉人、一审被告：美国联邦电信委员会（Federal Communications Commission, FCC）、美国政府（United States of America）

第三人：南方贝尔公司（Bell South Corporation）

案件事实

传统上，很多互联网用户使用电话拨号上网。随着上网用户越来越多，宽带互联网服务逐渐走进人们的生活。本案发生时，宽带接入使用最广泛的方法有两种：第一种，数字用户线路（Digital Subscriber Line,DSL），主要利用铜线电话的高频部分；第二种，电话线拨号上网（Cable Modem Service）。此外，光纤等其他技术也在稳步发展。在位本地交换运营商（Incumbent Local Exchange Carrier,ILEC）在其经营区内拥有本地环路（local loops）、交换机（switches）和传输中继线（transport trunks），这三个网络元素组成了本地交换网络。

美国国会通过 1996 年联邦《电信法》（Federal Telecommunications Act），意图促进电信市场的竞争，减少管制，以确保用更低的价格提供更优质的服务。依据联邦《电信法》第 251（c）条的规定[①]，FCC 有权要求 ILEC 在非捆绑基础上为竞争性本地交换运营

---

① 47 U.S.C. §251（c）：Additional obligations of incumbent local exchange carriers

In addition to the duties contained in subsection（b）of this section, each incumbent local exchange carrier has the following duties：

（1）Duty to negotiate

The duty to negotiate in good faith in accordance withsection 252 of this title the particular terms and conditions of agreements to fulfill the duties described in paragraphs（1）through（5）of subsection（b）of this section and this subsection. The requesting telecommunications carrier also has the duty to negotiate in good faith the terms and conditions of such agreements.

（2）Interconnection

The duty to provide, for the facilities and equipment of any requesting telecommunications carrier,

商(Competing Local Exchange Carrier,CLEC)接入网络元素。为了确定哪些网络元素必须接入,联邦《电信法》第251(d)(2)(B)条①做了具体要求:(1)"接入该网络元素是必需的;(2)拒绝提供该网络元素会损害新入电信运营商接入本地市场的能力。尽

---

interconnection with the local exchange carrier's network—

(A) for the transmission and routing of telephone exchange service and exchange access;

(B) at any technically feasible point within the carrier's network;

(C) that is at least equal in quality to that provided by the local exchange carrier to itself or to any subsidiary, affiliate, or any other party to which the carrier provides interconnection; and

(D) on rates, terms, and conditions that are just, reasonable, and nondiscriminatory, in accordance with the terms and conditions of the agreement and the requirements of this section and section 252 of this title.

(3) Unbundled access

The duty to provide, to any requesting telecommunications carrier for the provision of a telecommunications service, nondiscriminatory access to network elements on an unbundled basis at any technically feasible point on rates, terms, and conditions that are just, reasonable, and nondiscriminatory in accordance with the terms and conditions of the agreement and the requirements of this section andsection 252 of this title. An incumbent local exchange carrier shall provide such unbundled network elements in a manner that allows requesting carriers to combine such elements in order to provide such telecommunications service.

(4) Resale

The duty—

(A) to offer for resale at wholesale rates any telecommunications service that the carrier provides at retail to subscribers who are not telecommunications carriers; and

(B) not to prohibit, and not to impose unreasonable or discriminatory conditions or limitations on, the resale of such telecommunications service, except that a State commission may, consistent with regulations prescribed by the Commission under this section, prohibit a reseller that obtains at wholesale rates a telecommunications service that is available at retail only to a category of subscribers from offering such service to a different category of subscribers.

(5) Notice of changes

The duty to provide reasonable public notice of changes in the information necessary for the transmission and routing of services using that local exchange carrier's facilities or networks, as well as of any other changes that would affect the interoperability of those facilities and networks.

(6) Collocation

The duty to provide, on rates, terms, and conditions that are just, reasonable, and nondiscriminatory, for physical collocation of equipment necessary for interconnection or access to unbundled network elements at the premises of the local exchange carrier, except that the carrier may provide for virtual collocation if the local exchange carrier demonstrates to the State commission that physical collocation is not practical for technical reasons or because of space limitations.

① 47 U. S. C. § 251(d)(2):whether—

(A) access to such network elements as are proprietary in nature is necessary; and

(B) the failure to provide access to such network elements would impair the ability of the telecommunications carrier seeking access to provide the services that it seeks to offer.

管如此,依据联邦《电信法》第160(a)条[①]的规定,当满足以下三个条件时,FCC可以适用容忍原则允许电信服务提供商不履行联邦《电信法》下的接入义务:(1)在确保收费、实施、分类规制公正、合理、不存在区别对待的基础上,实施该规定或者管理并不是必需的;(2)对于保护消费者而言,实施该规定或者管理并不是必需的;(3)与公共利益相一致。此外,联邦《电信法》第706条[②]规定,FCC应当合理、及时地鼓励先进电信技术的使用,并适用容忍原则调整本地电信市场,促进竞争,消除基础设施投资的阻碍。

2003年,FCC的《三年重审命令》(Triennial Review Order,以下简称诉争命令)试图在实施联邦《电信法》第251条规定的非捆绑要求时,减轻ILEC的接入义务,允许其不提供新型光纤宽带网络元素,尤其是家用光纤线路(Fiber-To-The-Home,FTTH),FCC不要求ILEC提供非捆绑性接入。同时,FCC减轻了对于混合线路(hybrid loops)和包交换(packet - switching)的捆绑性接入要求。在FCC看来,ILEC和CLEC在新型光纤投资中的收支平衡是至关重要的,并且强调使用先进电信技术,尤其是积极将现有的铜环线路和新的光纤线路投入使用。

地球公司为互联网服务提供商,企图通过南方贝尔公司提供的非捆绑性接入进入本地电信市场,而FCC颁布的诉争命令使得地球公司的接入请求无法实现,因此其起诉FCC,认为该机构在程序上没有权利通过诉争命令以免除ILEC的法定接入和互联互通的义务;在实体上,诉争命令的内容不合理。地区法院驳回了地球公司的请求,地球公司遂向哥伦比亚特区联邦巡回上诉法院提起上诉。请求:判决FCC制定的诉争命令无效,撤销该命令。

上诉人的上诉理由是:(1)FCC在程序上无权通过制定诉争命令来免除ILEC的法定接入义务。(2)FCC的决定在实体上不合理:首先,地球公司认为FCC的诉争命令

---

① 47 U. S. C. § 160(a):Regulatory flexibility

Not with standingsection 332(c)(1)(A) of this title, the Commission shall forbear from applying any regulation or any provision of this chapter to a telecommunications carrier or telecommunications service, or class of telecommunications carriers or telecommunications services, in any or some of its or their geographic markets, if the Commission determines that—

(1) enforcement of such regulation or provision is not necessary to ensure that the charges, practices, classifications, or regulations by, for, or in connection with that telecommunications carrier or telecommunications service are just and reasonable and are not unjustly or unreasonably discriminatory;

(2) enforcement of such regulation or provision is not necessary for the protection of consumers; and

(3) forbearance from applying such provision or regulation is consistent with the public interest.

② 47 U. S. C. § 706:The [FCC] ... shall encourage the deployment on a reasonable and timely basis of advanced telecommunications capability to all Americans ... by utilizing ... regulatory for bearance, measures that promote competition in the local telecommunications market, or other regulating methods that remove barriers to infrastructure investment.

缺少“特定的地理市场和特定电信服务”(particular geographic markets and for specific telecommunications services)中的“细致地分析市场条件”(painstaking analysis of market conditions,以下简称细致性分析),在全美范围内适用统一规则明显不合理;其次,FCC的诉争命令采用前瞻性的决策模式,即以消费者未来的电信能力和市场发展而非已经产生的成本作为评估的考量因素,这种决策模式是不合理的。

被上诉人的答辩意见是:(1)依据联邦《电信法》第160(a)条的规定,对于部分非必要的网络元素,FCC有权免除ILEC的法定接入义务。(2)FCC可以根据不同的情况进行容忍分析(forbearance analysis),因此,既不需要在特定的地理市场中,也不需要对特定的电信服务进行分析;前瞻性决策模式作出的评估在促进电信行业发展上更具有价值。

焦点问题

1. FCC是否有权制定诉争命令以免除ILEC的法定接入义务?

2. 就诉争命令的实体内容,FCC是否必须进行细致性分析? FCC采用前瞻性的决策模式是否合理?

法院观点

1. 法院判决FCC有权制定诉争命令

当满足以下三个条件时,FCC可以适用容忍原则允许电信服务提供商不履行联邦《电信法》下的义务:(1)确保收费和实际执行是公平、合理和无区别对待的;(2)在保护消费者方面,强制执行不是必需的;(3)适用容忍原则不会与公共利益相冲突。本案中,FCC免除了ILEC提供新型光纤宽带网络元素的义务,旨在平衡成本和效益,维持本地市场的可持续竞争,符合上述三个条件。因此,法院认为FCC在这种情况下适用容忍原则是正确的,FCC有权制定诉争命令。

2. 法院判决诉争命令的实体内容合理

关于诉争命令在实体上是否合理,地球公司认为诉争命令中缺少细致性分析;关于地理位置,诉争命令适用范围较广,忽视了局部区域的特殊性;关于特定的服务,无法确定诉争命令能否适用于局部的救济。FCC要想通过豁免ILEC在使用先进技术条件下的接入义务以激励其使用该技术,必须深入分析特定地域的市场受这种豁免的不利效果,才可作出是否在该地域豁免的决定,而不能不分地域、不做深入分析地一概豁免。法院认为,联邦《电信法》并不要求FCC在特定的地理市场和特定的电信服务市场条件下进行细致的分析,允许FCC根据不同的情况进行容忍分析,也就是说,并不是所有命令都需要进行细致性分析后才可作出,因此该决定不存在不合理的情形;而关于FCC的前瞻性的决策模式,FCC根据对未来美国的电信能力和市场发展的评估,能作出更具有价值的决定。另外,FCC合理地结合了当前的情况和未来的发展趋势,制定了公正、合理的价格,保护了消费者的权益,并且与公共利益的需求相一致,因此该决策模式是合理的。综上所述,诉争决定在实体上合理。

判决结果

法院判决驳回上诉:FCC 不要求 ILEC 给 CLEC 提供强制接入,是为了鼓励投资,保证了实质性、持久性竞争,在程序上依照联邦《电信法》的规定,有权免除 ILEC 的法定接入义务,在实体上,FCC 可以根据不同的情况进行容忍分析,因此不要求 FCC 进行细致性分析;而前瞻性决策模式作出的评估在促进电信行业发展上更具有价值。

二、本案知识点

本案涉及刺激投资和强制接入的利益平衡。如果为了增加竞争者,强制要求 ILEC 向竞争对手开放网络,势必减少 ILEC 的投资热情,因此,对于需要高科技投入的网络改造,如光纤网,为了鼓励投入,FCC 采用了容忍策略,不适用强制开放的法律要求。在本案中,CLEC 要求非捆绑接入 ILEC 的光纤网被拒绝,FCC 不支持 CLEC,法院维持了 FCC 的决定。在保护 ILEC 对高科技的投资热情与帮助 CLEC 入市参与竞争之间,本案作出了倾向于前者的利益平衡,而豁免了 ILEC 基于联邦《电信法》第 251(c)条的义务。[①]

三、判决原文摘录

1. In the case before us, the Federal Communications Commission (FCC) agreed not to require the Bell Operating Companies (BOCs) to provide their competitors with "unbundled" access to certain fiber – based network facilities.

2. Under the familiar Chevron framework, first, if a statute unambiguously controls the precise question at issue, then a reviewing court need go no further. Second, where an

---

① 参见判决原文:"Under 47 U. S. C. § 251, the FCC has authority to require incumbent local exchange carriers (ILECs) to provide access to their network facilities and capabilities on an 'unbundled' basis to competitive local exchange carriers (CLECs). Id. § 251(c)(3), (d)(2).

"Not with standing the foregoing, under 47 U. S. C. § 160, the FCC must forbear from applying a given provision of the Communications Act to a telecommunications carrier 'in any or some of its ... geographic markets,' if three conditions are met: (1) enforcement is not necessary to ensure that charges and practices are just, reasonable and non – discriminatory; (2) enforcement 'is not necessary for the protection of consumers'; and (3) forbearance 'is consistent with the public interest.'

"The [FCC] ... shall encourage the deployment on a reasonable and timely basis of advanced telecommunications capability to all Americans ... by utilizing ... regulatory for bearance, measures that promote competition in the local telecommunications market, or other regulating methods that remove barriers to infrastructure investment.

"In pertinent part, the agency relieved those obligations on a nationwide basis with respect to certain new fiber broadband network elements.

"In the agency's view, balancing the costs and benefits of unbundling, with particular attention to incentivizing new fiber investment, the scales tipped against mandating unbundling. The FCC emphasized that its 'obligation to ensure the deployment of advanced telecommunications capability under section 706 warrants different approaches with regard to existing [copper] loop plant and new [fiber] loop plant.'"。

agency exercises delegated authority to resolve statutory ambiguity, a reviewing court will uphold the agency's interpretation as long as it is reasonable, even if there may be other reasonable, or even more reasonable, views.

3. Traditionally (if that can be said of anything in the information age), many internet users lumbered along via dial – up connections over standard copper phone lines. Increasingly, however, broadband internet service is becoming available, providing significantly higher access speeds.

4. The local exchange carriers in a given area owned "the local loops (wires connecting telephones to switches), the switches (equipment directing calls to their destinations), and the transport trunks (wires carrying calls between switches) that constitute a local exchange network."

5. Even if the FCC's judgment "entails increasing consumer costs today in order to stimulate technological innovations", we opined, "there is nothing in the Act barring such trade – offs."

5 – 7 互联互通谈判中的"善意"标准——西方广播服务有限公司与奎斯特电信公司案 W. Radio Servs. Co. *v.* Qwest Corp.

【案　　号】678 F. 3d 970 (9th Cir. 2012)

【审理法院】美国联邦第九巡回上诉法院

【审理时间】2012 年 3 月 15 日

一、案件情况

上诉人、一审原告：西方广播服务有限公司（Western Radio Services Co.，以下简称西方公司）

被上诉人、一审被告：奎斯特电信公司（Qwest Corporation，以下简称奎斯特公司）、俄勒冈公用事业委员会（The Public Utility Commission of Oregon，PUC）、李·拜耳（Lee Beyer，PUC 董事长）、蕾·鲍姆（Ray Baum，PUC 专员）、约翰·萨维奇（John Savage，PUC 专员）

案件事实

1996 年联邦《电信法》（Federal Telecommunications Act）旨在促进电信市场竞争，

规定了在位本地交换运营商(Incumbent Local Exchange Carrier,ILEC)向其竞争性本地交换运营商(Competing Local Exchange Carrier,CLEC)提供互联互通的义务。依据联邦《电信法》第251(c)(1)条①的规定,互联互通协议的双方在谈判中应当遵循诚信原

---

① 47 U. S. C. § 251:(c) Additional obligations of incumbent local exchange carriers

In addition to the duties contained in subsection (b) of this section, each incumbent local exchange carrier has the following duties:

(1) Duty to negotiate

The duty to negotiate in good faith in accordance with section 252 of this title the particular terms and conditions of agreements to fulfill the duties described in paragraphs (1) through (5) of subsection (b) of this section and this subsection. The requesting telecommunications carrier also has the duty to negotiate in good faith the terms and conditions of such agreements.

(2) Interconnection

The duty to provide, for the facilities and equipment of any requesting telecommunications carrier, interconnection with the local exchange carrier's network—

(A) for the transmission and routing of telephone exchange service and exchange access;

(B) at any technically feasible point within the carrier's network;

(C) that is at least equal in quality to that provided by the local exchange carrier to itself or to any subsidiary, affiliate, or any other party to which the carrier provides interconnection; and

(D) on rates, terms, and conditions that are just, reasonable, and nondiscriminatory, in accordance with the terms and conditions of the agreement and the requirements of this section and section 252 of this title.

(3) Unbundled access

The duty to provide, to any requesting telecommunications carrier for the provision of a telecommunications service, nondiscriminatory access to network elements on an unbundled basis at any technically feasible point on rates, terms, and conditions that are just, reasonable, and nondiscriminatory in accordance with the terms and conditions of the agreement and the requirements of this section and section 252 of this title. An incumbent local exchange carrier shall provide such unbundled network elements in a manner that allows requesting carriers to combine such elements in order to provide such telecommunications service.

(4) Resale

The duty—

(A) to offer for resale at wholesale rates any telecommunications service that the carrier provides at retail to subscribers who are not telecommunications carriers; and

(B) not to prohibit, and not to impose unreasonable or discriminatory conditions or limitations on, the resale of such telecommunications service, except that a State commission may, consistent with regulations prescribed by the Commission under this section, prohibit a reseller that obtains at wholesale rates a telecommunications service that is available at retail only to a category of subscribers from offering such service to a different category of subscribers.

(5) Notice of changes

The duty to provide reasonable public notice of changes in the information necessary for the transmission and routing of services using that local exchange carrier's facilities or networks, as well as of any other changes that would affect the interoperability of those facilities and networks.

(6) Collocation

The duty to provide, on rates, terms, and conditions that are just, reasonable, and nondiscriminatory, for

则。当 ILEC 和 CLEC 无法协商一致时，可以依据联邦《电信法》第 252(a)(2)条[①]的规定请求本州公共事业委员会进行仲裁。

本案中，西方公司是一家无线服务供应商，在联邦电信委员会（Federal Communications Commission，FCC）的授权下，在俄勒冈州提供商业移动无线服务（Commercial Mobile Radio Service，CMRS）。奎斯特公司作为 ILEC，在俄勒冈州提供有线服务。由于西方公司没有得到提供有线服务的许可，因此并非联邦《电信法》规定的 ILEC，仅是 CMRS 服务提供商。西方公司和奎斯特公司一直保持商业往来。2003 年 10 月，西方公司与奎斯特公司就互联互通协议进行了谈判，无果。2004 年 3 月，西方公司向 PUC 申请仲裁。PUC 通过仲裁解决了 12 个相关问题，并于 2004 年 9 月作出初步裁决。西方公司对该初步裁决提出了异议。PUC 拒绝了西方公司的异议，并完成最终仲裁，裁定了互联互通协议的主要内容，要求西方公司和奎斯特公司在 30 天内据此达成互联互通协议，上报批准。奎斯特公司及时提交了协议，并将协议副本抄送给西方公司，而西方公司并未按时提交。奎斯特公司向 PUC 表示该互联互通协议已经全部完成，并请求批准。两周后，西方公司收到已经批准的协议，其立即通知奎斯特公司协议中存在的问题，却没有向 PUC 提出反对意见。在此之前，2005 年 4 月，当 PUC 已经作出最终裁决但并未批准奎斯特公司提交的互联互通协议时，西方公司向地区法院起诉奎斯特公司、PUC 及其专员，并提出以下主张：(1)奎斯特公司在互联互通协议的制定过程中并未遵循联邦《电信法》第 251(c)(1)条要求的诚信原则，在双方并未达成协议的情况下，奎斯特公司擅自拟定互联互通协议并上报批准；(2)PUC 在作出终裁时违反了联邦《电信法》下的法定义务。2005 年 7 月，地区法院以其没有管辖权为由驳回起诉，具体意见如下：首先，PUC 并未对互联互通协议的申请作出最终判决，法院无权审查；其次，在 PUC 的裁决中，西方公司就奎斯特公司违反诚信原则的问题尚未向 PUC 提起裁决请求，因此法院无权审查。西方公司对于奎斯特公司违反诚信原则的情况提起上诉（第一上诉），认为在决定奎斯特公司是否遵循诚信原则的问题上，地区法院拥有管辖权，无须经过 PUC 的前置裁决程序。上诉法院审慎地进行审理，驳回了西方公司的上诉。

与此同时，2005 年 10 月（第一上诉期间），PUC 批准了奎斯特公司提交的互联互

---

physical collocation of equipment necessary for interconnection or access to unbundled network elements at the premises of the local exchange carrier, except that the carrier may provide for virtual collocation if the local exchange carrier demonstrates to the State commission that physical collocation is not practical for technical reasons or because of space limitations.

① 47 U. S. C. § 252(a)(2): Any party negotiating an agreement under this section may, at any point in the negotiation, ask a State commission to participate in the negotiation and to mediate any differences arising in the course of the negotiation.

通协议(以下简称2005年PUC命令)。5天后,西方公司提交了新的仲裁请求,被PUC拒绝(以下简称2006年PUC命令)。在得知了上述仲裁决定后,上诉法院指令地区法院判断该仲裁决定是否满足西方公司向地区法院第一次提出的违反诚信原则的要求;判定在西方公司和奎斯特公司的谈判中,奎斯特公司是否存在违反联邦《电信法》规定的诚信原则的情形。在接受上诉法院的命令后,地区法院对2005年PUC命令和2006年PUC命令进行了司法审查,最终得出结论:两个命令中均没有处理诚信原则的请求,因此该请求并未经过前置程序的裁决,故地区法院再次驳回了西方公司关于诚信原则的诉讼请求。在第二个程序中,根据上级法院的指示,地区法院作出决定,支持了PUC的终裁决定、批准了奎斯特公司提交的互联互通协议。随后,西方公司提起上诉。请求:(1)要求地区法院审理被上诉人未"善意谈判"的诉讼请求;(2)要求对互联互通协议的具体内容,包括本地呼叫的串行传输(inter-tandem transport of local calls)的技术可行性、接入费、网间结算等进行司法审查。

上诉人的上诉理由是:(1)关于奎斯特公司未善意谈判的请求,西方公司已经向PUC提交申请,PUC并未裁决,因此应当由法院解决该请求;(2)地区法院对于互联协议的具体内容,包括技术可行的定义、接入费和网间结算的判决不正确。

被上诉人的抗辩理由是:(1)西方公司在首次向地区法院提起诉讼时并没有用尽行政救济,只有在行政救济用尽时法院才有管辖权,因此地区法院驳回西方公司的请求是正确的;(2)西方公司质疑的互联互通协议中的相关内容,包括技术可行的定义、接入费和网间结算的规定并不构成违法。

焦点问题

1. 关于奎斯特公司未"善意谈判"的问题,在未经过前置程序裁决的情况下,法院是否有审理的管辖权?

2. 互联协议的具体内容,即关于技术可行的定义、接入费和网间结算的规定是否合法?

法院观点

1. 关于法院是否有审理的管辖权

西方公司于2004年10月向PUC发出仲裁申请,要求与奎斯特公司互联,在西方公司仍然对协议内容有异议时,奎斯特公司擅自提交协议并请求批准,PUC批准了奎斯特公司提交的互联互通协议,随后,西方公司于2005年10月再次发出仲裁申请,PUC以西方公司没有新的请求足以启动程序为由驳回申请。于是,西方公司诉至法院,声称在仲裁中奎斯特公司没有善意谈判,西方公司要求解决该问题,但该问题并没有作为仲裁议题进行讨论,因此,对于奎斯特公司是否善意谈判,在行政裁决中并未解决。西方公司认为,对于善意谈判的问题,PUC以已经驳回其申请为由,不再受理二次仲裁请求,因此地区法院应当审理。上诉法院认为,地区法院于 2005 年 7 月驳回了西方公司的诉讼请求,此时西方公司尚未申请第二次裁决,因此第二次裁判结果不能作为本案的审查依据;西方公司在首次向地区法院提起诉讼时并没有用尽行政救济,法院认为善意谈判问题必须首先裁决,然后才可起诉,因此地区法院驳回西方公司的请求是正确的,上诉法院肯定了该判决。

2. 关于互联互通协议的具体内容

首先,审查本地呼叫串行传输条款。该条款的审查核心在于解决联邦《电信法》是否要求奎斯特公司允许西方公司在奎斯特公司的俄勒冈州网络上接入一个接入点,就可将西方公司的电信流量传输至任何终端。奎斯特公司在俄勒冈州的网络包括多个本地接入与传输区域网(Local Access and Transport Area,LATA),因此奎斯特公司和 PUC 认为,西方公司应当至少在每个 LATA 上连接一个接入点,才能实现电信流量传输至任何终端。地区法院判决互联互通协议中的规定符合联邦《电信法》的要求。上诉法院认为,第一,依据《美国联邦法规》(Federal Regulation)第 51.5 条的规定①,互联互通的定义中并不包括流量的传输和终止。联邦《电信法》并没有要求 ILEC 以任何技术可行的方式提供传输和终止流量,即使在技术可行的条件下,互联互通协议也不要求奎斯特公司通过接入串行传输西方公司的流量,不违反奎斯特公司在联邦《电信法》规定下的义务。第二,联邦《电信法》第 251(c)(2)(B)条要求在互联互通协议中,ILEC 提供的设备应当是技术可行的,根据 FCC 的解释,"技术可行"意味着每个 LATA 至少应当有一个可以连接的设备。然而,该条款仅适用于 ILEC 和 CLEC 之间,并不适用于 ILEC 和 CMRS 提供者,西方公司只是 CMRS 提供者,而非 CLEC(CLEC 要求提供本地业务,而 CMRS 仅提供无线业务),故西方公司和奎斯特公司之间不受该解释约束,FCC 对"技术可行"的解释不适用于本互联协议。综上所述,上诉法院肯定了地区法院的判决,支持 PUC 的决定。

其次,关于双音多频(Dual Tone Multi - Frequency)和拨号脉冲信令(Dial Pulse Signaling)。应用双音多频还是拨号脉冲信令,是一个发射信号的技术问题,西方公司更偏向于使用旧式信号设备(双音多频和拨号脉冲信令),因此要求奎斯特公司必须以该设备提供互联互通,而奎斯特公司认为该设备已经过时,不再投入使用,且联邦《电信法》并没有使用何种技术设备的强制性规定。上诉法院同意地区法院的判决,使用新型设备提供互联互通不违反联邦《电信法》,联邦《电信法》第 251(c)(2)条并未要求 ILEC 必须以 CLEC 要求的技术互联互通,因此上诉法院支持 PUC 的决定。

---

① 47 C. F. R. § 51.5:Interconnection is the linking of two networks for the mutual exchange of traffic. This term does not include the transport and termination of traffic.

最后,关于同一交换局内的流量的网间补偿。互联互通协议规定,由于网间结算只补偿双方本地路由的流量,而在该协议的定义中,"非本地路由"包括交换局间运营商(Interexchange Carrier,IXC)传送的流量,所以,IXC 网络内的流量不属于本地流量,不需要相互补偿。西方公司认为,只要是起点或者终点在本地网络内,奎斯特公司就要支付网间补偿。联邦《电信法》第 251(b)(5)条[①]规定,网间补偿适用于 LEC 之间的传输和终止,即使由同一个 IXC 传输,也应当支付网间补偿。地区法院的判决支持了奎斯特公司,认为 IXC 网络内的流量无须支付网间补偿,上诉法院判决互联协议中的该条款违反了联邦《电信法》,撤销了地区法院就该部分的判决,并发回 PUC 进行进一步的裁决。

判决结果

上诉法院确认了部分地区法院的判决,驳回部分判决:(1)在程序上,由于西方公司在首次向地区法院提起"非善意谈判"诉讼时并没有用尽行政救济,因此法院并无管辖权;(2)在实体上,地区法院判决支持互联协议内容:要求奎斯特公司允许西方公司在每个 LATA 上设互联互通接入点符合联邦《电信法》,上诉法院肯定了地区法院的判决;(3)联邦《电信法》并未要求 ILEC 必须以 CLEC 要求的方式实现互联互通,上诉法院肯定了地区法院判决以新式设备提供互联互通不违反联邦《电信法》;(4)联邦《电信法》规定即使流量承载在 IXC 网络内,也应当支付 LEC 之间传输和终止流量的网间补偿,地区法院判决无须支付网间补偿,因此该部分判决被撤销。

二、本案知识点

本案中,要结合判决原文,重点关注以下 7 个概念:(1)"互联互通"[②]的定义;(2)司法对 FCC 规则的审查标准:任意的、反复无常的[③];(3)"善意谈判"中的"善意"标准[④];

---

① 47 U. S. C. § 251 (b) (5): Reciprocal compensation. —The duty to establish reciprocal compensation arrangements for the transport and termination of telecommunications.

② 对"互联互通"(interconnection)的解释参见判决原文:"Interconnection expressly does not include 'transport and termination,' the FCC concluded that '"interconnection" under Section 251(c)(2) refers only to the physical linking of two networks for the mutual exchange of traffic,' explicitly refers to 'the physical linking of equipment and facilities.'"。

③ 对"审查标准:任意的、反复无常的"(review standard: arbitrary and capricious)的解释参见判决原文:"We review all other issues, including the state commission's factual findings, under an arbitrary and capricious standard. Id. The PUC's decision is "arbitrary and capricious if the decision 'was not supported by substantial evidence,' or the commission made a 'clear error of judgment.' "。

④ 对"'善意谈判'中的'善意'标准"(negotiated in good faith)的解释参见判决原文:"Commercial mobile radio service (CMRS) provider brought action contending that incumbent local exchange carrier (ILEC) had not negotiated in good faith under Telecommunications Act."。

(4)行政前置程序①;(5)接入费和网间结算的区别②;(6)申请 FCC 裁决的时效③;(7)“技术可行”④的定义。

三、判决原文摘录

1. The Telecommunications Act of 1996 imposes on incumbent local exchange carriers – carriers that have historically held monopolies in an area – the duty to provide interconnection with the facilities and equipment of competing telecommunications carriers, and, upon request, to negotiate “in good faith” the terms and conditions of agreements governing such interconnection.

2. Where carriers cannot reach an agreement, they may ask the relevant state public utilities commission to mediate their differences or to provide binding arbitration.

3. The district court dismissed both claims in July 2005 for lack of subject matter jurisdiction, because the PUC had not yet taken any final action to approve or reject the ICA, and because Western had not presented its good faith claim to the PUC for adjudication.

4. In arbitrating a dispute under the Telecommunications Act of 1996, the state public utilities commission must ensure that the resulting interconnection agreement (ICA) meets the requirements of 47 U. S. C. S. § § 251, 252, and must establish “just”,

---

① 对“行政前置程序”(exhaust the prudential requirement)的解释参见判决原文:“Regarding the good faith claim, we conclude that Western has failed to exhaust the prudential requirement that it first present that claim to the PUC before bringing that claim in federal court. Accordingly, we AFFIRM the district court's decision dismissing that claim.”。

② 对“接入费和网间结算的区别”(NOT access charges, BUT reciprocal compensation)的解释参见判决原文:“However, we also conclude that the ICA, as approved, does violate the Act insofar as it applies access charges, rather than reciprocal compensation, to calls exchanged between a CMRS provider and a LEC, originating and terminating in the same LATA, when those calls are carried by an interexchange carrier (‘IXC’).”。

③ 对“申请 FCC 裁决的时效”(statute of limitations)的解释参见判决原文:“The Act provides a strict window of time for the submission of a petition for arbitration:‘the 135th to the 160th day (inclusive) after the date on which [a carrier] receives a request for negotiation under this section...’ Id. §252(b)(1). In other words, a carrier may not petition the PUC for arbitration until 135 days after it has received a qualifying “request for negotiation.”。

④ 对“技术可行”(technically feasible)的解释参见判决原文:“The Act requires that an ILEC provide a ‘requesting telecommunications carrier’ with interconnection ‘at any technically feasible point within the [ILEC's] network...’ 47 U. S. C. §251(c)(2)(B). The Act does not define ‘technically feasible.’ However, the FCC has provided some guidance in its First Report and Order and various regulations. Purely ‘economic ... concerns’, however, play no role in the determination of technical feasibility. ‘We conclude that the term “technically feasible” refers solely to technical or operational concerns, rather than economic, space, or site considerations.’”。

"reasonable", and "nondiscriminatory" for services and a schedule for implementation.

5. We held in the first appeal that the district court would have subject matter jurisdiction over a good faith claim against a private party (assuming such a private right of action existed under the Act), but that even if such a cause of action existed, for prudential reasons "the PUC must address Western's good faith claim before that claim may be brought in district court."

5-8　对电信行政裁决的司法审查标准——微波电信公司与美国西部通信公司案 MCI Telecomms. Corp. *v.* U.S. W. Communs.

【案　　号】204 F.3d 1262 (9th Cir. 2000)
【审理法院】美国联邦第九巡回上诉法院
【审理时间】2000年3月2日

一、案件情况

上诉人、一审原告：微波电信公司（MCI Telecommunications Corporation）、微波地铁接入传输服务公司（MCI Metro Access Transmission Services, Inc.，以下简称微波地铁传输公司）

被上诉人、一审被告：美国西部通信公司（U.S. West Communications，以下简称西部公司）、华盛顿公用事业和交通委员会（The Washington Utilities and Transportation Commission，WUTC）、安妮·莱文森（Anne Levinson，WUTC主席）、理查德·亨普斯特德（Richard Hemstad，WUTC官方委员）、威廉·吉里斯（William P. Gillis，WUTC官方委员）

案件事实

1996年联邦《电信法》（Federal Telecommunications Act）将竞争引入本地市场，联邦电信委员会（Federal Communications Commission，FCC）随之公布了其在该法案下对于电信市场的管理条例。另外，在《霍布斯法案》（Hobbs Act）下，联邦上诉法院对FCC管理条例的有效性拥有独占审查管辖权，审查FCC管理条例的案件均登记在联邦第八巡回上诉法院，因此，联邦第八巡回上诉法院的判例已成为判断FCC管理条例有效性的主要依据。

本案中，西部公司是在位本地交换运营商（Incumbent Local Exchange Carrier,

ILEC),微波地铁传输公司是竞争性本地交换运营商(Competing Local Exchange Carrier,CLEC)。1996年3月26日,微波地铁传输公司请求与西部公司签订互联互通协议。同年8月30日,由于双方当事人对互联互通协议的很多问题无法达成一致,微波地铁传输公司向WUTC提起申诉,要求仲裁。

在WUTC对微波地铁传输公司和西部公司的互联互通协议举行听证前约一个月,1996年10月15日,联邦第八巡回上诉法院中止了FCC若干管理规则的效力,原因是FCC对其无管辖权。因此,当WUTC邀请的仲裁员在1996年11月末召开听证会,并在12月作出建议报告书时,FCC的上述管理规则已被中止了效力(程序上以禁令形式暂停),但终止其效力的实体性判决尚未作出。1997年7月18日,在本案完成仲裁听证和调解程序后,联邦第八巡回上诉法院在艾奥瓦州公共事业公司诉FCC案①中发布了终止FCC上述管理规则效力的实体性判决,终止了其效力。此后,微波地铁传输公司和西部公司提交了各自关于争议的最后陈述。由于州政府只有30天的时间作出裁决,在1997年8月18日,WUTC批准了微波地铁传输公司和西部公司的互联互通协议并修改了互联互通协议的部分内容。WUTC认为,由于时间有限,对于本案的仲裁没有充足的时间考虑联邦第八巡回上诉法院的决定,因此并没有依据联邦第八巡回上诉法院的实体性判决来批准和修改互联互通协议。

1997年9月,微波地铁传输公司和西部公司向华盛顿西区联邦地区法院起诉WUTC,要求对其批准和修改的互联互通协议进行司法审查。地区法院在1998年7月22作出判决,此时,联邦第八巡回上诉法院对艾奥瓦州公共事业公司诉FCC案的判决依然有效,根据该判决,地区法院认定互联互通协议中的若干内容违法(原因是:在WUTC批准该互联互通协议时,联邦第八巡回上诉法院的判决已经生效,但WUTC以时间紧迫为理由无视该判决,而该判决撤销的FCC的那些管理规则恰是WUTC支持互联互通协议的依据)。微波地铁传输公司和西部公司均向联邦巡回上诉法院提起上诉,要求审查互联互通协议中的若干规则的有效性,包括:禁止西部公司拆分已经结合的网络元素、备用光纤(dark fibre)接入、并置(co - location)远程转换单位、共享传输(shared transport)接入、网络终端以及运输费用的分担。以上事实中,FCC规则效力与本案审理过程时间的关系②见图1。

---

① See Iowa Utils. Bd. *v.* FCC, 120 F.3d 753, 820 (8th Cir. 1997).

② FCC价格规则的效力部分参见案例8 - 1的事实部分。

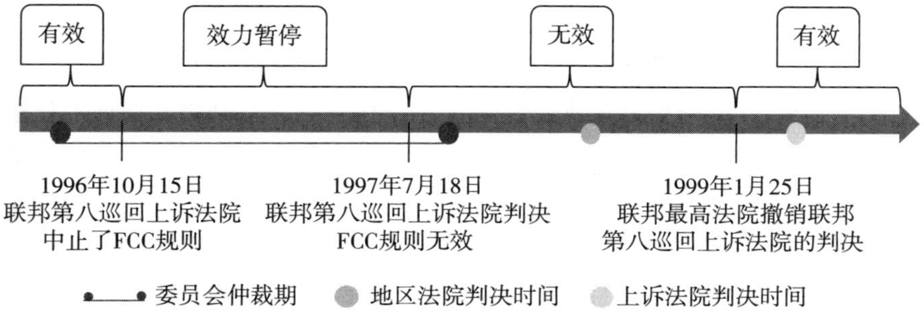

图1　FCC规则效力与本案审理过程时间的关系示意

上诉人的诉讼请求:要求法院审查互联互通协议中的若干规则的有效性。

上诉人的上诉理由是:地区法院的判决结果不符合法律的规定,要求对互联互通协议进行重新审查。

被上诉人的答辩意见是:地区法院对于互联互通协议的判决遵循联邦《电信法》和FCC管理规则,并不存在上诉人声称的不符合法律规定的情形。

焦点问题

1. 互联协议中的规定:在给微波地铁传输公司提供互联互通之前,禁止西部公司拆分已经结合的网络元素是否符合FCC规则?

2. 互联协议中要求西部公司向微波地铁传输公司在非捆绑基础上提供备用光纤的规定是否符合FCC规则?

3. 互联协议中允许微波地铁传输公司并置远程交换机组的规定是否合法?

4. 互联协议中不包含共享传输的接入是否合法?

5. 互联协议中网络终端以及运输费用的分担是否合法?

法院观点

1. WUTC批准的互联互通协议中的一项规定为:如果应微波地铁传输公司的请求,将在该请求前相互分离的网络元素捆绑在一起提供给微波地铁传输公司,西部公司在此之后不能将这些网络元素拆分提供给其他请求人。也就是说,如果某些网络元素应微波地铁传输公司的要求被捆绑了,对之后的请求人也必须捆绑,不得拆分。该规则的制定依据是《美国联邦法规》(Federal Regulation)第51.315(b)条[①]的规定(该条款属于FCC规则)。在签订和仲裁该协议时,第51.315(b)条有效。然而联邦第八巡回上诉法院在艾奥瓦州公共事业公司诉FCC案中撤销了第51.315(b)条规则,认为

① 47 C.F.R. § 51.315(b):Except upon request, an incumbent LEC shall not separate requested network elements that the incumbent LEC currently combines.

该规则因违反联邦《电信法》而无效。本案中的地区法院认为,依据联邦第八巡回上诉法院的判决,互联互通协议所依据的 FCC 规则无效,那么该条款也应当无效。而美国联邦最高法院在艾奥瓦州公共事业公司诉 FCC 案中撤销了联邦第八巡回上诉法院的决定,恢复了 FCC 规则的第 51.315(b)条的效力,因此协议也随之有效。协议的效力取决于其所依据的规则的效力。

2. 互联互通协议规定,西部公司向微波地铁传输公司在非捆绑基础上提供备用光纤接入。事实上,西部公司已经铺设了备用光纤电缆,但尚未激活并投入使用。FCC 为网络元素制定的规则中并不包括在非捆绑基础上提供备用光纤,但是地区法院认为互联互通协议中规定的备用光纤的接入并不违反联邦《电信法》。之后,FCC 制定了新的规则,将备用光纤纳为网络元素,因此西部公司也就有义务为其竞争者提供备用光纤的接入。在此问题上,维持地区法院的判决。

3. 互联协议中允许微波地铁传输公司并置远程交换机单元。"并置"是联邦《电信法》下 ILEC 的法定义务,也就是说,允许 CLEC 在 ILEC 的财产上安装设备,以连接 ILEC 的现有网络。联邦《电信法》第 251(c)(6)条①规定了 ILEC 为接入非捆绑网络元

---

① 47 U. S. C. § 251:(c) Additional obligations of incumbent local exchange carriers

In addition to the duties contained in subsection (b) of this section, each incumbent local exchange carrier has the following duties:

(1) Duty to negotiate

The duty to negotiate in good faith in accordance with section 252 of this title the particular terms and conditions of agreements to fulfill the duties described in paragraphs (1) through (5) of subsection (b) of this section and this subsection. The requesting telecommunications carrier also has the duty to negotiate in good faith the terms and conditions of such agreements.

(2) Interconnection

The duty to provide, for the facilities and equipment of any requesting telecommunications carrier, interconnection with the local exchange carrier's network—

(A) for the transmission and routing of telephone exchange service and exchange access;

(B) at any technically feasible point within the carrier's network;

(C) that is at least equal in quality to that provided by the local exchange carrier to itself or to any subsidiary, affiliate, or any other party to which the carrier provides interconnection; and

(D) on rates, terms, and conditions that are just, reasonable, and nondiscriminatory, in accordance with the terms and conditions of the agreement and the requirements of this section and section 252 of this title.

(3) Unbundled access

The duty to provide, to any requesting telecommunications carrier for the provision of a telecommunications service, nondiscriminatory access to network elements on an unbundled basis at any technically feasible point on rates, terms, and conditions that are just, reasonable, and nondiscriminatory in accordance with the terms and conditions of the agreement and the requirements of this section and section 252 of this title. An incumbent local exchange carrier shall provide such unbundled network elements in a manner that allows requesting carriers to combine such elements in order to provide such telecommunications service.

素提供物理配置的义务。WUTC 将 FCC 规定的“必要的”(necessary)定义为任何对互联互通“有用的”(useful),且认为远程交换机单元符合该定义,因此在互联互通协议中加入了一条:要求西部公司允许远程交换机单元的并置。地区法院认为该条款并未违反联邦《电信法》,因此判决该条款有效。西部公司认为,WUTC 对于“必要的”的解释有误,虽然上诉法院支持了西部公司的该观点,但本案的核心并不在于审查 WUTC 的仲裁过程是否存在瑕疵,而是判断其最终得出的互联互通协议是否违反联邦《电信法》。对于并置远程交换机单元的有效性,虽然联邦《电信法》没有直接规定允许 CLEC 并置远程交换机单元,但也没有直接否认;且联邦《电信法》允许互联互通协议具有灵活性,这就意味着 CLEC 是否可以并置远程交换机单元可由双方自由协商决定,联邦《电信法》并不禁止。因此地区法院的判决有效。

4. 共享传输设施是连接不同运营商设施的电缆。互联互通协议中没有要求西部公司在非捆绑基础上为微波地铁传输公司提供共享传输的接入。地区法院认为,由于 FCC 规则要求共享传输的接入,而协议并未规定,该部分协议内容无效。对于 FCC 关于共享传输的规则,美国联邦最高法院已经在艾奥瓦州公共事业公司诉 FCC 案中撤销了该规则的效力,认为在该规则的制定上,美国国会要求非捆绑性接入的客体符合两个条件:其一,接入该元素是必要的;其二,不提供该元素的接入会损害 CLEC 提供电信服务的能力。美国联邦最高法院在艾奥瓦州公共事业公司诉 FCC 案中认为,对于共享传输的接入,FCC 任意地解读了美国国会的要求,因此撤销了原有的规则。FCC 随

---

(4) Resale

The duty—

(A) to offer for resale at wholesale rates any telecommunications service that the carrier provides at retail to subscribers who are not telecommunications carriers; and

(B) not to prohibit, and not to impose unreasonable or discriminatory conditions or limitations on, the resale of such telecommunications service, except that a State commission may, consistent with regulations prescribed by the Commission under this section, prohibit a reseller that obtains at wholesale rates a telecommunications service that is available at retail only to a category of subscribers from offering such service to a different category of subscribers.

(5) Notice of changes

The duty to provide reasonable public notice of changes in the information necessary for the transmission and routing of services using that local exchange carrier's facilities or networks, as well as of any other changes that would affect the interoperability of those facilities and networks.

(6) Collocation

The duty to provide, on rates, terms, and conditions that are just, reasonable, and nondiscriminatory, for physical collocation of equipment necessary for interconnection or access to unbundled network elements at the premises of the local exchange carrier, except that the carrier may provide for virtual collocation if the local exchange carrier demonstrates to the State commission that physical collocation is not practical for technical reasons or because of space limitations.

后就非绑定性接入网络元素问题制定了新的规则，对共享传输的接入提出了限制。总之，由于原有的 FCC 规则被撤销，地区法院的此项判决随之撤销。

5. 根据联邦《电信法》第 251(b)(5)条[①]的规定，互联的双方应当相互补偿因对方网络传输和终止产生的费用。在本案中，大量证据证明支付传输费用和网络终端成本是公平合理的，地区法院的判决有效。

判决结果

地区法院的判决部分被撤销，部分被确认：(1)对于协议中“禁止西部公司拆分已经结合的网络元素”的规定，由于美国联邦最高法院在艾奥瓦州公共事业公司诉 FCC 案中判决联邦《电信法》第 315(b)条的规则有效，互联协议中的该部分也随之有效；(2)FCC 新的规则将备用光纤纳入网络元素，提供备用光纤的接入则成为西部公司的法定义务；(3)对于是否可以并置远程交换机单元，联邦《电信法》允许双方自由协商；而对于共享传输接入，FCC 规则被撤销；(4)对于网络终端以及运输费用的分担，大量证据证明支付传输费用和网络终端成本公平合理。

二、本案知识点

1. 行政裁决的效力依赖其依据的效力。在本案中，原告要求互联，双方达成了互联协议，其中一条规定，二者捆绑的网络元素今后对第三人也要捆绑。该条款是根据当时有效的 FCC 规则写进去的。地方电信管理机构依据 FCC 的规范性文件准许该协议有效；后经司法审查，FCC 规则被联邦第八巡回上诉法院撤销，地方电信管理机构的裁定随之被撤销，协议条款无效；但美国联邦最高法院认定联邦第八巡回上诉法院的判决错误，FCC 规则有效，故协议条款随之恢复了效力。该规则遭遇了多次效力转变节点[②]，导致了其作为判定依据的行政裁定的不同命运。

2. 行政裁决的司法审查标准为程序性审查，只要程序中存在以下因素，即认定实

① 47 U. S. C. §251(b)(5)：Reciprocal compensation. —The duty to establish reciprocal compensation arrangements for the transport and termination of telecommunications.

② 对“审判依据的法律无效，则审判无效”(adjudication reversed if the legal basis was judged invalidated)的解释参见判决原文：“(1) As approved by the WUTC, the agreement contained a provision requiring U. S. West to refrain from separating already combined network elements before providing them to MCImetro. FCC Rule 315(b) was in effect when the agreement was arbitrated and mandated such a provision.

“(2) The Eighth Circuit's Iowa Utilities Board decision invalidated Rule 315(b), concluding that it was inconsistent with the meaning of the Act.

“(3) The district court in this case held that under the Eighth Circuit's reasoning, the presence of the provision in the agreement could no longer be said to meet the requirements of the Act. The district court accordingly struck the provision from the agreement.

“(4) The Supreme Court has since reversed the Eighth Circuit and reinstated Rule 315(b). We must therefore reverse the district court and order the provision restored to the agreement.”。

体决定违法并撤销之:任意、无常、滥用自由裁量权,其他违法行为或越权或无法定依据。①

3. 网间结算规则的审查标准:交叉补贴的成本标准②。

三、判决原文摘录

1. Dark fiber is fiber optic cable laid in the ground but not yet activated for use. The FCC's original "network elements" rule did not mandate unbundled access to dark fiber, but the district court held that an interconnection agreement provision requiring such access did not violate the Act.

2. "Co – location" refers to an ILEC's obligation under the statute to permit CLECs to install equipment on the ILEC's property in order to connect to the ILEC's existing network. Section 251 (c) (6) of the Act imposes upon ILECs a duty to provide for "physical co – location of equipment necessary for interconnection or access to unbundled network elements on the premises of the local exchange carrier."

3. The APA requires reviewing courts to "hold unlawful and set aside agency action, findings, and conclusions" found to be "arbitrary, capricious, an abuse of discretion, or otherwise not in accordance with law" or "in excess of statutory jurisdiction, authority, or limitations, or short of statutory right."

4. It calls upon federal courts to hear challenges to interconnection agreements developed and approved through state administrative proceedings. Review in federal court is limited to the determination of whether the agreement "meets the requirements of" the Act.

5. The Federal Communications Commission is charged with the responsibility of promulgating regulations necessary to implement the Telecommunications Act of 1996

---

① 对"司法审查标准"(judicial review standards)的解释参见判决原文:"we reviewing this agreement under the judicial review standards of the Administrative Procedure Act(APA). The APA requires reviewing courts to 'hold unlawful and set aside agency action, findings, and conclusions' found to be 'arbitrary, capricious, an abuse of discretion, or otherwise not in accordance with law' or 'in excess of statutory jurisdiction, authority, or limitations, or short of statutory right.'"。

② 对"交叉补贴"(reciprocal compensation arrangements)的解释参见判决原文:"The Telecommunications Act requires that interconnecting ILECs and CLECs compensate each other for the cost of one party's transport and termination of traffic originating on the other party's network. Section 251(b)(5) of the Act imposes upon ILECs a duty to establish reciprocal compensation arrangements, and section 252(d)(2)(A) provides that state agencies cannot find a reciprocal compensation arrangement 'just and reasonable' under the Act unless it provides for 'the mutual and reciprocal recovery by each carrier' of transport and termination costs and 'determines such costs on the basis of a reasonable approximation of the additional costs of terminating such calls.'"。

(Act), itself, but the Act reserves to states the ability to impose additional requirements so long as the requirements are consistent with the Act and "further competition."

5-9 联邦法院不能审理公民诉州的案件的例外——威瑞森马里兰州公司与马里兰州公共事业委员会案 Verizon Md., Inc. *v.* PSC

【案　　号】535 U.S. 635, 122 S. Ct. 1753 (2002)
【审理法院】美国联邦最高法院
【审理时间】2002 年 5 月 20 日

一、案件情况

上诉人、一审原告:威瑞森马里兰州公司(Verizon Maryland Inc.,以下简称威瑞森公司)、美国政府(United States of America)

被上诉人、一审被告:马里兰州公共事业委员会(Public Service Commission of Maryland)等

案件事实

1996 年联邦《电信法》(Federal Telecommunications Act)为了促进本地电信市场的竞争,对在位本地交换运营商(Incumbent Local Exchange Carrier, ILEC)规定了很多新的义务,其中第 251(c)(2)条[①]规定,ILEC 有向其竞争性本地交换运营商(Competing

---

① 47 U.S.C. § 251(c): Additional obligations of incumbent local exchange carriers

In addition to the duties contained in subsection (b) of this section, each incumbent local exchange carrier has the following duties:

(1) Duty to negotiate

The duty to negotiate in good faith in accordance withsection 252 of this title the particular terms and conditions of agreements to fulfill the duties described in paragraphs (1) through (5) of subsection (b) of this section and this subsection. The requesting telecommunications carrier also has the duty to negotiate in good faith the terms and conditions of such agreements.

(2) Interconnection

The duty to provide, for the facilities and equipment of any requesting telecommunications carrier, interconnection with the local exchange carrier's network—

(A) for the transmission and routing of telephone exchange service and exchange access;

(B) at any technically feasible point within the carrier's network;

(C) that is at least equal in quality to that provided by the local exchange carrier to itself or to any subsidiary, affiliate, or any other party to which the carrier provides interconnection; and local Exchange Carriers,CLEC)提供接入本地网络元素和互联互通的义务。

威瑞森公司是马里兰州的 ILEC,依照联邦《电信法》的规定,威瑞森公司与 CLEC 达成协议,该协议已经由马里兰州公共事业委员会批准。该协议中的 CLEC 包括马里兰 MFS 网络公司,后该公司被微波世界通信公司(MCI WorldCom, Inc.)收购。在达成协议 6 个月后,威瑞森公司以下述理由通知微波世界通信公司,威瑞森公司将不再为其互联网电话客户支付网间结算费:威瑞森公司将自己使用互联网的电话客户绕道连接到远程互联网站,不属于"网间补偿协议"约定的本地传输,故不是本地网间结算协议覆盖的内容。微波世界通信公司拒绝了威瑞森公司的要求,并向马里兰州公共事业委员会申请仲裁。马里兰州公共事业委员会作出有利于微波世界通信公司的裁决,命令威瑞森公司今后就其客户使用互联网电话向微波世界通信公司支付网间结算费,并立即给付已经发生的网间结算费。威瑞森公司向马里兰州联邦地区法院提起诉讼,要求对马里兰州公共事业委员会的命令进行司法审查,判决马里兰州公共事业委员会

(D) on rates, terms, and conditions that are just, reasonable, and nondiscriminatory, in accordance with the terms and conditions of the agreement and the requirements of this section and section 252 of this title.

(3) Unbundled access

The duty to provide, to any requesting telecommunications carrier for the provision of a telecommunications service, nondiscriminatory access to network elements on an unbundled basis at any technically feasible point on rates, terms, and conditions that are just, reasonable, and nondiscriminatory in accordance with the terms and conditions of the agreement and the requirements of this section andsection 252 of this title. An incumbent local exchange carrier shall provide such unbundled network elements in a manner that allows requesting carriers to combine such elements in order to provide such telecommunications service.

(4) Resale

The duty—

(A) to offer for resale at wholesale rates any telecommunications service that the carrier provides at retail to subscribers who are not telecommunications carriers; and

(B) not to prohibit, and not to impose unreasonable or discriminatory conditions or limitations on, the resale of such telecommunications service, except that a State commission may, consistent with regulations prescribed by the Commission under this section, prohibit a reseller that obtains at wholesale rates a telecommunications service that is available at retail only to a category of subscribers from offering such service to a different category of subscribers.

(5) Notice of changes

The duty to provide reasonable public notice of changes in the information necessary for the transmission and routing of services using that local exchange carrier's facilities or networks, as well as of any other changes that would affect the interoperability of those facilities and networks.

(6) Collocation

The duty to provide, on rates, terms, and conditions that are just, reasonable, and nondiscriminatory, for physical collocation of equipment necessary for interconnection or access to unbundled network elements at the premises of the local exchange carrier, except that the carrier may provide for virtual collocation if the local exchange carrier demonstrates to the State commission that physical collocation is not practical for technical reasons or because of space limitations.

的命令无效。经过审理，法院判决马里兰州公共事业委员会的命令有效。

随后，联邦电信委员会（Federal Communications Commission，FCC）发布了新的命令（该命令很快被哥伦比亚特区联邦巡回上诉法院撤销），该命令将基于互联网服务提供商（Internet Service Provider，ISP）的电话在进行网间结算时归类为非本地电话，但是该命令却规定若联邦没有规定支付网间补偿，则马里兰州公共事业委员会可以将互联协议解释成需要网间补偿。因此，马里兰州公共事业委员会作出以下决定：根据州合同法，威瑞森公司和微波世界通信公司已经通过协议达成一致，将 ISP 呼叫划为相互补偿的客体，故威瑞森公司应当遵循协议内容支付网间结算费。

威瑞森公司以马里兰州公共事业委员会、马里兰州公共事业委员会的官方代表、微波世界通信公司和其他 CLEC 为被告，向地区法院提起诉讼，引用联邦《电信法》第 252（e）（6）条①和《司法机关及司法程序法》（Judiciary and Judicial Procedure）第 1331 条②作为管辖权的基础，要求禁止执行马里兰州公共事业委员会裁定的支付互联网电话的网间结算费的命令，判决马里兰州公共事业委员会的裁决违反联邦《电信法》和 FCC 规则。地区法院以其没有管辖权为由驳回起诉。威瑞森公司遂向联邦第四巡回上诉法院提起上诉，认为根据联邦《电信法》第 252（e）（6）条和《司法机关及司法程序法》第 1331 条以及《美国宪法第十一修正案》的规定，地区法院有管辖权。上诉人上诉请求判决地区法院对本案有管辖权，要求撤销地区法院驳回诉讼请求的判决，并对实体问题进行重审。

上诉人的上诉理由是：（1）威瑞森公司认为，联邦《电信法》第 252（e）（6）条和《司法机关及司法程序法》第 1331 条独立地授权了联邦地区法院管辖关于马里兰州公共事业委员会的决定是否违反联邦《电信法》的争议，因此地区法院对本案有管辖权；（2）根据《美国宪法第十一修正案》，地区法院有管辖权审理本案。

被上诉人的答辩理由是：（1）马里兰州公共事业委员会认为联邦《电信法》第 252（e）（6）条和《司法机关及司法程序法》第 1331 条并没有赋予地区法院对起诉某委员会单个成员的管辖权；（2）马里兰州公共事业委员会认为，根据《美国宪法第十一修正案》的规定，禁止威瑞森公司起诉马里兰州公共事业委员会成员，因此地区法院对本案无

---

① 47 U. S. C. § 252(e)(6): Review of state commission actions. —In a case in which a State fails to act as described in paragraph (5), the proceeding by the Commission under such paragraph and any judicial review of the Commission's actions shall be the exclusive remedies for a State commission's failure to act. In any case in which a State commission makes a determination under this section, any party aggrieved by such determination may bring an action in an appropriate Federal district court to determine whether the agreement or statement meets the requirements of section 251 and this section.

② 28 U. S. C. § 1331: The district courts shall have original jurisdiction of all civil actions arising under the Constitution, laws, or treaties of the United States.

管辖权。

焦点问题

1. 根据联邦《电信法》第 252(e)(6)条和《司法机关及司法程序法》第 1331 条的规定,联邦地区法院是否有审理此案的管辖权?

2. 根据《美国宪法第十一修正案》的规定,马里兰州公共事业委员会的成员是否可以作为地区法院审理的被告?

法院观点

1. 根据联邦《电信法》第 252(e)(6)条的规定,对马里兰州公共事业委员会作出的决定,联邦地区法院有审理的权利。威瑞森公司提起诉讼,要求审查马里兰州公共事业委员会作出的决定的合法性,符合该条款的规定。《司法机关及司法程序法》第 1331 条也赋予了联邦法院对所有《美国宪法》(U. S. Constitution)、法律和条约下的民事行为的原始管辖权。根据上述两条款,地区法院对本案有管辖权。

2. 法院驳回了被上诉人认为的根据《美国宪法第十一修正案》,禁止威瑞森公司起诉马里兰州公共事业委员会成员的观点。微波世界通信公司、威瑞森公司等上诉双方认为,马里兰州公共事业委员会可以作为联邦审理的被告,因为马里兰州公共事业委员会依据联邦《电信法》参与了电信管理活动,因此放弃了《美国宪法第十一修正案》授予的豁免权,可以作为被诉的客体。马里兰州公共事业委员会是否放弃其豁免权属于另外的问题,本案中无须讨论,因为在马里兰州公共事业委员会未放弃其豁免权的情况下,威瑞森公司首先依据"杨的单方申诉案"①原则提出,马里兰州公共事业委员会官方代表,也就是马里兰州公共事业委员会的成员不能作为联邦法院审理的被告。在"杨的单方申诉案"原则下,法院要想把马里兰州公共事业委员会的成员列为被告,必须符合两个条件:第一,诉争行为是正在违反联邦法律的行为;第二,起诉请求旨在减少未来可能产生的损害。本案中,威瑞森公司声称马里兰州公共事业委员会违反联邦《电信法》和 FCC 规则,且其提起诉讼的目的是减少未来可能产生的损害,因此马里兰州公共事业委员会成员可以作为联邦法院审理案件的被告。

判决结果

上诉法院判决地区法院对本案有管辖权,撤销地区法院以无管辖权为由驳回起诉的判决,实体问题发回重审。

二、本案知识点

1. 诉权

诉权,包括程序意义上的诉权和实体意义上的诉权。前者也称为起诉权,指原告

---

① See Ex parte Young, 209 U. S. 123, 142, 28 S. Ct. 441, 446 (1908).

向法院请求行使审判权具有程序法上的依据；后者也称为胜诉权，指原告请求法院实现其民事权利具有实体法依据。在本案中，威瑞森公司与微波世界通信公司签订了互联互通协议，包括按照本地电话计费的网间结算条款，该协议由被告之一的地方电信管理机构批准生效。之后，FCC 作出规定，因为网络电话使用了包交换技术，其路由超出了本地网（可能会绕行世界各地）的范围，因此网络电话不属于本地业务。据此，威瑞森公司不再执行合同，拒绝向微波世界通信公司支付网络电话的网间补偿。微波世界通信公司向地方电信管理机构申请执行原合同、按照本地电话结算，被批准。威瑞森公司起诉，一审和二审都认定其没有诉权，本案由美国联邦最高法院判决，最终支持其具有诉权，实体问题发回重审。①

2. 管制归类

本案提出的问题是：行政管制按照归类进行，新技术突破了归类或让归类不明，如何将原来的管理规则适用于新技术？例如，原来的资费管制是按照本地语音、国内长途、国际长途归类的，网络电话使得本地和国内、国际模糊化，如何对网络电话收费，是原资费政策不得不面临的技术挑战。

3. 管辖

《美国宪法第十一修正案》规定了联邦法院不能审理公民诉州的案件②，但有一个

---

① 参见判决原文："Federal Communications Commission (FCC) issued a ruling, which categorized ISP – bound calls as nonlocal for purposes of reciprocal compensation .

"Verizon informed WorldCom that it would no longer pay reciprocal compensation for telephone calls made by Verizon's customers to the local access numbers of Internet Service Providers (ISPs), claiming that ISP traffic was not 'local traffic' subject to the reciprocal compensation agreement because ISPs connect customers to distant Web sites.

"The Commission found in favor of WorldCom, ordering Verizon 'to timely forward all future interconnection payments owed [WorldCom] for telephone calls placed to an ISP' and to pay WorldCom any reciprocal compensation.

"Verizon filed a new complaint with the Commission, arguing that the FCC ruling established that Verizon was no longer required to provide reciprocal compensation for ISP traffic. the Commission rejected this contention, concluding that, as a matter of state contract law, WorldCom and Verizon had agreed to treat ISP – bound calls as local traffic subject to reciprocal compensation.

"Verizon sought declaratory and injunctive relief from the Commission's order, alleging that the determination that Verizon must pay reciprocal compensation to WorldCom for ISP traffic violated the 1996 Act and the FCC ruling."。

② 相关规定参见《美国宪法第十一修正案》："The Judicial power of the United States shall not be construed to extend to any suit in law or equity, commenced or prosecuted against one of the United States by Citizens of another State, or by Citizens or Subjects of any Foreign State."。

例外，就是州法违反了联邦法。本案属于例外，因此联邦法院可以审理。①

三、判决原文摘录

1. These cases present the question whether federal district courts have jurisdiction over a telecommunication carrier's claim that the order of a state utility commission requiring reciprocal compensation for telephone calls to Internet Service Providers violates federal law.

2. When a new entrant seeks access to a market, the incumbent LEC must provide interconnection with the incumbent's existing network, and the carriers must then establish reciprocal compensation arrangements for transporting and terminating the calls placed by each others' customers.

3. "It is firmly established in our cases that HN7 the absence of a valid (as opposed to arguable) cause of action does not implicate subject - matter jurisdiction, the court's statutory or constitutional power to adjudicate the case."

4. Verizon sought declaratory and injunctive relief from the Commission's order, alleging that the determination that Verizon must pay reciprocal compensation to WorldCom for ISP traffic violated the 1996 Act and the FCC ruling.

5. Verizon seeks relief from the Commission's order "on the ground that such regulation is pre - empted by a federal statute which, by virtue of the Supremacy Clause of the Constitution, must prevail," and its claim "thus presents a federal question which the federal courts have jurisdiction under 28 U. S. C. § 1331 to resolve."

---

①　参见判决原文："the standard of exception of the 11th Amendment bars to sue the state in federal court: The Commission nonetheless contends that the Eleventh Amendment bars Verizon's claim against it and its individual commissioners. In determining whether the doctrine of Ex parte Young avoids an Eleventh Amendment bar to suit, a court need only conduct a 'straightforward inquiry into whether [the] complaint alleges an ongoing violation of federal law and seeks relief properly characterized as prospective.'

"[In this case], The prayer for injunctive relief—that state officials be restrained from enforcing an order in contravention of controlling federal law—clearly satisfies our 'straightforward inquiry.'"。

第六章　普遍服务

享受电信普遍服务是一种基本人权。在通信成为实现言论自由的普遍方式的时代,为高成本地区、弱势群体提供电信服务,无法依赖利润的驱动,只有靠强制性义务,因而电信普遍服务被看作企业的社会责任。普遍服务的具体内容包括:保证任何人在任何时间、任何地点都可以方便地享受电信服务,以及电信服务标准的统一和无歧视、资费价格普通家庭经济能力可以承受。普遍服务的主要对象是人口稀少地区,教育等公益机构,低收入等弱势群体,火警、匪警、急救等紧急救助电话。普遍服务具有以下特征:可接入性(在任何地点都可以享受全面覆盖的电话服务)、平等性(价格、服务和质量无歧视)和可购性(服务价格可消费得起)。

普遍服务是全体运营商的义务,但其具体执行又只能落在少数企业头上,故如何补贴提供普遍服务的企业成为设计普遍服务制度的关键。无论哪一种普遍服务制度,都必须解决两个问题:如何获得普遍服务费,以及如何向提供普遍服务的企业提供补偿。这两个问题的解决都需要建立运营商的信息披露义务。所有历史上有过的普遍服务制度,都以信息披露制度的建立为主要制度。例如,交叉补贴、亏损补贴仍需要信息披露。所以,设计任何一种形式的普遍服务制度,都必须考虑其中的信息披露制度。这包括两个层面的内容:信息的主动披露义务、对国家信息获取措施的配合义务。

本章共包含五个案例。

案例6-1对美国联邦电信委员会根据1996年联邦《电信法》制定的实现普遍服务目的的原则进行了审查,主要讨论了美国联邦电信委员会的权限和如何收取普遍服务税的问题,包括高成本支持的计算方法、如何平衡各州与联邦的成本、如何确定缴纳普遍服务基金的运营商主体、何时实施高成本支持项目。

案例6-2中,法院审查了美国联邦电信委员会制定的原则。法院认为:(1)自从美国联邦电信委员会在法律问题上抨击了隐性补贴,其就将该补贴方式变成了显性补贴;(2)该决定是成熟的、终局的。对于"足够的"和"合理的可比性"两个概念,美国联邦电信委员会应当作更加精确的定义;对于联邦和州的责任分担,其无权决定。

案例6-3审查了美国联邦电信委员会制定的三个原则的合理性和合法性。经过审查,法院以以下原因支持了美国联邦电信委员会的决定:首先,申请人不能提供任何证据让人确信,在从垄断向竞争性普遍服务转变的过渡期内,美国联邦电信委员会制定过三个原则;其次,法院对美国联邦电信委员会过渡方法的审查标准应当是尊重的;最后,法院不能审查该问题,因为美国联邦电信委员会制定的规则并未在现在产生损害结果。

案例6-4涉及原告作为起诉依据的法律的不适当问题,类似于我国法官在实施"释明权"时面对的改变案由。同时本案还讨论了联邦法构成先占而使州法无效的三种情形。关于本案的仲裁条款,法官认为,联邦《电信法》构成先占,不适用州法,故对非加利福尼亚州居民消费者主张的运营商服务协议中的仲裁条款在州法下显失公平,不予支持。

案例6-5的关注点在于获得初步禁令的标准,即:(1)颁发该禁令可能有利于实现普遍价值;(2)拒绝颁发禁令将带来不可弥补的损失;(3)实施目标条例带来的损失大于颁发禁令给带来的损失;(4)颁发禁令不会损害公共利益。法官同时指出,州政府有权行使自治权对普遍服务进行管制。

6-1 美国联邦电信委员会有权制定普遍服务的显性补贴政策而无权制定隐性补贴政策——得克萨斯州公共事业顾问办公室与美国联邦电信委员会案 Tex. Office of Pub. Util. Counsel *v.* FCC

【案　　号】183 F.3d 393 (5th Cir. 1999)

【审理法院】美国联邦第五巡回上诉法院

【审理时间】1999年7月30日

一、案件情况

上诉人、一审原告:得克萨斯州公共事业顾问办公室(Texas Office of Public Utility Counsel)等

被上诉人、一审被告:美国联邦电信委员会(Federal Communications Commission, FCC)、美国政府(United States of America)

案件事实

从1934年联邦《电信法》(Federal Telecommunications Act)开始,美国国会就奠定了电信管制中实现普遍服务的基本目标。1934年联邦《电信法》的第一章就设立FCC

专门进行了规定,其目的在于调节州内和跨州有线、无线电信服务,使美国境内的所有人,无论种族、肤色、宗教信仰、国籍和性别,都能以合理的价格享受高速、高效的电信服务。在该授权下,FCC 致力于研究电信管理方案,使电信资费更加合理,使普通人能够支付得起。为了实现普遍服务的目的,除了依靠市场力量,FCC 还通过显性或者隐性的方式补贴部分电信服务提供商,加速实现普遍服务。显性补贴,是指直接向电信服务提供商或者个人提供资助,用以降低或者免除电信服务费用,包括直接给使用高成本电信服务的最终客户发放津贴,以支持该部分客户;隐性补贴,是通过法律赋予电信运营商收取某项费用的权利,用这部分的收费弥补提供普遍服务的成本,该补贴方式只有在特定条件下才能很好地运作。为了保护和促进普遍服务,联邦《电信法》第254(b)(5)条①授权 FCC,要求其制定具体的、可预测的、足够的联邦和州的机制来代替显性补贴和隐性补贴方式。

FCC 首先计划制定高成本地区扶持系统,要想完成高成本系统的方案,必须先解决以下问题:(1)使用什么方法计算高成本服务的支持费用;(2)如何在州和联邦之间

---

① 1.47 U.S.C. § 254(b): Universal service principles

The Joint Board and the Commission shall base policies for the preservation and advancement of universal service on the following principles:

(1) Quality and rates

Quality services should be available at just, reasonable, and affordable rates.

(2) Access to advanced services

Access to advanced telecommunications and information services should be provided in all regions of the Nation.

(3) Access in rural and high cost areas

Consumers in all regions of the Nation, including low – income consumers and those in rural, insular, and high cost areas, should have access to telecommunications and information services, including interexchange services and advanced telecommunications and information services, that are reasonably comparable to those services provided in urban areas and that are available at rates that are reasonably comparable to rates charged for similar services in urban areas.

(4) Equitable and nondiscriminatory contributions

All providers of telecommunications services should make an equitable and nondiscriminatory contribution to the preservation and advancement of universal service.

(5) Specific and predictable support mechanisms

There should be specific, predictable and sufficient Federal and State mechanisms to preserve and advance universal service.

(6) Access to advanced telecommunications services for schools, health care, and libraries

Elementary and secondary schools and classrooms, health care providers, and libraries should have access to advanced telecommunications services as described in subsection (h) of this section.

(7) Additional principles

Such other principles as the Joint Board and the Commission determine are necessary and appropriate for the protection of the public interest, convenience, and necessity and are consistent with this chapter.

分配成本;(3)哪些电信运营商需要为高成本地区服务支付费用;(4)该系统何时实施。在解决了上述问题后,FCC制定了新的规则,为学校、图书馆和卫生保健系统建立了普遍服务,特别是为学校和图书馆内部提供普遍服务,该规则以下简称诉争规则。

在诉争规则制定以后,得克萨斯州公共事业顾问办公室等原告提起诉讼,提出了两个方面的疑问:(1)高成本支持系统在计算方式、成本分配和恢复普遍服务接入费上,是否违反了联邦《电信法》;(2)对于学校和图书馆项目的支持,FCC未经允许扩大了联邦《电信法》第254(h)(1)(B)条[①]和第254(c)(3)条[②]的范围,是否违反了联邦《电信法》。

该诉讼合并至联邦第四巡回上诉法院审理。上诉人上诉请求对FCC制定的诉争规则进行司法审查,判决其因违反联邦《电信法》而无效。

上诉人的上诉理由是:(1)诉争规则中的高成本支持规则,包括成本规模、资金分配等内容,违反联邦《电信法》;(2)联邦《电信法》第254(h)条虽然授权FCC在价格管制中要求以折扣价格提供学校、图书馆和卫生保健场所的电信服务,但并没有相应的法规允许以折扣价格接入和互联互通,而提供互联网服务和网络连接一定包括接入和互联互通的环节,因此FCC制定的诉争规则规定以折扣价格提供互联网服务和网络连接超越了其法定权限。

被上诉人的答辩理由是:(1)诉争规则中的高成本支持规则旨在实现普遍服务的目的,鼓励市场竞争,并在联邦《电信法》授权下制定该规则,并不构成违法;(2)FCC虽然认同网络接入和连接不能定义为"电信服务",但是在联邦《电信法》第254(c)(3)条中所包含的附加服务(additional services)并没有将电信服务排除在外,因此可以将附加服务解释为包含电信服务,也就使得FCC有权规定以折扣价格提供学校、图书馆

---

① 47 U. S. C. § 254(h)(1)(B):All telecommunications carriers serving a geographic area shall, upon a bona fide request for any of its services that are within the definition of universal service under subsection (c)(3) of this section, provide such services to elementary schools, secondary schools, and libraries for educational purposes at rates less than the amounts charged for similar services to other parties. The discount shall be an amount that the Commission, with respect to interstate services, and the States, with respect to intrastate services, determine is appropriate and necessary to ensure affordable access to and use of such services by such entities. A telecommunications carrier providing service under this paragraph shall—

(i) have an amount equal to the amount of the discount treated as an offset to its obligation to contribute to the mechanisms to preserve and advance universal service, or

(ii) notwithstanding the provisions of subsection (e) of this section, receive reimbursement utilizing the support mechanisms to preserve and advance universal service.

② 47 U. S. C. § 254(c)(3):In addition to the services included in the definition of universal service under paragraph (1), the Commission may designate additional services for such support mechanisms for schools, libraries, and health care providers for the purposes of subsection (h) of this section.

和卫生保健场所的电信服务。

焦点问题

1. FCC 制定的高成本地区扶持系统在计算方式、成本分配和恢复接入费用上是否违反联邦《电信法》?

2. FCC 对于学校和图书馆项目的补助是否扩大了联邦《电信法》的授权范围? 是否违反联邦《电信法》?

法院观点

1. 如何判断高成本系统方案是否合法

要判断高成本系统方案是否合法,需要解决四个问题:

(1)在成本计算上,诉争规则采用前瞻性的成本计算模型,对电信服务提供商来说是一种低成本、高效率的计算方式,是合理的。

(2)在分配方式上,诉争规则采用的分配方式并不违法:运营商之间以收入为基准的计算分配方式不仅为了保护普遍服务,更是鼓励市场竞争,激发电信服务提供商提供高质量服务的动力,在州和联邦的成本分配上,诉争规则规定 25% 的资金支持由州承担,其余部分由联邦承担,联邦承担的费用通常是对各州的收费,对于该规则,FCC 已经听取联合委员会的建议,取消了比例分配,因此在本案中法院已无须审理。

(3)联邦《电信法》第 214(e)条已经明确规定了获得联邦普遍服务基金补贴的资格要求,于是,除少数农村地区外,州委员会没有自由裁量权来判断谁有权获得联邦普遍服务基金的补贴。如果某个运营商符合联邦《电信法》第 214(e)(1)条的规定,州委员会必须指定其为联邦普遍服务基金补贴的获得者。FCC 规定,州委员会对于非农村地区申请联邦普遍服务基金补贴的运营商不能附加任何额外条件。

(4)在电信服务提供商需要支付的费用上,FCC 提出恢复缴纳接入费用,该决定违反联邦《电信法》,恢复收取接入费是一种隐性补贴。与竞争性本地交换运营商(Competing Local Exchange Carrier, CLEC)不同,在位本地交换运营商(Incumbent Local Exchange Carrier, ILEC)无法从最终用户处通过隐性收费的方式收回缴纳普遍服务金的费用,因此对 ILEC 不公平。法院认为,联邦《电信法》第 254(e)条[①]并没有授权 FCC 制定隐性补贴(如以允许 ILEC 收取接入费的方式变相地补偿其提供普遍服务的损失)的权利,即 FCC 只能制定显性补贴,也就是明补,而非授予特权作为变相补贴,因

---

① 47 U. S. C. § 254(e): After the date on which Commission regulations implementing this section take effect, only an eligible telecommunications carrier designated under section 214(e) of this title shall be eligible to receive specific Federal universal service support. A carrier that receives such support shall use that support only for the provision, maintenance, and upgrading of facilities and services for which the support is intended. Any such support should be explicit and sufficient to achieve the purposes of this section.

此,FCC 无权赋予 ILEC 以收取接入费的形式变相实现普遍服务的补贴,FCC 以恢复收取接入费用作为普遍服务的一种补贴形式,超越了联邦《电信法》的授权。综上所述,法院撤销电信服务提供商缴纳接入费用的规定;撤销禁止各州强加合适的要求的规定。

2. 联邦《电信法》的授权范围

对于第 2 个焦点问题的法律规定主要集中在联邦《电信法》第 254(h)(1)(B)条和第 254(c)(3)条,FCC 是否超越法律授权的判断依据为其解释是否与联邦《电信法》第 254(h)(1)(B)条和第 254(c)(3)条表述的意思相冲突。上诉人认为,联邦《电信法》第 254(h)条的规定虽然授权 FCC 在价格管制中要求以折扣价格提供学校、图书馆和卫生保健场所的电信服务,但并没有相应的法规允许以折扣价格接入和互联互通,而提供互联网服务和网络连接一定包括接入和互联互通的环节,因此 FCC 在诉争规则中规定以折扣价格提供互联网服务和网络连接超越其法定权限。而被上诉人虽然认同网络接入和互联不能被定义为电信服务,但是联邦《电信法》第 254(h)(1)(B)条规定以折扣价格提供包括学校、图书馆和卫生保健在内的普遍服务,联邦《电信法》第 254 (c)(3)条授权 FCC 可以制定附加服务用以支撑普遍服务的提供,该条款中的"附加服务"并没有将电信服务排除在外,因此可以将附加服务解释为包含电信服务,也就使得 FCC 有权授权以折扣价格提供学校、图书馆和卫生保健场所的电信服务。法院认为,联邦《电信法》第 254(c)(3)条限制了 FCC 解释术语"附加服务"定义的权利,本案中 FCC 对于"附加服务"的定义过宽,从立法的历史分析,联邦《电信法》第 254(h)(1)(B)条旨在确保学校、图书馆和卫生保健场所的电信服务,而联邦《电信法》第 254(c)(3)条给予 FCC 一定的自由裁量权,但该条款中"附加服务"的定义仅适用于公共机构的电信服务提供商,而不是泛指一切电信服务,因此也就不包含为学校、图书馆和卫生保健场所提供的电信服务。FCC 在价格管制中使用折扣价格提供学校、图书馆和卫生保健场所的电信服务的规定超出了联邦《电信法》的授权,构成违法。

判决结果

联邦《电信法》中的很多冲突点会在 FCC 实施法案的过程中解决。本案中,通过 FCC 实施制定的诉争规则可以解决普遍服务中的大量问题,政府机构不需要在任何情况下都认可 FCC。恢复电信服务提供商缴纳接入费用和禁止各州强加合适的要求的规定违反联邦《电信法》,因此予以撤销;对于 FCC 以折扣价格提供学校、图书馆和卫生保健场所的电信服务的规定,法院认为 FCC 超越了联邦《电信法》的授权。

二、本案知识点

1. 普遍服务的目的和管理机关①。

2. 美国法中行政立法和立法机关立法的差别:后者通过民众代表建立规则(民众选代表就是授权行为),通过即生效(但接受合宪性审查);前者是法律授权行政机关建立规则,是一种行政行为,接受司法审查。

3. 普遍服务需要解决的问题:什么项目需要补贴、补贴谁、补贴款从哪里征收、补贴数额如何计算、如何选择运营商实施普遍服务。在本案中存在以下争议:学校和图书馆的互联网接入是否属于补贴项目?

4. 为了产生激励效果,按照"前瞻式最高效运营商"(forward - looking cost of most efficient provider)的标准计算成本。本案中,FCC 采用这种补贴政策除了维持普遍服务,还在于激励运营商采用效益最好的方法实现这种服务。

三、判决原文摘录

1. When deciding whether the Federal Communications Commission has the statutory authority to adopt the rules included in an order, the court reviews the agency's interpretation by first deciding whether Congress has directly spoken to the precise question at issue. If so, the court gives effect to the unambiguously expressed intent of Congress. In this situation, the court reverse's an agency's interpretation if it does not conform to the plain meaning of the statute. This level of review is often called "Chevron step - one" review.

2. The FCC's reason for adopting this methodology is not just to preserve universal service. Rather, it is also trying to encourage local competition by setting the cost models at the "most efficient" level so that carriers will have the incentive to improve operations.

3. Petitioners, joined by numerous intervenors, challenge several aspects of the FCC's Universal Service Order (the "Order") implementing the provisions of the Act codified at 47 U. S. C. § 254.

4. As Section 1 of the 1934 Act stated, the FCC was created [f]or the purpose of regulating interstate and foreign commerce in communication by wire and radio so as to make available, so far as possible, to all the people of the United States, without

---

① 对"普遍服务的目的和管理机关"(the purpose of universal service and the regulation agency)的解释参见判决原文:"the Supreme Court's assessment that the Telecom Act is 'a model of ambiguity or indeed even self - contradiction.' Congress realizes that many of these ambiguities will be resolved by the FCC during its implementation of the statute. In this case, we have done so, and we affirm most aspects of the Order implementing the universal service program and dismiss challenges to several parts of the Order as moot."。

discrimination on the basis of race, color, religion, national origin, or sex, a rapid, efficient, Nation – wide, and world – wide wire and radio communication service with adequate facilities at reasonable charges. . . .

5. This form of subsidy includes using revenues from line charges on end – users to subsidize high – cost service directly and to support the Lifeline Assistance program for low-income subscribers.

6 – 2　如何判断普遍服务补贴政策的终局性和成熟性——奎斯特通信国际公司与美国联邦电信委员会案 Qwest Communs. Int'l, Inc. *v.* FCC

【案　　号】398 F. 3d 1222（10th Cir. 2005）

【审理法院】美国联邦第十巡回上诉法院

【审理时间】2005 年 2 月 23 日

一、案件情况

上诉人、一审原告：奎斯特通信国际公司（Qwest Communications International Inc.，以下简称奎斯特公司）、西南贝尔通信公司（SBC Communications, Inc.）

被上诉人、一审被告：联邦电信委员会（Federal Communications Commission, FCC）、美国政府（United States of America）

第三人：威瑞森电话公司（Verizon）、美国电话电报公司（AT&T Corp.）、缅因州公共事业委员会（Maine Public Utilities Commissio）、西南贝尔通信公司（本案为合并审理案件，西南贝尔通信公司在有些案件中属于上诉人，在有些案件中属于第三人）

案件事实

普遍服务的目的是确保美国全国范围内的消费者，无论在城市还是农村，都能享受公共电信服务。联邦《电信法》（Federal Telecommunications Act）第 254（c）（1）条①

① 47 U. S. C. §254(c)(1): In general

Universal service is an evolving level of telecommunications services that the Commission shall establish periodically under this section, taking into account advances in telecommunications and information technologies and services. The Joint Board in recommending, and the Commission in establishing, the definition of the services that are supported by Federal universal service support mechanisms shall consider the extent to which such telecommunications services—

(A) are essential to education, public health, or public safety;

将普遍服务定义为电信服务的持续发展。美国国会指出,优质的普遍服务是以公正、合理和消费者可以负担得起的价格提供;并进一步指出,FCC 应当制定具体的、可预测的联邦和州的管理机制来促进普遍服务。随着科技的进步和社会的不断发展,普遍服务随之发生改变,其补贴方式也有所不同。1996 年联邦《电信法》制定之前,普遍服务补贴主要通过明补(直接补贴货币)和暗补(如交叉补贴,Cross - Subsidy)完成。农村地区提供电信服务的成本往往大于城市地区,为确保普遍服务的实现,各国通常允许电信服务提供商在城市收取较高的服务费用,以补贴向农村提供服务的亏额。

1996 年联邦《电信法》将竞争引入本地市场,美国国会敦促 FCC 制定政策来保护和促进农村的普遍服务。FCC 先后颁布了一系列的普遍服务规则,根据这些规则,在农村和高成本地区提供电信服务的电信服务提供商可以获得联邦支持(资金)。对 FCC 制定的规则,部分电信服务提供商提出疑问,要求司法审查。在已结的先例诉讼奎斯特公司诉 FCC 案[①]中,一审法院撤销了 FCC 制定的《第九报告和命令》(Ninth Report and Order)并发回 FCC 重新制定,该命令设定了非农村的高成本地区电信运营商的补偿机制。一审法院对此作出了如下几点要求:(1)更加准确地定义相关的法律术语;(2)对于联邦资金支持的决定,提供足够的资料和理由加以论证;(3)制定引导性机制引导各州共同实现普遍服务。

随后,FCC 颁布了《回审命令》(Order on Remand,也是本案的诉争命令),作出以下回应:

(1)FCC 将“足够的”(sufficient)解释为“联邦足够的支持(资金),使各州实现非农村运营商在城市和高成本农村地区提供的服务具有可比性”,将“合理的可比性”(reasonably comparable)解释为“农村价格在城市平均价格的 138% 的范围内”;

(2)为了证明其计算方法能实现农村和城市地区使用电信服务价格具有合理的可比性,FCC 要求各州定期比较两地区电信服务的价格,各州必须每年向 FCC 提交报告并证明农村电信服务价格具有合理的可比性。

为了起草《回审命令》,FCC 拒绝了各州和电信运营商的投诉——他们认为以前的资金分配标准对于实现普遍服务的目的是不充分的。之后,《回审命令》将联邦资金支持从 2.54 亿美元增加到了 2.78 亿美元,并将具有联邦资金支持的州的数量从 8 个增加到了 10 个。对于该命令,奎斯特公司、西南贝尔通信公司又提出了疑问,认为该命

(B) have, through the operation of market choices by customers, been subscribed to by a substantial majority of residential customers;

(C) are being deployed in public telecommunications networks by telecommunications carriers; and

(D) are consistent with the public interest, convenience, and necessity.

① See Qwest Corp. *v.* FCC, 258 F.3d 1191, 1195 (10th Cir. 2001).

令缺乏终局性和成熟性，是反复无常的；FCC 对于术语“合理的比较”“足够的”的定义与法律和法院先前的决定相冲突；FCC 忽略了一审法院的判决，没有制定充足的引导性机制来确保合理的可比性，联邦第十巡回上诉法院合并审理了本案。上诉人请求对 FCC 制定的诉争命令进行司法审查。

上诉人的诉讼理由是：(1)联邦和州已经规定用显性补贴来代替隐性补贴，而诉争命令未能确保普遍服务的补贴方式可以顺利过渡，缺乏终局性和成熟性，是反复无常的。(2)FCC 对于术语“合理的比较”的定义与法律以及法院先前的决定相冲突；对于术语“足够的”的定义与美国国会的意图以及法院意见相冲突。(3)FCC 忽略了一审法院的决定，没有制定充足的引导机制来确保电信服务价格合理的可比性。

被上诉人的答辩理由是：(1)FCC 一再强调其对联邦《电信法》条款的解释具有终局性，并不构成反复无常，诉争命令是具有成熟性的。(2)FCC 对于“足够的”和“合理的比较”的定义没有超越法律规定的限制范围，是合理的。(3)引导机制的制定是一个长久的过程，在短期内无法制定完善的引导机制，且 FCC 没有制定引导机制的法定权利。

焦点问题

1. FCC 对补贴的规定是否缺乏终局性和成熟性？

2. FCC 对于法律术语“足够的”和“合理的可比性”的定义是否合理？

3. FCC 是否应当制定引导机制？

法院观点

1. 法院驳回了上诉人认为的联邦政府和州已经确定用显性补贴代替隐性补贴，而 FCC 的规定未能确保普遍服务的补贴方式的过渡，缺乏终局性和成熟性的观点。要判断 FCC 的规定是否具备终局性，首先，要确定该规定所产生的效果是否立即和直接；其次，要确定决策过程是否完善；最后，要确定权利义务以及法律责任是否明确。本案中，FCC 明确表示，1996 年联邦《电信法》并不要求各州转换补贴方式，采用显性补贴。《回审命令》也充分证实了 FCC 对于联邦《电信法》条款的回应。然而上诉人认为，由于 FCC 并未决定最终适用的方法，该命令不具有最终性。法院认为，FCC 已经作出决定，认为联邦《电信法》并未授权各州采取行动实施普遍服务补贴方式的转变，且在其发布的命令中一再强调该观点。法院最终得出结论，当一个行政机关一再强调其对联邦《电信法》条款解释的结论时，该结论就表现出了最终性。对于诉争命令是否已经成熟，应当从四个方面进行考虑：(1)要解决的问题是不是纯粹的法律问题；(2)机构采取的行动是否终局；(3)采取的行为是否会对申请者立即产生影响；(4)对这个问题的解决是否会帮助政府机构有效地实施管理。

在本案中，FCC 承认要解决的问题是一个纯粹的法律问题，普遍服务补贴方式的改变具有终局性且会产生直接的影响，而司法审判会促进有效的执行和管理，由此判断，诉争命令是成熟的。

2. 联邦《电信法》第 254(e) 条[①]规定，普遍服务的支持必须是“明确的”且“足够的”，并将“足够的”定义为：联邦政府足够的支持，使美国各州非农村运营商在农村和高成本地区提供的电信服务有合理的可比性。也就是说，对于“足够的”的解释，除了可比性原则，还包含了其他原则，然而 FCC 的定义仅遵守了可比性原则而忽略了其他原则，其定义不够完整，因此法院将“足够的”的定义发回重新定义，要求 FCC 必须在法律文本确定的原则下进行规范；联邦《电信法》第 254(b)(3) 条[②]将“合理的可比性”定义为，在美国全国范围内，包括农村地区和高成本地区用户能享受的电信服务在一

---

① 47 U. S. C. § 254(e): After the date on which Commission regulations implementing this section take effect, only an eligible telecommunications carrier designated under section 214(e) of this title shall be eligible to receive specific Federal universal service support. A carrier that receives such support shall use that support only for the provision, maintenance, and upgrading of facilities and services for which the support is intended. Any such support should be explicit and sufficient to achieve the purposes of this section.

② 47 U. S. C. § 254(b): Universal service principles

The Joint Board and the Commission shall base policies for the preservation and advancement of universal service on the following principles:

(1) Quality and rates

Quality services should be available at just, reasonable, and affordable rates.

(2) Access to advanced services

Access to advanced telecommunications and information services should be provided in all regions of the Nation.

(3) Access in rural and high cost areas

Consumers in all regions of the Nation, including low – income consumers and those in rural, insular, and high cost areas, should have access to telecommunications and information services, including interexchange services and advanced telecommunications and information services, that are reasonably comparable to those services provided in urban areas and that are available at rates that are reasonably comparable to rates charged for similar services in urban areas.

(4) Equitable and nondiscriminatory contributions

All providers of telecommunications services should make an equitable and nondiscriminatory contribution to the preservation and advancement of universal service.

(5) Specific and predictable support mechanisms

There should be specific, predictable and sufficient Federal and State mechanisms to preserve and advance universal service.

(6) Access to advanced telecommunications services for schools, health care, and libraries

Elementary and secondary schools and classrooms, health care providers, and libraries should have access to advanced telecommunications services as described in subsection (h) of this section.

(7) Additional principles

Such other principles as the Joint Board and the Commission determine are necessary and appropriate for the protection of the public interest, convenience, and necessity and are consistent with this chapter.

定的比例内具有可比性。可比性原则是对普遍服务的保护和扩展，在本款中的“一定的比例”，FCC应当通过更加精确的数字加以确认，因此法院对该定义发回重新定义，要求FCC发挥其职责，更精确地进行定义。

3.法院驳回原告认为的FCC必须制定引导机制来实现普遍服务的观点，引导机制涉及FCC和州之间的责任关系，由于FCC为该关系的当事人，因此FCC没有权力制定引导机制。

判决结果

法院判决对本案诉求部分支持，部分驳回，发回FCC进一步讨论：(1)FCC对联邦《电信法》条款进行了回应，诉争命令是最终的决定，且已经成熟；(2)对于“足够的”和“合理的可比性”的定义，要求FCC重新定义；(3)对于引导机制，由于涉及FCC和州之间的责任关系，FCC没有权力制定。

二、本案知识点

1.普遍服务是一个随着技术和社会发展不断演变的概念①。

2.普遍服务演化的路径是从暗补（交叉补贴）到明补（招标获得，acquiring by tender）②。

3.在普遍服务事项上，州和联邦是合作关系③。

---

① 对“普遍服务”(universal service)的解释参见联邦《电信法》第254(c)(1)条：“In general. Universal service is an evolving level of telecommunications services that the Commission shall establish periodically under this section, taking into account advances in telecommunications and information technologies and services. The Joint Board in recommending, and the Commission in establishing, the definition of the services that are supported by Federal universal service support mechanisms shall consider the extent to which such telecommunications services—

“(A) are essential to education, public health, or public safety;

“(B) have, through the operation of market choices by customers, been subscribed to by a substantial majority of residential customers;

“(C) are being deployed in public telecommunications networks by telecommunications carriers; and

“(D) are consistent with the public interest, convenience, and necessity.”。

② 在联邦《电信法》实施以前，普遍服务主要是通过明确的货币支付维持的隐性补贴体系，联邦《电信法》第254条要求联邦政府以显性补贴取代隐性补贴。

③ 联邦《电信法》在联邦政府和州政府之间建立伙伴关系，以支持全球化服务。参见联邦《电信法》第254(f)条：“State authority. A State may adopt regulations not inconsistent with the Commission's rules to preserve and advance universal service. Every telecommunications carrier that provides intrastate telecommunications services shall contribute, on an equitable and nondiscriminatory basis, in a manner determined by the State to the preservation and advancement of universal service in that State. A State may adopt regulations to provide for additional definitions and standards to preserve and advance universal service within that State only to the extent that such regulations adopt additional specific, predictable, and sufficient mechanisms to support such definitions or standards that do not rely on or burden Federal universal service support mechanisms.”。

三、判决原文摘录

1. We hold that the FCC relied on an erroneous, or incomplete, construction of 47 U.S.C. § 254 in defining statutory terms and crafting the funding mechanism for non – rural, high – cost support.

2. To guide the Federal Communications Commission in implementing policies for the preservation and advancement of universal service, Congress enunciated various principles, and noted that quality services should be available at just, reasonable, and affordable rates.

3. Prior to passage of the Act, universal service was largely sustained through explicit, monetary payments to local carriers and a system of implicit subsidies.

4. Congress further posited that "[t]here should be specific, predictable and sufficient Federal and State mechanisms to preserve and advance universal service."

5. Non – rural carriers in states with average costs exceeding the national benchmark were eligible for support.

6 –3 传统普遍服务机制(垄断性补偿)向现代机制(竞争性补偿)的转化——艾兰克通信公司与美国联邦电信委员会案 Alenco Communs., Inc. *v.* FCC

【案　　号】201 F.3d 608 (5th Cir. 2000)

【审理法院】美国联邦第五巡回上诉法院

【审理时间】2000 年 1 月 25 日

一、案件情况

上诉人、一审原告:艾兰克通信公司(Alenco Communications, Inc.)等

被上诉人、一审被告:联邦电信委员会(Federal Communications Commission, FCC)、美国政府(United States of America)

案件事实

从 1934 年联邦《电信法》(Federal Telecommunications Act)制定开始,实现普遍服务就是联邦《电信法》的基本目的。1996 年联邦《电信法》对 FCC 提出了双重要求,FCC 制定的规则需要同时实现普遍服务和向本地市场引入竞争的目的。为此,FCC 制定了《普遍服务命令》(The Universal Service Order,以下简称诉争命令),在竞争的市场环境下,对原先的普遍服务规则作出许多改动:首先,按照预期原则,价格的制定不再建立在历史成本上,而是基于预期成本,由于目前的市场价格与历史资本沉积无关,前

瞻性的成本计算模式更具有价值；其次，淘汰旧的隐性补贴制度，一些不符合补贴对象的客户利用隐性补贴的方式享受比同类别消费者更低的价格，造成了市场的不公平，因此这种补贴模式必须淘汰，在竞争激烈的市场，显性补贴方式更适合市场模式；最后，平等对待所有参与者。电信服务市场的转变是巨大的，美国国会明确表示，FCC 重组竞争市场内的普遍服务，目前的计划仅是过渡性的，因此法院的审查必须十分谨慎，不能武断地判决无效。

电话服务由两套系统的运营商共同提供：本地交换运营商（Local Exchange Carrier，LEC）提供本地服务，长途交换运营商（Interexchange Carrier，IXC）提供远程服务。FCC 制定的诉争命令涉及 LEC 和 IXC 的普遍服务项目。对此，艾兰克通信公司等 LEC 提出两个疑问，认为诉争命令是武断的、反复无常的，违反联邦《电信法》：(1)对高成本环路(high cost loops)的资金支持：在诉争命令下，LEC 无法获得公平的资金回报，打击了其投资的积极性；(2)对部分农村 LEC 补贴方式的改变，缺乏可预测性：在颁布诉争命令之前，FCC 指定了部分小型农村电信运营商，并向这些运营商支付一定的资金以补贴提供长途交换服务的交换设备的建设费用，而诉争规则消除了这种补贴，用一种新的补贴方式替代，使得原来的补贴办法无效，以原有补贴为目的提供服务的电信运营商无法获得预期的补贴，因此缺乏法律的可预测性。本案由联邦第五巡回上诉法院合并审理。上诉人请求对 FCC 制定的诉争命令进行司法审查，判决该命令无效。

上诉人的上诉理由是：(1)FCC 制定的命令与联邦《电信法》的目的不相符：首先，普遍服务高成本环路的资金支持是不合理的、任意的(capriciously)；其次，诉争命令中补贴方式的改变是任意的、武断的(arbitrarily)，与成本因果关系规则(cost - causation principles)相违背，且违反了法律的可预测性。(2)诉争命令存在不公平的征收，违反《美国宪法第五修正案》的征收条款(takings clause)。(3)诉争命令会给上诉人造成损害，且没有分析目前的经济状况，违反《弹性调节法》(Regulatory Flexibility Act，RFA)。

被上诉人的答辩理由是：(1)为了完成普遍服务的使命，FCC 设定普遍服务基金补贴高成本地区，该设定是合理的；关于交换费用补贴条款，FCC 已制定成本分离规则，因此是合理的；(2)诉争命令并不存在上诉人所称的不公平的征收情形，并不违反《美国宪法第五修正案》的征收条款；(3)对于损害结果，上诉人并不能证明，而 RFA 不要求 FCC 进行经济状况分析，因此不违反 RFA。

焦点问题

1. 诉争命令中的高成本补贴和交换成本补贴条款是否违反联邦《电信法》？
2. 诉争命令是否违反《美国宪法第五修正案》的征收条款？
3. 诉争命令是否对上诉人造成了经济损失？未进行经济分析是否违反 RFA？

法院观点

1. 上诉人并未证明 FCC 制定的诉争命令与联邦《电信法》的目的不相符

（1）上诉人并未证明诉争命令中对于普遍服务高成本环路的资金支持是不合理的、任意的。首先，上诉人认为 FCC 对于普遍服务基金的分配标准过于宽泛，但并未提出证据证明 FCC 滥用了自由裁量权。其次，诉争命令规定运营商法人的运营开支不得高于平均工业水平的 115%，上诉人认为，对于法人的运营开支，之前的规则已经设定了最高值，无须设置第二个最高值；法院认为，即使之前已经设定了最高值，但之前的设定并没有达到预期的目的，因此诉争命令设置第二个最高值是必须且合理的，且上诉人并未提出证据证明诉争命令会对法人的运营能力产生影响。再次，诉争命令中的普遍服务基金是跟随消费者进行补贴的（消费者无论选择哪家 LEC，给予该消费者的补贴都会支付到其选择的 LEC 处），而不是固定地补贴给 LEC，上诉人认为该规定违反了法律的可预测性，然而，普遍服务基金的最终目的就是补贴消费者，而不是补贴运营商，因此该规定并不违反法律的可预测性。最后，诉争命令简单地调整了之前计算的国家平均指标，而不是重新计算，这种方式建立在假设的基础上，也结合了历史因素来预期未来的成本，因此这种计算方式是合理的。综上所述，FCC 制定的诉争命令是充分的，并且可预测的，即使废除了部分之前的规定，但废除部分尚未达到需要司法审查的程度。基于以上原因，法院驳回上诉人认为高成本环路的资金支持是不合理的、任意的请求。

（2）即使 FCC 在对待交换机成本是否可以计入普遍服务费用中的政策经常变动，也不能以此判定 FCC 是任意的、反复无常的，因为 FCC 的这种政策变动并未影响普遍服务基金的充足性和确定性；另外，上诉人也没有提供其他证据证明 FCC 是任意的、反复无常的。首先，上诉人认为诉争命令中对补贴方式的改变是任意的、武断的，与成本因果关系规则相违背，上诉人固执地坚持这种假设：长途交换的成本高于本地交换。在成本因果关系规则中，IXC 在提供电信服务时产生了更多的交换费用，因此理应支付更高的接入费用。然而 FCC 放弃了这种假设，并不认为长途交换的成本一定高于本地交换，取而代之的是，FCC 认为应该给予农村 IXC 额外的补贴，该补贴出自新的普遍服务基金，这种补贴方式兼顾了 LEC 和 IXC 双方的利益。其次，上诉人误解了对"明确"（explicit）的定义，上诉人认为新普遍服务基金将从所有的电信运营商，包括上诉人等规模较小的 LEC 处征收，然后补贴给 IXC，这样的补贴方式显然有利于 IXC，是违法的。上诉人提出了同样的假设来证实其观点，那就是长途交换比本地交换需要更高的费用，因此长途交换运营商需要更高的补贴，但这个假设已经被 FCC 推翻。即使对所有电信运营商征收普遍服务基金会导致资源的重新分配，但 FCC 是依照联邦

《电信法》第254(b)条[①]的规定，公平地、无差别地向所有电信运营商征收，因此这种不区分电信运营商的征收方式并不构成“不明确”(implicit)的征收，FCC合理地适用了法律的规定，并不违反联邦《电信法》。最后，上诉人认为征收方式的改变违反了法律的可预测性和法定性，但根据法院的分析，LEC原来通过收取接入费进行补贴，与新基金的补贴在金额上相差不大，因此上诉人的诉求不成立。

2. 诉争命令不违反《美国宪法第五修正案》的征收条款

《美国宪法第五修正案》的征收条款保护公司免受不公平的征收。

要证明诉争命令存在违反《美国宪法第五修正案》的征收条款的情形，上诉人必须证明诉争命令会从整体上损害公司的财务体系，具体表现为：使公司缺乏操作能力、削弱盈利能力、减少补贴、获得不充分的补偿。诉争命令是否会产生上述后果，必须等到该命令实施一段时间后才能判断，目前法院不能审理该诉讼请求。此外，上诉人并没有提交证据证明诉争命令会对农村运营商产生严重的后果，故法院驳回该诉讼请求。

---

① 47 U.S.C. §254(b): Universal service principles

The Joint Board and the Commission shall base policies for the preservation and advancement of universal service on the following principles:

(1) Quality and rates

Quality services should be available at just, reasonable, and affordable rates.

(2) Access to advanced services

Access to advanced telecommunications and information services should be provided in all regions of the Nation.

(3) Access in rural and high cost areas

Consumers in all regions of the Nation, including low - income consumers and those in rural, insular, and high cost areas, should have access to telecommunications and information services, including interexchange services and advanced telecommunications and information services, that are reasonably comparable to those services provided in urban areas and that are available at rates that are reasonably comparable to rates charged for similar services in urban areas.

(4) Equitable and nondiscriminatory contributions

All providers of telecommunications services should make an equitable and nondiscriminatory contribution to the preservation and advancement of universal service.

(5) Specific and predictable support mechanisms

There should be specific, predictable and sufficient Federal and State mechanisms to preserve and advance universal service.

(6) Access to advanced telecommunications services for schools, health care, and libraries

Elementary and secondary schools and classrooms, health care providers, and libraries should have access to advanced telecommunications services as described in subsection (h) of this section.

(7) Additional principles

Such other principles as the Joint Board and the Commission determine are necessary and appropriate for the protection of the public interest, convenience, and necessity and are consistent with this chapter.

3. 无法判定诉争命令是否对上诉人造成经济损失,FCC 亦未违反 RFA

根据法院的分析,对于上诉人声称的损害后果,其并不能提供充分的证据加以证明,因此法院不能判定诉争命令会给上诉人造成损害而违法。而对于经济分析,《政府机构与雇员法》(Government Organization and Employees)第 604(a)(5)条[①]只是规定机构必须将其要采取的步骤进行说明,以尽量减少小型实体的经济损失,这些规定必须与适用法规的既定目标相一致,并未要求经济分析,FCC 并没有进行经济分析的法定义务,因此其亦未违反 RFA。

判决结果

法院最终决定驳回上诉人上诉请求:(1)上诉人不能证明 FCC 制定的诉争命令与联邦《电信法》的目的不相符;(2)诉争命令尚未产生损害后果,目前无法审理违反《美国宪法第五修正案》的征收条款的诉讼请求;(3)上诉人无法证明损害后果,且法律并不要求 FCC 做经济分析,诉争规则不违反 RFA。

二、本案知识点

1. 传统普遍服务机制(垄断型补偿)向现代机制(竞争型补偿)的转化表现在以下三点:

(1)补贴数额不是依据当初建设时的实际发生值,而是依据面向未来的成本,因为市场价格与目前的成本有关,而与当初建设时实际发生的沉淀资本无关;

(2)暗补变明补,即交叉补贴变为明确的补贴数额和方式;

(3)平等对待普遍服务提供商,如允许被补贴客户的号码携带转移,由市场决定谁给其提供普遍服务,而非由政府指定。[②]

---

① U. S. C. § 604(a)(6): a description of the steps the agency has taken to minimize the significant economic impact on small entities consistent with the stated objectives of applicable statutes.

② 对"FCC 关于传统普遍服务机制向现代机制的转化表现的三个原则"(FCC's three principles in transition from monopolistic to competitive universal service)的解释参见判决原文:"*First*, rates must be based not on historical, *booked costs*, but rather on *forward - looking costs*. After all, market prices respond to current costs; historical investments, by contrast, are sunk costs and thus ignored.

"*Second*, the old regime of *implicit* subsidies—that is, 'the manipulation of rates for some customers to subsidize more affordable rates for others'—must be phased out and replaced with *explicit* universal service subsidies—government grants that cause no distortion to market prices—because a competitive market can bear only the latter. The Act requires that all universal service support be explicit. See 47 U. S. C. § 254(e).

"*Finally*, the program must treat all market participants equally—for example, subsidies must be portable—so that the market, and not local or federal government regulators, determines who shall compete for and deliver services to customers."。

2. 对于法律授予 FCC 的临时性过渡政策采用尊重的审查标准。①

三、判决原文摘录

1. While the Federal Communications Commission (FCC) is required to obey statutory commands, the guiding principles reflect congressional intent to delegate difficult policy choices to the FCC's discretion.

2. Alongside the universal service mandate is the directive that local telephone markets be opened to competition.

3. Indeed, the FCC's very purpose is "to make available, so far as possible, to all the people of the United States... a rapid, efficient, Nation – wide, and world – wide wire and communication service with adequate facilities at reasonable charges."

4. When the permanent rules for universal access within the context of local competition are in place, all exchanges will be governed by uniform rules with respect to universal service support, without regard to the rural or non – rural status of the LEC.

5. In the interim, however, the rules continue to treat rural and other LEC's differently, in recognition of the continued greater need of rural LEC's. The opportunity thus exists for gaming the different universal service support regimes by transferring ownership to a rural LEC.

6–4 向消费者分摊普遍服务成本的方案是否必须上报美国联邦电信委员会——卡明斯与美国电话电报公司案 Cummings *v.* AT&T Corp. (In re Universal Serv. Fund Tele. Billing Practice Litig.)

【案　　号】619 F. 3d 1188 (10th Cir. 2010)

【审理法院】美国联邦第十巡回上诉法院

【审理时间】2010 年 9 月 20 日

---

① 对"对于法律授予 FCC 的临时性过渡政策采用尊重的审查标准"(the review standard for FCC's transitional approach is deferential)的解释参见判决原文:"The shift from monopoly to competition is indeed dramatic. Congress thus expressly contemplated that the Commission would adopt an incremental approach to retooling universal service for a world of competition. Because the provisions under review are merely transitional, our review is especially deferential."。

一、案件情况

被上诉人、交叉上诉上诉人、一审原告：托马斯·F. 卡明斯（Thomas F. Cummings）、罗杰·A. 格迪斯（Roger A. Gerdes）、斯特林·贝莫佛赫（Sterling Beimfohr）

上诉人、交叉上诉、被上诉人、一审被告：美国电话电报公司（AT&T Corporation，以下简称 AT&T 公司）

案件事实

根据 1934 年联邦《电信法》（Federal Telecommunications Act），电信运营商需要向联邦电信委员会（Federal Communications Commission，FCC）提交收费清单［见联邦《电信法》第 203（a）条①］，并且禁止电信运营商改变其已批准备案的收费清单上的费率、条款和条件。这就是"资费备案主义"（Filed Rate Doctrine），该原则是为了确保消费者在同等价格和条件下享受相同的服务［见联邦《电信法》第 203（c）条②］。20 世纪 70～80 年代，通信的迅速发展逐渐削弱了资费备案主义的功能。FCC 企图将某些电信运营商从联邦《电信法》第 203 条的适用范围中排除，但美国联邦最高法院依据联邦《电信法》第 203（b）（2）条③的规定提出，FCC 只能调整资费备案要求，不能取消备案制度本身。

---

① 47 U. S. C. § 203(a): Every common carrier, except connecting carriers, shall, within such reasonable time as the Commission shall designate, file with the Commission and print and keep open for public inspection schedules showing all charges for itself and its connecting carriers for interstate and foreign wire or radio communication between the different points on its own system, and between points on its own system and points on the system of its connecting carriers or points on the system of any other carrier subject to this chapter when a through route has been established, whether such charges are joint or separate, and showing the classifications, practices, and regulations affecting such charges.

② 47 U. S. C. § 203(c): No carrier shall (1) charge, demand, collect, or receive a greater or less or different compensation for such communication, or for any service in connection therewith, between the points named in any such schedule than the charges specified in the schedule then in effect, or (2) refund or remit by any means or device any portion of the charges so specified, or (3) extend to any person any privileges or facilities in such communication, or employ or enforce any classifications, regulations, or practices affecting such charges, except as specified in such schedule.

③ 47 U. S. C. § 203(b)(2): The Commission may, in its discretion and for good cause shown, modify any requirement made by or under the authority of this section either in particular instances or by general order applicable to special circumstances or conditions except that the Commission may not require the notice period specified in paragraph (1) to be more than one hundred and twenty days.

作为回应,美国国会颁布了 1996 年联邦《电信法》,依据其第 160(a)条①的规定,当满足以下三个条件时,FCC 可以适用容忍原则允许某些电信运营商不适用(forbear from applying)资费备案原则,具体条件如下:(1)在确保收费、实施、分类、规制公正、合理、不存在区别对待的基础上,实施该规定或者管理并不是必需的;(2)对于保护消费者而言,实施该规定或者管理并不是必需的;(3)与公共利益相一致。随后,对于如何适用 1934 年联邦《电信法》第 203 条规定的资费备案原则,FCC 发布了一个通知。在经历了一段时间的评论期后,FCC 发布了《不备案定价命令》(Detariffing Orders)等一系列的命令,从 2001 年 8 月 1 日起生效,该命令反对将联邦《电信法》第 203 条应用于长途交换运营商,即长途交换运营商可以不进行资费备案。

FCC 期待电信运营商与用户签订短期的、稳定的合同,在《第二报告和命令》(Second Report & Order)中,FCC 强调电信运营商仍然应当适用 1934 年联邦《电信法》第 201 条②和第 202 条③的规定。

---

① 47 U. S. C. § 160(a):Regulatory flexibility

Notwithstanding section 332(c)(1)(A) of this title, the Commission shall forbear from applying any regulation or any provision of this chapter to a telecommunications carrier or telecommunications service, or class of telecommunications carriers or telecommunications services, in any or some of its or their geographic markets, if the Commission determines that—

(1) enforcement of such regulation or provision is not necessary to ensure that the charges, practices, classifications, or regulations by, for, or in connection with that telecommunications carrier or telecommunications service are just and reasonable and are not unjustly or unreasonably discriminatory;

(2) enforcement of such regulation or provision is not necessary for the protection of consumers; and

(3) forbearance from applying such provision or regulation is consistent with the public interest.

② 47 U. S. C. § 201: (a) It shall be the duty of every common carrier engaged in interstate or foreign communication by wire or radio to furnish such communication service upon reasonable request therefor; and, in accordance with the orders of the Commission, in cases where the Commission, after opportunity for hearing, finds such action necessary or desirable in the public interest, to establish physical connections with other carriers, to establish through routes and charges applicable thereto and the divisions of such charges, and to establish and provide facilities and regulations for operating such through routes.

(b) All charges, practices, classifications, and regulations for and in connection with such communication service, shall be just and reasonable, and any such charge, practice, classification, or regulation that is unjust or unreasonable is declared to be unlawful: *Provided*, That communications by wire or radio subject to this chapter may be classified into day, night, repeated, unrepeated, letter, commercial, press, Government, and such other classes as the Commission may decide to be just and reasonable, and different charges may be made for the different classes of communications: *Provided further*, That nothing in this chapter or in any other provision of law shall be construed to prevent a common carrier subject to this chapter from entering into or operating under any contract with any common carrier not subject to this chapter, for the exchange of their services, if the Commission is of the opinion that such contract is not contrary to the public interest: *Provided further*, That nothing in this chapter or in any other provision of law shall prevent a common carrier subject to this chapter from furnishing reports of positions of ships at sea to newspapers of general circulation, either at a nominal charge or without

为了履行该命令,AT&T 公司在 2001 年 7 月向住宅用户发出了《消费者服务协议》(Consumer Services Agreements,CSA),该协议要求消费者支付 AT&T 公司账单中要求支付的所有税费和关于服务的其他费用(只要 AT&T 公司账单中存在的,消费者必须支付)。该协议以 AT&T 公司服务指南为参考,该服务指南将普遍连接费(Universal Connectivity Charge,UCC)描述为消费者向 AT&T 公司缴纳的每月费用,这部分费用用来弥补 AT&T 公司缴纳普遍服务基金的支出。AT&T 公司在 UCC 收费标准制定之前已经制定了另一个指南,该指南中确立了一个新的收费标准,依据该收费标准,AT&T 公司可以收取额外的费用。对于商业用户,AT&T 公司使用不同的标准,允许商业用户与 AT&T 公司协商达成协议,且该协议参考商业服务指南,该指南要求 AT&T 公司以公平、合理的价格收取费用,用以支撑 AT&T 公司缴纳的普遍服务基金的支出,并列出了用户应该缴纳的 UCC 清单。2002 年之前,众多原告在各地对 AT&T 公司提起类似本案诉由的诉讼,2002 年 10 月,AT&T 公司要求依据仲裁条款驳回一审原告(也就是本案被上诉人)提起的诉讼请求,法院驳回了 AT&T 公司的请求。2003 年 3 月 10 日,一审原告(一审原告为多人,提起诉讼后被合并审理)以 AT&T 公司为被告提起了诉讼,认为 AT&T 公司制定的不同收费标准违反了联邦《反垄断法》(Antitrust Law)、联邦《电信法》、纽约州和堪萨斯州的《消费者保护法案》(Consumer Protection Law)、《合同法》(Contract Law)。2007 年 11 月,AT&T 公司对于两个违反《合同法》的诉讼请求申请简易判决:(1)代表 AT&T 公司加利福尼亚州住宅用户的请求;(2)代表 AT&T 公司商业用户的请求。地区法院支持了该请求,适用简易判决,驳回了住宅用户的请求。另外,地区法院支持了 AT&T 公司的诉讼请求,认为 AT&T 公司并不违反联邦《反垄断法》。

对于违反《合同法》的争议,陪审团作出有利于加利福尼亚州住宅用户的决定,要求 AT&T 公司赔偿 1688.1 万美元。在陪审团作出决定后,双方都提交了异议,其中,对于 AT&T 公司要求法院审判或重新进行陪审团审理的请求,法院予以驳回;对于 AT&T 公司提出的减免赔偿的请求以及原告提出的预先判决利息的请求,法院部分支持、部分驳回。法院将赔偿损失减少到了 10,931,000 美元,和 5,546,958.41 美元的判决前利息(prejudgment interest),总计 16,477,958.41 美元。加利福尼亚州住宅用户接受了

---

charge, provided the name of such common carrier is displayed along with such ship position reports. The Commission may prescribe such rules and regulations as may be necessary in the public interest to carry out the provisions of this chapter.

③ 47 U. S. C. § 202(a): It shall be unlawful for any common carrier to make any unjust or unreasonable discrimination in charges, practices, classifications, regulations, facilities, or services for or in connection with like communication service, directly or indirectly, by any means or device, or to make or give any undue or unreasonable preference or advantage to any particular person, class of persons, or locality, or to subject any particular person, class of persons, or locality to any undue or unreasonable prejudice or disadvantage.

发回重审的判决,地区法院及时进行了判决, AT&T 公司对该判决提起上诉。

在上诉中,AT&T 公司请求重新审理住宅用户提起的违反《合同法》的诉讼请求,并声称其有权获得减免损害赔偿。在交叉诉讼中,一审原告认为地区法院错误地判决执行非加利福尼亚州住宅用户的仲裁,并错误地采纳简易判决审判商业用户合同的诉讼请求。

上诉人(AT&T 公司,交叉上诉被上诉人)请求重新审理住宅用户提起的违反《合同法》的诉讼请求,减免损害赔偿。

上诉人的上诉理由是:(1)AT&T 公司认为地区法院支持了加利福尼亚州住宅用户的违约索赔不合理,请求重新审查;(2)AT&T 公司认为地区法院构成滥用自由裁量权,AT&T 公司企图改变地区法院的判决,减免对加利福尼亚州住宅用户的损害赔偿。

被上诉人的答辩理由是:(1)地区法院对于住宅用户被上诉人索赔请求的判决,程序上和实体上都是合理的,因此无须重审;(2)地区法院对于损害赔偿的审判证据充分,解释合理,没有超过自由裁量权。

交叉上诉上诉人(托马斯·卡明斯、罗杰·格迪斯、斯特林·贝莫佛赫)请求判决地区法院以州法无效为由判决 CSA 的仲裁条款有效是错误的;判决地区法院对商业用户的判决错误。

交叉上诉上诉人的上诉理由是:(1)对于非加利福尼亚州住宅用户的诉讼请求,地区法院依据联邦《电信法》第 201 条和第 202 条判决州法无效,由于州法有效时 CSA 中的仲裁条款无效(CSA 中的仲裁条款在没有协商的情况下签订,显失公平,根据州法的规定,仲裁条款无效),因此法院依据联邦先占[①]判决州法无效,据此判决 CSA 的仲裁条款有效是错误的。(2)商业用户认为,AT&T 公司以合同外的条目进行收费,显然违反合同,地区法院的决定是错误的。

交叉上诉被上诉人的答辩理由是:(1)地区法院根据实质审查进行了判决,没有审理程序上的问题,且交叉上诉的上诉人也没有对程序问题提出异议,因此地区法院的判决没有错误。(2)商业用户请求认定地区法院审判错误的诉讼请求,并没有足够的证据加以支撑。

焦点问题

1. 对于联邦法优于州法而使得州法无效的问题,地区法院的审理是否正确?

2. 对于商业用户请求违约索赔的判决是否合理?

3. 对于加利福尼亚州住宅用户违约索赔请求的判决是否合理?

---

① 先占:原文为 preempt,本案中翻译为先占,是指由于联邦法优先而使得州法无效的情形。先占的原意是指首先占有,在法律上不是指时间上优先,而是指效力上优先。

4. 对于损害赔偿请求的判决，地区法院是否滥用自由裁量权？

法院观点

1. 依据州法的规定，CSA 中的仲裁条款在没有协商的情况下签订，显失公平，因此无效，也就是说，本案不适用仲裁，一审法院依据联邦《电信法》第 201 条和第 202 条，判决州法无效，即仲裁条款有效。本案是集体诉讼，某些一审原告不是加利福尼亚州居民，他们不愿适用 CSA 的仲裁条款，认为一审判决错误，州法应当有效。因此，在上诉审中，上诉法院对联邦法是否构成先占进行了详细分析：

联邦法先占是从《美国宪法》（U. S. Constitution）第 6 条最高权力中衍生出来的，联邦法先占的情况分为三种：第一种，联邦法从规定上明确表达先占的意图，称为表达先占；第二种，当联邦法完全占据某个领域的立法，联邦法构成领域先占（field preemption）；第三种，当遵守联邦法和州法客观上不可能同时实现，或者州法是履行联邦法的阻碍时，联邦法优先，也就是冲突先占（conflict preemption）。由于联邦《电信法》第 201 条、第 202 条并未明确表示联邦立法优先，因此本案中只讨论领域先占和冲突先占。在对电信运营商的监管方面，由于州法是对联邦立法的补充，领域先占在这里并不适用；而冲突先占发生在州立法和联邦立法产生冲突时，或者州立法对遵守联邦立法产生阻碍时，本案中州法与联邦法冲突，因此州法无效。地区法院根据实质审查进行了判决，没有审理程序上的问题，而在上诉中，交叉上诉的上诉人没有对程序问题提出异议。因此，对于非住宅居民的诉讼请求，地区法院的判决正确。

2. AT&T 公司收取了除 UCC 外的费用，用以补偿普遍服务基金（Universal Service Fund，USF），而 UCC 中的部分费用也是用于补偿 USF 的，因此 AT&T 公司以两种名目的收费来补偿其缴纳的普遍服务基金。商业用户认为，AT&T 公司收取 UCC 以外的费用补偿其向行政机关缴纳的费用（USF），违反了合同（合同约定商业用户只需要缴纳 UCC，未规定缴纳其他名目的费用）。然而，交叉上诉的上诉人并未提供足够的证据让上诉法院将该部分费用与 USF 之间没有关联作为审理中的一个问题（issue），故上诉法院推定二者具有关联。因此，地区法院驳回该诉讼请求，其判决是合理的。

3. 上诉法院认为，地区法院陪审团对住宅用户的索赔准据法引用正确，对于审理适用的标准和要解决的问题理解充分，因此，地区法院对住宅用户的索赔请求予以支持是合理的。

4. AT&T 公司请求减免赔偿，而地区法院拒绝了该请求，当依据州的实体法律减轻损害赔偿时，州法提供了适当的依据，法院可根据州法决定损害赔偿是否过多。本案在纽约州法下，法院只需要决定是否有证据证明损害赔偿的合理性。上诉法院认为，地区法院的决定，包括预付话费和损失赔偿建立在大量的证据下，充分证明了支持赔偿请求的合理性，因此，地区法院没有滥用自由裁量权。

判决结果

上诉法院维持了地区法院的判决，驳回上诉：(1)在本案中联邦法构成先占，因此州法无效，地区法院没有错误；(2)对于商业用户的诉讼请求，由于上诉人无法举证，因此，地区法院驳回其赔偿的诉讼请求是合理的；(3)对于住宅用户的赔偿，地区法院准据法引用正确、解释合理，判决是合理的；(4)地区法院的判决证据充足、说理明确，并未滥用自由裁量权。

二、本案知识点

本案涉及主张依据错误，类似于我国法官在实施“释明权”时面对的案由问题。1934 年联邦《电信法》要求运营商的所有收费必须上报，任何收费不可豁免。随着技术发展，FCC 试图给予运营商不需上报的定价权，但被法院否决。1996 年联邦《电信法》赋予 FCC 权力，只要其认为不涉及公平、合理和歧视且不侵犯消费者权利和公共利益，就可以豁免运营商的定价上报义务。本案中，运营商将自己上缴的普遍服务基金列了明细，向消费者分摊，并未上报 FCC，消费者认为该行为违反联邦《电信法》。法院驳回了消费者的起诉，认为联邦《电信法》不涉及合同成立和违约问题，消费者可依据《合同法》和《消费者权利保护法》另行起诉。①

1.《美国宪法》第 6 条规定，联邦法优先于州法适用。在三种情况下，联邦法使得州

---

① 参见判决原文：“Each class of plaintiffs challenged the lawfulness of a monthly line – item charge defendant imposed on its customers to recover contributions to the federal Universal Service Fund (‘USF’) required by 47 U. S. C. § 254.”。

The 1934 Act also prohibited carriers from extending rates, terms, or conditions that differed from their filed tariffs. 47 U. S. C. § 203(c); The goal of this “filed rate doctrine” was to ensure uniformity in the rates, terms, and conditions offered to the purchasers of telecommunications services.

During the 1970s and 1980s, advances in the telecommunications industry gradually eroded the utility of the filed rate doctrine. The FCC's attempts to exempt certain carriers from the requirements of § 203, however, were invalidated by the Supreme Court.

Congress responded by enacting the Telecommunications Act of 1996 (“1996 Act”), which required the FCC to “forbear from applying” the filed rate doctrine if it determined application of the doctrine was: (1) “not necessary to ensure that the charges, practices, classifications, or regulations ... are just and reasonable and are not unjustly or unreasonably discriminatory,” (2) “not necessary for the protection of consumers,” and (3) “consistent with the public interest.” 47 U. S. C. § 160(a).

the FCC issued a series of detariffing orders, effective August 1, 2001, in which it forbore from enforcing § 203 against long – distance carriers.

We note that the Communications Act does not govern other issues, such as contract formation and breach of contract, that arise in a detariffed environment. Consumers may have remedies under state consumer protection and contract laws as to issues regarding the legal relationship between the carrier and customer in a detariffed regime.

法无效。①

2. 仲裁条款因显失公平(substantive unconscionability)而无效。②

3. 显失公平(unconscionability),包括实体上的显失公平(substantive unconscionability),也叫不正义(injustice);以及程序法上的显失公平(procedural unconscionability),也叫非正当程序(not by due process)。③

三、判决原文摘录

1. The goal of this "filed rate doctrine" was to ensure uniformity in the rates, terms, and conditions offered to the purchasers of telecommunications services.

2. The FCC's attempts to exempt certain carriers from the requirements of § 203, however, were invalidated by the Supreme Court.

3. Congress responded by enacting the Telecommunications Act of 1996 ("1996 Act"), which required the FCC to "forbear from applying" the filed rate doctrine if it determined application of the doctrine was: (1) "not necessary to ensure that the charges, practices, classifications, or regulations ... are just and reasonable and are not unjustly or unreasonably discriminatory", (2) "not necessary for the protection of consumers," and (3) "consistent with the public interest."

4. We note that the Communications Act does not govern other issues, such as contract formation and breach of contract, that arise in a detariffed environment.

5. Consumers may have remedies under state consumer protection and contract laws as to issues regarding the legal relationship between the carrier and customer in a detariffed regime.

① 联邦法优先于州法适用的三种先占情形:(1)表达先占(express preemption);(2)领域先占(field preemption);(3)冲突先占(conflict preemption)。具体说明可见前文"法院观点"处。

② To invalidate the arbitration clauses in the name of unconscionability is state law's jurisdiction instead of federal law's. However, in this case, the Judge held that Federal Communications Act (FCA) preempted non - California residential customers' claim that arbitration clause in carrier's consumer services agreement (CSA) was substantively unconscionable under state law.

③ 47 U. S. C. § 201(b): All charges, practices, classifications, and regulations for and in connection with such communication service, shall be just and reasonable, and any such charge, practice, classification or regulation that is unjust or unreasonable is declared to be unlawful.

47 U. S. S. § 202(a): It shall be unlawful for any common carrier to make any unjust or unreasonable discrimination in charges, practices, classifications, regulations, facilities, or services for or in connection with like communication service, directly or indirectly, by any means or device, or to make or give any undue or unreasonable preference or advantage to any particular person, class of persons, or locality, or to subject any particular person, class of persons, or locality to any undue or unreasonable prejudice or disadvantage.

6-5　州在制定普遍服务政策上的自治权——斯普瑞特频谱公司与堪萨斯州公司委员会案 Sprint Spectrum, Ltd. P'ship *v.* State Corp. Comm'n

【案　　号】149 F.3d 1058（10th Cir. 1998）

【审理法院】美国联邦第十巡回上诉法院

【审理时间】1998 年 9 月 20 日

一、案件情况

上诉人、一审原告：斯普瑞特频谱公司（Sprint Spectrum, L.P.）

上诉人、一审原告、第三人：堪萨斯州城市肖布灵有限合伙人（Kansas City SMSA Limited Partnership）

被上诉人、一审被告、第三人：西南贝尔电话公司（Southwestern Bell Telephone Company）

被上诉人、一审被告：堪萨斯州公司委员会（State Corporation Commission of the State of Kansas）

案件事实

1996 年，美国国会通过联邦《电信法》（Federal Telecommunications Act），允许州建立普遍服务基金，以推进普遍服务；每一个电信运营商都应当在公平、平等的基础上为普遍服务基金缴纳一定的金额。堪萨斯州立法机关通过《堪萨斯州法规注释》第 66-2008 条的规定（Kansas Statutes Annotated § 66-2008，以下简称诉争条例），授权堪萨斯州委员会建立堪萨斯州普遍服务基金（Kansas's Universal Service Fund, USF），并要求州委员会在公平、非歧视性的基础上，向每一个电信服务提供商、公共电信实体和提供州内电信服务的无线服务提供商征收普遍服务基金。

本案中，斯普瑞特频谱公司、堪萨斯州城市肖布灵有限合伙人为无线电信服务提供商。在州委员会制定诉争条例并打算实施时，无线电信服务提供商向州委员会提起申诉，认为根据联邦《电信法》第 332（c）（3）（A）条[①]的规定，诉争条例无效。州委员会拒绝了其申诉。无线电信服务提供商再次提出申请，要求州委员会再次考虑，州委员会维持了第一次的决定，认定诉争条例有效。针对州委员会的决定，无线电信服务提供

① 47 U.S.C. § 332（c）（3）（A）：no State or local government shall have any authority to regulate the entry of or the rates charged by any commercial mobile service or any private mobile service, except that this paragraph shall not prohibit a State from regulating the other terms and conditions of commercial mobile services.

供商遂向联邦地区法院提起诉讼,请求认定诉争条例无效。对于征收普遍服务金的要求,无线电信服务提供商请求颁布初步禁令,地区法院以本案不符合颁发初步禁令为由驳回起诉,无线电信服务提供商遂提起上诉。上诉人请求对州委员会的决定进行司法审查,判决诉争条例无效,颁发初步禁令。

上诉人的上诉理由是:(1)诉争条例对上诉人造成损害,应当颁发初步禁令;(2)州委员会无权制定条例,违反联邦《电信法》,诉争条例无效。

被上诉人的答辩理由是:(1)本案并不符合颁发初步禁令的要求,因此地区法院的判决是正确的;(2)依据联邦《电信法》的授权,州委员会有权制定诉争命令,该行为不违法,地区法院的判决正确。

焦点问题

1. 是否有必要颁发初步禁令?

2. 州委员会是否有权设定普遍服务基金?

法院观点

1. 要批准初步禁令的申请,申请者必须说明:(1)颁发该禁令可能有利于实现普遍价值;(2)拒绝颁发禁令将带来不可弥补的损失;(3)实施目标条例带来的损失大于颁发禁令带来的损失;(4)颁发禁令不会损害公共利益。

在法院的审理中,本案无线电信服务提供商对于初步禁令的申请,在第一条存在普遍价值的可能性上就无法证明该禁令满足要求,因此地区法院拒绝颁发禁令的决定是正确的。

2. 上诉人提出,根据联邦《电信法》第332(c)(3)(A)条的规定,州和地方政府无权向商业电话服务和私人电话服务收取费用。法院认为,该条款只是规定地方政府无权收费,并不意味着州委员会无权制定诉争条例建立普遍基金,且该条款并不适用于无线电信服务领域;并且联邦《电信法》第254(f)条①特别授予州和地方政府设定普遍服务基金的权力。因此,州委员会有权制定诉争条例,该行为不违反法律,诉争条例有效。

---

① 47 U.S.C. §254(f): A State may adopt regulations not inconsistent with the Commission's rules to preserve and advance universal service. Every telecommunications carrier that provides intrastate telecommunications services shall contribute, on an equitable and nondiscriminatory basis, in a manner determined by the State to the preservation and advancement of universal service in that State. A State may adopt regulations to provide for additional definitions and standards to preserve and advance universal service within that State only to the extent that such regulations adopt additional specific, predictable, and sufficient mechanisms to support such definitions or standards that do not rely on or burden Federal universal service support mechanisms.

判决结果

法院决定驳回上诉人的请求，肯定原判决拒绝颁发初步禁令的决定，判决诉争条例并不违反联邦《电信法》，诉争条例有效。

二、本案知识点

1. 审查标准问题

本案中，无线电信服务提供商请求禁令，禁止州电信委员会向其征收普遍服务基金，法院驳回了该请求，因为联邦《电信法》授予州此权利。法院确定的审查标准如下：

(1)审查下级法院拒绝颁发禁令的标准为是否滥用自由裁量权。

(2)审查被法律授权的机构颁布的行政法规的标准为是否任意、无常、违法。①

2. 申请初步禁令者必须完成以下证明责任

(1)将来胜诉的实质可能性；(2)没有禁令将造成无法估量的损失；(3)受害人权益超过禁令反对者的伤害；(4)禁令的颁布对公共利益无伤害。②

本案因为申请人缺乏第1点，没有将来胜诉的可能性，故法院驳回了其申请。

3. 州在制定普遍服务政策上具有自治权

只要不与联邦法冲突，且平等和非歧视，就可向任何提供州内电信服务的运营商征收。③

三、判决原文摘录

1. The appellate court reviews a district court's denial of a preliminary injunction for abuse of discretion. An abuse of discretion occurs only when the trial court bases its decision on an erroneous conclusion of law or where there is no rational basis in the

---

① 对"审查标准"(Standard of Review)的解释参见判决原文："(1) We review a district court's denial of a preliminary injunction for abuse of discretion. "(2) We are required to give 'controlling weight' to agency rules promulgated under an express Congressional delegation of rule – making authority unless such rules are 'arbitrary, capricious, or manifestly contrary to the statute. "。

② 对"初步禁令"(Requirements for Preliminary Injunctive Relief)的解释参见判决原文："To win a preliminary injunction, the party seeking the injunction must show:

"(1) a substantial likelihood of prevailing on the merits; (2) irreparable harm in the absence of the injunction; (3) proof that the threatened harm outweighs any damage the injunction may cause to the party opposing it; and (4) that the injunction, if issued, will not be adverse to the public interest.

"In this case, the first – substantial likelihood of prevailing on the merits – clearly supports the denial of the preliminary injunction. "。

③ 对"各州在普遍服务上的自治权"(State's Autonomy in Regulate Universal Service)的解释参见判决原文："A State may adopt regulations not inconsistent with the Commission's rules to preserve and advance universal service. Every telecommunications carrier that provides intrastate telecommunications services shall contribute, on an equitable and nondiscriminatory basis, in a manner determined by the State to the preservation and advancement of universal service in that State. 47 U. S. C. § 254(f). "。

evidence for the ruling.

2. Nothing in this subparagraph shall exempt providers of commercial mobile services (where such services are a substitute for land line telephone exchange service for a substantial portion of the communications within such State) from requirements imposed by a State commission on all providers of telecommunications services necessary to ensure the universal availability of telecommunications service at affordable rates.

3. They sought to enjoin the Kansas Corporation Commission ("Commission") from requiring them to contribute to Kansas's Universal Service Fund ("KUSF") and from fining them if they do not contribute.

4. The FCC's conclusion that § 332(c)(3)(A) does not preempt states from requiring wireless provider USF contributions is not arbitrary, capricious, or manifestly contrary to the statutes at issue.

5. In short, the FCC's rules finding that § 254(f) does not conflict with § 332(c)(3)(A) and allowing states to require that wireless providers contribute to USFs are not "arbitrary, capricious, or manifestly contrary to the statute".

第七章 频率管制

无线电频率、电信网码号和静地卫星轨道一直被视为电信资源。频率使用权和码号使用权一样，都归国家所有，而不能私有化。原因在于，随着技术的进步，频率和码号用途的不可知性越来越大，国家必须保留不断调整其用途的权利，也就是说，这些资源永远不会到达一个稳定的、不再需要改变用途的状态。随着技术发展、使用人数变化、特定行业预留，国家对电信资源的宏观调控会一直进行下去。私有化将不利于国家保留随技术进步和使用人数变化而随时调整这些资源的用途的权利。

频谱使用权属于行政特许权，国家授权某主体有偿"使用"频率，不应认定为国家向该主体出租频率，而是国家对其独家许可——允许其排他地从事发射某频率无线电波的行为。这种行政许可类似于知识产权制度中的独占许可，整个过程中没有物的交付、占有、消耗、归还，所有人收取的频率占用费并非基于物的消耗而获得的租金，而是许可费。无线电频谱使用权与知识产权使用权的来源不同，前者源于国家所有人的行政许可授权，后者是私人权利人授权，但二者都源于授权。因而，比照知识产权中的独占许可制度设计无线电频谱资源制度，不仅摆脱了借用用益物权时必须证明的"频率占有""一频率一权利"属于物权特征的牵强附会，还为其流转规范以及技术发展留下了足够的制度空间。

本章共包含五个案例。

案例7－1解释了美国联邦法构成先占、使州或者地方法无效的三种情形。本案中被判定为无效的地方法律管制了无线电频率，而无线电频率属于联邦独家管辖的范围。

案例7－2确定了联邦和地方在无线电管制领域中的权力配置，本案法官认为，美国联邦电信委员会管制无线电频率的权力，即颁发稀缺资源的使用许可，并不影响州管理无线电接收、传输设备的权力，该权力属于州管理财产的传统保留权力。

案例7－3讨论了本地政府拒绝在已经存在的塔上申请建设无线设施的权利。本案的核心在于判断该塔是否属于1996年联邦《电信法》中的"合格设施"。法官认为该塔不属于"合格设施"，因为建设该塔的最初目的并不是用于承载无线电传输设施。

案例 7－4 讨论了无线电频率的改变是否会导致违反 1996 年联邦《电信法》。依照原告的观点，本案中无线电频率改变的原因超过了原告的控制范围，因此不应当归咎于原告，法官虽然认同该观点，但原告并未提出证据加以证明，因此法院认可被告的观点，认为被告判定原告改变无线电频率违反联邦《电信法》并非任意的、反复无常的。

案例 7－5 解释了司法审查的时效。对于已经超过诉讼时效的案件，除非政府机关对该案重新作出决定，否则法院没有管辖权。

7－1 联邦法在无线电管制方面具有领域独占权——西南贝尔无线公司与美国堪萨斯州约翰逊县委员会案 Sw. Bell Wireless Inc. *v.* Johnson Cty. Bd. of Cty. Comm'rs

【案　　号】199 F. 3d 1185 (10th Cir. 1999)

【审理法院】美国联邦第十巡回上诉法院

【审理时间】1999 年 12 月 27 日

一、案件情况

被上诉人、一审原告：西南贝尔无线公司（Southwestern Bell Wireless Inc.）

上诉人、一审被告：约翰逊县委员会（Johnson County Board of County Commissioners）

案件事实

约翰逊县委员会是堪萨斯州约翰逊县区域内进行规划和分区管理的地方机构。所有区域的无线电通信传输频率由美国联邦电信委员会（Federal Communications Commission，FCC）管制。西南贝尔无线公司持有 FCC 批准的许可证，在堪萨斯州运营无线电信网络，其中包括约翰逊县。1997 年 3 月 21 日，西南贝尔无线公司向约翰逊县委员会申请附条件的建设许可，建设一个 150 英尺（约 45.72 米）的单极天线电信塔。1997 年 8 月 21 日，约翰逊县委员会规定附条件许可必须受到《限制干扰公共安全通信的规定》（Interference with Public Safety Communications，以下简称干扰规定）的管制，该干扰规定属于州立法。在干扰规定下，电信塔、天线的建设不得妨碍公共安全，当妨碍公共安全的情况存在时，地方分区政府可以给予适当提醒，并举行听证会；若之后该干扰还继续存在，分区政府有权停止天线的正常运营。如果该干扰造成的功能中断无法在 24 个小时内进行补救，分区政府有权在两天内向使用该干扰信号频率的许可持有人送达强制停止天线运营的书面通知，许可持有人有权举行听证会说明其不能停止的原因；若无法充分说明，则在问题得到补救之前发出干扰信号的设施不得继续运营。

对此，西南贝尔无线公司起诉约翰逊县委员会，认为约翰逊县委员会无权制定干扰规定。根据联邦《电信法》（Federal Telecommunications Act），FCC 在管制监督无线电信服务领域拥有独占权，该独占领域包括无线电频率干扰（Radio Frequency Interference，RFI），因此约翰逊县委员会制定的干扰规定无效。地区法院适用简易程序审理了此案，批准了西南贝尔无线公司的诉讼请求，以违反联邦立法为由撤销约翰逊县委员会制定的干扰规定。约翰逊县委员会不服地区法院的判决结果，提起上诉，请求撤销地区法院的判决，判决恢复干扰规定的效力。

上诉人的上诉理由是：（1）在联邦立法优先于州立法而使干扰规定无效的判决中，地区法院的认定错误；（2）分区管制和公共安全是州的保留权力，"联邦立法使得州立法无效"的判决因违反了《美国宪法第十修正案》和联邦制原则而无效。

被上诉人的答辩意见是：（1）干扰规定侵入了 FCC 独占的领域，根据联邦立法优先于州立法的原则，干扰规定应当无效；（2）本案涉及监管的领域不仅有关局部利益，更是关乎国家利益，因此依照《美国宪法》（U. S. Constitution）的规定，联邦立法应当优先。

焦点问题

1. 在无线电领域内，联邦立法是否优先于州立法？联邦立法是否使州立法无效？

2. 联邦立法使州立法无效是否违反《美国宪法第十修正案》和联邦制原则？

法院观点

1. 上诉法院肯定了地区法院认定的联邦法优先于州法而使州法无效的观点。联邦法在以下情形下会构成先占[①]，使州法无效。（1）表达先占：联邦法从规定上明确表达先占的意图；（2）领域先占：联邦法完全占据某个领域的立法，作为合理推断，美国国会没有给予各州任何立法空间，联邦法在这个领域内构成先占；（3）冲突先占：当遵守联邦法和州法客观上不可能同时实现，或者州法是履行联邦法的阻碍时，联邦法优先。

对于本案，法院按照这三个分类进行判断：首先，在表达先占上，美国国会没有明确表达先占的意图，因此不构成表达先占；其次，判断是否构成领域先占，联邦《电信法》第 301 条[②]规定由美国国会管制无线电领域，联邦《电信法》第 152（a）条[③]规定所有跨州和跨国无线电由联邦管制，而无线电频率管制的问题无处不在，由此可见，联邦在

---

① 先占：原文为 preempt，直译为先占，法律意义上是指在一个领域有一部法已经统辖该领域的行为，其他法律不得管辖，在此指联邦法优于州法，而使州法无效，以下采用直译的方式，以先占指代联邦法使州法无效。

② 47 U. S. C. § 301：to maintain the control of the United States over all the channels of radio transmission.

③ 47 U. S. C. § 152（a）：all interstate and foreign transmission of energy by radio，which originates and/or is received within the United States.

无线电领域构成领域先占。综上所述,州立法在该领域内颁布的法规无效,地区法院的判决正确。

2. 上诉法院驳回了约翰逊县委员会认为的分区管制和公共安全是州的保留权利的主张,没有支持约翰逊县委员会主张的联邦法优先适用而使州法无效违反了《美国宪法第十修正案》和联邦制原则的观点。对于传统的警察权力,除非美国国会明确表达,否则联邦立法不得先占,也就是说,州保留了行使警察权力的立法权。然而,美国联邦最高法院认为,先占原则也适用于联邦特别关注的问题,在这些问题上,联邦立法与州立法产生冲突时,《美国宪法》规定联邦立法有效。本案中,对于 RFI 的监管不仅有关局部利益,更是关乎国家利益,对于 RFI 的监管,联邦立法应当优先。因此,"联邦立法使州立法无效"不违反《美国宪法第十修正案》和联邦制原则。

判决结果

上诉法院最终确认了地区法院的判决,驳回上诉:(1)联邦在无线电领域构成领域先占,州立法在该领域内颁布的法规无效,地区法院的判决正确;(2)由于 RFI 的监管关乎国家利益,因此联邦立法应当优先,联邦立法使州立法无效不违反《美国宪法第十修正案》和联邦制原则。

二、本案知识点

原告从 FCC 处获得了无线电牌照,但建立发射塔时州政府提出了更加苛刻的条件(如果对公共服务电话 911 造成干扰,查不出原因,则需要两天内关闭,直到问题解决),原告认为对无线电的管制属于 FCC 的排他权力,州政府无权订立规则,故起诉。地区法院判决原告胜诉。被告上诉后,二审维持原判。

联邦法优先于州法的三种先占情形分别是:(1)表达先占;(2)领域先占;(3)冲突先占。本案属于第二种,法院认为联邦法在无线电管理方面构成领域独占,地方无权通过任何法,所以,根本无须关注是否冲突。①

---

① 对"联邦法优先于州法或地方法的三种先占情形"(Federal law preempts state or local law in three situations)的解释参见判决原文:"(1) express preemption, which occurs when the language of the federal statute reveals an express congressional intent to preempt state law . . . ;

"(2) field preemption, which occurs when the federal scheme of regulation is so pervasive that Congress must have intended to leave no room for a State to supplement it; and

"(3) conflict preemption, which occurs either when compliance with both the federal and state laws is a physical impossibility, or when the state law stands as an obstacle to the accomplishment and execution of the full purposes and objectives of Congress.

Congress intended federal regulation of RFI issues to be so pervasive as to occupy the field. Thus, the Interference Amendment and Interference Stipulation are void as preempted. Because we find field preemption, we need not address whether the Interference Amendment actually conflicts with federal law."。

三、判决原文摘录

1. Congress stated that a purpose of the act was "to maintain the control of the United States over all the channels of radio transmission."

2. The Communications Act applies to "all interstate and foreign transmission of energy by radio, which originates and/or is received within the United States."

3. The limitations on the role and powers of the Federal Communications Commission (FCC) under § 332(c)(7) relate to local land use regulations and are not intended to limit or affect the FCC's general authority over radio telecommunications, including the authority to regulate the construction, modification and operation of radio facilities.

4. Nothing in §253(b) casts any doubt on federal RFI preemption. At most, the section merely preserves certain existing rights of local governing authorities which are not inconsistent with federal law.

5. Plaintiffs, referred to collectively herein as SW Bell, brought this suit against the Board of County Commissioners of Johnson County, Kansas ("BOCC"), seeking a declaration that federal law preempts a county zoning regulation involving radio frequency interference ("RFI"), and an injunction against enforcement of the regulation.

7-2　地方政府无权管制无线电频率，但有权管制无线电发射接收装置——美国纽约州市民与麦吉案 People *v.* McGee

【案　　号】97 Misc. 2d 360, 411 N.Y.S.2d 514 (Town Ct. 1978)

【审理法院】美国伊利县阿默斯特镇法院

【审理时间】1978年11月29日

一、案件情况

原告：纽约州市民(the People of the State of New York)

被告：布莱恩·P. 麦吉(Brian P. McGee)

案件事实

联邦电信委员会(Federal Communications Commission, FCC)管制无线电的频率分

配。根据纽约州政府制定的《车辆交通法》(Vehicle and Traffic Law)第397条[①]的规定,禁止机动车辆安装无线电接收装备,在未经允许的情况下接收分配给警察使用的信号。所有权人为被告的机动车辆上安装了类似的设备,原告遂提起诉讼,要求判决被告行为违法,并拆除该无线电接收设备,被告认为,FCC在无线电管制领域内拥有独占的管制权,州法违反《美国宪法》(U. S. Constitution),因此无效。原告请求宣告被告在机动车辆上安装无线电接受设备的行为违法,命令其拆除。

原告的诉讼理由是:纽约州《车辆交通法》第397条规定,禁止机动车辆安装无线电接收装备接收警察信号。被告的机动车辆上被安装了类似的设备,构成违法。

被告的答辩理由是:无线电频率调控领域由美国国会独家授权给FCC,FCC在该领域拥有独家管制权,州在此领域被禁止立法,因此州法(《车辆交通法》)无效,被告的行为不构成违法。

焦点问题

1. 州立法是否侵入美国国会禁止调控的领域?

2. 纽约州《车辆交通法》是否有效?

法院观点

纽约州《车辆交通法》第397条禁止以下三种行为:(1)在机动车辆上安装能够接收分配给警察的无线电频率信号的无线电设备;(2)故意使用机动车辆上已经安装的无线电接收设备接收警察的无线电频率;(3)以任何方式干扰分配给警察的无线电频率信号。纽约州政府制定该法的目的在于防止罪犯接听或干扰警察无线电信号,用于实施违法犯罪的行为。经过事实认定,被告的机动车安装了此类设备。但被告认为,FCC在无线电频率管制和监管领域拥有独占权,地方政府机构无权在该领域制定法规。法院认为,纽约州政府没有侵占FCC独家管理领域的意图,纽约州《车辆交通法》第397条中的信号(signals)仅指"语音信息"(voice messages),并不构成对无线电频率的管制,因此没有侵入美国国会禁止调控的领域,即被告的意图和立法内容都没有针对无线电频率进行管制,而是对安装和使用接受特定频率的设备进行管制,故不构成侵入联邦法专有的频率管制范围。基于纽约州《车辆交通法》第397条的目的,该法规不能被禁止执行,因此有效。

判决结果

被告的诉讼请求被驳回。经过审理,法院判决州法有效,被告的行为违法。

---

① N. Y. Veh. & Traf. Law § 397: A person, not a police officer or peace officer, acting pursuant to his special duties, who equips a motor vehicle with a radio receiving set capable of receiving signals on the frequencies allocated for police use or knowingly uses a motor vehicle so equipped or who in any way knowingly interferes with the transmission of radio messages by the police.

二、本案知识点

联邦管理无线电波、州和联邦都有权管理无线电发射和接收装置,因此,禁止频率属于联邦法管辖,禁止设备属于州法管辖。州法传统上具有警察权和对犯罪的惩治权,联邦法依据《美国宪法》管制跨州商业行为。①

三、判决原文摘录

1. The Federal Communications Commission controls the operating frequencies of police radio systems and has allocated certain frequencies to police use. These frequencies may be used for amateur radio operations.

2. The rationale behind the statute was to prevent criminals from listening to police broadcasts in their automobiles, either prior to or after their commission of a crime; and to prevent the jamming of the air waves during the police broadcasts.

3. Defendant contends that the field of regulation of air waves has been pre – empted by Congress by delegating such authority to the Federal Communications Commission, which has exclusive licensing power.

4. The exceptions provided for certain permit holders were undoubtedly intended to enable ambulance personnel, and others who deal in rendering emergency first aid, an opportunity to be of service.

5. The statute makes it a misdemeanor for the following conduct committed by any person not a peace officer:1. who equips a motor vehicle with a radio receiving set capable of receiving signals on the frequencies allocated for police use, or 2. knowingly uses a motor vehicle so equipped or 3. who in any way knowingly interferes with the transmission of radio messages by the police.

---

① 参见判决原文:"The FCC's authority to regulate radio frequency, that is to grant the license to use scarce resource;

the FCC and State's authority to regulate radio receiver and transmitting set, that is the power to regulate traditional property.

The Legislature did not intend to encroach upon the authority of Congress or the F. C. C. as manifested by the last sentence of the statute which clearly states that nothing in the section should be construed to apply to any person who holds a valid radio operator's license issued by the Federal Communications Commission and who operates a duly licensed portable mobile transmitter and in connection therewith a receiver or receiving set on frequencies exclusively allocated by the Federal Communications Commission to duly licensed radio amateurs."。

7-3 水塔是否属于《频谱法》中的"基站"——波特兰移动合营公司与伊丽莎白角镇政府案 Portland Cellular P'ship *v.* Inhabitants of the Town of Cape Elizabeth

【案　　号】139 F. Supp. 3d 479 (D. Me. 2015)

【审理法院】美国缅因州联邦地区法院

【审理时间】2015 年 9 月 30 日

一、案件情况

原告:波特兰移动合营公司(Portland Cellular Partnership,以下简称波特兰公司)

被告:伊丽莎白角镇角政府(Town of Cape Elizabeth)

第三人:普莉希拉·阿姆斯特朗(Priscilla Armstrong)、帕维尔·达林(Pavel Darling)、布拉德·考夫曼(Brad Kauffman)

案件事实

波特兰公司是一家电信公司,以威瑞森无线(Verizon Wireless)的字号做生意。威瑞森无线建议在位于伊丽莎白角镇碧湖路的水塔建立一个天线阵列。该水塔在 2007 年停止蓄水功能,并且塔上已经修建了很多电信设施。威瑞森无线企图建设的天线阵列是监控与数据采集(Supervisory Control and Data Acquisition,SCADA)系统的一部分,用于在 27 个污水泵站和伊丽莎白角污水净化厂之间建立无线通信网络,传送信息。

2014 年 2 月 11 日,威瑞森无线向伊丽莎白角镇政府的执法人员(Code Enforcement Officer,CEO)提交了许可申请,请求伊丽莎白角镇政府批准其在水塔上建设天线阵列。2014 年 3 月 19 日,在经过审查后,伊丽莎白角镇政府的 CEO 本杰明拒绝了该申请,认为在《伊丽莎白角镇分区条例》(Cape Elizabeth Zoning Ordinace)的规定下,威瑞森无线提出的建设申请并非法律应当允许的建筑。威瑞森无线遂向地区法院提起诉讼。请求对伊丽莎白角镇政府的决定进行司法审查,撤销其拒绝威瑞森无线申请的决定。

原告起诉的理由是:(1)根据《频谱法》(Spectrum Act)①,伊丽莎白角镇政府无权

① 《频谱法》有两层含义:(1)联邦《电信法》的条款(本案例中即为此意,具体条文见正文后述);(2)美国法律中的一部分也被称为《频谱法》,即 2012 年《中产阶级减税和创造就业法案》(The Middle Class Tax Relief and Job Creation Act of 2012)第 6 款的部分,也被称为《公共安全与频谱法》或《频谱法》,该部分旨在加快商业移动宽带频谱的可用性,具体包括了重新分配频谱、规定频谱权利的新任务以及政府再利用频谱时程序上的变化等内容。

拒绝威瑞森无线提出的电信设备建设申请。(2)伊丽莎白角镇政府依据《伊丽莎白角镇分区条例》,以下列四个理由拒绝威瑞森无线的申请:①支撑天线阵列的水塔并非分区条例下的“可替代性塔建筑”(alternative tower structure);②威瑞森无线申请建设的天线不属于“附属使用”(accessory use);③天线阵列不具有“隐蔽性”(concealed);④设备隐蔽物不属于需要批准才可以建设的“附属建筑”(accessory building)。威瑞森无线认为以上理由是错误的。

被告答辩的理由是:(1)水塔并非《频谱法》中的符合标准的基站(base station),伊丽莎白角镇政府有权拒绝威瑞森无线的请求。(2)伊丽莎白角镇政府严格按照《伊丽莎白角镇分区条例》的内容认定威瑞森无线请求中的相关概念,认定正确。

焦点问题

1. 威瑞森无线申请的基站是否属于《频谱法》中的电信设施?伊丽莎白角镇政府是否有权拒绝威瑞森无线的申请?

2. 在不适用《频谱法》的前提下,伊丽莎白角镇政府适用《伊丽莎白角镇分区条例》来驳回波特兰公司在塔上建天线的申请是否恰当?具体来说,涉及以下四点:(1)支撑天线阵列的水塔是否属于“可替代性塔建筑”?(2)威瑞森无线申请建造的天线是否属于“附属使用”?(3)天线阵列是否具有“隐蔽性”?(4)设备隐蔽物是否属于需要批准才可以建设的“附属建筑”?

法院观点

1. 依照《频谱法》的规定,如果一个基站上已经存在无线设施,那么当其他人再申请在其上增加额外的无线设施时,州或者地方政府无权拒绝。联邦《电信法》第1455(a)(1)条[①]也做了详细的规定,具体为:在已有电信设施的建筑上修建或者改造电信设施,在不影响该建筑物理结构且被修建或改造的电信设施合格的前提下,政府不得拒绝修建或改造者的请求;联邦《电信法》第1455(a)(2)(A)条[②]将上述请求定义为修改已有设施,或者修建新的设施的请求,以下称为“合格设施请求”(eligible facilities request)。威瑞森无线的申请属于“建设新的电信设施”,该请求属于“合格设施请求”是没有任何争议的,因此,本案争议的焦点在于水塔是否为《频谱法》中所指的“基站”。

---

① 47 U. S. C. A. § 1455(a)(1): In general

Notwithstanding section 704 of the Telecommunications Act of 1996 (Public Law 104 – 104) or any other provision of law, a State or local government may not deny, and shall approve, any eligible facilities request for a modification of an existing wireless tower or base station that does not substantially change the physical dimensions of such tower or base station.

② 47 U. S. C. A. § 1455(a)(2)(A): Eligible facilities request

For purposes of this subsection, the term “eligible facilities request” means any request for modification of an existing wireless tower or base station that involves collocation of new transmission equipment.

联邦《电信法》第 1455 条并未定义基站，而联邦电信委员会将基站定义为在固定的地理位置上，拥有委员会的许可或者授权，在用户和电信网络之间建立无线通信的设备。在本案中，虽然水塔的储水功能已经停止使用，且已经建设了很多电信设施，但水塔的主要功能并不是建立无线通信网络，从本质上看，水塔不属于《频谱法》中的基站，基站是专门用于承载无线电传输设施的①，因此《频谱法》并不适用于本案，伊丽莎白角镇政府有权拒绝威瑞森无线的申请。

2. 有关伊丽莎白角镇政府适用《伊丽莎白角镇分区条例》来驳回威瑞森无线在塔上建天线的申请是否恰当的问题，法院认为：

首先，关于可替代性塔建筑的问题。《伊丽莎白角镇分区条例》将"可替代性塔建筑"定义为安装性建筑（mounting structures），其主要用于隐藏天线，而不是支撑天线（其本身不是为安装特定物而建造的，但建造完成后可在其上安装特定物），包括但不限于钟塔、灯塔和水塔，这些建筑可用于隐藏安装天线设备或者信号塔。双方就本案的水塔是否为可替代性塔结构产生了争议，威瑞森无线认为，该条款鼓励电话公司使用现有的建筑，而非增加新的建筑，因此本案的水塔属于"可替代性塔建筑"。伊丽莎白角镇政府认为，按照字面解释，水塔事实上支撑了 SCADA 天线，因此只用于支持 SCADA 天线，并非可替代性的结构。根据伊丽莎白角镇政府的解释，水塔只能用于安装 SCADA 天线，而按照《伊丽莎白角镇分区条例》，主要地用于支撑天线以外的塔才可归为"可替代性塔建筑"，因此，此水塔不属于"可替代性塔建筑"。法官认为，该解释中所使用的"主要地"（primarily）与《伊丽莎白角镇分区条例》中所使用的"主要地"含义不同，后者指塔只能主要用于支撑天线之外的设备，而伊丽莎白角镇政府所说的是"塔事实上主要地用于支撑了天线"。具体到这个水塔，其虽然现在事实上只是支撑了一个天线，但其可以支撑其他非天线设施，因此在《伊丽莎白角镇分区条例》下，水塔属于"可替代性塔建筑"，伊丽莎白角镇政府判断错误。法官做了一个设想，如果将现有的天线拆除，那么伊丽莎白角镇政府所称的该塔"事实上主要地"用于支撑天线的理由就不成立了，但该塔"能够主要"用于支撑天线之外的其他设备的特点依然存在，因此，该塔属于《伊丽莎白角镇分区条例》中所定义的"可替代性塔建筑"。

其次，关于附属使用。《伊丽莎白角镇分区条例》将"附属使用"定义为：带有偶然性，并且和主要使用功能相比居于次要地位；主要使用功能并不是由所有"附属使用"

---

① 参见判决原文："While the Act itself does not define ' base station, ' see 47 U. S. C. A. § 1455, the term is defined in the Federal Communications Commission's (' FCC's ') implementing regulations as:

"A structure or equipment at a fixed location that enables Commission - licensed or authorized wireless communications between user equipment and a communications network. The term does not encompass a tower as defined in this subpart or any equipment associated with a tower. "。

功能叠加组成,而是独立于所有附属功能之外的功能。本案水塔的主要使用功能是蓄水,附属使用功能是挂天线或其他电信设施,符合上述对于“附属使用”的定义,无论SCADA天线系统将天线作为附属使用还是主要使用的一部分,威瑞森无线的附属使用请求均是有效的,因此威瑞森无线申请建设的设施属于“附属使用”,伊丽莎白角镇政府判断错误。

再次,关于隐蔽性的问题。威瑞森无线申请的天线附着在可替代性建筑上,该天线属于商业天线。根据《伊丽莎白角镇分区条例》的要求,此类天线必须具有“隐蔽性”。威瑞森无线为满足《伊丽莎白角镇分区条例》的要求,在申请中提出该天线会被三面玻璃纤维盒覆盖。而伊丽莎白角镇政府执法人员发现,威瑞森无线申请中的天线隐蔽装置并不符合《伊丽莎白角镇分区条例》的要求。双方就威瑞森无线申请中的天线隐蔽装置是否符合《伊丽莎白角镇分区条例》的建设要求产生争议。威瑞森无线认为,该问题有可以商议的空间,伊丽莎白角镇政府执法人员不能武断地拒绝其申请,应当将该申请提交至镇计划委员会(Town's Planning Board),参考该委员会的意见再作出决定,而不是立即拒绝。法院认为,本争议点需要更多的证据信息,因此驳回双方简易判决的请求。

最后,关于附属建筑的问题。对于威瑞森无线申请的支撑天线的基座或挂件(equipment shelter)是否被《伊丽莎白角镇分区条例》允许建设,《伊丽莎白角镇分区条例》将“附属建筑”定义为分离的、单独的建筑,辅助主要建筑的功能,且与主要建筑处于同一地理位置。伊丽莎白角镇政府认为,支撑天线的基座或挂件必须与天线分立后单独进行许可,而该基座或挂件由于与天线本身没有必然关联且与建筑物(水塔)本身没有必然关联,不符合“附属建筑”的特点,故不能得到许可。法官认为,根据《伊丽莎白角镇分区条例》的字面解释,基座或挂件是否能够批准建设的主要判断点在于其是否具有辅助主建筑(principle building, 即水塔)的功能,如果具有辅助功能,则属于附属建筑。本案中,基座或挂件属于水塔的辅助功能,因此在《伊丽莎白角镇分区条例》下,基座或天线符合该条例定义的“附属建筑”。

判决结果

法院支持了威瑞森无线的诉讼请求,允许其在水塔上建天线,伊丽莎白角镇政府有拒绝的权利,但拒绝的理由错误,故伊丽莎白角镇政府败诉。具体而言:水塔的主要功能是蓄水,本质上不属于《频谱法》中的基站,因此《频谱法》并不适用于本案,伊丽莎白角镇政府有权拒绝威瑞森无线的申请。然而,伊丽莎白角镇政府的具体拒绝理由错误:(1)由于水塔支撑了天线之外的其他设备,故该塔属于《伊丽莎白角镇分区条例》中所定义的“可替代性塔建筑”,应当允许在该塔上修建天线设备;(2)水塔的主要功能虽为蓄水,但其“附属使用”功能是挂天线或其他电信设施,因此威瑞森无线申请建设的设施属于“附属使用”;(3)对于申请建设的天线的“隐蔽性”请求,需要更多的资料加以论证，本案暂不审理；(4)威瑞森无线申请建设的基座或挂件属于水塔的辅助功能，因此属于《伊丽莎白角镇分区条例》所允许的“附属建筑”。因此伊丽莎白角镇政府的拒绝理由错误，是否允许建设，由伊丽莎白角镇角政府重新作出决定。

二、本案知识点

1. 原告申请在一个废弃的水塔上建天线，被拒绝。该水塔上已经有一些电信装备，而联邦《电信法》第 1455 条规定，在已有基站上修建或更改原电信装备，不影响该建筑物理结构的，政府不得拒绝。于是，认定该水塔是否属于“基站”成为是否可以适用该法规的关键。法院认定，水塔虽然被废弃，但其主要不是用于承载无线设备发射装置，电信功能只是水塔的附属功能，其上面已有的电信装备不能令其成为“基站”，故不能适用该法。①

2. 什么情况下可以进行简易判决？事实和观点的区别是什么？什么是事实争议，什么是观点争议？相关说明可参见判决原文。②

三、判决原文摘录

1. Thus, framed in terms of the governing regulation, the decisive question here is whether the placement of wireless telecommunications equipment on the Water Tower has been "reviewed and approved under [an] applicable zoning or siting process." The parties offer opposing answers.

2. Under Section 19 – 1 – 3, the use of an "accessory building or structure" must be

---

① 参见判决原文："The Spectrum Act preempts State and municipal authority to block the placement of certain wireless equipment on existing structures which already house wireless transmission equipment:

"Notwithstanding section 704 of the Telecommunications Act of 1996 (Public Law 104 – 104) or any other provision of law, a State or local government may not deny, and shall approve, any eligible facilities request for a modification of an existing wireless tower or base station that does not substantially change the physical dimensions of such tower or base station. 47 U. S. C. A. § 1455(a)(1).

"Here, the parties dispute whether the Water Tower is an 'eligible facility,' and, if it is, whether Verizon's requested modification under the Proposal would substantially change the Water Tower in violation of Section 1455 (a)(1), which provides that an eligible facilities request may be denied if it will 'substantially change the physical dimensions' of the structure.

"The Ordinance defines an 'accessory use' as '[a] use that is incidental and subordinate to the principal use,' and states that '[t]he principal use shall not become subordinate to accessory uses, when aggregated.'

"the Spectrum Act does not apply to the Proposal because the Proposal does not qualify as an 'eligible facilities request.' Therefore, the Act does not mandate that the Town approve Verizon's permit request. Verizon's motion for summary judgment on Count I (ECF No. 29) is therefore DENIED."。

② 参见判决原文："Summary judgment is appropriate only if 'the movant shows that there is no genuine dispute as to any material fact and the movant is entitled to judgment as a matter of law.' '[A] judge's function at summary judgment is not to weigh the evidence and determine the truth of the matter but to determine whether there is a genuine issue for trial.' what is fact and what is opinion? Fact dispute and opinion dispute."。

"clearly incidental and related to that of the principal building or use of the land."

3. The District discontinued storing water in the Water Tower in 2007, but continues to use it to maintain and operate a communications antenna, which was installed sometime in the 1980s.

4. There is no evidence in the record that the placement and maintenance of the SCADA antenna on the Water Tower has been subject to review or approval under any municipal or state zoning, siting, or regulatory review process.

5. Verizon also contends that even if the Spectrum Act does not apply, the Town erred in applying its zoning ordinance and should have approved the Proposal as a permitted use.

7-4 无线电频率的续期许可——瑞克(柯福广播站)与美国联邦无线电委员会案 Riker *v.* Fed. Radio Com.

【案　　号】55 F.2d 535 (D.C. Cir. 1931)

【审理法院】美国哥伦比亚特区联邦巡回上诉法院

【审理时间】1931年12月21日

一、案件情况

原告:瑞克(柯福广播站)[Riker (Station KFQU)]

被告:联邦无线电委员会(Federal Radio Commission,FRC)

案件事实

原告从FRC获得广播站经营许可,经营位于圣城卡尔的广播站,该站从1924年开始营业,并一直续期运作。1930年12月17日,原告向FRC申请续期许可时,FRC认为原告存在违反FRC《7号命令》(Commission's General Order No.7)的行为,擅自改变频率,且过去的延期申请也并未获得书面批准,且原告未说明该广播站续期能够在公共利益、便利性和必要性方面作出的贡献,因此拒绝了原告的续期申请。原告提起诉讼,请求判决FRC拒绝其续期许可的请求是错误的。

原告的诉讼理由是:原告经营的广播站虽然存在频率偏差,但原因在原告的控制能力之外,因此不应当认定为违法行为,FRC应当允许原告的续期请求。

被告的答辩理由是:原告擅自改变批准频率,违反FRC《7号命令》,不能批准其续期请求。

焦点问题

1. 原告是否存在违反 FRC《7 号命令》的行为?

2. FRC 拒绝原告的理由是否合理?

法院观点

1. FRC《7 号命令》规定了每个广播站保持频率的义务,当广播站未经批准擅自改变无线电频率时,FRC 有权撤销许可。该条款禁止广播站擅自改变被许可的频率。根据原告广播站提供的资料,该广播站频率确实超出了许可使用的频率范围,虽然原告认为产生的频率偏差是其控制能力之外的原因导致,并提交了相关证据,但这些证据并不能证明引发频率偏差的原因在原告控制能力之外。因此,法院判定原告存在违反 FRC《7 号命令》的行为。

2. 关于 FRC 的决定,原告提出该决定不合理,因此证明该决定不合理的举证责任在于原告。而原告并没有提供证据证明 FRC 的决定是任意的、反复无常的;且原告也并未论证广播站的续期能够对公共利益、方便性以及必要性方面作出贡献。因此法院驳回了原告的诉讼请求,支持 FRC 的决定。

判决结果

法院决定维持 FRC 的决定,驳回起诉。原告的广播站频率超出授权频率范围的事实存在,且其并没有证明引发的原因在其控制范围之外,因此,原告违反了 FRC 的《7 号命令》;而对于 FRC 决定的不合理性,原告也并未提出证据说明,因此法院支持了 FRC 的决定,认为其决定是合理的。

二、本案知识点

1. 无线电频率为何采取许可制? 频率有产权吗? 产权人是谁?

2. 本案法院以"任意的、反复无常的"的司法审查标准,支持了 FRC 的决定。法院支持了下述三种情况下可以终止无线电频率许可:(1)擅自改变频率;(2)将电台转让他人使用;(3)无法证明续展有利于公共利益。[①]

三、判决原文摘录

1. On December 17, 1930, an application for a renewal license was filed by appellant with the Federal Radio Commission, but upon examination the Commission did not reach a decision that the public interest, convenience, or necessity would be served by the granting thereof.

---

① 法院支持了 FRC 的决定,认为该决定是合理的。
(1)广播站频率超出授权许可的范围,并非由原告控制能力之外的原因导致;
(2)未经 FRC 的书面同意,将广播站的实质性权利转让给他人;
(3)原告无法证明广播站的续展能够使公共利益、便利或者必要性得到满足。

2. The record discloses without contradiction that the deviations in frequency charged against appellant's station had actually occurred as charged, and they were not shown to have resulted from causes beyond the control of appellant.

3. In our opinion, the findings of fact made by the Commission are supported by substantial evidence, and the Commission's conclusions are not arbitrary or capricious.

4. Appellant had in the past, without the written consent of the licensing authority, transferred and assigned substantial rights granted to him under his station license to other persons.

5. Appellant had failed to show the character of service being rendered by Station KFQU or a public need for its service, or that the public interest, convenience, or necessity would be served by granting a renewal license for the operation of the station.

7-5　对美国联邦电信委员会的行政命令做司法审查的诉讼时效——康斯尔特里通信公司与美国联邦电信委员会案 Council Tree Communs., Inc. *v.* FCC

【案　　号】324 F. App'x 3 (D. C. Cir. 2009)

【审理法院】美国哥伦比亚特区联邦巡回上诉法院

【审理时间】2009 年 3 月 26 日

一、案件情况

申请人:康斯尔特里通信公司(Council Tree Communications, Inc.)

被申请人:美国联邦电信委员会(Federal Communications Commission, FCC)、美国政府(United States of America)

第三人:谷歌公司(Google, Inc.)等

案件事实

本案中,FCC 制定了无线电 700M 频段拍卖规则,康斯尔特里通信公司对该规则提出疑问,认为该规则因未适用 FCC 自己制定的既有的拍卖规则而违法,遂向法院提起诉讼,要求进行司法审查。但由于已经超过了法律规定的审查期限,法院驳回该起诉。

申请人请求:对 FCC 制定的 700M 频段拍卖规则进行司法审查,并撤销该规则。

申请人的申请理由是:FCC 制定的 700M 频段拍卖规则没有适用既有的拍卖规

则,因此违法。

被申请人的答辩理由是:本案已经过了法律规定的诉讼时效,在 FCC 重新作出行政决定之前,法院没有管辖权审理此案。

焦点问题

法院对本案是否享有管辖权?

法院观点

法院审理 FCC 的频率拍卖规则的合法性存在诉讼时效,超过时效后,司法丧失对行政案件的管辖权。根据《司法机关及司法程序法》(Judiciary and Judicial Procedure)第 2344 条①的规定,诉讼时效为 60 天,康斯尔特里通信公司提出申请要求司法审查时,已经过了诉讼时效,因此法院没有管辖权审理此案。只有 FCC 决定“重新开始”(reopen)审查康斯尔特里通信公司的请求,法院才有管辖权。本案中,FCC 是否有重审康斯尔特里通信公司的请求的意图并不明确,因此法院没有管辖权。

判决结果

法院最终决定驳回起诉。由于已经超过诉讼时效,法院没有管辖权。

二、本案知识点

行政诉讼中,规定诉讼时效的意义为何?对寻求司法救济的诉讼时效的相关解释,可参见判决原文。②

三、判决原文摘录

1. In sum, only “if in proposing a rule the agency uses language that can reasonably be read as an invitation to comment on portions the agency does not explicitly propose to change”, can a party bring “a renewed challenge to the underlying rule or policy.”

2. In fact, just the opposite is true, as the FCC unambiguously stated its “existing competitive bidding rules do not require modification for purposes of an auction of commercial 700 MHz Band licenses.”

---

① 28 U. S. C. § 2344: Any party aggrieved by the final order may, within 60 days after its entry, file a petition to review the order in the court of appeals wherein venue lies.

② 对“寻求司法救济的诉讼时效”(time limit to seek judicial review is a kind of statute of limitations)的解释参见判决原文:“We lack jurisdiction to consider petitioner's claims that the decision of the Federal Communications Commission (‘FCC’) to use its existing bidding rules for a particular auction was arbitrary and capricious or otherwise not in accordance with law.

“Under 28 U. S. C. § 2344, ‘[a]ny party aggrieved by the final order’ of the Federal Communications Commission has only ‘60 days after its entry’ to seek judicial review of the order. This time limit is jurisdictional.

“Jurisdiction thus lies only if the FCC has somehow ‘reopened’ the decision that petitioner now challenges. FCC's intention to reopen the decision petitioner challenges is not ‘clear.’”。

3. Nor did the FCC reopen its decision by stating that it did not find the Small Business Administration's Office of Advocacy's request for a stay of the existing rules to be "persuasive."

4. Merely acknowledging another federal entity's argument is not enough to constitute reopening, particularly when, as here, the acknowledgment is in a cursory footnote that summarily dismisses that argument.

5. Though the FCC sought additional comments on one company's unique proposal regarding a specific block of the bandwidth spectrum that is not at issue here, in context it is pellucid the FCC was not reopening its decision as to the entire spectrum.

第八章　电 信 资 费

电信资费就是用户为接受电信服务而支付的对价。电信资费监管是电信监管的重要内容,不能将电信服务的定价完全交给电信企业和用户之间的意思自治。首要原因在于电信服务具有普遍服务的特征,在面对自然垄断行业的巨大议价能力时,电信消费者的议价能力明显处于弱势。还有一个原因,就是电信技术发展的福祉应该尽快分享给全社会,如果完全依赖市场竞争,电信技术的飞速发展和市场淘汰的滞后性会使电信消费者无法及时享受每一次电信技术进步推动下的电信成本降低所带来的技术红利。

电信技术的发展使电信网络传输能力大幅提升,传输距离和传输时间对电信成本的影响可以忽略不计,网络传输容量在理论上趋近于无穷大,世界各国普遍存在网络传输容量过剩的情况。在此技术条件下,同一电信网络上同时可以设定无限多使用权,电信网络基于实物占有和控制的物权特征已经消失,而具有了基于使用许可的准物权特征。因而,用户与电信网络所有者之间围绕电信网络实物设定的租赁合同关系也随之修正,变更为围绕电信网络使用权的许可关系,进而确立起用户的网络接入权。原有的基于电信网络租赁的法律关系是电信运营商攫取垄断暴利的借口,基于电信网络使用权许可制度的电话资费包月(包年)制建立后,包月(包年)额为一个月(一年)的使用许可费数额。在缴纳了该使用许可费后,用户即获得了电信网络接入权,可以不限次数、不计时长和距离地使用电信网络。这种法律关系的重塑不仅回应了电信技术发展带来的电信网络使用权准物权特征的凸显,在经济上更能发挥网络资源的使用效率,并且能将电信技术发展带来的福祉分享给全社会。

本章共包含四个案例。

案例 8－1 说明政府机关依据一个原则作出的决定,当原则被判无效时,该决定也应当无效。

案例 8－2 聚焦了以下问题:(1)《贸易法》中“公共运输者”的概念;(2)本案是否应当移交至美国联邦电信委员会进行审查;(3)“电信服务”和“信息服务”的区别。法官认为,公共运输者不仅要向不特定的人昭示无差别地提供运输服务,而且在承运时不能改变运输物。本案中的承运人因不符合后一个条件而不属于公共运输者。关于管辖权,根据初步管辖权理论,本案无须移交至美国联邦电信委员会。而网站提供成人娱乐服务属于"信息服务",不属于政府批准价格的"电信服务",因此价格上报原则不适用于本案。

案例8-3讨论的问题是,电信运营商在给其客户分摊其缴纳的普遍服务基金时是否存在价格歧视。法官分三步进行了判断:先判断服务是否相似→如果相似,就判断是否存在价格差异→如果存在,就判断该差异是否合理。

案例8-4讨论了资费备案原则,该原则由不可诉原则和非歧视原则组成。不可诉原则意味着美国联邦电信委员会对于电信服务价格的合理性拥有排他管辖权;非歧视原则可防止对不同客户适用不同的价格。

8-1　电信资费的定价原则——南方盖特股份有限公司与莫里森案 GTE S., Inc. *v.* Morrison

【案　　号】199 F. 3d 733 (4th Cir. 1999)

【审理法院】美国联邦第四巡回上诉法院

【审理时间】1999年12月15日

一、案件情况

上诉人、一审原告:南方盖特股份有限公司(Gte South, Incorporated,以下简称盖特公司)

第三人、一审原告:美国政府(United States of America)

被上诉人、一审被告:西欧多尔·V. 莫里森(Theodore V. Morrison. Jr.)、胡雷亨·W. 摩尔(Hullihen W. Moore)、克林顿·I. 米列尔(I. Clinton Miller),三人均为弗吉尼亚州公司委员会(State Corporation Commission, SCC)官方委员;考克斯光网股份有限公司(Cox Fibernet Commercial Services,以下简称考克斯公司)、美国电话电报公司弗吉尼亚州分公司(AT&T Communications of Virginia, Incorporated,以下简称AT&T公司)、微波电信公司(MCI Telecommunications Corporation)

第三人、一审被告:弗吉尼亚联邦总检察长(Attorney General of the Commonwealth of Virginia)

案件事实

1996年联邦《电信法》(Federal Telecommunications Act)颁布之前,在电信服务市场内,通常指定一家公司作为在位本地交换运营商(Incumbent Local Exchange Carrier, ILEC),拥有该地区电信服务专营权。1996年联邦《电信法》为排除垄断,要求ILEC向竞争性本地交换运营商(Competing Local Exchange Carrier,CLEC)出租基础设施。联邦《电信法》第251(c)(2)条、第251(c)(3)条和第251(c)(4)条[①]规定了CLEC使用

① 47 U. S. C. §251(c): Additional obligations of incumbent local exchange carriers

In addition to the duties contained in subsection (b) of this section, each incumbent local exchange carrier has the following duties:

(1) Duty to negotiate

The duty to negotiate in good faith in accordance withsection 252 of this title the particular terms and conditions of agreements to fulfill the duties described in paragraphs (1) through (5) of subsection (b) of this section and this subsection. The requesting telecommunications carrier also has the duty to negotiate in good faith the terms and conditions of such agreements.

(2) Interconnection

The duty to provide, for the facilities and equipment of any requesting telecommunications carrier, interconnection with the local exchange carrier's network—

(A) for the transmission and routing of telephone exchange service and exchange access;

(B) at any technically feasible point within the carrier's network;

(C) that is at least equal in quality to that provided by the local exchange carrier to itself or to any subsidiary, affiliate, or any other party to which the carrier provides interconnection; and

(D) on rates, terms, and conditions that are just, reasonable, and nondiscriminatory, in accordance with the terms and conditions of the agreement and the requirements of this section and section 252 of this title.

(3) Unbundled access

The duty to provide, to any requesting telecommunications carrier for the provision of a telecommunications service, nondiscriminatory access to network elements on an unbundled basis at any technically feasible point on rates, terms, and conditions that are just, reasonable, and nondiscriminatory in accordance with the terms and conditions of the agreement and the requirements of this section andsection 252 of this title. An incumbent local exchange carrier shall provide such unbundled network elements in a manner that allows requesting carriers to combine such elements in order to provide such telecommunications service.

(4) Resale

The duty—

(A) to offer for resale at wholesale rates any telecommunications service that the carrier provides at retail to subscribers who are not telecommunications carriers; and

(B) not to prohibit, and not to impose unreasonable or discriminatory conditions or limitations on, the resale of such telecommunications service, except that a State commission may, consistent with regulations prescribed by the Commission under this section, prohibit a reseller that obtains at wholesale rates a telecommunications service that is available at retail only to a category of subscribers from offering such service to a different category of subscribers.

(5) Notice of changes

The duty to provide reasonable public notice of changes in the information necessary for the transmission and routing of services using that local exchange carrier's facilities or networks, as well as of any other changes that would affect the interoperability of those facilities and networks.

(6) Collocation

The duty to provide, on rates, terms, and conditions that are just, reasonable, and nondiscriminatory, for physical collocation of equipment necessary for interconnection or access to unbundled network elements at the premises of the local exchange carrier, except that the carrier may provide for virtual collocation if the local exchange carrier demonstrates to the State commission that physical collocation is not practical for technical reasons or because of space limitations.

ILEC 网络或者服务的三种途径，分别为：（1）CLEC 自建网络后与 ILEC 互联；（2）在非捆绑的基础上租用 ILEC 的网络和设施；（3）以批发折扣价格购买 ILEC 的网络或者服务后进行转售。在 CLEC 发出互联互通和接入的请求后，双方应进行谈判，且必须依照联邦《电信法》第 251（c）条的规定遵循诚信原则。如果谈判失败，租赁价格及其他条款可通过州公用事业委员会仲裁确定。该法案还赋予了联邦地区法院管辖权，以审查政府机构的决定。

本案中，盖特公司是弗吉尼亚州的 ILEC，拥有本地网络，依照联邦《电信法》的规定有义务为 CLEC 提供本地元素。本地市场的新进入者，也就是 CLEC，包括考克斯公司、AT&T 公司和微波电信公司，企图进入弗吉尼亚州本地电信市场，故分别向盖特公司提出请求，试图与其网络互联互通和接入其网络元素，并以批发价获得零售服务。在谈判失败后，上述三公司分别向 SCC 提出行政申请。1996 年 10 月，SCC 合并审理了三者的申请，当 SCC 审理此案时，美国联邦第八巡回上诉法院正在审理联邦电信委员会（Federal Communications Commission，FCC）价格规则的效力，因此该规则效力处于待定阶段，SCC 只能依照联邦《电信法》的规则进行审理。本案则源于后续被美国联邦最高法院肯定的 FCC 规则是否能用于评价 SCC 的裁决。

关于本地市场新进入者的接入价格和互联互通价格，联邦《电信法》授权 FCC 制定详细的规定，FCC 也制定了该规定。SCC 对本案的审理时间为 1996 年 10 月至 1997 年 5 月，其间，FCC 上述价格规则正处于联邦第八巡回上诉法院审理过程中（审理期为 1996 年 9 月 27 日至 1997 年 7 月），其效力被法院暂停，因此 SCC 不能依据 FCC 的价格规则，只能依照联邦《电信法》进行审理。SCC 所依照的联邦《电信法》规则是第 251（c）（2）（D）条和第 251（c）（3）条中关于互联互通和接入价格必须是公正、合理的、无区别对待的规定，特别要求价格必须建立在提供互联互通和接入的实际成本上，并能包含一定的利润。ILEC 向 CLEC 收取的零售服务成本折扣要建立在向零售商提供电信服务的基础上，而不考虑可以避免发生的涉及市场、账单、收款等其他环节的成本［见联邦《电信法》第 252（d）（3）条①］。双方就计算价格的方法未达成一致，SCC 要求以联邦《电信法》规定的定价方式确定价格，即公正、中立、无歧视；而对于接入价格，盖特公司提出了哈特菲尔德模式（Hatfield Model），用于预估成本价格，这是一个全要素长期增量成本（Total Element Long Run Incremental Cost，TELRIC）模式。而 SCC 提出了一个完全不同的模式——确定市场下的效率元素定价规则（Market Determined -

---

① 47 U. S. C. § 252（d）（3）：Wholesale prices for telecommunications services. For the purposes of section 251（c）（4），a State commission shall determine wholesale rates on the basis of retail rates charged to subscribers for the telecommunications service requested，excluding the portion thereof attributable to any marketing，billing，collection，and other costs that will be avoided by the local exchange carrier.

Efficient Component Pricing Rule,M - ECPR)。盖特公司对 SCC 的定价模式并不认同。

1997 年 6 月,盖特公司对三个 CLEC 以及 SCC 提起诉讼,认为 SCC 的裁决违反联邦《电信法》,即不公正、不中立、构成歧视。地区法院适用简易判决对本案进行了审理,关于 SCC 的裁决是否违反联邦《电信法》,即是否不公正、不中立、构成歧视,地区法院认为判断起来过于宽泛,很难作出判定;但由于联邦《电信法》授权 FCC 对此原则性问题做了详细规定,即 FCC 制定的定价规则对不公正、不中立、构成歧视有详细的定义和客观的解释,只要可以认定 SCC 的裁定符合上述定义或解释,就可以判定 SCC 的裁定符合联邦《电信法》规定的不公正、不中立、构成歧视。因此,地区法院适用了 FCC 的价格规则审理此案,最终认定 SCC 的裁定符合 FCC 的价格规则,这也就证明了其符合联邦《电信法》规定的不公正、不中立、构成歧视。盖特公司不服地区法院的判决,遂向联邦第四巡回上诉法院提起上诉。请求撤销地区法院的判决,对本案重新进行司法审查。

上诉人的上诉理由是:(1)地区法院依据 FCC 的价格规则审理了此案,盖特公司提出疑问:首先,FCC 无权制定价格规则;其次,SCC 仲裁裁决之日 FCC 价格规则尚处于效力暂停阶段(详细解释见下文法院观点部分),不应当适用 FCC 价格规则评价 SCC 的仲裁裁决。(2)SCC 在规定非捆绑接入元素的定价规则、批发价格的适用规则时,采用的 M - ECPR 定价模式以预测价格确定成本价格,忽略了已经产生的成本,违反联邦《电信法》,应当被认定无效。

被上诉人的答辩理由是:(1)联邦《电信法》对其他政府机构的授权并不影响 FCC 的定价权力,因此 FCC 有权制定价格规则,而在本案中,溯及力的问题不妨碍 FCC 的定价规则的适用,因此地区法院可以依照 FCC 的定价规则。(2)M - ECPR 定价模式基于已经认定的事实,遵循了 FCC 的定价规则,且有大量的事实证明其适用性。

焦点问题

1. FCC 是否有权制定价格规则?地区法院能否适用 FCC 的价格规则来评估 SCC 的仲裁裁决?

2. SCC 对于非捆绑接入元素的定价规则、批发折扣价格的适用规则是否违反联邦《电信法》?是否有效?

法院观点

联邦第八巡回上诉法院认为,联邦《电信法》第 252(c)(2)条 ①赋予州市政委员会

---

① 47 U. S. C. § 252(c):Standards for Arbitration

In resolving by arbitration under subsection (b) any open issues and imposing conditions upon the parties to the agreement, a State commission shall—

(1) ensure that such resolution and conditions meet the requirements of section 251, including the regulations prescribed by the Commission pursuant to section 251;

决定电信价格的排他性权利,因此 FCC 在该领域无任何立法权力。然而,美国联邦最高法院通过美国电话电报公司诉艾奥瓦州公共事业公司案[①]推翻了联邦第八巡回上诉法院的上述判例,认定 FCC 具有为实施联邦《电信法》的价格条款而发布价格规则的管辖权,故 FCC 具有设计计价方法的权利。换句话说,FCC 具有制定价格规则的权利,而州委员会具有依据该规则具体定价的权利。关于溯及力的问题,联邦第八巡回上诉法院于 1996 年 9 月 27 日暂停了 FCC 价格规则的效力,1997 年 7 月 18 日作出判决,撤销了 FCC 价格规则。1999 年 1 月 25 日,美国联邦最高法院撤销了联邦第八巡回上诉法院撤销 FCC 价格规则的判决。FCC 的价格规则的效力变化根据时间如图 2 所示。

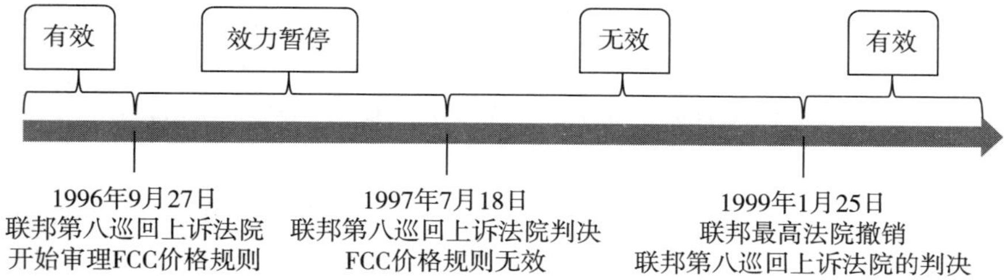

图 2　FCC 的价格效力变化示意

SCC 在 1996 年 10 月接收了仲裁请求,1997 年 5 月作出了仲裁裁决,其间由于 FCC 价格规则处于效力暂停阶段(1996 年 9 月 27 日至 1997 年 7 月),SCC 遂适用了联邦《电信法》中的价格规则,即公正、中立、无歧视。1996 年联邦《电信法》第 251(d)(1)条[②]指定 FCC 制定价格规则来管理市场新进入者的申请,也就是制定价格规则来确定接入价格和互联价格,即将上述"公正、中立、无歧视"客观化。因此,地区法院依照 FCC 价格规则对 SCC 的裁决进行了判定,认为只要符合 FCC 的价格规则,就一定符合联邦《电信法》要求的公正、中立、无歧视。因为 FCC 的价格规则就是对"公正、中立、无歧视"的具体解释。

盖特公司认为,根据溯及原则,法院不应当适用 FCC 价格规则。对于盖特公司的观点,法院从以下三点论证了可以适用 FCC 的价格规则:首先,在联邦第八巡回上诉法院暂停审理期间,盖特公司的财产权利并未受任何影响;其次,SCC 依据市场因素确定价格,即使适用 FCC 的价格规则也不会影响该价格;最后,美国联邦最高法院撤销了联

(2) establish any rates for interconnection, services, or network elements according to subsection (d); and
(3) provide a schedule for implementation of the terms and conditions by the parties to the agreement.

① See AT&T Corp. *v.* Iowa Utils. Bd., 525 U. S. 366, 370, 119 S. Ct. 721, 726 (1999).

② 47 U. S. C. § 251(d)(1): Within 6 months after the date of enactment of the Telecommunications Act of 1996, the Commission shall complete all actions necessary to establish regulations to implement the requirements of this section.

邦第八巡回上诉法院的判决,判决 FCC 价格规则有效后,该规则自始有效,因此阻碍溯及力适用点的最核心原则——"违反公众预期"在本案中也不适用。

根据联邦《电信法》第 251(c)(2)(D)条、第 251(c)(3)条的规定,互联互通以及非捆绑网络元素的接入价格必须是公正、合理的,不能存在区别对待的情形。联邦《电信法》第 252(d)(1)条尤其强调 ILEC 收取的价格包括提供互联互通服务以及网络元素的成本费用和一定的合理利润。联邦《电信法》第 252(d)(3)条规定,应当以提供电信服务产生的实际成本为基础,确定向服务接受者收取的费用,不应当包括市场营销、账单、收款或其他 ILEC 可以避免的成本。据此,盖特公司认为 SCC 采用预测性的方式确定成本价格,忽略了已经发生的成本,违反了联邦《电信法》。有关 SCC 提出的 M – ECPR 定价模式,法院认为该模式遵循了 FCC 的定价规则,且有大量的事实证据加以支持。因此,上诉法院认为 SCC 的裁决是正确的,维持了地区法院的判决。

判决结果

上诉法院决定维持地区法院的判决,支持 SCC 的裁决:(1)溯及力的问题不阻碍本案对 FCC 的定价规则的适用,可以适用 FCC 的定价规则来评估 SCC 的仲裁决定;(2)SCC 的裁决遵循了 FCC 的定价规则,且有大量的事实证据加以支持,故该裁决正确。

二、本案知识点

1. 电信资费的定价标准是什么?① 即接入费如何确定? 是面向未来,用新技术预估计费? 还是面向过去,用实际发生的成本计费?

2. 哈特菲尔德模式计费法的原理是什么? 其合理性和可行性如何?②

---

① 对"电信资费的定价标准"(the principal of setting price)的解释参见判决原文:"(1)Prices (or rates) for interconnection and unbundled network elements must be 'just, reasonable, and nondiscriminatory.' 47 U. S. C. § §251(c)(2)(D), 251(c)(3). Specifically, these prices must be 'based on the cost (determined without reference to a rate – of – return or other rate – based proceeding) of providing the interconnection or network element,' and they 'may include a reason – able profit.' Id. §252(d)(1).

"(2)The wholesale rates that an incumbent LEC may charge a CLEC for retail services must be determined 'on the basis of retail rates charged to subscribers for the telecommunications service requested, excluding the portion thereof attributable to any marketing, billing, collection, and other costs that will be avoided by the local exchange carrier.' Id. §252(d)(3)."。

② 对"哈特菲尔德模式的合理性和可行性"(what's the reasonability and feasibility of Hatfield model?)的解释参见判决原文:"Hatfield model, a forward – looking methodology for determining costs. It is a Total Element Long Run Incremental Cost (TELRIC) model. The Hatfield model starts from scratch and simulates a new telephone network for the relevant local service area. The model calculates (on a forward – looking basis) the direct and indirect costs of building and operating the elements of this simulated network, basically using the most economical and efficient configuration and technology available today."。

3. 网络服务共享的三种途径是什么?①

4. FCC 对价格管制的管辖权何来?②

5. 设置价格时应从零售价中扣除的成本包括哪些?③

本案中,ILEC 与接入请求者就接入费达不成一致,接入请求者请求地方电信管理部门裁决,地方电信管理部门根据 M – ECPR 定价模式计算成本,裁决后 ILEC 不服,起诉,被法院驳回。起诉理由就是接入费不应该面向未来,要考虑已经发生的成本。

三、判决原文摘录

1. When the intervening statute authorizes or affects the propriety of prospective relief, application of the new provision is not retroactive.

2. Generally, judicial construction of a statute is an authoritative statement of what the statute meant before as well as after the decision of the case giving rise to that construction.

3. The United States Supreme Court's interpretation of a law is controlling and must be given full retroactive effect in all cases still open on direct review and as to all events, regardless of whether such events predate or postdate the court's announcement of the rule.

4. The Telecommunications Act requires local telephone companies, heretofore monopolies, to make their facilities and services available to would – be competitors at negotiated prices or, if negotiations fail, at prices to be set in arbitration proceedings before state utility commissions. The Act gives federal district courts jurisdiction to review state commission determinations.

5. Those prices are to be based on the cost (determined without reference to a rate – of – return or other rate – based proceeding) of providing the network element.

---

① 对"网络服务共享的三种途径"(network sharing in three ways)的解释参见判决原文:"Enter the local telephone market by using the incumbent LEC's network or services in three ways. First, a CLEC may build its own network and 'interconnect' with the network of an incumbent. See id. §251(c)(2). Second, a CLEC may lease elements (loops, switches, etc.) of an incumbent LEC's network 'on an unbundled basis.' See id. §251(c)(3). Third, a CLEC may buy an incumbent LEC's retail services 'at wholesale rates' and then resell those services to customers under its (the CLEC's) brand. See id. §251(c)(4)."。

② 对"FCC 对价格管制的管辖权"(the FCC's jurisdiction to regulate price)的解释参见判决原文:"The Supreme Court held that the FCC had jurisdiction to issue rules implementing the pricing provisions of the Act. In other words, the FCC is empowered to issue 'rules to guide the state – commission judgments.'"。

③ 对"设置价格时应从零售价中扣除的成本"(which costs should be deducted from retail price when setting the whole price?)的解释参见判决原文:"The dispute centered on how to calculate the costs that 'will be avoided,' 47 U. S. C. §252(d)(3), by an incumbent LEC when it provides retail services to a CLEC. All marketing, billing, collection, and like costs would be deducted from the incumbent's retail price."。

8-2 公共运输者、信息服务提供商和电信运营商——美国联邦贸易委员会与维瑞特国际股份有限公司案 FTC *v*. Verity Int'l, Ltd.

【案　　号】443 F.3d 48 (2d Cir. 2006)

【审理法院】美国联邦第二巡回上诉法院

【审理时间】2006 年 3 月 27 日

一、案件情况

上诉人、一审被告:维瑞特国际股份有限公司(Verity International,以下简称维瑞特公司)

被上诉人、一审原告:联邦贸易委员会(Federal Trade Commission,FTC)

第三方原告:自动通信公司(Automatic Communications, Ltd.);罗伯特·格林(Robert Green)、玛丽琳·舍英(Marilyn Shein),均为维瑞特公司所有人

第三方被告:美国电话电报公司(AT&T Corp.,以下简称 AT&T 公司)

案件事实

维瑞特公司的主营业务是经营成人娱乐网站,AT&T 公司为电信服务提供商,维瑞特公司的网站通过 AT&T 公司的电话线接入,收费规则为:当一个计算机用户访问维瑞特公司经营的成人娱乐网站时,该网站会给用户提供一个可下载的拨号程序,下载拨号程序以后网站会告知用户获得成人娱乐内容的收费标准,费率按照国际长途电话计算,且费用将包含在电话费账单中,费用产生后维瑞特公司会给客户邮寄费用账单。

在该规则实施一段时间后,电话客户向 FTC 投诉维瑞特公司,称维瑞特公司在消费者并不知情的情况下收费,是不公平的收费。FTC 起诉维瑞特公司,声称其收费系统构成不公平的贸易。地区法院在判决(140 F. Supp. 2d 313)中发布初步禁令,由于维瑞特公司不履行判决结果,构成蔑视法庭判决,因此在判决(2004 WL 2376504)中给予维瑞特公司永久禁令。维瑞特公司提起上诉,请求撤销地区法院颁布的永久禁令,判决其行为不构成违法。

上诉人的诉讼理由是:(1)由于《贸易法》(Commerce and Trade)限制了 FTC 的执法权力,FTC 对上诉人没有管辖权;(2)本案涉及对联邦《电信法》(Federal Telecommunications Act)术语的解释,因此法院没有管辖权,法院应当将案件转交到联邦电信委员会(Federal Communications Commission,FCC);(3)根据价格备案原则(Filed-Rate Doctrine),该收费已经备案,因此 FTC 无权审理收费是否合理;(4)地区

法院判决用户支付服务费用的决定错误，违反《贸易法》；(5)地区法院对于赔偿救济的审判以及举证责任没有建立在公平的基础上，违反联邦《电信法》；(6)地区法院的判决并未指出被上诉人披露财产的义务，因此被上诉人未披露财产并不构成蔑视法庭。

被上诉人的答辩理由是：(1)虽然根据《贸易法》，FTC 不能管辖“公共运输者”(common carrier，包括电信管道商)的贸易活动，但是本案当事人并不属于“公共运输者”，因此 FTC 有权规范本案贸易行为；(2)根据先前的判例，地区法院对本案有管辖权；(3)虽然国际长途的费率已经备案，但是登录成人娱乐网站的费率是否应该按照国际长途收费并未备案，因此“备案原则”并未剥夺 FTC 的管辖权；(4)上诉人提供服务并未获得用户的授权，用户也无法避免登录该网站，因此用户无须支付费用，地区法院判决正确；(5)地区法院对于赔偿损失和返还不当得利的判决是正当且合理的；(6)上诉人未依照地区法院的判决履行义务，构成蔑视法庭判决。

焦点问题

1. FTC 是否有权规范贸易行为？
2. 地区法院是否有权审理此案？
3. 上报经批准的价格原则是否适用？
4. 地区法院对于用户是否应当支付服务费用的判决是否正确？
5. 是否应当支持地区法院救济措施的判决？
6. 上诉人是否有蔑视法庭判决的行为？

法院观点

1.《贸易法》限制了 FTC 的执法权力，根据该法第5(a)(1)条的规定，“公共运输者”免受 FTC 的管制，《贸易法》和联邦《电信法》对“公共运输者”的定义相同。且在《贸易法》限制了 FTC 的执法权力之后，美国国会并未提出修改，因此，对于“公共运输者”的豁免条款仍然有效。联邦《电信法》第153(11)条①将“公共运输者”定义为任何从事跨州或者跨国有线和无线电信服务的实体，该实体必须符合两个要求：(1)实体本身为所有客户提供服务(the entity holds itself out as undertaking to carry for all people indifferently)；(2)传递信息时不修改信息内容(the entity carries its cargo without modification)。然而，具体到本案中的成人网站信息，由于上诉人可以对其进行编辑、处理，故不符合第二个特征，即上诉人不符合“公共运输者”的定义，因此 FTC 对其有管辖权。

2. 对于 FCC 是否享有主要管辖权，即该案件是否可被移送到 FCC，应当从以下四

---

① 47 U. S. C. § 153(11): Common carrier. The term “common carrier” or “carrier” means any person engaged as a common carrier for hire, in interstate or foreign communication by wire or radio or in interstate or foreign radio transmission of energy.

方面进行分析:(1)是否符合以往实践的习惯,或者是否属于专业技术问题以及政治考虑;(2)争议的焦点问题是否在机构的自由裁量权内;(3)不同的管辖权分配是否会导致实质性的损害;(4)是否有过类似判例。

依照上述四点,法院提出四点理由不支持将案件转交到 FCC:(1)之前已经存在很多法院管辖先例,包括 FCC 定义联邦《电信法》中"电信服务"和"信息服务"条款;(2)虽然 FCC 在管制联邦《电信法》的实施中有自由裁量权,但联邦《电信法》的法条中并没有抽象的术语形容该自由裁量权,因此排除 FCC 的管辖;(3)上诉人已经指出,服务分类的不一致并不会造成实质性的损害;(4)上诉人指出,在 LO/AD 通信公司、BVI 有限公司等诉世界通信公司案[①]中, FCC 曾经作出过相关服务分类的裁决,然而该裁决最后被证明是错误的。

综上所述,地区法院对本案有主要管辖权,不需要转交给 FCC。

3. 上诉人认为,资费备案原则剥夺了 FTC 的管辖权,也就是说,该资费已经备案, FTC 就没有管辖权了。该原则由联邦《电信法》第 203(a)条[②]建立,要求所有公共运输者提交收费清单,经 FCC 批准后该价格成为政府定价。在本案中,虽然国际长途资费本身已经备案,但原告提供的成人娱乐网站服务属于信息服务,FCC 批准的是电信服务价格,"价格备案原则"在此不适用,被告被批准的资费清单不能覆盖其信息服务。

4. FTC 认为,上诉人在实践中有虚假的意思表示,构成欺诈行为,即使用户没有访问色情内容或授权他人使用,用户也不可避免访问成人网站(会自动跳出)。上诉人认为,在使用 AT&T 公司提供的电话服务期间,用户访问成人网站属于 AT&T 公司的电话服务,无论是否授权都应当付费,地区法院的决定没有错误。地区法院判决上诉人误导消费者,对此上诉人没有提供证据推翻该判决,因此地区法院的判决没有错误。地区法院判决向未使用的用户收费是一种不公平的贸易,上诉法院肯定了地区法院的判决,FTC 没有违反《贸易法》。

5. 地区法院依照《贸易法》进行审理,对于赔偿损失和返还不当得利的判决是正当且合理的,然而,对于举证责任是否应当转移给上诉人的问题,法院的审理尚不成熟。

---

① See LO/AD Communs., B. V. I., Ltd. *v.* MCI WorldCom, 00 Civ. 3594 (JGK), 2001 U. S. Dist. LEXIS 517, at *1 (S. D. N. Y. Jan. 21, 2001).

② 47 U. S. C. § 203(a): Every common carrier, except connecting carriers, shall, within such reasonable time as the Commission shall designate, file with the Commission and print and keep open for public inspection schedules showing all charges for itself and its connecting carriers for interstate and foreign wire or radio communication between the different points on its own system, and between points on its own system and points on the system of its connecting carriers or points on the system of any other carrier subject to this chapter when a through route has been established, whether such charges are joint or separate, and showing the classifications, practices, and regulations affecting such charges.

6. 地区法院认为，上诉人未能遵守临时禁令中披露财产的义务，蔑视法庭判决，所以颁布永久禁令。然而，根据分析，初步禁令中并不包含披露财产的义务，因此上诉人不存在蔑视法庭判决的情形。

判决结果

上诉法院对于地区法院的判决，部分确认，部分驳回：(1)FTC有权利规范贸易行为；(2)地区法院有管辖权审理此案；(3)价格备案原则不适用于本案；(4)驳回上诉人认为地区法院的判决违反《贸易法》的诉求；(5)维持地区法院对经济损失和不当得利的判决，举证责任规则审理尚不成熟；(6)撤销上诉人蔑视法律秩序的判决。

二、本案知识点

上诉人是一家经营成人娱乐内容的网站，通过AT&T公司电话线拨号接入，账单寄给电话主人。电话主人投诉，电脑使用人通过电话线拨号上网登录成人网站，其并不知晓，收费不公平。FTC认定被告收费不公平，上诉人起诉FTC，主张：(1)其是公共运输者，只接受联邦《电信法》和FCC管辖，FTC依据《贸易法》无管辖权；(2)其通过AT&T公司收费已经过FCC的价格批准，批准即合法，FTC就不该认定其欺诈。法院并不认可上诉人的这种说法。

本案澄清了三个概念："公共运输者"、"信息服务提供商"和"电信服务提供商"。

首先，公共运输者的两个本质特征是：(1)对公众昭示无差别提供服务；(2)对运输标的物不进行任何改变。根据这个定义，电信服务提供商、信息服务提供商都是公共运输者。虽然信息服务提供商可以对运输标的物(信息)进行筛选(selection)，但不能改变(modification)信息内容，这就像公共汽车不运输爆炸品一样，也符合第二个要件。

其次，正是由于信息服务提供商筛选了运输标的(信息)，其不属于电信服务提供商的范畴，不受电信法管辖。电信服务提供商无权过问信息内容，当然也就无法筛选被传送标的。①

---

① 对"信息服务和电信服务"(information services and telecommunications services)的解释参见判决原文："The Communications Act defines these two categories of service. A 'telecommunications service' (for example, the carriage of a basic voice telephone call) is the offering of 'the transmission, between or among points specified by the user, of information of the user's choosing, without change in the form or content of the information as sent and received.' 47 U. S. C. § 153(43), (46). An 'information service,' on the other hand, offers 'a capability for generating, acquiring, storing, transforming, processing, retrieving, utilizing, or making available information via telecommunications.' Id. § 153 (20). Examples include services allowing online browsing or electronic publishing.

"The FCC has affirmed that the two types of service are mutually exclusive. The FCC has further explained that 'mixed or hybrid services,' in which the provider 'offers a capability for generating, acquiring, . . . or making available information via telecommunications, and as an inseparable part of that service transmits information supplied or requested by the user,' are information services and not telecommunications services."。

最后,《贸易法》对 FTC 的职权有所限制,并非规制一切公共运输者。FTC 有权规制所有的公共运输者,但已被专门法规制的除外。例如,电信服务提供商虽然是公共运输者,但已被联邦《电信法》(专门法)所规制,不在 FTC 的规制范围内。而信息服务提供商由于不被联邦《电信法》所规制,仍属于 FTC 的规制范围。①

本案上诉人声称自己属于电信服务提供商,已被联邦《电信法》规制,属于《贸易法》规制的例外,FTC 无权对其进行管制。但法院认定:(1)上诉人提供了与电信服务交织在一起,不可分的信息服务,前者由 FCC 管制,后者由 FTC 管制。其信息服务部分不受电信法管辖,当然也不属于《贸易法》的例外,故 FTC 对其信息服务有管辖权;(2)上诉人提供的是电信服务加信息服务,FCC 批准的是电信服务部分的价格(电信法只规制电信部分,不管信息部分),因此"价格备案原则"不适用其信息服务部分,上诉人被批准的资费清单不能覆盖其信息服务。②

三、判决原文摘录

1. The Federal Trade Commission Act limits the Federal Trade Commission's enforcement power.

2. The appropriate measure for restitution is the benefit unjustly received by the defendants. Labeling the remedy "consumer redress" or "disgorgement," each a restitutionary remedy, does not alter the basic principle that restitution is measured by the defendant's gain.

---

① 对"'公共运输者'免受联邦贸易委员会的管制"("common – carrier exception" to the FTC's powers)的解释参见判决原文:"The FTC Act limits the FTC's enforcement power. Pertinent here is the FTC's inability to enforce §5(a)(1) of the FTC Act against 'common carriers subject to the Acts to regulate commerce.' 15 U. S. C. §45(a)(2) (providing this "common – carrier exception" to the FTC's powers). One such act "to regulate commerce" is the Communications Act of 1934, along with its amendatory acts.

"The Communications Act defined 'common carrier' circularly, as 'any person engaged as a common carrier for hire, in interstate or foreign communications by wire or radio ...' 47 U. S. C. §153(10).

"Eventually, the definition of a common carrier coalesced into two requirements: (1) the entity holds itself out as undertaking to carry for all people indifferently; and (2) the entity carries its cargo without modification.

"We conclude that defendant – appellant ACL is not a common carrier subject to the Communications Act and therefore does not fit within the FTC Act common – carrier exemption."。

② 对"资费上报原则适用于电信服务,而不适用于信息服务"(filed – tariff doctrine to telecommunication service, not to information service)的解释参见判决原文:"The defendants – appellants also contend that the filed-rate doctrine, also known as thefiled – tariff doctrine, deprives the FTC of standing and requires dismissal of its complaint. That doctrine is grounded statutorily in the Communications Act's requirement that all common carriers file a schedule of their rates, i. e., a tariff, for FCC approval. 47 U. S. C. §203(a).

"We hold that the filed-rate doctrine does not apply in this case because the defendants – appellants point to no tariff that covers the actual service rendered to users of their billing system."。

3. Rather than rely on what an entity is authorized to do, courts must examine the actual conduct of an entity to determine if it is a common carrier for purposes of the Federal Trade Commission Act exemption.

4. Under common law agency principles, a person is liable to pay for services that she does not herself contract for if another person has actual, apparent, or implied authority to consent on her behalf to pay for the services.

5. The two – step burden – shifting framework for calculating the size of disgorgement relief requires the Federal Trade Commission to first show that its calculations reasonably approximated the amount of the defendant's unjust gains, after which the burden shifts to the defendants to show that those figures were inaccurate.

8 – 3　收费歧视的判定标准——美国帕纳罗尼公司与美国电话电报公司案 Panatronic USA *v*. AT&T Corp.

【案　　号】287 F. 3d 840 (9th Cir. 2002)

【审理法院】美国联邦九巡回上诉法院

【审理时间】2002 年 4 月 22 日

一、案件情况

上诉人、一审原告:美国帕纳罗尼公司(Panatronic USA,加利福尼亚州普通合伙)、莱玛纺织有限公司(Lemar Textile Co.)

被上诉人、一审被告:美国电话电报公司(AT&T Corporation,以下简称 AT&T 公司)

案件事实

依据 1934 年联邦《电信法》(Federal Telecommunications Act),联邦电信委员会(Federal Communications Commission,FCC)通过政府定价调控跨州电话费。每个长途电话公司向 FCC 申报价格时,都需要提交收费清单,注明每一类服务的费用和条件,申报价格一旦获得批准,联邦价格条款就会产生法律效力。之后,美国国会通过 1996 年联邦《电信法》向长途运营商征收普遍服务基金,用来资助学校、图书馆、卫生保健提供者和低收入的消费者。FCC 基于电信运营商的收入确定其需要缴纳的金额,并授权(并非要求)电信运营商将该部分的金额分摊给消费者。依照该授权,AT&T 公司评估其客户的支付义务并建立了普遍连接收费(Universal Connectivity Charge,UCC),以补偿其支付普遍服务基金的成本。AT&T 公司规定,按照《资费目录表 1》缴费的客户(如莱玛纺织有限公司)需支付 4.9% 的 UCC 费用;按照《资费目录表 27》缴费的客户(如美国帕纳罗尼公司)每月需支付 0.93 美元的固定 UCC 费用;按照《资费目录表 12》缴费的客户或者虚拟电话网络服务(VTNS)用户需要支付的 UCC 费用一直没有评估,故没有确定。帕纳罗尼公司订购了 AT&T 公司的长途住宅服务业务,莱玛纺织有限公司订购了 AT&T 公司的长途商业服务业务。在评定对 VTNS 的收费标准时,有几个月延期,而在延迟期间,AT&T 公司又与新的 VTNS 用户签订合同并上报了价格。在 AT&T 公司公布该资费目录后,帕纳罗尼公司和莱玛纺织有限公司起诉 AT&T 公司,声称其对于不同客户征收不同的资费,违反了联邦《电信法》第 202(a)条①的规定;另外,原告还声称,在对 VTNS 用户价格评估延迟期间,AT&T 公司上报了新的价格,使得原告所签订合同的价格与该上报价格不同,违反了联邦《电信法》第 203(c)条②的规定。地区法院适用简易判决作出有利于 AT&T 公司的决定,帕纳罗尼公司和莱玛纺织有限公司不服该判决,提起上诉,请求撤销地区法院的判决,判决 AT&T 公司对不同客户采用不同的资费价格违反联邦《电信法》。

上诉人的上诉理由是:(1)AT&T 公司为分摊普遍服务基金而制定的 UCC 资费标准带有歧视性,违反联邦《电信法》第 202(a)条;(2)莱玛纺织有限公司认为,对 VTNS 用户价格评估延迟期间,AT&T 公司上报了新的价格,使得原告所签订合同的价格与该上报价格不同,违反联邦《电信法》第 203(c)条。

被上诉人的答辩理由是:(1)AT&T 公司对于二者的征收费用不同是基于"中立、理性"的原因,并不构成不合理的歧视,不违反联邦《电信法》;(2)莱玛纺织有限公司在 AT&T 公司和 VTNS 客户的法律关系中并没有受到实质性的影响,因此该诉求不受法律保护,地区法院的判决正确。

焦点问题

1. 评估方式是否违反联邦《电信法》?

---

① 47 U. S. C. § 202(a): It shall be unlawful for any common carrier to make any unjust or unreasonable discrimination in charges, practices, classifications, regulations, facilities, or services for or in connection with like communication service, directly or indirectly, by any means or device, or to make or give any undue or unreasonable preference or advantage to any particular person, class of persons, or locality, or to subject any particular person, class of persons, or locality to any undue or unreasonable prejudice or disadvantage.

② 47 U. S. C. § 203(c): No carrier shall (1) charge, demand, collect, or receive a greater or less or different compensation for such communication, or for any service in connection therewith, between the points named in any such schedule than the charges specified in the schedule then in effect, or (2) refund or remit by any means or device any portion of the charges so specified, or (3) extend to any person any privileges or facilities in such communication, or employ or enforce any classifications, regulations, or practices affecting such charges, except as specified in such schedule.

2. 延迟征收 UCC 导致帕纳罗尼公司和莱玛纺织有限公司所签订合同的价格与上报批准的资费不同,是否违反联邦《电信法》?

法院观点

1. 上诉法院驳回了上诉人认为的 AT&T 公司在评估 UCC 分摊标准时作出了有利于 VTNS 客户的评定,构成不合理的歧视的观点。根据联邦《电信法》第 202(a)条的规定,在确定是否存在不合理的歧视时,应当分三个步骤进行判断:首先,判断服务是否相似或相同;其次,判断是否存在价格差;最后,判断该价格差是否合理。地区法院依照上述步骤进行判断,在第一步中,帕纳罗尼公司和莱玛纺织有限公司与 VTNS 客户所订购的服务不相同且不相似,AT&T 公司对于二者的征收费用不同是基于"中立、理性"的原因,其不构成不合理的歧视,也不违反联邦《电信法》,因此地区法院的判决正确。

2. 联邦《电信法》第 203(c)条规定,任何运营商不得给任何人以特权或者便利条件,对其适用政府审批价格以外的资费。本案中,AT&T 公司在评估对 VTNS 的收费时存在几个月的延迟,在此期间 AT&T 公司上报了新的价格,使得原告所签订合同的价格与该上报价格不同,因此违反了联邦《电信法》。即使如此,在本案中,法院在审理该问题时,只需要考虑电信运营商是否订购了 VTNS 服务、实际收费是否受 VTNS 上报价格影响,本案中的帕纳罗尼公司和莱玛纺织有限公司没有订购 VTNS,无论 VTNS 价格是否变动,其实体权利均不受影响,因此上诉法院驳回其诉讼请求,确认地区法院的判决。

判决结果

上诉法院决定维持地区法院的判决,驳回上诉:(1)AT&T 公司在评估 UCC 收费标准时,对于不同用户采用不同的收费标准是建立在"中立、理性"的基础上的,不构成不合理的歧视;(2)延迟期间 AT&T 公司上报了新的价格,使原告帕纳罗尼公司和莱玛纺织有限公司所签订合同的价格与该上报价格不同而违反联邦《电信法》的争议,不影响本案上诉人的实际利益,因此在本案中无须讨论。

二、本案知识点

1. 什么是价格歧视。①

---

① 对"价格歧视"(pricing discrimination)的解释参见判决原文:"It shall be unlawful for any common carrier to make any unjust or unreasonable discrimination in charges, practices, classifications, regulations, facilities, or services for or in connection with like communication service, directly or indirectly, by any means or device, or to make or give any undue or unreasonable preference or advantage to any particular person, class of persons, or locality, or to subject any particular person, class of persons, or locality to any undue or unreasonable prejudice or disadvantage. 47 U. S. C. § 202(a)."

2. 判断价格歧视的三步法。①

本案中,AT&T 公司将 FCC 征收的普遍服务基金分摊到客户,对不同的客户征收的比例不同,被指歧视。上诉人的起诉被驳回,因为 AT&T 公司对区别对待有合理解释。本案确立了收费歧视的判定标准:服务类似,收费不同,且对不同没有合理解释。对上述价格不同有“中立且理性”的解释,就属于合理解释。

三、判决原文摘录

1. Under this system, every long distance carrier is required to file a tariff with the FCC listing its schedule of charges and the terms and conditions of each class of service.

2. Long distance carriers are required to contribute to the Universal Service Fund, which subsidizes the cost of telecommunication services for schools, libraries, health care providers and low income consumers.

3. It must determine, viewing the evidence in the light most favorable to the nonmoving party, whether there are any genuine issues of material fact and whether the district court correctly applied the relevant substantive law.

4. The appellate court reviews for abuse of discretion a district court's denial of a request to reopen discovery. A district court abuses its discretion only if the movant diligently pursued its previous discovery opportunities, and if the movant can show how allowing additional discovery would have precluded summary judgment.

5. The FCC assesses carriers a quarterly Universal Service Contribution based on the carriers' telecommunications revenue. Carriers are authorized, but not required, to attempt to recoup this assessment from their customers.

---

① 参见判决原文:“Courts have fashioned a three – step analysis to determine whether a carrier has violated this section. The first inquiry is whether the services are ‘like’; if they are, the next inquiry is whether there is a price difference between them; and if so, the third inquiry is whether the difference is reasonable.

“The burden is on the plaintiff to establish the first two elements. If the plaintiff makes this showing, the burden shifts to the carrier to justify the price disparity as reasonable.

“A difference in price is not unreasonable if there is a ‘ “neutral, rational basis underlying [the disparity]. ” ’ ”。

8-4　因资费上报原则,法院无权审理不当得利——叁康姆股份有限公司与奎斯特通信公司案 Sancom, Inc. *v.* Qwest Communs. Corp.

【案　　号】643 F. Supp. 2d 1117 (D. S. D. 2009)
【审理法院】美国南达科他州联邦地区法院
【审理时间】2009 年 6 月 19 日

一、案件情况

原告:叁康姆股份有限公司(Sancom, Inc. ,以下简称叁康姆公司)

答辩人、反诉请求人:奎斯特通信公司(Qwest Communications Corporation,以下简称奎斯特公司)

反诉被告:自由会议内华达州公司(Sancom, Free Conferencing Corporation,以下简称自由会议公司)

案件事实

叁康姆公司是竞争性本地交换运营商(Competing Local Exchange Carrier,CLEC),为其客户提供电信服务,为长途交换运营商(Interexchange Carrier,IXC)提供始发和终止接入服务(originating and terminating access services)。叁康姆公司的接入属于跨州和州内通信,因此需要向美国联邦电信委员会(Federal Communications Commission, FCC)和南部公共设施委员会(South Dakota Public Utilities Commission,SDPUC)提交价格申请。叁康姆公司的价格申请被批准后,其按照批准价格向奎斯特公司收取始发和终止接入服务费用。另外,叁康姆公司与自由会议公司签订合同,由自由会议公司作为叁康姆公司的转售代理商为其寻找客户,叁康姆公司按照流量支付转售报酬。奎斯特公司正是自由会议公司为叁康姆公司找来的 IXC 客户。叁康姆公司允许自由会议公司将其基站布置在叁康姆公司在南他科达州的中心办公室。叁康姆公司通过自由会议公司为 IXC 提供终止接入服务(terminates calls),其中包括奎斯特公司,并收取接入费,然后按照流量给自由会议公司支付转售费。本案中,叁康姆公司只是提供了接入服务,将 IXC 连接到本地交换运营商(Local Exchange Carriers,LEC)的网络上,然后由 LEC 提供本地传输业务。2007 年,奎斯特公司合谋众多 IXC 开始在本地市场内寻找真正给其提供本地传输服务的 LEC,意图避开叁康姆公司和自由会议公司的中间环节,直接连到给其提供传输服务的 LEC 的网络上并接受其服务。在找到这些 LEC 后,奎斯特公司开始拒绝向叁康姆公司支付接入费,未付总额为526,671.60 美元。叁康姆公司称,奎斯特公司拒绝支付费用是为了破坏叁康姆公司和自由会议公司的合作关系,防止叁康姆公司和其他相似的公司建立合作关系。最终,叁康姆公司对奎斯特公司提起诉讼,称其违反批准价格条款、违反默示契约、不当得利、侵权行为造成业务干扰,违反南达科他州《商业欺诈和消费者保护法案》(Deceptive Trade Practices and Consumer Protection Act, DTPCPA)、违反联邦《电信法》(Federal Telecommunications Act)、拒付起始和终止介入费构成合同违约。奎斯特公司对不当得利、违反合同提起反诉。

原告请求:(1)支付不当得利赔偿额;(2)由于商业欺诈请求赔偿;(3)由于侵权干涉原告与自由会议公司的业务关系而请求索赔;(4)由于奎斯特公司的民事共谋行为请求索赔。

原告的诉讼理由是:(1)奎斯特公司未支付接入费用,对该部分费用构成不当得利;(2)奎斯特公司构成商业欺诈,违反 DTPCPA;(3)奎斯特公司侵权干涉了原告与自由会议公司的业务关系;(4)奎斯特公司联合其他 IXC 识别本地区的 LEC,侵犯叁康姆公司的利益,构成民事共谋,应当赔偿损失。

被告的答辩理由是:(1)根据价格批准原则,已经上报批准的价格不能改变,被告按照批准价格支付费用,叁康姆公司和奎斯特公司按照批准价格建立合同关系,不存在不当得利;(2)奎斯特公司并无商业欺诈行为,不违反 DTPCPA;(3)奎斯特公司并没有干涉叁康姆公司与自由会议公司的业务关系的故意,因此不应当进行损害赔偿;(4)奎斯特公司的行为是正当的民事行为,并不构成民事共谋。

被告反诉请求:对叁康姆公司要求奎斯特公司支付的价格的合理性进行司法审查。

被告的反诉理由是:叁康姆公司未依照合同约定的价格收取接入费用,违反合同,构成不当得利。

反诉被告的答辩理由是:叁康姆公司依照政府批准价格收取接入费用,并不构成违法。

焦点问题

1. 叁康姆公司收取的接入价格是否合理?法院对本案是否有管辖权审理?
2. 奎斯特公司是否应当支付不当得利赔偿额?
3. 奎斯特公司是否构成商业欺诈?是否违反 DTPCPA?
4. 奎斯特公司是否构成商业关系的侵权干扰?
5. 奎斯特公司是否构成民事共谋?

法院观点

1. 根据联邦《电信法》第 203(c)条[①]的规定,在批准价格原则下,一旦上报的价格被 FCC 批准,联邦《电信法》中的价格条款就会产生法律效力,电信服务提供商和客户都会受此约束。批准价格原则包含两个原则:一是不可诉原则,保护 FCC 批准价格的专属权,确保价格的合理性,这一原则排除了司法定价,排除了任何可能破坏 FCC 权威性的司法行为;二是非歧视原则,防止电信运营商对不同客户存在价格歧视。在审理此类案件时,法院无权改变、增加或者判决被 FCC 批准的价格无效。因此,在本案中,法院作为司法机关不能审理批准的价格是否合理。

2. 当一方产生利益损失,而另一方不支付对价却接受或者保留该利益时,受益方就产生了不当得利。叁康姆公司称其给奎斯特公司提供始发和终止接入服务,奎斯特公司以此在本地区提供长途电信服务,享受了利益,却没有支付接入费用,故叁康姆公司认为奎斯特公司构成不当得利。法院驳回了叁康姆公司对于不当得利的赔偿请求,具体原因如下:首先,若法院支持叁康姆公司对于不当得利的赔偿请求,就需要评估不当得利(奎斯特公司需要支付的接入费)的具体数额,然而,根据批准价格原则中的不可诉原则,法院无权评估价格,这是 FCC 的独占权利;其次,若支持叁康姆公司对于不当得利的赔偿请求,奎斯特公司支付的接入费就可能与其他运营商支付的接入费产生差别(法院不确信叁康姆公司也是按照这个价格向其他客户收取接入费的),这就违反了批准价格原则的第二个原则——非歧视原则。因此,叁康姆公司对于不当得利赔偿的请求被驳回。

3. 有关叁康姆公司提出的奎斯特公司构成欺骗性贸易行为和违反 DTPCPA 的请求,由于该请求主张的唯一赔偿就是接入费,而接入费问题又涉及 FCC 的独家批准权,法院无权裁量,因此,该请求被驳回。

4. 若法院审理奎斯特公司干涉自由会议公司业务关系的索赔请求,会违反批准价格原则中的不可诉原则,因此该请求被驳回。

5. 民事共谋并非由简单原因导致,只有在构成侵权时,奎斯特公司的行为才构成民事共谋,由于法院已经驳回了叁康姆公司的侵权请求,民事共谋也就不能成立,故驳回该请求。

---

① 47 U. S. C. § 203(c):No carrier shall (1) charge, demand, collect, or receive a greater or less or different compensation for such communication, or for any service in connection therewith, between the points named in any such schedule than the charges specified in the schedule then in effect, or (2) refund or remit by any means or device any portion of the charges so specified, or (3) extend to any person any privileges or facilities in such communication, or employ or enforce any classifications, regulations, or practices affecting such charges, except as specified in such schedule.

判决结果

叁康姆公司的诉讼请求被驳回:由于联邦机构对于价格批准的专属性,法院无权决定批准价格是否合理,因此,原告对于收费价格不合理、不当得利赔偿、欺诈贸易行为索赔、干涉业务关系索赔和民事共谋的请求均被驳回。

二、本案知识点

“资费上报原则下有两个标准:不接受司法审查原则(根据联邦《电信法》的规定,只有 FCC 有定价权,法院无权定价)和非歧视原则(所有客户付费相同)。[①]

本案法院拒绝审理不当得利,是由于法院对既往的“利”的计算侵犯了 FCC 的法定定价职权,且会使得原告收取被告的费用可能与其他客户不同,构成歧视。[②]

三、判决原文摘录

1. In considering a motion to dismiss, the court assumes all facts alleged in the complaint are true, construes the complaint liberally in the light most favorable to the plaintiff, and should dismiss only if it appears beyond a doubt that the plaintiff can prove

---

① 对“资费上报原则下的两个标准”(two principles underlying the filed rate doctrine)的解释参见判决原文:“‘“Under [the filed rate] doctrine, once a carrier's tariff is approved by the FCC, the terms of the federal tariff are considered to be “the law” and to therefore “conclusively and exclusively enumerate the rights and liabilities” as between the carrier and the customer. ”’

“There are two principles underlying the filed rate doctrine: (1) nonjusticiability—‘preserving the exclusive role of federal agencies in approving rates for telecommunications services that are “reasonable” by keeping courts out of the rate - making process [which is] a function that the federal regulatory agencies are more competent to perform”—and (2) nondiscrimination—“preventing carriers from engaging in price discrimination as between ratepayers. ’

“The nonjusticiability principle acts to preserve the FCC's primary jurisdiction over determinations regarding the reasonableness of rates charged by regulated carriers. This principle ‘prevents more than judicial rate - setting; it precludes any judicial action which undermines agency rate - making authority. ’ The nondiscrimination principle ensures that all telecommunications customers are charged the same rate for their service—the rate filed with and approved by the FCC. This explains why courts have no power to adjudicate claims that would ‘invalidate, alter, or add to the terms of the filed tariff. ’”。

② 参见判决原文:“‘[u]njust enrichment occurs “when one confers a benefit upon another who accepts or acquiesces in that benefit, making it inequitable to retain that benefit without paying. ”’

“This claim, however, is barred by the filed rate doctrine. Where the services in question are covered by the applicable tariff, the filed rate doctrine bars any request for damages pursuant to the doctrine of unjust enrichment. carrier cannot prevail on claim for unjust enrichment where the claim is covered by a tariff.

“Sancom provided originating and terminating access services that were not covered by its filed tariffs. the FCC has noted that ‘an award ofquantum meruit would require the court to establish a value (i. e. , set a rate) for the service provided in the past. ’ The FCC expressed concern that judicial determination of an award for unjust enrichment goes beyond the power of the courts under the Communications Act.

“Which amounts to judicial rate - setting. It is well - settled that judicial rate - setting usurps the exclusive role of federal agencies in determining reasonable rates for telecommunications services. ”。

no set of facts which would entitle the plaintiff to relief.

2. The filed rate doctrine, also known as the filed tariff doctrine, is derived from the tariff filing requirements of the Communications Act.

3. Section 203(a) of the Communications Act requires telecommunications carriers to file a tariff with the Federal Communications Commission (FCC) showing all charges and showing the classifications, practices, and regulations affecting such charges.

4. Telecommunications carriers cannot charge, demand, collect, or receive a greater or less or different compensation for services subject to tariffs.

5. Once a tariff has been approved by the relevant regulatory commission, the terms of the tariff govern the relationship between the carrier and the customer.

第九章　电 信 转 售

转售业务，是指转售商以向最终用户直接或捆绑销售某种服务为目的，而以批发价格从上手经销商处购买该服务的一种商业模式。转售会引起转售商与服务实际提供者之间的直接竞争。美国联邦电信委员会将电信转售定义为：一个实体订购另一个实体的电信服务和设施，进而以营利为目的向公众提供该服务和设施。美国联邦《电信法》第251(c)(4)条和第252(d)(3)条分别对转售义务及其批发价的定价原则进行了详细规定。

在电信转售业务中，转售商不需要自建无线网、传输网等通信基础设施，避免了电信设施的重复建设，但需要建立客服、营销、管理和计费等业务支撑系统。电信业务转售是电信市场打破垄断、促进竞争的重要手段，其在以下三个方面对电信竞争起到促进作用：(1)促使基础电信业务经营者面对转售商的正面竞争，提高服务质量和企业效率；(2)转售商从基础电信业务经营者处购买服务，不需要自行投资铺设自己的电信管网，有利于提高已有电信网络设施的利用率，避免重复建设；(3)转售商的引入有利于细分电信市场。不仅使基础电信业务经营者更加专注于核心业务，避免丧失竞争优势，而且可将相对边缘的业务剥离给转售商，推进边缘电信业务，催生电信服务的多样化。

本章共包含四个案例。

案例9-1主要讨论了在位本地交换运营商在转售中的义务，以及其是否有权要求转售商遵循其出售限制，也就是一个账户只能供一个用户使用。法官认为该限制是合理的，因为多用户使用模式会改变服务本身的性质。

案例9-2讨论了在位本地交换运营商在转售时披露足够多的个人定制合同条款是否属于其转售义务。法官认为在位本地交换运营商应该披露足够多的条款，因为在不披露条款的情况下，转售商不能完成转售服务。

案例9-3审查了互联互通协议中部分条款的有效性，包括转售客体、价格以及挑选条款的应用。法官认为：(1)信息服务并非转售客体；(2)短期促销活动(90天以内)应当可以以促销价格转售；(3)在位本地交换运营商以折扣价格给其客户提供服务，转售时也应当以折扣价格转售;(4)MFN条款,也就是"任意选择条款",如果太有利于竞争性本地交换运营商,以至于让他们从同一个在位本地交换运营商与其他竞争者的互联合同中任意挑选有利于自己的合同条款,这样的MFN条款,无论是约定的,还是管制者裁决的,都是无效的。

案例9-4讨论了简易判决的适用条件:对任何重要事实没有实质争议。本案的核心点在于"零售"概念的定义,法官认为零售不要求完整的销售行为,只要提供者有销售的意图并提出了要约,就构成了"零售",于是,该服务就成了趸售折扣的客体。

9-1 转售不可改变原服务——西南贝尔电话公司与阿普尔案 Sw. Bell Tel. Co. *v.* Apple

【案　　号】309 F. 3d 713 (10th Cir. 2002)
【审理法院】美国联邦第十巡回上诉法院
【审理时间】2002年10月16日

一、案件情况

上诉人、一审被告:西南贝尔电话公司(Southwestern Bell Telephone Company)

被上诉人、一审原告:俄克拉何马州公司委员会(Oklahoma Corporation Commission, OCC)、爱德·阿普尔(Ed Apple, OCC主席)、鲍勃·安东尼(Bob Anthony, OCC副主席)、丹尼斯·勃德(Denise Bode, OCC委员)、西南美国电话电报公司(AT&T Communications of the Southwest,以下简称AT&T西南公司)

案件事实

美国国会颁布的1996年联邦《电信法》(Federal Telecommunications Act)旨在将竞争引入本地市场,从根本上改变对电信业务的管制。为了促进市场竞争,联邦《电信法》规定了在位本地交换运营商(Incumbent Local Exchange Carriers, ILEC)的转售义务和向本地市场新进入者提供接入本地网络的义务,具体规定为:联邦《电信法》第251(c)(3)条[①]要求ILEC必须非捆绑地提供接入本地网络的网络元素租赁;联邦《电信

① 47 U.S.C. §251(c)(3): Unbundled access
The duty to provide, to any requesting telecommunications carrier for the provision of a telecommunications service, nondiscriminatory access to network elements on an unbundled basis at any technically feasible point on rates, terms, and conditions that are just, reasonable, and nondiscriminatory in accordance with the terms and conditions of the agreement and the requirements of this section and section 252 of this title. An incumbent local exchange carrier shall provide such unbundled network elements in a manner that allows requesting carriers to combine such elements in order to provide such telecommunications service.

法》第 251(c)(4)(A)条[①]要求 ILEC 以批发价格向转售商提供任何最终用户可以买到的服务，竞争性本地交换运营商(Competing Local Exchange Carrier, CLEC)在转售买来的转售服务时，可以使用自己的名字，但出售的服务必须是 ILEC 的零售服务；联邦《电信法》第 251(c)(4)(B)条[②]要求 ILEC 在向 CLEC 出售转售服务时不得提出不合理的或差别对待的条件及限制。

西南贝尔电话公司作为俄克拉何马州州的 ILEC，依照联邦《电信法》的规定应当履行转售和接入义务。AT&T 西南公司为 CLEC，企图进入俄克拉何马州本地电信市场，根据联邦《电信法》，西南贝尔电话公司有义务向 AT&T 西南公司转售其提供给自己客户的电信服务，包括可选择的长途电话套餐(Optional Toll Calling Plans, OTCP)，该服务内容为客户每月交纳定额月租费，就可以享受在一定地区内不限时长的通话。西南贝尔电话公司特别禁止多个用户共享一个服务的行为，只允许一个客户使用一个服务；并且在西南贝尔电话公司将该服务转售给 AT&T 西南公司时，也要求 AT&T 西南公司只能将一个服务出售给一个终端客户，禁止客户之间的分享。AT&T 西南公司认为西南贝尔电话公司的要求构成转售限制(restriction on resale)和用户限制(use limitation)，该限制在联邦《电信法》第 251(c)(4)条下是违法的。因此，AT&T 西南公司向 OCC 提起申诉。OCC 认为，将一个服务出售给多个客户改变了原服务的性质，违反转售的要求，因此西南贝尔电话公司提出的限制是合理的。AT&T 西南公司不服该裁决，遂向地区法院提起诉讼，地区法院认定西南贝尔电话公司在向 AT&T 转售电信业务时提出的限制不合理，违反联邦《电信法》，故撤销了该限制。西南贝尔电话公司不认可地区法院的判决，提起上诉，请求撤销地区法院的判决。

上诉人的上诉理由是：(1) OTCP 的服务性质决定了该服务只能一个用户使用一个账号，不能分享，因此西南贝尔电话公司在转售该业务时提出的要求是合理的，不构成不合理的限制；(2)没有强制性的规定要求 ILEC 向 CLEC 提供运营支撑系统(Operational Support Systems, OSS)，因此西南贝尔电话公司被要求向 AT&T 西南公司提供 OSS 的判决不合理。

被上诉人的答辩意见是：(1)西南贝尔电话公司在转售该业务时提出的要求构成

---

① 47 U. S. C. § 251(c)(4)(A): to offer for resale at wholesale rates any telecommunications service that the carrier provides at retail to subscribers who are not telecommunications carriers; and...

② 47 U. S. C. § 251(c)(4)(B): not to prohibit, and not to impose unreasonable or discriminatory conditions or limitations on, the resale of such telecommunications service, except that a State commission may, consistent with regulations prescribed by the Commission under this section, prohibit a reseller that obtains at wholesale rates a telecommunications service that is available at retail only to a category of subscribers from offering such service to a different category of subscribers.

联邦《电信法》所禁止的限制行为,违反联邦《电信法》;(2)按照协议约定,西南贝尔电话公司应当为AT&T西南公司提供OSS。

焦点问题

1. ILEC的转售义务是否受到不合理的限制?

2. 强制要求西南贝尔电话公司向AT&T西南公司提供OSS是否合理?

法院观点

1. 联邦《电信法》第251(c)(4)(A)条要求ILEC以批发价格向转售商提供任何最终用户可以买到的服务;联邦《电信法》第251(c)(4)(B)条要求ILEC在转售业务时不得提出不合理的或差别对待的条件及限制,ILEC转售给转售商的业务必须和其出售给零售客户的业务相同。另外, ILEC不向零售客户提供的服务,在联邦《电信法》下ILEC也没有向转售商转售的义务。而在本案中,OTCP的服务性质决定了该服务只能一个账号由一个用户使用,消除对单个用户的限制会改变服务性质,违反联邦《电信法》转售"相同服务"的规定;且从服务收费的角度来看,ILEC的OTCP服务向每个用户收取接入费,而AT&T西南公司多个最终用户使用同一个OTCP服务的行为,导致一部分最终用户在没有支付接入费的情况下使用该服务,给西南贝尔电话公司造成了直接经济损失。因此,西南贝尔电话公司的行为不构成限制转售,上诉法院撤销了地区法院的判决。

2. AT&T西南公司要求西南贝尔电话公司按照法律规定的接入要求向其提供OSS,双方就该系统的时间结构和接入质量无法达成一致。FCC就"非捆绑网络元素"制定了目录,而OSS并不在目录中,所以不属于强制接入的范畴。OCC裁决西南贝尔电话公司以国家标准向AT&T西南公司提供OSS,地区法院撤销了该提供方式,并命令西南贝尔电话公司以自己客户的标准向AT&T西南公司提供OSS。在本案的审理过程中,双方就该问题已达成了新的协议,且FCC对于OSS也并未提出强制性的要求,故该新协议有效,对该诉讼请求的审理失去了实际意义,故上诉法院驳回该请求。

判决结果

上诉法院最终撤销了地区法院的判决,对本案进行进一步审理。法院认为,AT&T西南公司将一个服务出售给多个用户的行为从根本上改变了原服务的性质,且会对西南贝尔电话公司造成少征接入费的经济损失,因此西南贝尔电话公司要求一个客户使用一个服务不构成不合理的限制,不违反联邦《电信法》。而对AT&T西南公司要求西南贝尔电话公司提供OSS的诉讼请求,由于新协议的达成,法院的审理失去了实际意义,故驳回该请求。

二、本案知识点

西南贝尔公司是在位本地交换运营商,其提供的一项服务是供单人使用的包月电话。AT&T 西南公司试图转售该服务为多人都可以使用(总包月时长不变),西南贝尔公司不同意,认为这样就破坏了自己原来的市场,使自己没有竞争力。AT&T 西南公司向地方电信管理机构提出申诉,要求认定西南贝尔公司的行为违反联邦《电信法》中不得限制转售商的客户的规定,地方电信管理局驳回了该申诉,认为如允许多人使用,与西南贝尔公司销售的只允许一人使用的服务便不是同一个产品了,所以该行为不受转售条款的保护。AT&T 西南公司向地区法院起诉并胜诉,改变了地方电信管理局的裁定。西南贝尔公司提出上诉,获得胜诉,上诉法院维持了地方电信管理局的裁定。

本案有两个问题值得讨论:

1. 司法审查标准:本案法院确定的审查标准是对实体问题重新审查(从零开始),除非遇到高科技问题,法院解决不了,才使用“任意的、反复无常的”标准,从程序上审查行政裁定作出的过程。①

2. 转售和接入的区别②:(1)法律依据不同;(2)价格不同,转售 = 零售价 - 市场推广成本 - 计费成本,接入 = 成本价 + 适当利润;(3)新入门者的自由度不同,转售只能转售原产品,不能改变,而接入只是使用对方网络,产品(服务)自由确定。

三、判决原文摘录

1. The only means by which a reseller can distinguish the services it offers from those of an incumbent is through price, billing services, marketing efforts, and to some extent, customer service.

2. The resale duty also prohibits ILECs from imposing “unreasonable or discriminatory conditions or limitations” on the resale of “such telecommunications service.”

---

① 对“司法审查标准”(judicial review standard)的解释参见判决原文:“Most federal courts to analyze claims similar to the ones at issue in this case have applied de novo review, and reserved the arbitrary and capricious standard for highly technical issues.”

② 对“转售和接入的区别”(the difference of access and resale)的解释参考判决原文:

(1)关于“法律依据”(legal authority):“Incumbent LECs must provide unbundled access to their network elements (‘unbundled access provision’), 47 U. S. C. § 251(c)(3); LECs must ‘offer for resale at wholesale rates any telecommunications service that the carrier provides at retail to subscribers who are not telecommunications carriers’ (‘resale provision’). 47 U. S. C. § 251(c)(4)(A).”。

(2)关于“价格”(prices):“Unbundled access atcost - based prices, resale services are purchased at wholesale rates, which are determined by subtracting costs avoided from the ILEC's retail rate. See 47 U. S. C. § 252(d)(3).”。

(3)关于“新入门者的自由度”(the freedom to modify the resale service):“Carriers reselling incumbent LEC services are limited to offering the same service an incumbent offers at retail. Theonly means by which a reseller can distinguish the services it offers from those of an incumbent is through price, billing services, marketing efforts, and to some extent, customer service.”。

3. Unbundled access "permit[s] new entrants to offer competing local services by purchasing from incumbents, at cost – based prices, access to elements which they do not already possess, unbundled from those elements that they do not need.

4. These services are purchased at wholesale rates, which are determined by subtracting costs avoided from the ILEC's retail rate.

5. In other words, the proper starting point for determining the wholesale price under the resale provision is the retail price (from which one subtracts the ILEC's avoided costs), whereas under the unbundled access provision, the starting point is cost.

9 – 2　面向特定群体销售的要求不构成转售限制——CMC 电信股份有限公司与密歇根贝尔电话公司案 CMC Telecom, Inc. *v.* Mich. Bell Tel. Co.

【案　　号】637 F. 3d 626 (6th Cir. 2011)

【审理法院】美国联邦第六巡回上诉法院

【审理时间】2011 年 3 月 8 日

一、案件情况

上诉人、一审原告：CMC 电信股份有限公司（CMC Telecom, Inc.，以下简称 CMC 电信）

被上诉人、一审被告：密歇根贝尔电话公司（Michigan Bell Telephone Company，以下简称贝尔公司）、美国电话电报公司密歇根州分公司（AT&T Michigan，以下简称 AT&T 密歇根公司）、彼特·雷克（J. Peter Lark）、莫妮卡·马丁内斯（Monica Martinez，密歇根公共服务委员会董事长）、劳拉·卓瑞安（Laura Chappelle，代表密歇根公共服务委员会官方身份的委员）

案件事实

美国国会通过 1996 年联邦《电信法》（Federal Telecommunications Act）将竞争引入本地电信市场，该法案对在位本地交换运营商（Incumbent Local Exchange Carriers，ILEC）提出了新要求，即向其竞争性本地交换运营商（Competing Local Exchange Carrier，CLEC）转售任何最终用户可以买到的服务，也就是 ILEC 的转售义务。本案中,AT&T 密歇根公司是 ILEC,依照联邦《电信法》第 251(c)(4)条[①]的规定应该履行转售义务。

AT&T 密歇根公司的服务分为两种,公开服务(published offerings)和个人定制合同服务(individualized contracts),个人定制服务根据客户的要求为客户单独设计。上诉人 CMC 电信是一家电信运营商,认为其作为 CLEC 有权要求 AT&T 密歇根公司向其转售个人定制服务,AT&T 密歇根公司虽然按照联邦《电信法》的要求向 CMC 电信履行了转售义务,但只有在 CMC 电信已经事先获得客户同意时,AT&T 密歇根公司才会披露个人定制服务合同条款,并且只允许 CMC 电信将个人定制化服务销售给此合同设计时所针对的对象,且 CMC 电信不能召集大量零散客户团购该服务;AT&T 密歇根公司将 CLEC 转售后的终端客户不能是 CLEC 自身。CMC 电信遂向密歇根州公共服务委员会(Public Service Commission,PSC)申请行政审查,请求裁决 AT&T 密歇根公司的行为违法。经过裁决,密歇根州 PSC 驳回了 CMC 电信的请求,允许 AT&T 密歇根公司保留个人定制服务合同内容,支持 AT&T 密歇根公司要求 CLEC 只能向同等条件的客户出售定制服务,支持 AT&T 密歇根公司禁止 CLEC 批量出售定制服务,允许 AT&T 密歇根公司将 CLEC 的最终用户而非 CLEC 自身作为个人定制服务的销售对象。

CMC 电信不服该裁决,遂向地区法院提起诉讼,认为密歇根州 PSC 的裁决错误,具体表现为:(1)密歇根州 PSC 支持 AT&T 密歇根公司不按照联邦《电信法》规定的转售义务披露电信合同的条款,违反联邦《电信法》;(2)密歇根州 PSC 支持 AT&T 密歇根公司要求 CMC 电信在转售时必须设定与 AT&T 密歇根公司同样的条件,这构成了违法的“客户限制”;(3)密歇根州 PSC 支持 AT&T 密歇根公司要求 CMC 电信不能批量销售,这构成了违法的“转售限制”;(4)支持 AT&T 密歇根公司错误地认定了最终用户,也就是不将 CMC 电信认定为最终用户,违反联邦《电信法》。

地区法院认为,根据联邦《电信法》赋予 AT&T 密歇根公司的保护客户专属网络信息的义务,在未经客户同意的情况下不得披露个人定制服务合同条款是合法的,批量

---

① 47 U. S. C. § 251(c)(4): Resale

The duty—

(A) to offer for resale at wholesale rates any telecommunications service that the carrier provides at retail to subscribers who are not telecommunications carriers; and

(B) not to prohibit, and not to impose unreasonable or discriminatory conditions or limitations on, the resale of such telecommunications service, except that a State commission may, consistent with regulations prescribed by the Commission under this section, prohibit a reseller that obtains at wholesale rates a telecommunications service that is available at retail only to a category of subscribers from offering such service to a different category of subscribers.

出售会改变服务的性质，禁止批量购买是合法的，AT&T 密歇根公司对最终用户的认定是正确的，因此支持密歇根州 PSC 拒绝 CMC 电信申请的理由。CMC 电信和其他 CLEC 遂向联邦第六巡回上诉法院提起上诉，请求撤销地区法院的判决，认定密歇根州 PSC 的裁决错误，AT&T 密歇根公司的行为违法。

上诉人的上诉理由是：(1)披露个人定制服务合同条款是履行转售义务的一部分，如不披露合同条款，CMC 电信无法转售该业务，因此 AT&T 密歇根公司应当披露；(2)AT&T 密歇根公司对于同等客户的条件构成转售限制中的“客户限制”，违反联邦《电信法》；(3)批量出售的行为不构成违反法律，CMC 电信可以批量出售，AT&T 密歇根公司提出的限制违反联邦《电信法》；(4)最终用户确认错误，CMC 电信应当被认定为个人定制服务的销售对象。

被上诉人的答辩理由是：(1)联邦《电信法》要求 AT&T 密歇根公司保护客户专属网络信息，在未经客户同意的情况下披露个人定制服务的合同条款会违反联邦《电信法》；(2)由于个人定制服务的特殊性，“同等条件”本身不构成限制，且该要求确保了 CMC 电信出售的服务与 AT&T 密歇根公司转售的服务相同，符合联邦《电信法》对于转售的要求；(3)由于个人定制服务的特殊性，禁止批量出售不构成限制；(4)CMC 电信仅是转售商，并不属于最终用户。

焦点问题

1. AT&T 密歇根公司是否有披露个人定制合同条款的义务？
2. AT&T 密歇根公司对于客户“同等条件”的要求是否违反法律？
3. 召集大量零散客户团购该服务的行为是否违反法律？
4. 最终客户应当认定为 CMC 电信的最终用户还是 CMC 电信自身？

法院观点

1. 联邦《电信法》第 251(c)(4)(A)条要求 ILEC 向转售商提供任何最终用户可以买到的服务，即 ILEC 的转售义务。AT&T 密歇根公司承认转售义务的范围应当扩展到个人定制服务，但对转售方式提出了疑问。AT&T 密歇根公司认为，在转售该服务时，除非 CMC 电信已经事先获得客户同意，否则不应该披露个人定制服务的合同信息。CMC 电信认为，这种转售模式并不是真正意义上的转售，因为只有在获得足够多的具体信息后，CMC 电信才能顺利出售转售业务。而 AT&T 密歇根公司认为，在未经客户同意的情况下披露个人定制服务的内容，违反联邦《电信法》第 222(h)(1)(A)条①规

---

① 47 U. S. C. §222(h)(1)(A): information that relates to the quantity, technical configuration, type, destination, location, and amount of use of a telecommunications service subscribed to by any customer of a telecommunications carrier, and that is made available to the carrier by the customer solely by virtue of the carrier customer relationship.

定的保护客户通信服务信息（Customer Proprietary Network Information，CPNI）的义务，CPNI 包括通信数量、技术配置、通信类型、地理位置等信息（不是通信内容），AT&T 密歇根公司的个人定制服务合同包含 CPNI，即使隐藏这些信息，仍然能够识别客户身份，因此个人服务合同的信息受联邦《电信法》第 222（h）（1）（A）条的保护。上诉法院认为，联邦《电信法》第 251 条要求 ILEC 在转售服务时披露所有的相关信息，因此，披露客户的合同属于 ILEC 的法定义务，而联邦《电信法》第 222 条保护客户信息的规定并不妨碍 ILEC 向其竞争者履行披露合同条款的义务；虽然个人定制合同的内容在联邦《电信法》下属于客户专属网络信息，但在本案中该部分信息属于美国联邦电信委员会（Federal Communications Commission，FCC）规定的联邦《电信法》第 222（c）（1）条①规定的例外情形——电信运营商通过其提供电信服务收集或拥有的客户私人信息如果是由电信服务派生而来，并且对继续提供电信服务是必要的，或者在继续提供电信服务时必须被使用，那么电信运营商可以公开这些信息。因此，AT&T 密歇根公司应当披露个人定制服务合同条款，上诉法院撤销了地区法院的判决。

2. AT&T 密歇根公司只允许将个人定制化服务销售给此合同设计时所针对的对象，CMC 电信认为这种限制违反了联邦《电信法》，构成联邦《电信法》第 251（c）（4）条规定的“不合理的或差别对待的条件及限制”等禁止行为。联邦《电信法》允许合理的、同等对待的限制。在本案中，由于个人定制服务的特殊性，“同等条件”本身不构成限制，相反，“同等条件”的要求确保了 CMC 电信出售的服务与 ILEC 转售的服务相同，符合联邦《电信法》对于转售的要求，因此不违法。

3. CMC 电信要求允许其召集大量零散客户团购该服务，该请求忽视了该服务的特殊性，个人定制服务建立在客户的特殊要求上，区别了不同客户的需求，而批量出售使得个人定制失去了区分性，改变了服务的性质，因此地区法院拒绝 CMC 电信的请求是正确的。

4. 对于转售商 CLEC，只有当 ILEC 的最终用户能享受批发价格时，CLEC 才能享受批发折扣，如果 ILEC 的最终用户没有享受批发价，即使 CLEC 大批量采购转售业务，也无权享受批发价。本案中，CMC 电信认为最终用户就是自己，而不是购买其产品的客户。CMC 电信没有直接提出该诉讼请求，而是体现在 CMC 电信认为其有权在大

---

① 47 U. S. C. §222（c）（1）：Except as required by law or with the approval of the customer, a telecommunications carrier that receives or obtains customer proprietary network information by virtue of its provision of a telecommunications service shall only use, disclose, or permit access to individually identifiable customer proprietary network information in its provision of（A）the telecommunications service from which such information is derived, or（B）services necessary to, or used in, the provision of such telecommunications service, including the publishing of directories.

批量购买时享受批发折扣（大批量采购时能享受批发价格的只有 ILEC 的最终用户，作为转售商的 CLEC 无此特权，故 CMC 电信的上述请求只能在假定自己为 ILEC 的最终用户的前提下提出），但其对该请求并没有充分的证据加以论证，因此上诉法院拒绝了将 CMC 电信认定为 ILEC 的最终用户，肯定了地区法院的判决。

判决结果

上诉法院改判第 1 项，维持第 2、3、4 项地区法院判决内容：（1）根据联邦《电信法》的规定，AT&T 密歇根公司确实有披露合同内容的义务，即使披露通信服务信息能够推断出客户身份，但这种披露并不与 AT&T 密歇根公司保护客户隐私的义务相冲突；（2）由于个人定制服务的特殊性，AT&T 密歇根公司对于客户的限制不构成转售限制，禁止召集大量零散客户团购服务不构成转售限制，驳回 CMC 电信认为应当将其作为 ILEC 的最终用户的请求。

二、本案知识点

本案中，AT&T 密歇根公司是在位本地交换运营商，MCM 电信请求转售 AT&T 密歇根公司的客户定制化服务业务，AT&T 密歇根公司拒绝的两个理由是：（1）客户的定制化合同涉及商业秘密，即使抹去客户名字也能从定制化服务本身推断出客户是谁；（2）转售必须面向与自己选定的客户群体类似的群体。MCM 电信认为，定制化合同应该公开，第二个理由构成对转售商的限制，违反联邦《电信法》。

法院判决支持了第一个理由，要求公开定制化合同，因为保护客户秘密的法律有一个例外，就是法律规定了公开，而联邦《电信法》规定了转售公开义务，所以，即使涉及客户秘密，也属于法律要求的公开情形；①同时法院否定了第二个理由，“销售条件”不是“限制”。②

---

① 对“法律对‘保护用户个人信息义务’规定的例外”（“exception as required by law” from duty to protect customer proprietary network information）的解释参见判决原文：“AT&T must disclose sufficient terms of its individualized contracts such that competitors can discern the nature of those contracts and offer them to new customers.

“AT&T maintains, and the district court agreed, that unconsented disclosure of individualized contracts would constitute a violation of another of AT&T's duties under the Act: the duty toprotect customer proprietary network information（‘CPNI’）. Section 222(c)(1).

“AT&T's claim that it would be violating §222 by disclosing details of these contracts is without merit, because the Act allows for disclosure ‘as required by law.’ 47 U. S. C. §222(c)(1). Section 251 requires incumbents to offer all of their retail services for resale, and thereby constitutes a legal requirement that the terms of individualized contracts be sufficiently disclosed so as to be understood.”。

② 对“‘转售必须面向类似客户群体’不属于转售限制”（requirement of “similarity of customer situation” is not a restriction on resale）的解释参见判决原文：“AT&T's requirement of similarity of customer situation—the ‘similarly situated requirement’—is not a condition on resale, and therefore does not implicate the Act's presumption of the invalidity of such conditions.

三、判决原文摘录

1. The Federal Telecommunications Act requires incumbents to offer for resale at wholesale rates any telecommunications service that the carrier provides at retail to subscribers who are not telecommunications carriers.

2. The regulations identify two restrictions on resale that incumbents may impose without prior approval: cross – class selling and short term promotions, neither of which is involved in this case.

3. Where eliminating a restriction from an incumbent's retail offering would transform the offering into a different service, the incumbent is not required to offer that revised service for resale.

4. Section 251 requires incumbents to offer all of their retail services for resale, and thereby constitutes a legal requirement that the terms of individualized contracts be sufficiently disclosed so as to be understood.

5. Beyond these, incumbents may impose other restrictions on resale only after proving to the state commission that the restriction is reasonable and nondiscriminatory.

9 –3 转售义务只针对电信服务，不针对信息服务——美国西部通信公司与希克斯案 U. S. W. Comm. *v.* Hix

【案　　号】183 F. Supp. 2d 1249 (D. Colo. 2000)

【审理法院】美国科罗拉多州联邦地区法院

【审理时间】2000 年 6 月 23 日

一、案件情况

原告：美国西部通信公司（US West Communications, Inc. ,以下简称西部通信）

被告：罗伯特 · 希克斯（Robert J. Hix）、美国电话电报公司（AT&T of The Mountain

"The Act prohibits incumbents from imposing 'unreasonable or discriminatory conditions or limitations' on the resale of their retail services. The regulations identify two restrictions on resale that incumbents may impose without prior approval: cross – class selling and short term promotions, neither of which is involved in this case. 47 C. F. R. § 51.613(a).

"The 'similarly situated' requirement is not a restriction on resale. Rather, it is a way for AT & T to ensure that CMC is reselling the same product that AT & T offers at retail, which is all the Act requires of incumbents."。

States, INC,以下简称 AT&T 公司)、微波电信公司(MCI Telecommunications Corporation)、斯普瑞特公司(Sprint, Inc.)、MFS 等

案件事实

1996 年联邦《电信法》(Federal Telecommunications Act)开放了本地电信市场,将竞争引入本地市场,要求在位本地交换运营商(Incumbent Local Exchange Carrier, ILEC)与其竞争性本地交换运营商(Competing Local Exchange Carrier,CLEC)互联互通。

本案中,西部通信是 ILEC,而 AT&T 公司、微波电信公司、斯普瑞特公司、MFS 等公司为 CLEC,这些 CLEC 企图与西部通信签订互联互通协议,进入本地市场。在双方的谈判中,对于就互联互通协议(以下简称诉争协议)中的众多条款不能协商一致,西部通信请求科罗拉多公用事业委员会(Colorado Public Utilities Commission,CPUC)进行仲裁,CPUC 作出裁决后,双方对裁决中的部分内容不满意,遂向法院提起诉讼,要求对裁决结果进行司法审查。

原告的诉讼请求是:(1)请求审查西部通信与 CLEC 签订的诉争协议,确认以下条款由于包含了不应当转售的服务而无效:附件 2 中与 AT&T 公司、微波电信公司达成的要求西部通信转售所有零售业务的条款;附件 2 中与斯普瑞特公司达成的"以折扣价格提供所有非管制服务"[①]的条款;与 MFS 达成的转售西部通信基础服务的条款。(2)请求审查诉争协议附件 2 中双方达成的价格条款,判决西部通信无须以批发折扣价格向 AT&T 公司提供服务。(3)请求审查诉争协议中对于短期促销业务禁止转售的条款,认定其有效。(4)请求审查诉争协议中允许 CLEC 决定电信设施位置的条款,认定其无效。(5)请求审查诉争协议中最惠国待遇条款(Most Favored Nation,MFN,也称任意选择条款),认定其无效。

原告的起诉理由是:(1)其与 CLEC 签订的诉争协议中要求转售的服务并非"电信服务",而是"信息服务",不在强制转售的范围内,因此诉争附件 2 中与 AT&T 公司、微波电信公司达成的要求转售所有零售服务的条款不合法;诉争协议附件 2 中与斯普瑞特公司达成的以折扣价格转售所有服务的条款不合法;与 MFS 达成的转售西部通信基础服务的条款不合法。根据诉争协议附件 2 中西部通信和 AT&T 公司达成的条款,AT&T 公司不得享受西部通信向最终用户提供的折扣。(3)西部通信和 AT&T 公司签订的协议中规定转售 90 天之内的短期促销业务,该活动不属于《电信法》中规定的转售服务的范围,应当认定该条款有效。(4)互联互通协议中允许 CLEC 决定电信设施

---

① 参见诉争协议附件 2 §31. 2. 5. 5 原文:"offer all deregulated services to Sprint at a discount for resale."。

位置、遥控开关装置(Remote Switching Unit,RSU)的条款违反联邦《电信法》。(5)西部通信与AT&T公司、微波电信公司、ICG和斯普瑞特公司签订的协议中,在最惠国待遇的适用上强制性地加入了某些政府定价条款,违反联邦《电信法》。

被告的答辩理由是:(1)西部通信提供的服务应当是“电信服务”,而不是“信息服务”,应当转售。(2)CPUC的决定和合同服务协议的条款对电信服务的转售施加了不合理的限制。(3)诉争协议中禁止短期促销业务转售,与联邦《电信法》第251(c)(4)条和第251(b)(1)条的规定相悖,因此应认定协议相关条款无效。(4)CLEC根据协议有权自由安置设备,不需要首先获得西部通信的批准。(5)CLEC有权自由选择互联协议的条款。

焦点问题

1. 西部通信提供的服务是“电信服务”还是“信息服务”? 是否应当转售?

2. 西部通信和AT&T公司的协议中的合同服务协议(Contract Service Arrangement,CSA)的价格是否合法?

3. 短期促销业务是否属于转售范围?

4. 西部通信和AT&T公司的协议中,CLEC安置RSUs是否需要西部通信的允许?

5. 本案是否适用最惠国待遇条款?

法院观点

1. 联邦《电信法》第251(c)(4)(A)条①要求ILEC向转售商提供任何最终用户可以买到的电信服务,在1934年联邦《电信法》下,“增强服务”并非“电信服务”,1996年联邦《电信法》特意区分“信息服务”和“电信服务”,且FCC明确表示“增强服务”是“信息服务”,并进一步重申“电信服务”和“信息服务”是两个互斥的概念,因此ILEC没有义务转售“增强服务”或者“信息服务”。法院认为,西部通信与CLEC签订的诉争协议中的内部线或内部线服务以及语音信箱服务不涉及信息的传输(信息的传输是“电信服务”的功能),属于“信息服务”,CPUC要求西部通信向CLEC转售“增强服务”或“信息服务”的决定是错误的,因此,凡是规定“所有服务”的条款中西部通信需要转售的服务可能包含“信息服务”的,该条款均无效。

2. CSA是电信服务提供商与特定客户签订的协议,CPUC规定不要求西部通信对AT&T公司以批发折扣价格签订CSA。AT&T公司认为,根据协议附件2中西部通信与其达成的条款,AT&T公司可以享受西部通信向其最终用户提供的一切折扣,因此

---

① 47 U.S.C. § 251(c)(4):Resale

The duty—

(A) to offer for resale at wholesale rates any telecommunications service that the carrier provides at retail to subscribers who are not telecommunications carriers; and...

CSA 协议可以以批发折扣签订，CPUC 的决定违反协议条款。西部通信认为，联邦《电信法》只要求以折扣价格转售零售服务，而这些零售服务应当包含在 ILEC 向 FCC 提交的价格条目中，CSA 不在价格条目中，因此不应当以折扣价格提供转售。法院认为，联邦《电信法》第 251(c)(4)(A)条规定，ILEC 应当以批发折扣向转售商提供任何最终用户能够买到的电信服务；FCC 规定，无论是一般零售还是"基于特定客户"(customer – specific basis)的零售，ILEC 均有义务以零售折扣转售服务。FCC 将联邦《电信法》第 251(c)(4)(A)条的规定解释为"任何规定均未豁免 ILEC 以折扣价格提供转售"的义务，该解释也得到了美国联邦最高法院的认可。也就是说，若 ILEC 以折扣价格向零售商提供服务，转售该服务时也必须提供折扣。本案中，基于特定客户的服务属于零售服务的范畴，西部通信应当转售，且应当按照向零售商提供的折扣价格提供，因此判决 CPUC 修改诉争协议，将西部通信提供转售的价格修改为折扣价格。

3. CPUC 认为推广活动是超过 90 天的，对于该类型的服务应当提供转售，但 90 天之内的推广不应当提供转售。AT&T 公司认为 CPUC 规定的不需要转售短期促销服务，直接与联邦《电信法》和 FCC 的条款相冲突，联邦《电信法》第 251(c)(4)(A)条要求 ILEC 必须转售任何最终客户可以买到的电信服务，其中包括促销和打折活动。法院认可 AT&T 公司的观点，因此判决 CPUC 免除 90 天内促销活动的转售义务的决定违反联邦《电信法》，要求 CPUC 修改其决定，转售短期促销活动。

4. 西部通信和 AT&T 公司之间的协议，以及西部通信和微波电信公司之间的协议，都要求西部通信提供 AT&T 公司、微波电信公司安置设备的空间，西部通信认为该条款违法。法院认为，根据联邦《电信法》第 251(c)(6)条[①]的规定，除了国家认定的不实用技术和空间限制，作为 ILEC 的西部通信有义务在价格、条款和条件公正、合理、无区别对待的基础上为 CLEC 提供配置电信设施的物理条件，因此联邦《电信法》第 251(c)(6)条允许 CLEC 配置"必要的电信设备"(equipment necessary)，也就是说，西部通信有义务以合理的价格提供互联互通和接入所必要的电信设备及其安置空间。FCC 对上述"必要的电信设备"的解释，不是"不可或缺"(indispensable)的设备，而是"有用"("used"或"useful")的设备。具体到诉争协议，其中的 RSU 属于转换设备，而非传

① 47 U. S. C. § 251(c)(6)：Collocation

The duty to provide, on rates, terms, and conditions that are just, reasonable, and nondiscriminatory, for physical collocation of equipment necessary for interconnection or access to unbundled network elements at the premises of the local exchange carrier, except that the carrier may provide for virtual collocation if the local exchange carrier demonstrates to the State commission that physical collocation is not practical for technical reasons or because of space limitations.

输设备,虽不属于“不可或缺”的,但却是“有用的”,因此落入 FCC 对“必要的电信设备”的解释范畴里,属于联邦《电信法》第 251(c)(6)条要求 ILEC 配置给 CLEC 的电信设备,因此,法院判决允许 CLEC 决定设备的位置并安装 RSU。

5. ILEC 认为,本案中其与 CLEC 达成协议中的 MFN 条款,允许 CLEC 将 ILEC 与其他 CLEC 签订的协议中的资费条款写进自己的互联互通协议中。尤其是本案中的每个 CLEC 均提出要求——该要求已经被 CPUC 批准,要求 ILEC 允许 CLEC 从其他 CLEC 的互联互通协议(无论是达成的还是 CPUC 裁决的)中任意选择资费条款。甚至是在协议签订后,若 CLEC 想要改变自己的合同资费,可以将其他协议的资费条款加入自己的协议中,这也就意味着 CLEC 有权改变互联互通协议。ILEC 认为该条款对其非常不利,应当认定无效。法院支持了 ILEC 的请求,虽然根据联邦《电信法》第 252(i)条 [①]和《美国联邦法规》(Federal Regulation)第 51. 809 条[②]的规定,CLEC 有选择 MFN 的权利,但本案中的互联互通协议任意扩大了 MFN 的内容,违反了联邦《电信法》,该条款无效。

判决结果

法院判决支持部分诉求,驳回部分诉求:(1)诉争协议中部分服务属于“信息服务”,对该部分服务 ILEC 没有转售义务,因此凡是规定转售“所有服务”的条款无效;(2)西部通信和 AT&T 公司达成的 CSA 协议中,AT&T 公司可以享受西部通信向其最终用户提供的一切折扣的规定不违反联邦《电信法》;(3)CPUC 决定免除 90 天内促销活动的转售义务违反联邦《电信法》;(4)允许 CLEC 决定设备的位置并安装 RSU;(5)由于互联互通协议任意扩大了最惠国待遇条款的内容而违反联邦《电信法》,无效。

二、本案知识点

1. 转售义务的主体范围:转售义务仅限于电信业务(传输信息),不涉及信息服务[③]。

---

① 47 U. S. C. § 252(i): A local exchange carrier shall make available any interconnection, service, or network element provided under an agreement approved under this section to which it is a party to any other requesting telecommunications carrier upon the same terms and conditions as those provided in the agreement.

② 47 CFR § 51. 809 (a): An incumbent LEC shall make available without unreasonable delay to any requesting telecommunications carrier any individual interconnection, service, or network element arrangement contained in any agreement to which it is a party that is approved by a state commission pursuant to section 252 of the Act, upon the same rates, terms, and conditions as those provided in the agreement.

③ 对“转售义务仅限于电信业务,不涉及信息服务”(resale duty is only to telecommunication service, not information service)的解释参见判决原文:“Section 251 requires USWC “to offer for resale at wholesale rates any telecommunications service that [USWC] provides at retail to subscribers who are not telecommunications carriers. . . ” 47 U. S. C. § 251(c)(4).

2. 转售的客体是否包含定制化服务？个人定制化服务应当被转售①。

3. 打折和推广活动是否属于转售范围？打折服务和优惠服务也属于转售范围②。

4. 最惠国待遇原则的边界：最惠国待遇条款(任意选项原则)不延及从其他互联协议中挑选资费的条款，因为资费是不可协商的，不是合同(合意)的一部分，无法根据最惠国待遇原则将适用于其他合同的资费条款强制性搬到另一个合同中。③

三、判决原文摘录

1. USWC challenges provisions of the AT & T, MCI, TCG, Sprint and MFS

"The Court finds that enhanced services are not 'telecommunications services' subject to regulation under Title II of the 1934 Communications Act.

"The FCC has expressly stated that all services previously considered to be 'enhanced services' are 'information services' under the Act.

"We conclude that inside wiring maintenance—the maintenance of telephone plant—does not constitute telecommunications or a telecommunications service because it does not involve the 'transmission' of information."。

① 对"个人定制化服务应当被转售"(Contract service arrangements should be resold)的解释参见判决原文："Section 251 requires USWC 'to offer for resale at wholesale rates any telecommunications service that [USWC] provides at retail to subscribers who are not telecommunications carriers ...' 47 U. S. C. §251(c)(4).

"Contract service arrangements ('CSAs') are '"contractual agreements made between a carrier and a specific, typically high - volume, customer, tailored to that customer's individual needs."' 'CSAs are simply contracts between [the ILEC] and a specific customer that are formulated to meet the special needs of that customer.'

"The FCC has ruled that the obligation to offer telecommunications services to resellers at wholesale rates applies whether the service is provided at retail on a general or, as in the case of contract offerings, a customer - specific basis."。

② 对"打折服务和优惠服务也属于转售范围"(resale duty has no exception for promotional or discounted offerings)的解释参见判决原文："Section 251(c)(4)(A)'s requirement that incumbent LECs must offer 'any telecommunications service' for resale 'makes no exception for promotional or discounted offerings.'"。

③ 对"最惠国待遇条款不延及从其他互联协议中挑选资费的条款"[MFN provisions (i. e. "pick and choose "rules) does not include tariff]的解释参见判决原文："USWC challenges the most favored nation ('MFN') provisions (also called 'pick and choose' rules). The Supreme Court upheld the FCC's "pick and choose" rules that permit requesting carriers to 'opt in' to interconnection, unbundled element, and resale arrangements in subsequently approved interconnection agreements. The Supreme Court did not consider or discuss the ability of requesting carriers to 'opt in' to tariffs.

"A local exchange carrier shall make available any interconnection, service, or network element providedunder an agreement approved under this section [Section 252] to which it is a party to any other requesting telecommunications carrier upon the same terms and conditions as those provided in the agreement. 47 U. S. C. §252(i).

"A tariff is not 'an agreement approved under' Section 252. Indeed, a tariff is not even part of the Section 252 negotiation and arbitration process.

"the Court holds that the MFN or pick and choose provisions of the interconnection agreements, to the extent they permit CLECs to incorporate tariff provisions into their interconnection agreements, VIOLATE the Act and are VACATED."。

interconnection agreements that require it to resell retail services that are not "telecommunications services."

2. USWC challenges § 31.2.5.5 of the Sprint agreement which requires that USWC "offer all deregulated services to Sprint at a discount for resale."

3. Enhanced services are not "telecommunications services" subject to regulation under Title II of the 1934 Communications Act.

4. In the telecommunications industry, contract service arrangements are contractual agreements made between a carrier and a specific, typically high - volume, customer, tailored to that customer's individual needs.

5. FCC confirmed that "information services" are synonymous with "enhanced services" and that voicemail is an "enhanced service."

9-4 零售是面向终端使用者的销售——波多黎各电话公司与波多黎各电信管理局案 P.R. Tel. Co. *v.* P.R. Telecomms. Regulatory Bd.

【案　　号】825 F. Supp. 2d 327 (D.P.R. 2011)

【审理法院】美国波多黎各联邦地区法院

【审理时间】2011 年 3 月 30 日

一、案件情况

原告:波多黎各电话公司(Puerto Rico Telephone Company)

被告:波多黎各电信管理局(Puerto Rico Telecommunications Regulatory Board)

案件事实

波多黎各电话公司是在位本地交换运营商(Incumbent Local Exchange Carrier, ILEC),在波多黎各地区提供电信服务和其他相关服务。竞争性本地交换运营商(Competing Local Exchange Carrier,CLEC)也在波多黎各地区提供电信服务。2002 年 7 月,波多黎各电话公司与新进入市场的 CLEC 签订互联协议,其中涉及转售内容,该协议被波多黎各电信管理局批准,要求任何由波多黎各电话公司提供的服务都必须遵从联邦电信委员会(Federal Communications Commission, FCC)的规则、波多黎各电信管理局规则和该服务协议。该协议约定,波多黎各电话公司向 CLEC 提供 T-1 电路,价格遵从法律规定。协议签订后,ILEC 意欲(offer)向终端消费者(end - user)出售该 T－1 电信服务，给出了折扣价；CLEC 认为，根据联邦《电信法》（Federal Telecommunications Act）的规定，只要终端消费者可以享受的零售（retail）折扣，转售商也可以享受，于是，要求波多黎各电话公司也给予其同样的折扣。但是，波多黎各电话公司认为，“零售”是指销售完成，而其意欲销售的报价不能被认定为零售，不能根据联邦《电信法》享受“零售”折扣。于是，CLEC 向波多黎各电信管理局申请行政裁决，称波多黎各电话公司违反了协议。经过裁决，波多黎各电信管理局批准了 CLEC 的请求，认定只要向终端消费者“意欲销售”，就是“零售”，命令波多黎各电话公司对 T－1 电信服务适用折扣价。波多黎各电话公司遂提起诉讼，要求对波多黎各电信管理局的决定进行司法审查，禁止执行其命令。双方请求适用简易判决。

原告请求对波多黎各电信管理局的决定进行司法审查，禁止执行波多黎各电信管理局的裁决。

原告的诉讼理由是：（1）本案事实清楚，事实问题没有争议，应当适用简易判决；（2）波多黎各电信管理局对于“意欲销售”的定义错误，其并非“零售”，且波多黎各电话公司以政府核定的接入价销售 T－1 电信业务，该价格已经是一个批发折扣价格，若在此基础上再加一个折扣，双折扣的价格会使波多黎各电话公司处于劣势；（3）波多黎各电话公司认为，根据联邦《电信法》的规定，T－1 电信业务的出售价格应当免除批发折扣；（4）波多黎各电信管理局对于混合使用（mixed－use）电路（该 T－1 电路还用于其他业务，不同电信业务在 T－1 电路上同时传输）的解决方案是不合理的、武断的。

被告的答辩理由是：（1）波多黎各电信管理局也主张适用简易判决；（2）根据联邦《电信法》和 FCC 的定义，波多黎各电话公司将 T－1 电信业务出售给最终客户，属于“零售”行为，而政府批准的接入价格是否属于批发折扣价格尚未认定，因此不能武断地说在政府核定的接入价的基础上再加一个折扣是双折扣价格；（3）根据联邦《电信法》的规定，T－1 电路是批发折扣价格的客体，不能免除批发折扣；（4）波多黎各电信管理局对于混合使用电路的解决方案是合理的。

焦点问题

1. 简易程序是否适用？

2. 波多黎各电话公司“意欲销售”T－1 电信服务是否属于“零售”？政府核定的接入价是不是一个折扣价格？在政府核定的接入价基础上再加一个折扣是否会导致价格过低而使波多黎各电话公司处于劣势地位？

3. 波多黎各电话公司对于 T－1 电信业务的销售是不是联邦《电信法》中批发折扣价格销售的客体？

4. 波多黎各电信管理局对于混合使用电路的解决方案是否合理？

法院观点

1. 如果没有事实争议,则适用简易程序,这里的事实,是指可能影响诉讼结果的事实。简易判决尤其适用于已经有了完结的行政结果的案件。当行政审查没有完结时,法院进行司法审查是不合适的。本案中,行政审查已经用尽,且事实没有争议,因此应当适用简易判决。

2. 波多黎各电信管理局的裁决包括两个部分:首先在"意欲销售"中提供批发折扣,其次是有关政府核准的接入价。对于"意欲销售"是否属于"零售",波多黎各电话公司认为自己从来没有以"零售"的方式销售 T-1 电信业务,因此波多黎各电信管理局的定义是错误的。双方争议的焦点在于对"零售"的定义,波多黎各电信管理局认为,波多黎各电话公司向零售客户"意欲销售"就属于"零售",而波多黎各电话公司则认为,销售必须完成才能认定"零售",零售报价不属于零售。波多黎各电信管理局根据联邦《电信法》解释"零售"的概念,而非以协议条款进行解释。法院根据联邦《电信法》的条款来判定"意欲销售"是否属于"零售"。联邦《电信法》第 251(c)(4)条①将

---

① 47 U. S. C. § 251(c): Additional obligations of incumbent local exchange carriers

In addition to the duties contained in subsection (b) of this section, each incumbent local exchange carrier has the following duties:

(1) Duty to negotiate

The duty to negotiate in good faith in accordance with section 252 of this title the particular terms and conditions of agreements to fulfill the duties described in paragraphs (1) through (5) of subsection (b) of this section and this subsection. The requesting telecommunications carrier also has the duty to negotiate in good faith the terms and conditions of such agreements.

(2) Interconnection

The duty to provide, for the facilities and equipment of any requesting telecommunications carrier, interconnection with the local exchange carrier's network—

(A) for the transmission and routing of telephone exchange service and exchange access;

(B) at any technically feasible point within the carrier's network;

(C) that is at least equal in quality to that provided by the local exchange carrier to itself or to any subsidiary, affiliate, or any other party to which the carrier provides interconnection; and

(D) on rates, terms, and conditions that are just, reasonable, and nondiscriminatory, in accordance with the terms and conditions of the agreement and the requirements of this section and section 252 of this title.

(3) Unbundled access

The duty to provide, to any requesting telecommunications carrier for the provision of a telecommunications service, nondiscriminatory access to network elements on an unbundled basis at any technically feasible point on rates, terms, and conditions that are just, reasonable, and nondiscriminatory in accordance with the terms and conditions of the agreement and the requirements of this section and section 252 of this title. An incumbent local exchange carrier shall provide such unbundled network elements in a manner that allows requesting carriers to combine such elements in order to provide such telecommunications service.

(4) Resale

The duty—

"零售"认定为"向最终用户销售"［"at retail" as used in Section 251(c)(4) to mean "a sale to an ultimate consumer"］，并不要求交易完成，FCC 也适用了相同的定义；由于事实上已经认定波多黎各电话公司存在向零售客户"意欲销售"T－1 电信业务的行为，因此波多黎各电信管理局的解释是正确的，该服务应当给予 25% 的批发折扣；而对于政府核定的接入价是否已经是一个折扣价格，管制机构需要广泛调查并得出结论，在本案中法院无权得出结论。

3. 根据 FCC 的裁定，特殊接入服务(special access services)在转售时可以免除联邦《电信法》第 251(c)(4)条的要求(转售商可以要求使用消费者能获得的任何折扣价)，波多黎各电话公司认为 T－1 电路属于特殊接入方式，应当免除批发折扣。波多黎各电信管理局认为，虽然特殊接入服务有免除转售义务的规定，但并不意味着所有的接入服务均属于特殊接入服务。根据 FCC 的认定，T－1 电路本身并不具有特殊性，因此法院拒绝将出售 T－1 电路归入特殊接入方式，判决波多黎各电信管理局的裁决没有错误，T－1 电信业务是批发折扣价格的客体。

4. 波多黎各电信管理局发现有关混合使用电路中，FCC 和互联协议均没有相应的规定，因此制定了自己的解决方案。波多黎各电话公司认为该解决方案是不合理的。该方案的实体内容是一个技术问题，不在法院的审查范围内。法院所要确认的是该方案是否建立在合理的基础上，以及确立该方案时是否充分考虑了相关因素。根据调查，波多黎各电信管理局的解决方案在程序上严格依据《美国联邦法规》(Federal Regulation)第 51.605 条①的规定，并根据完整的记录，在全面分析的基础上提出了解

(A) to offer for resale at wholesale rates any telecommunications service that the carrier provides at retail to subscribers who are not telecommunications carriers; and

(B) not to prohibit, and not to impose unreasonable or discriminatory conditions or limitations on, the resale of such telecommunications service, except that a State commission may, consistent with regulations prescribed by the Commission under this section, prohibit a reseller that obtains at wholesale rates a telecommunications service that is available at retail only to a category of subscribers from offering such service to a different category of subscribers.

(5) Notice of changes

The duty to provide reasonable public notice of changes in the information necessary for the transmission and routing of services using that local exchange carrier's facilities or networks, as well as of any other changes that would affect the interoperability of those facilities and networks.

(6) Collocation

The duty to provide, on rates, terms, and conditions that are just, reasonable, and nondiscriminatory, for physical collocation of equipment necessary for interconnection or access to unbundled network elements at the premises of the local exchange carrier, except that the carrier may provide for virtual collocation if the local exchange carrier demonstrates to the State commission that physical collocation is not practical for technical reasons or because of space limitations.

① 47 C. F. R. § 51.605: (a) An incumbent LEC shall offer to any requesting telecommunications carrier any telecommunications service that the incumbent LEC offers on a retail basis to subscribers that are not telecommunications carriers for resale at wholesale rates that are, at the election of the state commission—

决方案，据此，波多黎各电信管理局对于混合使用电路的方案是合理的。

判决结果

法院判决驳回原告的请求，支持被告的观点：(1)本案事实清楚，应当适用简易判决；(2)波多黎各电话公司存在向零售客户出售 T－1 电信服务的行为，波多黎各电信管理局将"意欲销售"认定为"零售"是正确的；(3)关于政府定价是否是一个折扣价格，尚需调查，法院无权判决结论；(4)T－1 电路并非特殊接入方式，属于批发折扣价格的客体，波多黎各电信管理局的裁决没有错误；(5)对于混合使用电路的方案，波多黎各电信管理局的裁决也是合理的。

二、本案知识点

1. 简易判决标准：没有事实争议的案件才适用，尤其适用于已经有了一个完结的行政结果(closed administrative record)的案件。未经行政裁决的案件，基层法院不应受理。①

2. 对州行政机关解释联邦法律的案件，采用从零开始的审查标准(de novo review)。对联邦行政机关解释自己制定的规则和规章的案件，采用认同式审查标准(deference)，如果不是任意的、反复无常的(arbitrary and capricious)，即尊重联邦行政机关的裁决。②

---

(1) Consistent with the avoided cost methodology described in § §51.607 and 51.609; or

(2) Interim wholesale rates, pursuant to §51.611.

(b) For purposes of this subpart, exchange access services, as defined in section 3 of the Act, shall not be considered to be telecommunications services that incumbent LECs must make available for resale at wholesale rates to requesting telecommunications carriers.

(c) For purposes of this subpart, advanced telecommunications services sold to Internet Service Providers as an input component to the Internet Service Providers' retail Internet service offering shall not be considered to be telecommunications services offered on a retail basis that incumbent LECs must make available for resale at wholesale rates to requesting telecommunications carriers.

(d) Notwithstanding paragraph (b) of this section, advanced telecommunications services that are classified as exchange access services are subject to the obligations of paragraph (a) of this section if such services are sold on a retail basis to residential and business end－users that are not telecommunications carriers.

(e) Except as provided in §51.613, an incumbent LEC shall not impose restrictions on the resale by a requesting carrier of telecommunications services offered by the incumbent LEC.

① 对"简易判决标准"(Summary Judgment Standard)的解释参见判决原文："Summary judgment is appropriate when there is no genuine issue as to any material fact.

"A fact is material only if it 'might affect the outcome of the suit under the governing law.'

"Summary judgment is particularly appropriate for this administrative appeal on a closed administrative record.

"It is most inappropriate for a district court to review matters which have not been fully presented to the Commissioners."。

② 对"案件的审查标准"(Standard of Review)的解释参见判决原文："State agency determinations resting principally on an interpretation of federal law are subject to*de novo* review by federal courts, and are not accorded the deference reserved for reviews of federal agencies interpreting their own rules and regulations."。

3.所有零售业务都可以转售[①],因此认定一项业务是否属于“零售”是确定转售义务的关键。本案的实体争议是,原告是ILEC,就其提供的交换接入是否属于“零售”双方解释不一致,地方电信管理局认为,按照法律解释“意欲销售”属于零售,在转售折扣的义务范围内;ILEC认为,“意欲销售”并没有使销售过程完结,不属于零售,不在转售折扣义务范围内。法院支持了地方电信管理局的观点。

三、判决原文摘录

1. The Board noted that the limitation's crux ... centers upon the interplay of two definitions: "exchange access services" and "access services".

2. The Board explained that since the statutory purpose of "exchange access" is "the origination or termination of telephone toll service," then, "[a]s a consequence, origination and termination of any toll service is expressly excluded from the resale obligation."

3. The Board further noted that "[w]hile Centennial expresses it does not intend for the circuits to be used primarily for exchange access service, PRTC emphasizes that there is no indication of any prohibition for Centennial's customers to use these circuits solely for exchange access service."

4. The Board then addressed PRTC's argument that "there is no particular class of access services—exchange access or not—that can be fairly characterized as an end-user retail offering," and Centennial's counter-argument that specific classes of access services can be so characterized.

5. Given that determination, the Board found it necessary to address "whether a mixed-use of the circuit [i.e., for both exchange access and non-exchange access services] disqualifies the entire circuit offered on a retail basis that would otherwise be eligible for a wholesale discount," and concluded that it does not.

---

①　依据联邦《电信法》第251(c)(4)条的规定,ILEC需要:“to offer for resale at wholesale rates any telecommunications service that the carrier provides at retail to subscribers who are not telecommunications carriers.”。

第十章　电信建设和路权

电信建设是在他人具有使用权的土地之下或之上，通过土地使用权出让合同的形式使用土地，进行电信基础设施建设的行为。无论是埋设电信管线、架设电信杆路、搭建电信线路、设置基站，还是建设电信塔台，电信建设者必须征得产权人同意，并支付一定对价，从而获得他人土地或建筑物的穿越权或使用权。电信建设中的争议，通常是由于电信管网要穿越的土地或架设于其上的房屋的物权人（以下简称被用物权人）与电信建设者之间就补偿达不成一致而引起。为解决此争议，需要确定电信建设者的电信通路权。

电信通路权，也叫电信线路通行权，是指电信网络建设者在埋设电信管线、架设电信杆路、搭建电信线路、建设电信塔台等的过程中，穿越或使用他人所有的土地、房屋等不动产的权利。美国联邦《电信法》第621(a)(2)条规定，产权人是国家的，即穿越公共基础设施的，只需要政府批准即可，因为政府可以代表公共利益行使权利；产权人是私人的，必须经过产权人同意，如果产权人不同意或者就补偿数额无法达成一致，任何一方可以启动行政仲裁或法律诉讼。在平衡公用事业和电信建设者的权利时，联邦《电信法》第224(f)(1)条规定，公用事业公司，包括本地电话公司，必须向有线电视系统或电信运营商无歧视地提供其所有或控制的对杆、路由、信道、路权的接入（共享）。

本章共包含四个案例。

案例10-1讨论了电信服务商申请建设电信设施过程中存在的不合理的歧视。如果政府机构批准了一个电信服务提供商建设电信设施的申请，就应当批准其他与该申请相似情况的申请，否则构成不合理的歧视。

案例10-2讨论了使用公共路权时进行公平、合理补偿的问题。本案的核心在于本地政府是否有权要求电信服务提供商因使用公共路权而每月缴纳一定的费用，法官认为，只要该收费是合理的，本地政府就有权收取。

案例10-3主要讨论了州委员会拒绝设置、建设、修改个人无线服务设施的申请的权利，以及如何平衡激励市场竞争和维护州警察权这对矛盾。法官认为，联邦《电信法》授予了州委员会拒绝建设申请的权利。至于拒绝的理由，除非有充分的证据支持，州委员会不能因为美观问题拒绝申请。然而，如果拒绝是因存在巨大覆盖缺口，申请者又没有考虑其他选择，则司法应尊重行政作出的拒绝决定。

案例 10－4 讨论了本地政府在批准无线设施建设时能被允许的区别对待，即该差别不能是不合理的，该差别不能存在禁止或者具有禁止提供个人无线服务的效果。本案中，尽管在相同的提供商之间存在区别对待，但该区别促进了市场竞争，有利于公共利益，故该区别对待被允许。

10－1 许可中的歧视——东北移动电信有限责任公司与里奥尼亚分区调整委员会案 T－Mobile Ne. LLC *v.* Borough of Leonia Zoning Bd. of Adjustment

【案 号】942 F. Supp. 2d 474（D. N. J. 2013）

【审理法院】美国新泽西州联邦地区法院

【审理时间】2013 年 1 月 10 日

一、案件情况

原告：东北移动电信有限责任公司（T-Mobile Northeast LC，以下简称东北移动）

被告：里奥尼亚分区调整委员会（Borough of Leonia Zoning Board of Adjustment，以下简称调整委员会）

案件事实

东北移动是联邦电信委员会（Federal Communications Commission，FCC）授权的无线电信服务提供商，为了提供无线服务，东北移动在其提供服务的区域内建设和维护手机基站，基站信号采用重叠覆盖模式，最大程度上覆盖消费者所在领域。2009 年 5 月，东北移动向调整委员会提交申请，请求许可其在奥斯陆街道 222 号大楼（里奥尼亚地区最高的建筑）上布置天线并建设电信设施，该申请计划在大楼顶层布置 8 个天线，在大楼院子里安装 3 个机柜。2011 年，东北移动的申请被调整委员会拒绝，拒绝理由为：在居民区内建设东北移动所请求的电信设施不符合商业用途；在建筑物外表安装天线会影响建筑物的美观；东北移动的请求中计划建设的设施高度超过区域内建设设施的最大限度。而事实上，东北移动的竞争对手斯普瑞特公司已经在大楼顶部安装了天线和其他电信设施，且其已安装的设施与东北移动计划安装的设施模式、功能相同，而且在高度上斯普瑞特公司的设施更高。2003 年，斯普瑞特公司向调整委员会提出建设申请，在被委员会拒绝后，斯普瑞特公司寻求司法救济，最终获得建设许可。东北移动遂向地区法院提起诉讼,请求法院判决调整委员会拒绝东北移动建设电信设施的申请不合理。

原告的诉讼理由是:(1)调整委员会已经批准了其他公司提起的相同的申请,若调整委员会拒绝东北移动的申请,则构成不合理的歧视,违反联邦《电信法》(Federal Telecommunications Act);(2)调整委员会拒绝东北移动的申请构成直接禁止电信服务提供商提供电信服务,或者虽未直接禁止,但存在禁止的效果,违反联邦《电信法》;(3)调整委员会的拒绝理由没有足够的证据支持。

被告的答辩理由是:(1)东北移动的申请和其竞争对手的申请涉及的服务功能不同,因此不构成不合理的歧视;(2)调整委员会拒绝东北移动的申请是因为该申请建设的设施并未达到建设标准,并非调整委员会主观上禁止其提供电信服务;(3)对于拒绝理由,调整委员会提出了大量的实质性证据来支持。

焦点问题

1. 调整委员会拒绝东北移动的申请是否构成不合理的歧视? 若构成,是否违反联邦《电信法》?

2. 调整委员会拒绝东北移动的申请是否构成直接禁止电信服务提供商提供电信服务,或者虽未直接禁止,但存在禁止的效果? 若构成,是否违反联邦《电信法》?

3. 调整委员会拒绝东北移动的申请是否有足够的证据支持?

法院观点

1. 根据联邦《电信法》第332(c)(7)(B)(i)(I)条[①]的规定,法院认定调整委员会

---

① 47 U. S. C. § 332(c)(7)(B): Limitations

(i) The regulation of the placement, construction, and modification of personal wireless service facilities by any State or local government or instrumentality thereof—

(I) shall not unreasonably discriminate among providers of functionally equivalent services; and

(II) shall not prohibit or have the effect of prohibiting the provision of personal wireless services.

(ii) A State or local government or instrumentality thereof shall act on any request for authorization to place, construct, or modify personal wireless service facilities within a reasonable period of time after the request is duly filed with such government or instrumentality, taking into account the nature and scope of such request.

(iii) Any decision by a State or local government or instrumentality thereof to deny a request to place, construct, or modify personal wireless service facilities shall be in writing and supported by substantial evidence contained in a written record.

(iv) No State or local government or instrumentality thereof may regulate the placement, construction, and modification of personal wireless service facilities on the basis of the environmental effects of radio frequency emissions to the extent that such facilities comply with the Commission's regulations concerning such emissions.

(v) Any person adversely affected by any final action or failure to act by a State or local government or any instrumentality thereof that is inconsistent with this subparagraph may, within 30 days after such action or failure to act, commence an action in any court of competent jurisdiction. The court shall hear and decide such action on an expedited basis. Any person adversely affected by an act or failure to act by a State or local government or any instrumentality thereof that is inconsistent with clause (iv) may petition the Commission for relief.

构成不合理的歧视，并从两个方面进行了说明：(1)电信服务提供商提供的服务功能相同；(2)政府机关对电信服务提供商确实存在区别对待。法院认为，调整委员会已经批准了斯普瑞特公司提起的建设电信设施的申请，对比这两个申请：在服务功能上，东北移动和斯普瑞特公司均提供个人无线服务，且两公司所申请的设施结构相同，并且东北移动的设施低于斯普瑞特已经建设的设施。因此，可以认定二者服务功能相同。在认定是否构成区别对待的问题上，调整委员会批准了斯普瑞特公司的申请而拒绝东北移动的申请，显然构成区别对待。因此，其构成歧视，违反了联邦《电信法》。

2. 第二个焦点问题是，调整委员会以东北移动的申请信号覆盖面存在显著缺口(significant gap)以及天线的建设会影响美观为由拒绝。根据联邦《电信法》第332(c)(7)(B)(i)(II)条的规定，"州和地方政府不得直接禁止个人提供无线服务，或者虽未直接禁止但存在禁止的效果。"。法院认为，关于东北移动的申请，虽然确实存在缺口，但是当前地理环境下没有合理的位置能够完全覆盖缺口，东北移动申请中的规划建设位置已经是最优方案，因此调整委员会以该理由拒绝申请显然不合理；而对于影响大楼美观的拒绝理由，调整委员会没有足够的证据加以证明。综上所述，调整委员会拒绝申请构成直接禁止电信服务商提供电信服务，违反联邦《电信法》。

3. 在东北移动的申请中，从对天线位置的商业用途、实际用途以及是否影响周边居民区域美观的讨论可知，大量证据不支持调整委员会的拒绝决定，因此法院认定其拒绝东北移动的申请理由没有实质性的证据支持。

判决结果

法院支持了原告的请求。法院认为，在同一电信市场内，只要允许一家电信服务提供商的特定行为，就必须在同等条件下许可其他申请人，调整委员会已经批准斯普瑞特公司的建设申请，因此其拒绝功能相同的东北移动的申请构成歧视，而对于调整委员会提出的其他反对理由，东北移动也提供了充分的证据进行反驳，因此判决支持了原告的请求。

二、本案知识点

1. 有关歧视，只要许可了一家的特定行为，就必须允许同等条件下其他申请人的同样的申请，否则构成歧视。本案中，在原告东北移动申请之前，斯普瑞特公司已经通过起诉被告获得了在同一地点设置了天线的权利且设置了天线。①

---

① 对"不合理歧视"(unreasonably discriminates)的解释参见判决原文："'The TCA does not prohibit all discrimination against providers, only unreasonable discrimination.' To prevail on an unlawful discrimination claim under Section 332(c)(7)(B)(i)(I) of the TCA, a wireless telecommunications service provider must prove that: 1) its services are 'functionally equivalent' to those of another provider allowed to install facilities at a location; and 2) the governmental body 'unreasonably discriminate[d] among providers.'

2. 原告证明了其突破规划法的限制并不违反公共利益和法律的目的，因此原告胜诉。①

三、判决原文摘录

1. Plaintiff argues that summary judgment should be granted in its favor because the Board's denial of Plaintiff's application violates limitations set forth in Section 332(c)(7)(B) as follows: (1) the Board's decision unreasonably discriminated against the Plaintiff under the Telecommunication Act of 1996 (the "TCA"); (2) the Board's denial of Plaintiff's application has the effect of prohibiting wireless service, in violation of the TCA; and (3) the Board's denial is not supported by substantial evidence in the record. (*See* Pl. Br. at 14, 17, 29.) These points are discussed below.

2. "The regulation of the placement, construction, and modification of personal wireless service facilities by any State or local government or instrumentality thereof... shall not unreasonably discriminate among providers of functionally equivalent services."

3. A wireless service provider can meet the first prong of the unreasonable discrimination test by establishing that its services are "functionally equivalent" to those of another provider allowed to install facilities at a location.

4. As such, the proposed use selected by T – Mobile is consistent with the intent and purpose of Leonia's zoning ordinance, and does not substantially impair the neighborhood surrounding the proposed site.

5. When making a decision regarding the particular suitability of wireless communication service facilities, courts examine whether the "use promotes the general welfare because the site is particularly suitable for the use.

"It is considered unlawful discrimination where the 'municipality favors one provider by permitting it to locate in a particular area at the exclusion of others, thereby creating unfair competitive advantage.'

"In the instant matter, it is undisputed that Sprint, a competitor of T - Mobile, has facilities installed on the Building that is the site for T - Mobile's Proposed Facilities."。

① 对"突破规划法的限制不违反公共利益"(test for granting a zoning variance)的解释参见判决原文："Plaintiff has sufficiently established that the "variance can be granted without substantial detriment to the public good" and that the variance sought is not inconsistent with the intent and purpose of the ordinance.

"T - Mobile has satisfied New Jersey'stest for granting a zoning variance by demonstrating that on balance the positive and negative factors weigh in favor of its plan to build the Proposed Facilities."。

10－2　地方政府征收路权补偿费的合法性和公平性——波多黎各电话公司与瓜亚尼亚市政府案 P. R. Tel. Co. *v.* Municipality of Guayanilla

【案　　号】283 F. Supp. 2d 534 (D. P. R. 2003)

【审理法院】美国波多黎各联邦地区法院

【审理时间】2003 年 9 月 18 日

一、案件情况

原告:波多黎各电话公司(Puerto Rico Telephone Company)

被告:瓜亚尼亚市政府(Municipality of Guayanilla)

案件事实

波多黎各电话公司是一个电信服务提供商,受瓜亚尼亚市和美国联邦的管制。瓜亚尼亚市政府制定了《第十四命令》(Ordinance No. 14,以下简称诉争命令)。该命令建立了公共通路权月租费,收取电信服务提供商年收入的 5% 作为使用公共通路权的补偿金。诉争命令颁布后,众多电信服务提供商受到影响,包括波多黎各电话公司。波多黎各电话公司遂提起诉讼,认为诉争命令禁止电信服务提供商提供电信服务,违反联邦《电信法》(Federal Telecommunications Act);且公共通路权补偿金的计算方式是不公平、不合理的,瓜亚尼亚市政府应当保证任何电信服务提供商都能使用公共通路权。原告波多黎各电话公司由此提起诉讼,请求判决诉争命令违反联邦《电信法》,宣布诉争命令无效。

原告的诉讼理由是:(1)诉争命令违反联邦《电信法》第 253(a)条①的规定,根据上位法优先原则,与联邦《电信法》相冲突的诉争命令无效;(2)由于瓜亚尼亚市政府委员会按月收取补偿金并非建立在实际使用公共通路权的基础上,因此该收费不合法且不合理。

被告的答辩理由是:(1)瓜亚尼亚市政府制定诉争命令是在联邦《电信法》的授权下,因此诉争命令应当有效。(2)瓜亚尼亚市政府有权通过诉争命令回收建设成本,且年收入 5% 的补偿价格是公平合理的。

焦点问题

1. 瓜亚尼亚市政府制定的诉争命令是否违反联邦《电信法》?

---

① 47 U. S. C. § 253(a): In general

No State or local statute or regulation, or other State or local legal requirement, may prohibit or have the effect of prohibiting the ability of any entity to provide any interstate or intrastate telecommunications service.

2. 诉争命令中按月征收补偿金的计费方式是否合法？无论是否实际使用都收取补偿金是否合理？

法院观点

1. 当美国国会明确表示联邦在某个领域内具有优先权时，州或者地方政府无权在该领域立法。依据联邦《电信法》第253(a)条的规定，州或者地方有权立法管理本州公共通路权和公共财产，但这种管理不允许直接禁止电信服务商提供州内或者跨州电信服务，或者虽未直接禁止，但存在导致禁止的效果。因此可以判断，瓜亚尼亚市政府制定条例管理公共通路权是其行使法定授权，且诉争命令并无上述条款但书中的情形，因此诉争命令有效。

2. 法院驳回了原告的观点。原告认为，瓜亚尼亚市政府的收费没有建立在对公共通路权的实际使用上，不合法，且收费金额不以政府实际支付的成本为准，不合理。法院认为，关于征收补偿金是否合法，联邦《电信法》第253(c)条①规定，政府机构可以以收入为基础规定补偿金收费标准，补偿标准可以和对公共通路权的实际使用相联系，且并不局限于建设成本。因此可以推定，瓜亚尼亚市政府有权征收合理价格的补偿金，诉争命令不违法；而在补偿金的合理性上，本案并不审理以收入作为定价基础的模式是否能够真实地反映电信服务商实际使用公共通路权的情况，原告可另行起诉。

判决结果

法院决定驳回原告的请求：(1)联邦《电信法》第253(a)条授权州或者地方政府制定条例管理本州公共通路权，因此瓜亚尼亚市政府有权制定诉争命令；(2)联邦《电信法》第253(c)条规定的安全港规则允许政府机构在"竞争中立"和"非歧视"的条件下公平、合理地征收补偿费，因此瓜亚尼亚市政府有权收取通路补偿费。

二、本案知识点

1. 上位法优先。联邦《电信法》第253(a)条规定禁止地方法通过任何地方规章阻碍电信企业参与州内或州际电信竞争，违反则地方法无效。②

---

① 47 U. S. C. § 253(c)：State and local government authority

Nothing in this section affects the authority of a State or local government to manage the public rights - of - way or to require fair and reasonable compensation from telecommunications providers, on a competitively neutral and nondiscriminatory basis, for use of public rights - of - way on a nondiscriminatory basis, if the compensation required is publicly disclosed by such government.

② 对"联邦法的优先权"(preempt)的解释参见判决原文："Preemption occurs when Congress expresses a clear intent to preempt state or local law. Section 253 is a plain example of such an expression of congressional intent.

"Section 253 provides in pertinent part that '[n]o State or local statute or regulation, or other State or local legal requirement, may prohibit or have the effect of prohibiting the ability of any entity to provide any interstate or intrastate telecommunications service.' 47 U. S. C. § 253(a)."。

2. 但书条款。联邦《电信法》第253(c)条是第253(a)条的但书条款,也是地方政府的"安全港",内容是:虽然有第253(a)条,但不禁止地方政府在竞争中立和非歧视的条件下,对公共路权的管理和公平合理地征收补偿费。①

3. 公平合理地征收路权补偿费。企业认为地方政府按照企业年收入的5%征收路权补偿费不公平、不合理,因为不是按照实际使用路权的程度来征收的,违反联邦《电信法》。起诉被法院驳回,法院认为如此征收不违法,但是否公平合理,原告可以另行起诉。②

三、判决原文摘录

1. The ordinance imposes on providers of telecommunication services a monthly charge for the use of public rights – of – way within the Municipality. Plaintiff, a telecommunication services provider affected by the ordinance, alleges that state and federal law preempt the municipal ordinance.

2. In order to survive a motion to dismiss, "a complaint must set forth 'factual allegations, either direct or inferential, respecting each material element necessary to sustain recovery under some actionable legal theory.'"

3. Section 253 provides in pertinent part that "[n]o State or local statute or regulation, or other State or local legal requirement, may prohibit or have the effect of prohibiting the ability of any entity to provide any interstate or intrastate telecommunications service."

4. The crux of the disagreement between us and the court in *XO Missouri* lies in the fact that we believe there is a basic difference between requiring that the fees charged by the municipality be related to the actual use of the rights – of – way and requiring that those fees be limited to the actual added costs resulting from such use.

---

① 对"保留条款"(saving clause)的解释参见判决原文:"Being a savings clause, Section 253(c) of the Telecom Act as a safe harbor for the restrictions embodied in Section 253(a).

"Nothing in Section 253 'affects the authority of a State or local government to manage the public rights – of – way or to require fair and reasonable compensation from telecommunications providers, on a competitively neutral and nondiscriminatory basis, if the compensation required is publicly disclosed by such government.' 47 U. S. C. §253(c)."。

② 对"公平合理补偿"(Fair and Reasonable Compensation)的解释参见判决原文:"Plaintiff alleges that it is not based on any actual degree of physical use of the public rights – of – way. it is not based on the actual costs borne by the municipality due to the telecommunication services provider's use of the public rights – of – way.

"The Court finds that the Ordinance, and the fee of 5% of gross revenues imposed by said Ordinance, are notper se illegal. The parties shall litigate the specific issue of whether the amount of the fee is reasonable and fair compensation under the Telecom Act."。

5. We agree with the *XO Missouri* court that the Telecom Act requires that the fees charged by the municipalities be tied to the level of use, but we understand that the Act does not limit those fees to the recovery of the added costs, only.

10-3 地方政府以美观为由否决电信建设许可申请需提供实质性证据——派电信基础设施公司与佛罗里达州杰克逊维尔市政府案 PI Telecom Infrastructure, LLC *v.* City of Jacksonville

【案　　号】104 F. Supp. 3d 1321 (M. D. Fla. 2015)
【审理法院】美国佛罗里达州中区地区法院杰克逊维尔市分院
【审理时间】2015 年 5 月 8 日

一、案件情况

原告:派电信基础设施公司(Pi Telecom Infrastructure,以下简称派公司)

被告:佛罗里达州杰克逊维尔市政府(City of Jacksonville)

案件事实

派公司是佛罗里达州的电信服务提供商,计划在杰克逊维尔的圣马可社区附近修建一个 150 英尺(约 45.72 米)的隐蔽天线手机信号发射塔,该地区为轻工业区。计划选址的东面是杰克逊维尔电力设施;东北面是杰克逊广场,被规划为商业和住宅混合开发区;西面是亚历山大橡树公园,公园的另外三边是住宅区。2014 年 4 月 1 日,派公司向杰克逊维尔市政府提交建立手机信号发射塔的申请,杰克逊维尔市政府以塔的建设影响周边区域美观,且该选址下信号不能全面覆盖而造成部分个人服务无法提供为由,拒绝了该申请。派公司对杰克逊维尔市政府提起诉讼,声称杰克逊维尔市政府在程序上无权拒绝,违反联邦《电信法》(Federal Telecommunications Act);在实体上拒绝申请的理由不合理。原告请求判决杰克逊维尔市政府拒绝手机信号发射塔的建设申请不合理,要求杰克逊维尔市政府重新审理其申请。

原告的诉讼理由是:(1)杰克逊维尔市政府在程序上无权拒绝派公司的申请,违反了联邦《电信法》的规定;(2)杰克逊维尔市政府在实体上拒绝申请的理由不合理。

被告的答辩理由是:(1)根据联邦《电信法》的授权,对于不符合条件的电信设施建设申请,政府机构可以拒绝;(2)在派公司提交的申请中,塔的建设影响了周边住宅区、杰克逊广场以及亚历山大公园的美观,选址上不能全面覆盖该区域,服务覆盖范围存在明显的缺口,不符合建设标准,因此拒绝了该申请,拒绝理由是合理的。

焦点问题

1. 在程序上，杰克逊维尔市政府是否有权拒绝派公司的申请？

2. 在实体上，杰克逊维尔市政府拒绝派公司申请的理由是否合理：(1)以影响环境美观为由拒绝申请是否合理？(2)派公司计划建设中的手机信号发射塔选址位置是否能覆盖全境？如存在覆盖缺口，杰克逊维尔市政府以该理由为由拒绝申请是否违反联邦《电信法》第332(c)(7)(B)(i)(Ⅱ)条的规定？

法院观点

1. 根据联邦《电信法》第332(c)(7)(B)(iii)条①之规定，地方政府仍保留对手机信号发射塔的安置和建设的审批权，且有权以书面形式拒绝不符合标准的建造、修改无线服务设备的请求。因此，杰克逊维尔市政府书面拒绝派公司申请，符合联邦《电信法》的规定。

2. 杰克逊维尔市政府的两个拒绝理由，一个被支持，另一个被驳回。

首先，杰克逊维尔市政府以视线问题拒绝了派公司的申请，被驳回。杰克逊维尔市政府认为，该申请建造的设施影响住宅区视线、影响杰克逊广场历史建筑风格的美观及影响亚历山大橡树公园视线。针对以上三点，杰克逊维尔市政府提供了照片以证明影响住宅区视线。而法院认为该照片并不能表明建设塔对居民区的影响；而对杰克逊广场有潜在影响的拒绝理由并没有客观证据加以证明；对于影响公园视线的拒绝理由，杰克逊维尔市政府主观判断可能对公园造成影响，不能作为判断的依据，不能成

① 47 U. S. C. § 332(c)(7)(B): Limitations

(i) The regulation of the placement, construction, and modification of personal wireless service facilities by any State or local government or instrumentality thereof—

(Ⅰ) shall not unreasonably discriminate among providers of functionally equivalent services; and

(Ⅱ) shall not prohibit or have the effect of prohibiting the provision of personal wireless services.

(ii) A State or local government or instrumentality thereof shall act on any request for authorization to place, construct, or modify personal wireless service facilities within a reasonable period of time after the request is duly filed with such government or instrumentality, taking into account the nature and scope of such request.

(iii) Any decision by a State or local government or instrumentality thereof to deny a request to place, construct, or modify personal wireless service facilities shall be in writing and supported by substantial evidence contained in a written record.

(iv) No State or local government or instrumentality thereof may regulate the placement, construction, and modification of personal wireless service facilities on the basis of the environmental effects of radio frequency emissions to the extent that such facilities comply with the Commission's regulations concerning such emissions.

(v) Any person adversely affected by any final action or failure to act by a State or local government or any instrumentality thereof that is inconsistent with this subparagraph may, within 30 days after such action or failure to act, commence an action in any court of competent jurisdiction. The court shall hear and decide such action on an expedited basis. Any person adversely affected by an act or failure to act by a State or local government or any instrumentality thereof that is inconsistent with clause (iv) may petition the Commission for relief.

立。因此，以视线问题拒绝派公司的申请不合理。

其次，杰克逊维尔市政府因存在信号覆盖面缺口而拒绝的理由，被支持。虽然联邦《电信法》第332(c)(7)(B)(i)(Ⅱ)条规定，州、地方政府或者地方机构在规制个人无线设施的设置、建设、修改时，不得禁止提供个人无线服务，或者虽未直接禁止但存在禁止的效果。然而，派公司提出建设的手机信号发射塔既存在信号覆盖面的缺口，又未考虑可替代性方案，故地方政府对其申请的拒绝不属于“虽未直接禁止，但存在禁止的效果”，因此杰克逊维尔市政府拒绝派公司申请是合理的。

判决结果

法院最终决定驳回派公司的诉讼请求：法院认为在程序上杰克逊维尔市政府有权拒绝电信服务提供商的决定，在实体上杰克逊维尔市政府不能证明以视线作为拒绝理由合理，但可以证明以存在无线覆盖缺口作为拒绝理由合理，派公司的申请违反了联邦《电信法》第332(c)(7)(B)(i)(Ⅱ)条的规定，因此法院判决驳回派公司的诉讼请求，支持杰克逊维尔市政府的裁决。

二、本案知识点

无线发射塔如果存在覆盖缺口，申请人必须穷尽式寻找可替代方案。如果找不到，应当允许其在特定建筑上建设，即使影响了美观；如果申请人没有寻找替代性方案，或者存在成本在合理范围内的替代性方案而不实施，却坚持在破坏美观的条件下在某建筑上建设发射塔，则应该驳回其申请。本案原告申请建立无线发射塔被拒绝，因此提起诉讼，法院认定：联邦《电信法》在刺激电信竞争和保留州的自治权之间保持了平衡，赋予州规划权，但是，州对申请的否决需要书面作出；以美观为拒绝的理由必须有实质证据支持；另外，申请人必须穷尽地寻找可替代方案。本案的否决是书面作出的，但以美观为理由否决没有给出实质证据（支持了原告），申请人并未穷尽式寻找可替代方案（否决了原告）。本案的判决为相关类案提供了以下启示：

1. 联邦《电信法》在刺激电信市场竞争和维护州警察权之间的平衡①。

---

① 对“刺激电信市场竞争和维护州警察权之间的平衡”(the balance between incenting competition and state's police power)的解释参见判决原文：“Congress also acknowledged ‘there are legitimate State and local concerns involved in regulating the siting of such facilities. Preserve the authority of State and local governments over zoning and land use matters except in ... limited circumstances.

“The Act was therefore designed to ‘strike a balance between “two competing aims—to facilitate nationally the growth of wireless telephone service and to maintain substantial local control over siting of towers.” ’ ”。

2. 政府对申请的拒绝必须书面作出①。

3. 申请前，申请人负有穷尽式搜寻可替代方案的义务②。

4. 以破坏美观为由拒绝申请，必须有实质性证据支持③。

三、判决原文摘录

1. The stated goals of the regulations include "[p]rotecting the natural features and aesthetic character of the City ... with special attention to residential neighborhoods, public parks, transportation view corridors, historic districts, historic landmarks, and environmentally sensitive lands" and "[m]inimizing the adverse visual and aesthetic impact" of cell towers while "accommodating the growing demand for wireless communication services ...."

2. "[T]he 'substantial evidence' standard [under the Act] is the traditional substantial evidence standard used by courts to review agency decisions," meaning "such relevant evidence as a reasonable mind might accept as adequate to support a conclusion."

3. PI Telecom has not demonstrated, however, that it adequately explored alternative sites to remedy the service gap, regardless of which test is employed.

4. The evidence presented was that PI Telecom could select any location within a 0.252 - mile radius from the center of the search ring without needing further approval from AT & T.

5. Here, the Commission's subjective concern about the "potential adverse impact" of

---

① 对"'拒绝申请'的条件"(requirement of deny a request)的解释参见判决原文:"To deny a request to place, construct, or modify personal wireless service facilitiesshall be in writing and supported by substantial evidence contained in a written record." 47 U.S.C. § 332(c)(7)(B)(iii).

A written denial 'must (1) be separate from the written record; (2) describe the reasons for the denial; and (3) contain a sufficient explanation of the reasons for the denial to allow a reviewing court to evaluate the evidence in the record that supports those reasons.'"。

② 对"穷尽式搜寻可替代方案的义务"(The duty of exhaustively search for Alternatives)的解释参见判决原文:"PI Telecom has not demonstrated, however, that it adequately explored alternative sites to remedy the service gap, regardless of which test is employed.

"The evidence presented was that PI Telecom could select any location within a 0.252 - mile radius from the center of the search ring."。

③ 对"'对美观的影响'必须有实质证据支持"(aethetic refusal must be supported by substantial evidence)的解释参见判决原文:"'[A]esthetic concerns may be a valid basis for denial of a permitif substantial evidence of the visual impact of the tower is before the [governing body].'... substantial evidence sufficient to support a denial based on aesthetics must include 'objective facts or evidence.'

"'Potential adverse impact' of the proposed tower on viewsheds from Alexandria Oaks Park was based on objective photographic and other evidence that the tower would visually intrude on the park."。

the proposed tower on viewsheds from Alexandria Oaks Park was based on objective photographic and other evidence that the tower would visually intrude on the park.

10-4 允许合理地区别对待——斯普瑞特频谱公司与维洛斯案 Sprint Spectrum L. P. *v.* Willoth

【案　　号】176 F. 3d 630 (2d Cir. 1999)

【审理法院】美国联邦第二巡回上诉法院

【审理时间】1999 年 5 月 24 日

一、案件情况

上诉人、一审原告:斯普瑞特频谱公司(Sprint Spectrum, L. P.)

被上诉人、一审被告:克雷格·维洛斯(Craig Willoth,安大略市规划委员会主席)、托马斯·麦丘恩(Thomas McCune,安大略市规划委员会委员)、克雷格·里特(Craig Litt,安大略市规划委员会委员)、威廉·奎恩(William Quinn,安大略市规划委员会委员)、爱德华·克霍芬(Edward Kerkhoven,安大略市规划委员会委员)、爱德华·柯林斯(Edward Collons,安大略市的执法人员)

案件事实

斯普瑞特频谱公司在联邦电信委员会(Federal Communications Commission,FCC)的授权下提供个人电信服务(Personal Communications Services,PCS),服务区域在布法罗市的主要贸易区、宾夕法尼亚州北部和纽约州中西部的大部分城市、加利福尼亚州安大略市。PCS 使用数字技术提供服务。和模拟技术相比,两种技术均需要无线电设备,也就是“基站”(cell site)来实现服务地区的信号覆盖,而用数字技术覆盖相同的面积需要密度更大的无线电设备。1996 年 5 月,斯普瑞特频谱公司向安大略市规划委员会提出申请,要求建设三个基站以提供安大略市地区的电信服务。1997 年 8 月,安大略市规划委员会作出决定,认为斯普瑞特频谱公司申请建造的基站对环境存在潜在的不利影响、影响视觉美观、对未来可能建设的其他设施存在影响,因此拒绝了该申请。而在此前,安大略市规划委员会已经批准了边疆通信公司(Frontier)在该区域内建设基站的申请。斯普瑞特频谱公司遂以安大略市规划委员会部分成员和安大略市执法人员为被告提起诉讼,声称安大略市规划委员会构成不合理的歧视,存在禁止提供电信服务的效果,违反了联邦《电信法》(Federal Telecommunications Act)。地区法院作出了有利于被告的判决,斯普瑞特频谱公司遂提起上诉,请求撤销地区法院的判决,实体问题发回地区法院重新审理。

上诉人的上诉理由是:(1)安大略市规划委员会拒绝斯普瑞特频谱公司的申请构成不合理的歧视,且直接禁止电信服务提供商提供电信服务,或者虽未直接禁止,但存在禁止的效果,违反联邦《电信法》;(2)在纽约州法规下,安大略市规划委员会无权拒绝斯普瑞特频谱公司的申请。

被上诉人的答辩理由是:(1)在程序上,安大略市规划委员会虽然确实存在差别对待,但其充分考虑了基站位置的合理性,这种差别对待是被允许的;且根据斯普瑞特频谱公司的申请,对其提供服务的能力、设备覆盖区域、商业价值等几个方面进行分析,大量证据表明目前的申请在本地区不能提供必要的商业价值,因此拒绝其申请是合理的。(2)纽约州的法律以是否影响美观作为最主要的评定因素,安大略市规划委员会根据该因素评定斯普瑞特频谱公司的申请,有权拒绝。

焦点问题

1.安大略市规划委员会拒绝斯普瑞特频谱公司的申请是否构成不合理的歧视?

2.斯普瑞特频谱公司的申请是否构成禁止提供电信服务,或者虽未直接禁止但存在禁止的效果?若构成,是否违反联邦《电信法》?

3.根据纽约州法律,安大略市规划委员会是否有权拒绝斯普瑞特频谱公司的申请?

法院观点

1.美国国会通过联邦《电信法》第332(c)(7)条限制州和地方政府拒绝建设无线电信设施的权力;联邦《电信法》第332(c)(7)(B)条[①]则是对政府机构做出决定的程

---

① 47 U.S.C. §332(c)(7)(B): Limitations

(i) The regulation of the placement, construction, and modification of personal wireless service facilities by any State or local government or instrumentality thereof—

(I) shall not unreasonably discriminate among providers of functionally equivalent services; and

(II) shall not prohibit or have the effect of prohibiting the provision of personal wireless services.

(ii) A State or local government or instrumentality thereof shall act on any request for authorization to place, construct, or modify personal wireless service facilities within a reasonable period of time after the request is duly filed with such government or instrumentality, taking into account the nature and scope of such request.

(iii) Any decision by a State or local government or instrumentality thereof to deny a request to place, construct, or modify personal wireless service facilities shall be in writing and supported by substantial evidence contained in a written record.

(iv) No State or local government or instrumentality thereof may regulate the placement, construction, and modification of personal wireless service facilities on the basis of the environmental effects of radio frequency emissions to the extent that such facilities comply with the Commission's regulations concerning such emissions.

(v) Any person adversely affected by any final action or failure to act by a State or local government or any instrumentality thereof that is inconsistent with this subparagraph may, within 30 days after such action or failure to act, commence an action in any court of competent jurisdiction. The court shall hear and decide such action on an expedited basis. Any person adversely affected by an act or failure to act by a State or local government or any instrumentality thereof that is inconsistent with clause (iv) may petition the Commission for relief.

序和实体的要求；联邦《电信法》第332(c)(7)(A)条①规定保留地方政府机构选择电信设施建设位置的权利，但这种保留受到司法监督；根据联邦《电信法》第332(c)(7)(B)(i)条的规定，在管理个人无线服务设施建设时，首先，不得在功能相同的电信服务提供商之间存在不合理的歧视；其次，政府机构的决定不得直接禁止电信运营商提供电信服务，或者虽未直接禁止但存在禁止的效果；联邦《电信法》第332(c)(7)(B)(iii)条规定，拒绝申请的决定必须以书面形式记载。关于不合理的歧视，应当从"功能相同"以及"差别对待"两方面进行判断。斯普瑞特频谱公司称，在功能上，边疆通信公司的基站信号覆盖面与斯普瑞特频谱公司三个基站的信号覆盖面相同，且其提供证据证明了PCS服务由于信号原因需要比边疆通信公司的模拟技术更多的基站的请求是合理的；在是否构成区别对待上，安大略市规划委员会承认在程序上没有要求对边疆通信公司做环境审查，而对斯普瑞特频谱公司要求做环境审查，因此斯普瑞特频谱公司认为安大略市规划委员会在程序上故意设置障碍，构成差别对待。虽然如此，联邦《电信法》明确表示允许存在合理的差别对待，法院认为，为了考虑建设基站的位置是否合理，安大略市规划委员会有权进行更深入的调查，虽然在程序上可能造成功能相同的服务提供商之间的差别对待，但是这种差别对待是被允许的，因此安大略市规划委员会不违反联邦《电信法》。

2. 关于拒绝斯普瑞特频谱公司的申请是否直接禁止电信运营商提供电信服务，或者虽未直接禁止但存在禁止效果，法院从斯普瑞特频谱公司所能提供服务的能力、设施覆盖区域、商业价值等几个方面进行了分析，大量证据表明安大略市的服务可以用少于三个基站的设备提供，也就是说有更优方案可以选择，斯普瑞特频谱公司却没有考虑其他方案，因此安大略市规划委员会的拒绝申请不构成"禁止提供电信服务"，综上所述，安大略市规划委员会拒绝斯普瑞特频谱公司的申请没有违反联邦《电信法》。

3. 因为纽约州立法下是否影响美观是最主要的评定因素，斯普瑞特频谱公司建设三个基站的申请显然会对周围环境的美观带来负面影响，故安大略市规划委员会以斯普瑞特频谱公司的申请影响美观，会对环境造成负面影响为由拒绝该请求是合理的。

判决结果

上诉法院决定驳回上诉，维持地区法院判决：上诉法院认为，联邦《电信法》允许地方政府委员会对电信服务提供商合理地差别对待，且安大略市规划委员会的决定不存在禁止提供电信服务的效果，因此不违反联邦《电信法》；而根据纽约州地方法规，安大

---

① 47 U.S.C. §332(c)(7)(A): Except as provided in this paragraph, nothing in this Act shall limit or affect the authority of a State or local government or instrumentality thereof over decisions regarding the placement, construction, and modification of personal wireless service facilities.

略市规划委员会以上诉人的申请不符合美学要求为由拒绝是合理的，因此不违反地方法规。

二、本案知识点

本案中，斯普瑞特频谱公司向地方政府提出建设无线发射塔的申请被拒绝，起诉后，法院支持了被告，认定拒绝合法，且可以存在“合理的歧视”。

本案有两个问题值得讨论：

1. 允许合理地区别对待①。

2. 审查州政府拒绝建设无线基站申请的司法标准②。

三、判决原文摘录

1. The antennae need not be placed exactly in the center of each cell, but can be placed anywhere within 25% of the radius of the hexagon to be covered.

2. The resolution indicated that there might be some potentially significant adverse environmental impact associated with Sprint's proposals, roughly described as impact on property values, visual impact and "cumulative impacts" of the proposed facilities and possible future facilities.

3. The two principal limitations on local zoning authority, both of which are at issue in this case, are found in subsection B(i), which provides that state and local regulation of "the placement, construction, and modification of personal wireless service facilities ... (Ⅰ) shall not unreasonably discriminate among providers of functionally equivalent services; and (Ⅱ) shall not prohibit or have the effect of prohibiting the provision of personal wireless services."

4. A denial of a request to build wireless facilities must be "in writing and supported by substantial evidence contained in a written record," id. §332(c)(7)(B)(iii), and not

---

① 对“允许合理地区别对待”(reasonable discrimination is permissible)的解释参见判决原文：“‘[T]he Act explicitly contemplates that some discrimination among providers of functionally equivalent services is allowed. Any discrimination need only be reasonable.’

“Discrimination based on traditional bases of zoning regulation such as preserving character of neighborhood and avoiding aesthetic blight not unreasonable.”

② 对“州政府拒绝建设无线基站的申请”(the requirement of state to deny of a request to build wireless facilities)的解释参见判决原文：“A denial of a request to build wireless facilities must be ‘in writing and supported by substantial evidence contained in a written record,’... state and local regulation of ‘the placement, construction, and modification of personal wireless service facilities ... (Ⅰ) shall not unreasonably discriminate among providers of functionally equivalent services; and (Ⅱ) shall not prohibit or have the effect of prohibiting the provision of personal wireless services.’”。

contrary to the limits on town authority set forth in id. § 332(c)(7)(B)(i).

5. Local governments may reasonably take the location of the telecommunications tower into consideration when deciding whether: (1) to require a more probing inquiry, and (2) to approve an application for construction of wireless telecommunications facilities, even though this may result in discrimination between providers of functionally equivalent services.

第十一章　电信设施共享

电信设施共享制度，是指电信运营商将其所有的电信基础设施，如电信管道、涵洞、电缆井、铁塔、电线杆、天线、建筑物及其附属设施向竞争对手开放，以基于成本的价格和非歧视条件强制出租上述设施。电信设施共享的起因在于电信基础设施建设投资成本较高，单一运营商无法完成全领域的投资建设，而已建成的网络利用率较低；同时，随着电信竞争的激烈化，电信竞争的内容逐步由网络覆盖范围、信号强度等向服务质量、业务形式转变，共建共享使运营商可以把关注点放在拓展服务项目和业务创新方面。另外，在唯一地理通道地段，由于自然环境限制，只能允许建设一个电信设施，共享是引入多家运营商的前提。

电信设施共享与接入的区别在于，前者共享的标的不包括电信网络本身，只是网络的附属设施，而接入专指共享他人的电信网络。举一个简单的例子，如果共享的是电信管道，则属于电信设施共享；如果共享的是管道里面的光缆，则属于接入，因为共享者已经接入网络所有人的电信网中了。常见的驻地网问题（小区“最后一公里”）本质上属于接入问题，而非电信设施共享问题。

并非任何电信基础设施都应该被强制租用（共享），应当区分瓶颈设施和非瓶颈设施，只有瓶颈设施才有必要强制租用，以降低市场进入门槛。电信法并不干涉自愿共享电信设施，其重点是对于“瓶颈”设施必须建立强制共享制度，即用益物权。这样做有一个风险，就是会影响电信设施建设者的投资热情和科技升级努力，正如美国1996年联邦《电信法》的失败一样，鼓励共享势必削弱建设者的竞争优势，这将挫败建设者的投资热情，导致无网可供共享。政府需要平衡的是共享费用（受规制的强制租金），既不能高到对共享申请者构成竞争障碍，也不能低到无人愿意建设电信设施。

本章共包含四个案例。

案例11－1重申了颁布初步禁令的四个先决条件，以及合同中约定“若签订合同时，该空间被其他设备占据，则合同无效”的内容是否赋予了原告独占使用权。法官持否定的态度，因为独占使用权必须明示，而本案是默示推定。

案例11－2讨论了在何种条件下本地政府应放弃本地法的限制，允许申请人建设无线发射塔,以促进市场竞争。尽管存在不可靠覆盖区,也叫“服务等级”,只要建设申请人考虑了各种替代方案并选择了最佳方案,政府就应当许可该最佳方案。

案例 11 - 3 讨论了“合理的区别对待”和“不合理的区别对待”。法官认为,如果政府已经批准了某一申请,却拒绝与其类似的申请,那就构成了不合理的歧视。

案例 11 - 4 讨论了政府拒绝原告申请建设无线电发射基站的合理性。法官认为,首先,尽管该申请中塔的位置存在侵入性,但没有其他位置可供原告选择以实现其目的;其次,美学因素不应当成为拒绝申请的理由;最后,对于住宅区域的影响,政府并没有提供相应的证据,因此政府的拒绝理由均不成立。

11 - 1 颁布禁令的条件——雷伊与盖伊甘尼特出版有限公司案 Rey *v.* Guy Gannett Pub. Co.

【案　　号】766 F. Supp. 1142 (S. D. Fla. 1991)

【审理法院】美国佛罗里达州南区联邦地区法院

【审理时间】1991 年 6 月 6 日

一、案件情况

原告:约瑟夫 · 雷伊(Joseph Rey)、缇西亚 · 拉米罗(Leticia Jaramillo)、埃斯佩兰萨 · 雷伊 · 梅尔(Esperanza Rey - Mehr)

说明:三人为彩虹广播公司(Rainbow Broadcasting Company,以下简称彩虹公司)佛罗里达州的普通合伙人

被告:盖伊甘尼特出版有限公司(Guy Gannett Publishing Co.)

案件事实

原告为彩虹公司在佛罗里达州的普通合伙人,是电视台 65 频道的被许可人。被告盖伊甘尼特出版有限公司是缅因州的大型媒体公司,拥有一个坐落在佛罗里达州的通信传输塔,同时拥有电视和电台广播塔。原告作为承租人,已经获得联邦电信委员会(Federal Communications Commission,FCC)的许可建造电信设施,原告与被告签订了协议,提出将原有的天线搬迁到被告的传输塔上,并在被告的大楼里安装发射机,该协议也得到了 FCC 的批准。原告与被告于 1986 年 1 月 6 日签订租赁协议,该协议表示原告设立的彩虹公司租用塔顶部的电视广播天线空间,协议特别注明:若在协议签订时,传输塔的顶部电视广播天线空间已经租赁给了其他公司,则租赁协议无效。协议签订时,传输塔的顶部电视广播天线空间并未租赁给任何其他公司使用,因此协议生效。但在签订协议后,被告将该空间租赁给了其他公司。原告遂提起诉讼,主张其

获得了“排他性”的使用权，因为虽然合同未约定其享有“独家”使用权，但合同生效时只有其一家租户，其就当然获得了全部空间的使用权，被告无权在此之后再租赁给任何其他人。因此，其获得的空间占有权实际上是“独家的”。原告认为被告侵犯了其“独家”权利，请求法院颁布初步禁令(Preliminary Injunctive Relief)，阻止被告在其合同生效后向其他主体租赁原告独家享有的传输塔的顶部电视广播天线空间。

原告的诉讼理由是：(1)被告意欲出租原告独家占有的传输塔的顶部电视广播天线空间，违反了租赁协议；(2)被告的行为会对原告的原有设施产生干扰，造成不可弥补的损失。

被告的答辩理由是：(1)租赁协议只是说明若顶部电视广播电信空间被其他设备占用，则租赁协议无效，并没有明确授予原告独家使用传输塔的顶部电视广播天线空间的权利；(2)被告的行为未对原告造成不可弥补的损失。

焦点问题

1. 本案能否颁布初步禁令？

2. 对于传输塔的顶部电视广播天线空间，原告是否拥有独占权？

3. 被告行为是否对原告产生不可弥补的损失？

法院观点

根据联邦法，颁布初步禁令必须满足四个条件：(1)请求人能够从初步禁令获得利益；(2)若拒绝颁布禁令，将对请求人构成产生无法弥补的损失的实质性威胁；(3)对请求人的损害威胁大于对本案被告的损害；(4)初步禁令的颁发不会影响社会公众利益。而原告未能证明其申请符合上述四个必备条件，因此原告无权申请初步禁令。

原告的证据显示，租赁合同的条款约定：“本合同条款建立在通信塔的顶部天线空间可被租赁的基础上，若签订合同时，该空间被其他设备占据，则合同无效”①。原告认为，该条款表明其在通信塔的顶部电视广播天线空间拥有独占权。法院认为，该条款首先是对排他性(exclusivity)的沉默条款，只是表明在签订合同时若该塔的顶部空间已经被占用，则合同无效，合同并没有授予原告“独家使用”通信塔的顶部天线空间的权利，因此原告不拥有独占权，被告不构成违反协议。

该案中，原告无法证明被告的行为会产生不可弥补的损失，因此法院驳回原告诉求，被告有权继续出租顶部电视广播天线空间。

---

① 参见合同原文：“The parties hereto expressly agree that the terms and conditions of this lease shall be binding only as they relate to the top television broadcasting antenna space located on the Bithlo Tower. If the top television broadcasting antenna space on the Bithlo Tower is otherwise occupied, this lease shall be null and void.”

判决结果

法院最终决定支持被告,驳回原告诉求。经过审理,法院认为,本案不具颁布初步禁令的先决条件,初步禁令的申请被驳回;原告引用的合同条款无法证明原告获得了排他性的顶部电视广播天线空间使用权,因此驳回原告主张。

二、本案知识点

本案主要涉及初步禁令救济的四个先决条件①问题。

本案中,原告租用被告塔顶放置无线电发射装置,其合同中有"若签订合同时,该空间被其他设备占据,则合同无效"的约定,原告主张其据此获得了排他性权利。协议签订后,被告让别人使用了该物业空间,原告要求法院颁发禁令。法院驳回了原告的请求,认为原告主张其具有排他性权利的条款并未产生排他性使用权。

三、判决原文摘录

1. The Lease by its terms plainly and unambiguously provides Rainbow only with "non - exclusive" use of the top television antenna space.

2. The FCC allocates television stations for a given area. The overall policy of the FCC is to promote competition in the best interests of the general public.

3. Plaintiffs suggest that this clause evidences that it entered into the Lease with the binding understanding that its leased space was an "exclusive" one at the top slot of the Tower.

4. Mere injuries, however substantial, in terms of money, time, and injury necessarily expended in the absence of a stay are not enough.

5. Finally, Plaintiffs must demonstrate that injunctive relief will not disserve the public interest.

---

① 对"初步禁令救济的四个先决条件"(Four prerequisites to preliminary injunctive relief)的解释参见判决原文:"(1) a substantial likelihood that the movant will prevail on the underlying merits of the case;

"(2) a substantial threat that the moving party will suffer irreparable damage if relief is denied; (Mere injuries, however substantial, in terms of money, time, and injury necessarily expended in the absence of a stay are not enough.)

"(3) a finding that the threatened injury to the movant outweighs the harm the injunction may cause defendant; and

"(4) a finding that the entry of a preliminary injunction would not disserve the public interest.

"Because we believe that Plaintiffs have failed to meet their burden of persuasion on each of the prerequisites, the motion for preliminary injunction relief must be denied."。

11-2　信号盲区——美国电报电话移动服务有限公司与科拉莱斯村政府案
AT&T Mobility Servs., LLC *v.* Vill. of Corrales

【案　　号】642 F. App’x 886（10th Cir. 2016）

【审理法院】美国联邦第十巡回上诉法院

【审理时间】2016 年 3 月 8 日

一、案件情况

上诉人、一审被告：科拉莱斯村政府（Village of Corrales）

被上诉人、一审原告：美国电话电报移动服务有限责任公司（AT&T Mobility Services, Llc，以下简称 AT&T 公司）

案件事实

1996 年联邦《电信法》（Federal Telecommunications Act）第 332（c）（7）（A）条①保留了州和地方政府对建设无线设施的审批权，但联邦《电信法》第 332（c）（7）（B）（i）（Ⅱ）条②

---

① 47 U.S.C. §332（c）（7）（A）：General authority—Except as provided in this paragraph, nothing in this chapter shall limit or affect the authority of a State or local government or instrumentality thereof over decisions regarding the placement, construction, and modification of personal wireless service facilities.

② 47 U.S.C. §332（c）（7）（B）：Limitations

（i）The regulation of the placement, construction, and modification of personal wireless service facilities by any State or local government or instrumentality thereof—

（Ⅰ）shall not unreasonably discriminate among providers of functionally equivalent services; and

（Ⅱ）shall not prohibit or have the effect of prohibiting the provision of personal wireless services.

（ii）A State or local government or instrumentality thereof shall act on any request for authorization to place, construct, or modify personal wireless service facilities within a reasonable period of time after the request is duly filed with such government or instrumentality, taking into account the nature and scope of such request.

（iii）Any decision by a State or local government or instrumentality thereof to deny a request to place, construct, or modify personal wireless service facilities shall be in writing and supported by substantial evidence contained in a written record.

（iv）No State or local government or instrumentality thereof may regulate the placement, construction, and modification of personal wireless service facilities on the basis of the environmental effects of radio frequency emissions to the extent that such facilities comply with the Commission’s regulations concerning such emissions.

（v）Any person adversely affected by any final action or failure to act by a State or local government or any instrumentality thereof that is inconsistent with this subparagraph may, within 30 days after such action or failure to act, commence an action in any court of competent jurisdiction. The court shall hear and decide such action on an expedited basis. Any person adversely affected by an act or failure to act by a State or local government or any instrumentality thereof that is inconsistent with clause（iv）may petition the Commission for relief.

对该权力进行了限制,“州和地方政府的任何决定不得直接禁止电信运营商提供电信服务,或者虽未直接禁止,但存在禁止的效果,否则该决定无效”。

科拉莱斯村位于美国北部的阿尔伯克基,大部分的土地为农业用地和农村住宅用地,较小部分为商业或市政用地,除了商业区或市政区,其他地区不允许建设无线服务设施(包括手机信号发射塔)。除此之外,该地区对无线服务设施还有26英尺(约7.92米)的高度限制,但在必要时允许超过该限制高度。事实上,AT&T公司已经在该地区内得到许可并建设了两个65英尺(约19.81米)的手机信号发射塔。之后,AT&T公司又向科拉莱斯村政府提交了特殊许可的申请,请求再建设一个65英尺的手机信号发射塔和一个小型隐蔽装置,科拉莱斯村政府以该申请并不能填补信号覆盖面的缺口和影响住宅区视线为由,拒绝了AT&T公司的特许权申请。AT&T公司遂提起诉讼,声称该科拉莱斯村政府的决定违反联邦《电信法》。地区法院采用简易判决,支持了AT&T公司的诉讼请求,责令科拉莱斯村政府批准AT&T公司的申请。科拉莱斯村政府提起上诉,请求撤销地区法院的判决。

上诉人的上诉理由是:(1)科拉莱斯村政府认为本案中地区法院对于不稳定的覆盖面积(unreliability of coverage),即服务层次(gradations in service)的考量是错误的。首先,在以往的判例中,地区法院通常认定存在有限的大小不一的信号覆盖盲点的电信服务,在服务层次上没有差别,但本案的地区法院作出了相反的认定,认为覆盖面积的空隙构成服务层次的差异,这种认定势必会导致一个地区内基站的过度建设;其次,地区法院过度考量了对客户的潜在影响和呼叫失败率这两个因素。(2)科拉莱斯村政府认为AT&T公司未尽到替代性方案的探索义务,没有考虑能否修建低于65英尺的手机信号发射塔的可替代方案,以减少对周边住宅区的视觉影响,因此不能批准AT&T公司的申请。

被上诉人的答辩理由是:(1)AT&T公司申请的信号盲点的数量和大小是有限的,信号覆盖面积空隙尚不构成联邦《电信法》中的显著空隙;(2)AT&T公司在申请前做了充分的调查,尽到了替代性方案的探索义务。

焦点问题

1. 在判断是否构成显著覆盖缺口时,地区法院的判断是否有误?

2. AT&T公司是否竭尽了替代性方案的探索义务?

法院观点

1. 上诉法院驳回了上诉人的请求。地区法院认为,在判断是否存在显著覆盖缺口时,目前尚未存在成文的规则,因此在审判时,地区法院参照了已经认定的因素,如覆盖缺口的物理位置和大小、被影响的客户数量、呼叫失败率,以及该缺口是否会影响AT&T公司在户外、公共交通以及公共建筑中提供电信服务。在参照了上述数据后,地区法院认定基于本案的事实,存在显著的覆盖缺口,AT&T 公司的新建申请就是要解决上述缺口问题,故应当被批准。对于上述判决,村政府提出了两点质疑:首先,在判断是否存在覆盖面积的缺口时,地区法院参照的因素是不可靠的,按照地区法院的评定标准,任何服务缺口都会被认定为显著的覆盖缺口,构成服务层次的差异,这就会导致基站的过度建设;其次,地区法院不应当考量对客户的潜在影响和呼叫失败率这两个因素。在上诉中,村政府提出,在决定服务层次时,即使在建筑物里和在公共交通工具上信号存在缺失,也不会降低服务的层次;另外,即使电信服务信号存在盲点,如果盲点的数量和面积有限,也不应当影响服务的层次。上诉法院虽然认可上述村政府的观点,但本案的证据显示,AT&T 公司申请建设的地区覆盖盲点并不是有限的,在公共交通工具上的信号盲点沿着科拉莱斯村主干道有将近 2 英里(约 3218.69 米),而在建筑物中的信号覆盖盲点也接近 1 英里(约 1609.34 米),该信号覆盖盲点区域较大,应当认定服务层次有差异,因此地区法院认定覆盖面积空隙降低了服务层次是正确的。另外,考虑对客户的潜在影响和呼叫失败率这两个因素是必要的,虽然判例法没有要求地区法院考量所有因素,但在本案中,对客户的潜在影响和呼叫失败率的考量直接关系判断服务是否存在显著差异,因此,地区法院考量上述两个因素并不为过。

2. AT&T 公司提供的报告显示,AT&T 公司在提交申请前,已经充分调查并考虑了低于 65 英尺的手机信号发射塔能否弥补覆盖空缺以及视觉影响的问题,目前申请中的建设位置是提供电信服务的最优选址,AT&T 公司已经尽到了替代性方案的探索义务,因此科拉莱斯村政府的拒绝理由不合理。

判决结果

上诉法院最终决定驳回上诉,维持地区法院的判决。上诉法院认为,本案信号覆盖面积盲点并非有限,地区法院认定覆盖面积缺口降低了服务层次是正确的;AT&T 公司也充分尽到了替代性方案的探索义务,科拉莱斯村政府应当批准其申请,地区法院的判决正确。

二、本案知识点

本案中,AT&T 公司申请建无线发射塔,被拒绝。起诉后,AT&T 公司获胜,二审对一审判决予以维持。理由是:人员密集区信号不能覆盖,影响竞争。被告应当批准建塔。本案涉及的主要法律问题是:什么情况下地方政府应该突破地方规章限制,作为特例批准建立发射塔,以实现电信法要求的竞争需要?①

---

① 参见判决原文:"A number of courts have concluded that the lack of reliable in – building or in – vehicle service is a legitimate consideration in determining whether a coverage gap is significant. To be sure, isolated ' dead spots' or de minimis areas of noncoverage do not amount to a significant gap; examples include ' a small residential

三、判决原文摘录

1. With limited exceptions not applicable here, the Village also has a height restriction of 26 feet for structures in all zones. It does, however, permit variances when necessary provided that a structure taller than 26 feet is not detrimental to the rural and agricultural values the Village seeks to preserve. Indeed, when AT & T applied for the special use permit at issue in this case, the Village already had two other 65 – foot cell phone towers, one of which was permitted for AT & T.

2. The Council concluded that AT & T failed to show that the proposed facility would fill a significant gap in coverage or that the desired improvements could not be achieved by placing the facility on higher terrain or using a shorter tower on the selected site.

3. The Council also determined that the proposed facility would be visually intrusive, negatively affect the value of nearby residential properties, and impair the Village's rural residential, agricultural, and open – space qualities.

4. Summary judgment is appropriate "if the movant shows that there is no genuine dispute as to any material fact and the movant is entitled to judgment as a matter of law."

5. To be sure, isolated "dead spots" or de minimis areas of noncoverage do not amount to a significant gap; examples include "a small residential cul – de – sac," id., "the interior of buildings in a sparsely populated rural area," or "a limited number of houses or spots as the area covered by buildings increases.

11 – 3 "合理的区别对待"和"不合理的区别对待"——美国西部公司与埃奇伍德镇政府案 Nextel W. Corp. *v.* Town of Edgewood

【案　　号】479 F. Supp. 2d 1219（D. N. M. 2006）

---

cul – de – sac,' id.,' the interior of buildings in a sparsely populated rural area,' or 'a limited number of houses or spots as the area covered by buildings increases,'

"if a complete absence of any wireless coverage in an area was required to show a significant gap, '[t]he result would be a crazy patchwork quilt of intermittent coverage ... [that] might have the effect of driving the industry toward a single carrier,' hindering competition.

"in this case, the undisputed evidence establishes that the coverage gap is not so limited. Burley's report makes clear that in – vehicle coverage is unreliable for approximately two miles along the Village's main road and in – building coverage is unreliable around the proposed site in a ring that is more than a mile across."。

【审理法院】美国新墨西哥州联邦地区法院

【审理时间】2006 年 9 月 26 日

一、案件情况

原告:美国西部公司(Nextel West Corp.)

被告:埃奇伍德镇政府(Town of Edgewood)

案件事实

美国西部公司意图在现有的信号塔(该塔为美国西部公司的合伙人所有)上安装一个电信天线阵列,向埃奇伍德镇政府提出申请,埃奇伍德镇政府认为提出申请的天线阵列破坏了塔的外观,不符合《埃奇伍德镇条例》(Town's Zoning Ordinance)的规定,且安装该天线会造成视觉影响,因此拒绝。而在美国西部公司提出申请前,埃奇伍德镇政府已经批准了其他运营商在该塔上修建天线阵列,美国西部公司认为,埃奇伍德镇政府的拒绝构成不合理的歧视。2005 年 7 月 8 日,美国西部公司对埃奇伍德镇政府和一些镇上的官员提起民事诉讼,声称塔上已经有其他天线阵列,而埃奇伍德镇政府却拒绝自己在同一个塔上修建天线阵列的申请,该决定构成不合理的歧视,违反了 1996 年联邦《电信法》(Federal Telecommunications Act)第 332(c)(7)(B)条①的规定,且埃奇伍德镇政府提出的安装天线阵列破坏了塔的结构、产生视觉影响等拒绝理由也没有充分的证据加以证明。

---

① 47 U. S. C. § 332(c)(7)(B): Limitations

(i) The regulation of the placement, construction, and modification of personal wireless service facilities by any State or local government or instrumentality thereof—

(I) shall not unreasonably discriminate among providers of functionally equivalent services; and

(II) shall not prohibit or have the effect of prohibiting the provision of personal wireless services.

(ii) A State or local government or instrumentality thereof shall act on any request for authorization to place, construct, or modify personal wireless service facilities within a reasonable period of time after the request is duly filed with such government or instrumentality, taking into account the nature and scope of such request.

(iii) Any decision by a State or local government or instrumentality thereof to deny a request to place, construct, or modify personal wireless service facilities shall be in writing and supported by substantial evidence contained in a written record.

(iv) No State or local government or instrumentality thereof may regulate the placement, construction, and modification of personal wireless service facilities on the basis of the environmental effects of radio frequency emissions to the extent that such facilities comply with the Commission's regulations concerning such emissions.

(v) Any person adversely affected by any final action or failure to act by a State or local government or any instrumentality thereof that is inconsistent with this subparagraph may, within 30 days after such action or failure to act, commence an action in any court of competent jurisdiction. The court shall hear and decide such action on an expedited basis. Any person adversely affected by an act or failure to act by a State or local government or any instrumentality thereof that is inconsistent with clause (iv) may petition the Commission for relief.

原告请求判决埃奇伍德镇政府拒绝其申请的决定是违法的。

原告的诉讼理由是:(1)埃奇伍德镇政府拒绝原告在现有的信号塔上安装天线阵列的申请构成不合理的歧视,违反联邦《电信法》第332(c)(7)(B)条的规定;(2)埃奇伍德镇政府拒绝原告申请的理由不合理,且没有充分的证据。

被告的答辩理由是:(1)拒绝原告申请是因为原告在现有的信号塔上安装天线阵列的申请不符合《埃奇伍德镇条例》的规定,被告并不构成不合理的歧视,也不违反联邦《电信法》的规定;(2)埃奇伍德镇政府有充分的证据表明其拒绝理由合理。

焦点问题

1. 埃奇伍德镇政府在拒绝原告申请中是否构成不合理的歧视?若构成,是否违反联邦《电信法》?

2. 埃奇伍德镇政府拒绝原告申请的理由是否合理?

法院观点

1. 根据联邦《电信法》第332(c)(7)(B)(i)(Ⅰ)条的规定,判断埃奇伍德镇政府是否违反联邦《电信法》,必须从两个方面进行分析:其一,相关供应商是否功能相同;其二,政府机构的行为是否构成不合理的区别对待(歧视)。本案中,相关电信服务提供商的设备功能相同是没有争议的,因此争议点聚焦在埃奇伍德镇政府是否构成不合理的歧视。联邦《电信法》只禁止不合理的区别对待(歧视),这就要求法院在判断过程中区分政府机构对于不同电信服务提供商的区别对待是合理的还是不合理的,尽到仔细审查的义务。联邦《电信法》规定的反歧视规则是为了促进本地电信市场的有效竞争,因此政府机构一旦允许第一个无线服务提供商进入本地市场,也应当允许其他功能相同的无线服务提供商进入该市场,政府机构可以考虑提出申请的设施位置、结构、外观、安全问题等多方面的因素,但只限于这几个因素,当政府机构根据上述因素之外的其他因素作出不同决定时,则构成不合理的区别对待(歧视)。本案中,埃奇伍德镇政府拒绝原告申请并非基于联邦《电信法》规定的基础因素(限于位置、结构、外观、安全),因此构成不合理的区别对待(歧视),违反联邦《电信法》。

2. 埃奇伍德镇政府认为原告在塔上安装天线阵列构成对塔的明显修改,造成视觉影响,因此不符合《埃奇伍德镇条例》的规定。而根据法院的判断,原告的申请只是在现有的塔上安装天线阵列,并不影响塔的高度,且埃奇伍德镇政府没有充足的证据表明视觉影响的存在,因此埃奇伍德镇政府的拒绝理由不合理。

判决结果

法院最终决定支持原告诉求:(1)埃奇伍德镇政府对同等的电信服务提供商的申请采用不同的处理结果,构成不合理的区别对待(歧视),违反联邦《电信法》;(2)对于视觉影响等其他拒绝理由,埃奇伍德镇政府没有充足的证据加以论证,因此判决被告违反联邦《电信法》,应当批准原告的申请。

二、本案知识点

原告申请建设无线发射塔被拒,起诉后胜诉。本案详细解释了“合理的区别对待”和“不合理的区别对待(歧视)”①。

三、判决原文摘录

1. In ruling on a motion for summary judgment, it is not the Court's role to weigh the evidence, assess the credibility of witnesses, or make factual findings.

2. Rather, the court assumes the admissible evidence of the non – moving party to be true, construes all admissible evidence in the light most favorable to the non – moving party, and draws all reasonable inferences in the non – moving party's favor.

3. In this case, it is beyond dispute that the relevant providers are functionally equivalent; the disputed legal issue is whether Defendants “unreasonably discriminated” against Plaintiff by denying its application to co – locate an antenna array on an existing tower that already supports two antenna arrays belonging to other providers.

4. My analysis of this issue begins by noting that the statute only prohibits discrimination that is unreasonable. Practically every exercise of state and local zoning authority involves some effort to discriminate between appropriate and inappropriate land uses, and the Telecommunications Act was not intended to serve as a blanket preemption of such authority.

5. These courts also have concluded that discrimination among personal wireless service providers is unreasonable when state or local zoning authorities have treated similarly situated providers differently based on factors other than those listed above.

---

① 对“相同服务提供者之间的不合理歧视”(Unreasonably Discriminate[s] Among Providers of Functionally Equivalent Services)的解释参见判决原文:“The Telecommunications Act's anti – discrimination provision is ‘to ensure that, once the municipality allows the first wireless provider to enter, the municipality will not unreasonably exclude subsequent providers who similarly wish to enter and create a competitive market in telecommunications services.’

“The test is whether the unsuccessful applicant was ‘treated differently from other providers whose facilities are “similarly situated” in terms of the “structure, placement or cumulative impact” as the facilities in question.’

“Such differences in treatment must be based upon ‘differing visual, aesthetic or safety concerns, or ... different zoning designations applicable to a proposed antenna site.’ These courts also have concluded that discrimination among personal wireless service providers is unreasonable when state or local zoning authorities have treated similarly situated providers differently based on factors other than those listed above.”。

11-4 地方政府不得基于想象的无线电辐射拒绝建设申请——威瑞森无线有限责任公司与美国怀恩多特镇和堪萨斯市统一政府案 Verizon Wireless (VAW) LLC *v.* Unified Gov't of Wyandotte Cty./Kansas City

【案　号】No. 11-2374-EFM, 2013 U.S. Dist. LEXIS 9593 (D. Kan. Jan. 24, 2013)

【审理法院】美国堪萨斯州地区法院

【审理时间】2013 年 1 月 24 日

一、案件情况

原告:威瑞森无线有限责任公司[Verizon Wireless (Vaw) LC.,以下简称威瑞森公司]

被告:怀恩多特镇和堪萨斯市统一政府(Unified Government of Wyandotte County/Kansas City,以下简称地方统一政府)

案件事实

威瑞森公司是一个电信服务提供商,从事无线通信业务,向公众提供无线通信服务。威瑞森公司从联邦电信委员会(Federal Communications Commission,FCC)获得批准,在堪萨斯市提供电信服务。威瑞森公司提供的服务依托于无线通信网络设施(Wireless Communication Facilities,WCF),需要利用无线电天线和其他电子设施接收和传送低功率无线电信号,以提供手机无线服务。怀恩多特县有些地区存在很多信号覆盖缺口,为了弥补缺口,威瑞森公司考虑在合适的地点建造新的 WCF,其选定的建造区域在《统一政府分区条例》(Unified Government's Zoning Regulations)下被划定为"C-1"商业区。2010 年6 月25 日,威瑞森公司向地方统一政府提交特权许可的申请,要求建造一个信号塔。经过数次谈判,地方统一政府于 2011 年 6 月 30 日作出书面拒绝,并表示:该塔影响居民区的美观、与街道建筑不相容,且离该塔 0.5 英里(约 804 米)的位置有一个水塔,将该 WCF 建在已经存在的水塔上是一种视觉侵入性较低的选择(less intrusive),故不同意建新塔。威瑞森公司遂起诉地方统一政府,声称其拒绝理由不合理,请求判决统一政府拒绝批准威瑞森公司特权许可的决定违法。

原告的诉讼理由是:地方统一政府的拒绝理由不合理,缺乏实质性的证据支持。

被告的答辩理由是:威瑞森公司的申请不满足地方统一政府规定中对于特权许可的条件,因此拒绝其申请,且有大量的证据相支持。

焦点问题

地方统一政府对威瑞森公司的特权许可申请的拒绝理由是否合理？

法院观点

法院支持了原告的诉讼理由，并从以下三个方面加以说明：首先，信号塔在公用事业局水塔的0.5英里范围内，是一种侵入性较低的选择。法院认为，虽然建设新的WCF会造成视觉的侵入，但是要实现提供电信服务的目的，事实上没有可替代的侵入性较小的方案，因此威瑞森公司提出的申请计划是可行的。其次，地方统一政府认为信号塔的外形不符合审美要求，影响周围住宅区的美观并且会带来负面影响，但广义的美学不能成为镇政府拒绝电信提供商申请的实质性证据，因此该拒绝理由不成立。最后，地方统一政府认为信号塔与住宅区不相容。法院认为，信号塔的建设对住宅区并没有直接的影响，且没有证据证明该塔的建设会对环境产生负面影响。而关于地方统一政府的拒绝是否基于射频辐射对环境的影响，该问题是技术性问题，法院不需要决定。综上所述，法院支持威瑞森公司的诉求，判决地方统一政府拒绝申请的决定不合理。

判决结果

法院最终支持原告诉讼请求：对于威瑞森公司的申请，事实上没有视觉侵入性较低的替代方案。影响美观的拒绝理由得不到实质性证据的支持，且地方统一政府对于其他拒绝理由也没有相关的证据加以证明，因此，地方统一政府的拒绝理由不合理。

二、本案知识点

本案中，原告申请设立无线电发射基站，被拒绝。起诉后法院支持原告，认定：(1)虽然原则上最好利用已有的基站，而不是新建，但原告已经说明且有证据认定已有基站不适合，故只能新建①；(2)美观必须要有实在的证据支持，而非空泛地指责②；(3)基站必须与已有的建筑物兼容，与前述美观的判断标准相同，需要提供实在的证据予以支持③；(4)以无线电辐射为理由拒绝，只能是因为不符合FCC的标准，或者说，如

---

① 对“现有基础设施的优先权”(the existing tower's superiority)的解释参见判决原文：“Although construction of a new tower represents a visual intrusion, Verizon met its burden of proving that the BPU water tower was neither a suitable nor practical collocation.”。

② 对“对美观的影响”(aesthetically attractive)的解释参见判决原文：“Mere generalized concerns regarding aesthetics are insufficient to constitute the substantial evidence justifying the denial of an application to construct a wireless telecommunication facility. Staff Report concludes that Verizon's proposed WCF tower posed no risks of noise, vibration, dust, illumination, pollution, overcrowding, decreased marketability of surrounding properties, or damage to irreplaceable natural resources.”。

③ 对“与已有建筑物兼容”(compatability)的解释参见判决原文：“The fact that the tower will have no adverse effect on the neighborhood means the two uses are compatible.”。

果符合 FCC 的标准，地方政府不可再制定额外标准或者主观臆断存在辐射。①

三、判决原文摘录

1. A coverage gap exists in Verizon's wireless coverage in and around certain areas of Wyandotte County. To remedy the coverage gap, Verizon considered and investigated available locations to find a suitable site for a new WCF.

2. After failing to negotiate mutually – acceptable lease terms with the BPU, Verizon decided to build a new WCF and entered into a lease agreement with the owner of property. The proposed site is currently zoned as "C – 1" limited business district property under the Unified Government's zoning regulations.

3. Because the TCA places only the enumerated limitations upon local governments considering the placement of WCFs, local ordinances control the government entities' decisions to the extent they do not conflict with the TCA.

4. Nevertheless, the Court agrees with Verizon's interpretation of that document, deducing the following three reasons for denial: (1) the proposed tower is within a half – mile of the BPU water tower, which is a less intrusive option capable of collocation; (2) the proposed tower is not aesthetically attractive in a residential neighborhood and would create blight for the surrounding residential properties; and (3) the proposed tower does not fit the character of the neighborhood and is not compatible with the zoning and uses nearby. For the following reasons, the Court finds that the record lacks substantial evidence to support any of the Unified Government's stated reasons for denial.

5. In conclusion, although Verizon's proposed tower constitutes a visual intrusion, Verizon met its burden of proving that the BPU water tower was neither a suitable nor practical collocation.

---

① 对"无线电频率的辐射"(radio frequency emissions)的解释参见判决原文："Section 332(c)(7)(B)(iv) of the TCA prohibits local governments from regulating the placement and construction of WCFs on the basis of the perceived effects of radio frequency emissions so long as the WCFs comply with FCC standards regarding such emissions.

"The TCA affords the FCC the sole authority to set standards regarding radio frequency emissions from WCFs. Although local governments may require WCFs to comply with the FCC's emission standards, they cannot impose their own standards on wireless providers by basing zoning decisions on mere concerns—from the public or government officials—about the effects of emissions."。

第十二章　电信消费者保护

电信消费者不仅享有一般消费者的权利，还享有一些与电信服务相关的特权，例如，享受电信普遍服务的权利、电话记录查询权、通信自由和通信秘密权、拒绝垃圾信息和商业呼入的权利、自由转网权等。

电信企业具有技术性、规模性和自然垄断性的特点，再加上信息时代，使用电信是保障言论自由的基本手段，普通电信消费者为正常生活，一方面，不得不使用电信；另一方面，面对强大的自然垄断企业，其不再是平等民事主体，而是不得不接受格式条款的弱者。于是，保护消费者利益成为国家的职责。

本章共包含三个案例。

案例12－1的争议焦点在于被告是否使用了1996年联邦《电信法》禁止的自动拨号系统。法官认为被告使用了该系统，因为被告的拨号不需要人工介入。而对于替代责任问题，原告并没有证明“明显且明确”的代理关系存在，故替代责任不成立。

案例12－2关注的是“通信内容”和“非通信内容的用户信息”之间的差别，以及它们在法律上的不同保护。本案中，被告提供的信息与用户的通信内容无关，因此，被告泄露这些用户信息并不违反《电子通信保密法令》或《存储通信法案》。

案例12－3处理的是电话广告或者电话推销的合法性，并讨论了被告之间是否构成替代责任关系的问题。四个被告中的一个在未获得原告同意的前提下使用了人造声音，或者说事先录制的声音来传递信息，违反了《电话消费者保护法案》和1996年联邦《电信法》。其他被告应当承担替代责任，因为他们是该商业关系的实际受益人。

12－1　无人工干预的自动拨号构成骚扰——施特劳斯与隧道集团有限公司案 Strauss *v.* CBE Grp., Inc.

【案　　号】173 F. Supp. 3d 1302 (S. D. Fla. 2016)

【审理法院】美国佛罗里达州南区联邦地区法院

【审理时间】2016 年 3 月 28 日

一、案件情况

原告:瑞安·施特劳斯(S. Ryan Strauss)

被告:隧道集团有限公司(The CBE Group, Inc. ,以下简称隧道公司)、威瑞森新西兰公司(Verizon New England, Inc.)

案件事实

隧道公司为威瑞森新西兰公司雇用的追债公司,用于追讨债务人拖欠的债务。威瑞森新西兰公司向隧道公司提供了原告的手机号码,并要求隧道公司追讨原告拖欠其的电信服务费用。其实,威瑞森新西兰公司搞错了电话号码,原告虽为威瑞森新西兰公司的用户,但并不拖欠费用,不是威瑞森新西兰公司的债务人,但由于威瑞森新西兰公司向隧道公司提供了错误的电话号码,导致原告接到隧道公司呼叫到其手机的电话,要求清偿拖欠威瑞森新西兰公司的债款,原告称其并非债务人,拒绝支付债款,隧道公司遂使用预测拨号设备(predictive dialer)连续拨打原告的手机。原告将威瑞森新西兰公司和隧道公司告上法庭,声称二公司的行为违反《电话消费者保护法案》(Telephone Consumer Protection Act,TCPA)①、《正当收债行为法》(Fair Debt Collection Practices Act, FDCPA)、《佛罗里达州消费者收债行为法案》(Florida Consumer Collection Practices Act,FCCPA),并要求二公司承担赔偿责任。

原告在此案中请求法院判决收债公司隧道公司停止自动拨号行为,并与债权人威瑞森新西兰公司承担侵权责任,赔偿原告的经济损失。

原告的诉讼理由是:(1)隧道公司使用预测拨号系统,违反 TCPA 的规定,应当支付法定赔偿金;(2)威瑞森新西兰公司与隧道公司成立代理关系,因此威瑞森新西兰公司应当承担替代责任;(3)隧道公司的行为构成侵权,应当支付侵权赔偿;(4)被告违反 FDCPA、FCCPA,应当赔偿损失。

被告的答辩理由是:(1)隧道公司使用预测拨号系统是合理的追债行为,不违反 TCPA;(2)直接侵权人为隧道公司,威瑞森新西兰公司不应当承担替代责任;(3)隧道公司对于原告并非债务人的事实不知情,因此不构成故意违反法律,可免除侵权赔偿责任;(4)原告不符合 FDCPA 和 FCCPA 规定下的赔偿条件,因此被告没有赔偿责任。

---

① 该法不是一部单独的法,而是联邦《电信法》(Federal Telecommunications Act)中的一部分,为方便起见将该部分称为《电话消费者保护法案》,所以下文中引述 TCPA 其实是引述联邦《电信法》相关规定。

焦点问题

1. 隧道公司使用预测拨号系统在 TCPA 下是否构成违法?

2. 威瑞森新西兰公司是否应当承担替代责任?

3. 隧道公司对于原告并非债务人的不知情可否免除其侵权赔偿责任?

4. 被告行为是否违反 FDCPA 和 FCCPA 的规定?

法院观点

1. 根据联邦《电信法》第 227(b)(1)(A)(iii)条[①]的规定,除紧急情况外,禁止任何主体使用自动拨号系统(Automatic Telephone Dialing System,ATDS)给任何指定手机号码拨打电话;联邦《电信法》第 227(b)(3)(B)条[②]赋予个人索赔请求权,当电信服务提供商违反该条例时,被侵权人有权获得相应的经济损失赔偿,或者 500 美元的法定赔偿金,以较高者为准;联邦《电信法》第 227(c)(5)条[③]规定,若法院认定被告为明知或者应当知道损害情况,可酌情增加赔偿数额,最高不得超过 3 倍。在本案的事实中,没有证据表明原告有过接受自动电话呼入的意思表示,而由于威瑞森新西兰公司提供了错误的电话号码,隧道公司错误地拨打了原告的手机,双方争议的焦点是隧道公司在接下来的 24 小时内使用 ATDS 连续呼叫原告手机是否构成违法。TCPA 在联邦《电信法》第 227(a)(1)条[④]中将 ATDS 定义为可以存储号码并以随机的频率向该号码拨打电话的设施,判断预测拨号器是否为 TCPA 法案下的 ATDS 的关键标准是:是否需要人工干预。本案中,隧道公司以自动配对的方式使用预测拨号系统,其操作不需要人工干预,因此属于 ATDS,故隧道公司使用该设备拨打原告手机,显然违反 TCPA。

2. 要确定威瑞森新西兰公司是否应当承担替代责任,首先要判断的是威瑞森新西兰公司与隧道公司之间的代理关系是否成立。法院认为,代理关系的成立要求代理人根据代理合同行使实质控制权,主要包括获得授权可以访问被代理人的信息系统,允许将消费者的财务信息和收款信息提取到被代理人的客户信息系统中,获得授权可以使用被代理人名称、商标或者服务标识。在本案中,隧道公司和威瑞森新西兰公司并未建立上述明确的代理关系,因此对于隧道公司的侵权行为,威瑞森新西兰公司不承

---

① 47 U. S. C. § 227(b)(1)(A)(iii): any call (other than a call made for emergency purposes or made with the prior express consent of the called party) using any automatic telephone dialing system ... to any telephone number assigned to a ... cellular telephone service.

② 47 U. S. C. § 227(b)(3)(B): an action to recover for actual monetary loss from such a violation, or to receive $500 in damages for each such violation, whichever is greater.

③ 47 U. S. C. § 227(c)(5): the court may, in its discretion, increase the amount of the award to an amount equal to not more than 3 times the amount available under subparagraph (B) of this paragraph.

④ 47 U. S. C. § 227(a)(1): equipment which has the capacity—(A) to store or produce telephone numbers to be called, using a random or sequential number generator, and (B) to dial such numbers.

担替代责任。另外，虽然威瑞森新西兰公司搞错了电话号码，但其并未唆使隧道公司使用自动拨号系统催债，所以，威瑞森新西兰公司搞错电话号码的事实与隧道公司使用自动拨号系统违法追债没有必然联系。

3. 隧道公司提出其对于原告并非威瑞森新西兰公司债务人的事实并不知情，因此其没有故意违反 TCPA，应当免除侵权赔偿，对于该论点，原告并不能提出足够的证据进行反驳，因此推定该论点成立，免除其对消费者的侵权赔偿责任。

4. FDCPA 采用严格责任原则，目的是消除滥用债权的现象，保护电信市场中的弱势群体，FDCPA 下的索赔必须满足：(1) 原告的消费行为产生了债务；(2) 被告是 FDCPA 定义下的收债人；(3) 被告的作为或者不作为被 FDCPA 禁止。各方争辩的焦点是原告是否能证明被告符合赔偿条件。根据法院调查，关于以上三点要求，原告均无法证明。此外，由于原告并非实际债务人，也无法请求 FDCPA 下的索赔。综上所述，原告以违反 FDCPA 和 FCCPA 提出的赔偿请求也被驳回。

判决结果

法院批准简易判决的程序请求，原告的其他诉讼请求被驳回：(1) 隧道公司使用预测拨号系统违反 TCPA，应当承担法定责任；(2) 隧道公司和威瑞森新西兰公司之间的代理关系不成立，因此威瑞森新西兰公司不需要为隧道公司违反 TCPA 的行为承担替代责任；(3) 隧道公司并非故意违反 TCPA，因此可免除其对消费者的侵权赔偿责任；(4) 原告并非 FCCPA 规定的实际债务人，也不能证明 FDCPA 规定被告应承担赔偿责任，赔偿请求被驳回。最终法院采用简易判决程序作出有利于原告的判决，获得 TCPA 规定的法定赔偿额总计 1000 美元。

二、本案知识点

1. 本案中，威瑞森新西兰公司为了追债，找了追债公司，并提供了债务人的电话号码，但电话号码被搞错了，接听人不是债务人，追债公司用人工拨号软件拨打了这个电话号码几十次。作为原告的接听人起诉了追债公司和威瑞森新西兰公司，请求认定追债公司违反联邦《电信法》的 TCPA 条款，威瑞森新西兰公司构成替代责任。法院认定追债公司构成骚扰，但驳回了要求威瑞森新西兰公司承担替代责任的诉讼请求。

2. 骚扰需要无人工干预的自动拨号系统，而本案有两个电话属于无人工干预，这两个电话构成骚扰，其他电话由人工干预，不构成骚扰。①

3. 替代责任需要委托人唆使受托人侵权，或者明知或应知受托人侵权，但放任其

① 对“自动拨号系统”(automatic telephone dialing system)的解释参见判决原文：“The TCPA prohibits making ‘any call (other than a call made for emergency purposes or made with the prior express consent of the called party) using anyautomatic telephone dialing system ... to any telephone number assigned to a ... cellular telephone service.’ 47 U.S.C. §227(b)(1)(A)(iii).”。

为之。本案中威瑞森新西兰公司不知道自己侵权,搞错了电话号码。因此,其不承担替代责任。①

三、判决原文摘录

1. Six of these calls were answered, and each time a CBE representative asked to speak with the third – party debtor by name. Plaintiff did not tell CBE that he was not the third – party debtor or that CBE had called the wrong number.

2. The TCPA creates a private right of action where a person may bring "an action to recover for actual monetary loss from such a violation, or to receive $500 in damages for each such violation, whichever is greater."

3. The evidence clearly establishes that CBE made 24 calls using the MCA. And there appears to be no disagreement that the MCA, by itself, lacks the capability to dial predictively.

4. At issue is whether the Noble equipment that the MCA utilized to connect calls was a predictive dialer or was otherwise classified as an ATDS when paired with the MCA.

5. Unless the context indicates otherwise, the FCCPA uses the term "debtor" to refer to "any natural person obligated or allegedly obligated to pay any debt."

The TCPA defines an automatic telephone dialing system (ATDS) as "equipment which has the capacity—(A) to store or produce telephone numbers to be called, using a random or sequential number generator, and (B) to dial such numbers." 47 U. S. C. § 227(a)(1).

A predictive dialer constitutes an ATDS within the meaning of the TCPA. A predictive dialer is "hardware, when paired with certain software, [which] has the capacity to store or produce numbers and dial those numbers at random, in sequential order, or from a database of numbers" without human intervention.

To determine whether a dialer is a predictive dialing system, and therefore an ATDS, "the primary consideration ... is whether human intervention is required at the point in time at which the number is dialed." "defining characteristic" of ATDS is "capacity to dial numbers without human intervention."

debt collector violated TCPA when it placed two calls to consumer's cellular telephone using predictive dialer.

① 对"替代责任"(vicarious liability)的解释参见判决原文:"To determine the existence ofvicarious liability, a court must first assess whether the principal had the necessary agency relationship with the direct wrongdoer to support such liability.

"A court may find an agency relationship where the principal exercised 'substantial control' over the agent's actions, ratified the agent's conduct, or made representations that the agent acts with authority.

"These factors include the principal: (1) granting the agent access to information and systems that normally would be within the principal's exclusive control, including customer information; (2) allowing the agent to enter consumer information into the principal's sales or customer systems; (3) giving the agent authority to use the principal's trade name, trademark, or service mark; (4) approving, writing, or reviewing a transcript for the caller to use; or (5) knowing of TCPA violations and failing to stop such violations.

"Here, Plaintiff has not established that a 'clear and unequivocal' agency relationship exists between CBE and Verizon. Plaintiff therefore has not proven that Verizon is vicariously liable."。

12－2 对通话内容和用户信息的不同隐私保护——威廉姆斯与美国电话电报公司案 Williams *v.* AT&T Corp.

【案　　号】No. 15－3543, 2016 U. S. Dist. LEXIS 30827 (E. D. La. Mar. 9, 2016)

【审理法院】美国路易斯安那州东区联邦地区法院

【审理时间】2016 年 3 月 9 日

一、案件情况

原告:威廉姆斯(Williams)等人

被告:美国电话电报公司(AT&T Corporation,以下简称 AT&T 公司)

案件事实

AT&T 公司为电信服务提供商,原告是 AT&T 的用户。AT&T 公司在接到法院传票后,将原告的电话信息,包括账单、通话记录、短信接发记录等通信记录(非信息内容)提供给了原告的前夫和父亲,对此原告并不知情,也并未获得原告的允许。原告遂提起诉讼,认为 AT&T 公司泄露其个人信息,违反了《电子通信保密法令》(Electronic Communications Privacy Act, ECPA)和《存储通信法案》(Stored Communications Act, SCA),因侵犯个人隐私权而违反《美国宪法第四修正案》,因该行为超过合同的约定而违反《合同法》(Contract Law)。原告请求判决 AT&T 公司的行为违法,并请求 AT&T 公司就其违法行为给原告造成的损失进行赔偿。

原告的诉讼理由是:(1) AT&T 公司未经同意泄漏原告手机的通信记录,违反了 ECPA、SCA、《美国宪法第四修正案》和《合同法》;(2) AT&T 公司的违法行为给原告造成了损失,应当进行赔偿;(3) AT&T 公司侵犯《美国宪法》(U. S. Constitution)赋予原告的隐私权;(4) AT&T公司违反合同中的隐私权政策(privacy policy),因此违反《合同法》。

被告的答辩理由是:(1)被告披露的信息并非用户的实质通信内容,只是通信过程信息,因此不违反原告所列举的法律;(2)原告没有充足的理由证明被告应当赔偿损失;(3)《美国宪法》保护公民隐私权的目的在于规范政府行为,AT&T 公司不是政府的代理人,因此原告不能依照《美国宪法第四修正案》提出该请求;(4) AT&T 公司的行为并不构成侵犯隐私权。

焦点问题

1. AT&T 公司是否构成泄露原告个人信息?是否违反 ECPA、SCA、《美国宪法第四修正案》和《合同法》?

2. 原告赔偿损失的主张是否应当得到支持?

3. AT&T 公司是否侵犯《美国宪法》赋予原告的隐私权?

4. AT&T 公司是否侵犯隐私权?是否违反《合同法》?

法院观点

1. ECPA 规定了各种服务提供商可能会泄露或者公开电子通信中记录的客户信息的情况。1986 年,美国国会通过 SCA,作为 ECPA 的补充,用于调整政府调查权与电信服务提供商的保密义务之间的冲突,主要目的是规范政府机构要求电信服务提供商提供电子存储信息时的各种事项。当违反 SCA 的行为对个人造成精神或者物质损害时,被侵权人可以请求损害赔偿。在该法案下,对于故意泄露用户信息构成侵权的信息分为有实质内容的信息(contents of communications)和无实质内容的用户信息(non - content subscriber information),《犯罪与刑事程序法》(Crimes and Criminal Procedure)第 2702(c)(6)条[①]禁止电信服务提供商向任何非政府机构提供用户或者客户使用该服务的任何记录或者信息,该法条不禁止电信服务提供商披露身份识别信息,即非内容信息。本案中,AT&T 公司收到传票后提供的信息不涉及用户信息的具体内容,仅是包括具体时间在内的电话记录,属于身份识别性质的非内容信息,并不是法律所禁止的类型,且原告也未能充分论证传票要求提供的信息属于内容信息,因此 AT&T 公司提供该信息没有违反 ECPA 或者 SCA。

2. 根据上述判断,被告没有违反法律的行为,对于原告违约索赔的请求也就失去了审判的价值,因此该请求被驳回。

3.《美国宪法第四修正案》保证公民的个人隐私、尊严和安全不受侵犯,而条款的客体为政府行为,该修正案的目的是禁止政府侵犯公民相关权利的规定,AT&T 公司的行为并非政府行为,因此法院审理该请求没有实体价值。

4. 对于原告主张的 AT&T 公司违反合同中的隐私权内容而违反《合同法》的诉讼请求,原告并没有充分的证据加以证明,法院审理没有实体价值。

判决结果

法院决定驳回原告的请求:经过审理,法院认为 AT&T 公司并未披露原告有实质内容的信息,而披露身份识别信息等无内容的信息不被法律禁止,因此被告的披露行为不违反 ECPA 或者 SCA;而原告的其他诉讼请求不具有审判价值,因此法院拒绝原告请求,作出支持被告的判决。

---

① 18 U. S. C. § 2702(c) (6):A provider described in subsection (a) may divulge a record or other information pertaining to a subscriber to or customer of such service to any person other than a governmental entity.

二、本案知识点

本案主要涉及保护通信秘密和用户隐私的区别①的问题。

本案原告因其电信运营商将其通信数据提供给了其前夫而提起诉讼，而被告是应法院的传票提供的相关数据。法院判决原告败诉，因为 SCA 保护的是通话内容，不是通信数据（通话时长、被叫号码等），即使这些数据可以识别出使用人的身份。

三、判决原文摘录

1. Plaintiffs allege that AT&T violated federal law when it released their cell phone records, including billing statements, call logs, and a list of all text, data, and voice messages to plaintiffs' ex – husband and father in response to a subpoena duces tecum. Plaintiffs argue this was an invalid subpoena and, in the alternative, even if it was valid, AT&T violated federal law by sending the pertinent records without their "knowledge or consent."

2. AT&T contends that the subpoena was valid and that it relied on it in good faith before releasing the phone records.

3. 1986, Congress passed the SCA as an addition to the ECPA in order to regulate "the relationship between government investigators and service providers in possession of users' private information.

4. Accordingly, the Court will not review plaintiffs' complaint with liberal interpretation typically afforded to pro se litigants.

5. The SCA also regulates the information that service providers can share with nongovernmental entities, but its primary purpose is to regulate "the circumstances in

---

① 对"保护通信秘密和用户隐私的区别"（The difference of protecting communication's privacy of CONTENTS and CUSTOMER INFORMATION）的解释参见判决原文："However, under the SCA, 'contents' refers to the message conveyed in the communication, but not customer information such as the date, time, originating and receiving telephone number for phone calls and text messages.

"While the SCA prohibits providers from divulging the contents of subscriber communications, it provides that [a] provider... may divulge a record or other information pertaining to a subscriber to or customer of such service (not including the contents of communications)... to any person other than a governmental entity. 18 U. S. C. § 2702(c)(6) (2012);

"It is true that the SCA does not permit providers to release the content of subscriber communications in response to civil subpoenas.

"'Since subscriber information is not protected by the SCA, [litigant] may obtain non – content information pursuant to a valid, civil subpoena.'

"The information requested in the subpoena at issue did not relate to the contents of the subscribers' messages. Instead, the subpoena requested that AT&T release phone records for two cell phone numbers, including dates, times, and a list of phone numbers sending and receiving calls and text messages. AT&T did not violate the ECPA or the SCA in releasing these records."。

which a governmental entity may require providers to disclose the contents of wire or electronic communications in electronic storage."

12－3　电话营销——阿兰达与加勒比国际游轮公司案 Aranda *v.* Caribbean Cruise Line, Inc.

【案　　号】179 F. Supp. 3d 817 (N. D. Ⅲ. 2016)

【审理法院】美国伊利诺伊州东区联邦地区法院

【审理时间】2016 年 4 月 18 日

一、案件情况

原告:赫拉尔多·阿兰达(Gerardo Aranda)、格兰特·伯奇·迈耶(Grant Birch Meier)、维斯曼·帕克斯(Sephen Parkes)、理戛纳·斯托内(Regina Stone)

被告:加勒比国际游轮公司(Caribbean Cruise Line, Inc.)、经济战略集团公司(Economic Strategy Group, Inc.)、经济战略公司(Economic Strategy, LLC),贝克力集团(The Berkley Group, Inc.),分时度假旅行营销公司(Vacation Ownership Marketing Tours, Inc.,以下简称分时度假公司)

案件事实

经济战略集团公司是一个非营利的政治组织、加勒比国际游轮公司是一个国际游轮公司、分时度假公司是分时度假旅行营销公司、贝克力集团拥有分时度假的设施,加勒比国际游轮公司、分时度假公司和贝克力集团企图通过经济战略集团公司的电话采访谋取利润。2011 年 8 月前后,美国将近 100 万人的蜂窝电话(手机电话)和固定电话接到来自经济战略集团公司的电话,经济战略集团公司称他们代表"美国"或者经济战略集团公司,要求接到电话的用户阐述其政治观点,并制定了一些激励政策,当受访者在某些问题上发表的言论与美国国会和美国总统的观点相一致时,他们将会获得由加勒比国际游轮公司提供的巴哈马免费游轮旅行的机会。在电话采访中,经济战略集团公司会询问有机会获得免费游轮的受访者是否有兴趣参加免费游轮旅行,若感兴趣,该电话就会被转接至加勒比国际游轮公司,并告知受访者虽然游轮旅行是免费提供的,但参与者仍然需要承担部分费用,包括税、渡口费(port fees)、小费等。参与者也会收到分时度假旅行包,该旅行包的设施是贝克力集团提供的,但贝克力集团的名字在电话采访中没有被提及。基于此事实,消费者提起诉讼,声称被告利用自动拨号系统,使用预先录制的声音拨打电话,该行为违反联邦《电信法》(Federal Telecommunications Act),被告应当为其违法行为承担相应的责任。原告请求判决被告停止使用自动拨号系统用预先录制的声音拨打电话的违法行为,并对其违法行为承担责任,并请求适用简易判决。

原告的诉讼理由是:(1)被告使用自动拨号工具和预先录制的声音拨打原告的手机及固定电话,违反联邦《电信法》第227(b)(1)(A)(iii)条①和第227(b)(1)(B)条②的规定;(2)加勒比国际游轮公司、分时度假公司和贝克力集团与经济战略集团公司存在代理关系,应当为经济战略集团公司的违法行为承担责任。

被告的答辩理由是:(1)被告否认使用自动拨号工具和预先录制声音的事实,且被告为非营利组织,用于政治目的的呼叫也被联邦电信委员会(Federal Communications Commission,FCC)豁免,不同意适用简易判决;(2)原告没有充分的证据表明被告加勒比国际游轮公司、分时度假公司和被告贝克力集团应当替经济战略集团公司承担替代责任;(3)被告称应当对理戛纳·斯托内和维斯曼·帕克斯等同类原告使用简易判决。

焦点问题

1. 被告是否使用了自动拨号工具和预先录制的声音拨打原告的手机及固定电话?该行为是否违反联邦《电信法》?

2. 被告加勒比国际游轮公司、分时度假公司和被告贝克力集团是否存在代理关系?是否应当承担替代责任?

3. 被告对原告理戛纳·斯托内和维斯曼·帕克斯的诉讼请求是否应当适用简易判决?

法院观点

1.《电话消费者保护法案》(Telephone Consumer Protection Act,TCPA)③限制电话广告或者推销行为,联邦《电信法》第227(b)(1)(A)(iii)条和第227(b)(1)(B)条分别禁止任何主体使用自动拨号系统或者预先录制的声音拨打手机或者固定电话,除紧急情况或通过合同的方式获得用户的预先同意,或者是政府用于收集政府担保的债务信息可以使用自动拨号系统或者预先录制的声音外,使用自动拨号系统或者预先录制的声音构成违法。原告认为,已经有大量证据证明被告使用了自动拨号系统或者预先录制的声音拨打手机或者固定电话,事实上没有争议,应当适用简易判决。被告提出

---

① 447 U. S. C. § 227(b)(1)(A)(iii): any call (other than a call made for emergency purposes or made with the prior express consent of the called party) using any automatic telephone dialing system ... to any telephone number assigned to a ... cellular telephone service.

② 47 U. S. C. § 227(b)(1)(B): to initiate any telephone call to any residential telephone line using an artificial or prerecorded voice to deliver a message without the prior express consent of the called party, unless the call is initiated for emergency purposes, is made solely pursuant to the collection of a debt owed to or guaranteed by the United States, or is exempted by rule or order by the Commission under paragraph (2)(B).

③ 该法不是一部单独的法,而是联邦《电信法》(Federal Telecommunications Act)中的一部分,为方便起见将该部分称为《电话消费者保护法案》,所以下文中引述TCPA其实是引述联邦《电信法》相关规定。

若干理由反对：首先，证据不足，原告提供的证据忽略了电话类别的区分，不能一概证明被告行为违法；其次，原告没有证据证明从电话系统接听到的电话声音是预先录制的；最后，被告为非营利性质的政治组织，本案中的通话用于政治调查，根据 FCC 的规定应当豁免，因此该行为是不违法的。针对以上几点，法院认为，首先，根据联邦《电信法》第 227(b)(2)条①的规定，美国国会赋予 FCC 立法权和解释权来规定 TCPA 的责任豁免情形，根据《美国联邦法规》(Federal Regulation)第 64.1200(a)(3)条②的规定，在某些限定情形下使用自动拨号工具和预先录制的声音拨打固定电话不是违法的，因此在固定电话类别中，被告的责任可以豁免，而该解释尚未扩展到手机领域，被告仍需承担该部分的责任；其次，只要被告使用预先录制的声音，无论接听者听了多长时间，都需要被告因违反 TCPA 承担责任；最后，被告作为非营利性质组织，拨打该电话出于政治目的，因此被告提出豁免责任的答辩理由被法院采纳。综上所述，对于固定电话类是否侵权的认定，法院驳回了原告简易判决的请求；而对于手机类的侵权认定，可以适用简易判决，认定被告的行为违法。

2. 被告加勒比国际游轮公司、分时度假公司和贝克力集团认为他们并非本案的直接授权机构，因此不承担责任。而 TCPA 禁止任何主体使用自动拨号工具或者预先录制的声音拨打手机，任何违反 TCPA 的实体机构都要承担法律责任，承担责任的主体不仅包括正式代理机构，也包括明显的批准或者授权机构，这些机构的实际权利可以以明示或者暗示的方式取得，当委托人明确授权代理人实施某行为时，代理关系产生，暗示的方式也可以产生代理关系。本案中，经济战略集团公司和加勒比国际游轮公司、分时度假公司、贝克力集团虽然没有明确授权，但原告提供了充分的证据表明加勒

---

① 47 U.S.C. §227(b)(2): The Commission shall prescribe regulations to implement the requirements of this subsection. In implementing the requirements of this subsection, the Commission—

(A) shall consider prescribing regulations to allow businesses to avoid receiving calls made using an artificial or prerecorded voice to which they have not given their prior express consent;

(B) may, by rule or order, exempt from the requirements of paragraph (1)(B) of this subsection, subject to such conditions as the Commission may prescribe—

(i) calls that are not made for a commercial purpose; and

(ii) such classes or categories of calls made for commercial purposes as the Commission determines—

(Ⅰ) will not adversely affect the privacy rights that this section is intended to protect; and

(Ⅱ) do not include the transmission of any unsolicited advertisement;

(C) may, by rule or order, exempt from the requirements of paragraph (1)(A)(iii) of this subsection calls to a telephone number assigned to a cellular telephone service that are not charged to the called party, subject to such conditions as the Commission may prescribe as necessary in the interest of the privacy rights this section is intended to protect;

② 47 C.F.R. §64.1200(a)(3): any residential landline using an artificial or prerecorded voice to deliver a message without the prior express written consent of the called party.

比国际游轮公司、分时度假公司和贝克力集团从经济战略集团公司的电话调查中获得了实际权益:贝克力集团提供分时度假的设施、加勒比国际游轮公司和分时度假公司提供奖励的免费旅行,因此存在代理关系,这一观点也得到了陪审团的认可。而对于具体是何种责任,法院表示,加勒比国际游轮公司、分时度假公司和贝克力集团是经济战略集团公司拨打电话行为的实际受益者,因此应当适用雇主原则,承担替代责任。

3. 法院驳回了适用简易判决的请求。原告维斯曼·帕克斯声称他的手机收到了五个通话,而他的电话记录和通话系统并没有相应记载,理戛纳·斯托内也是同样的情况。被告提出,理戛纳·斯托内和维斯曼·帕克斯代表其同类用户,应当采用简易判决进行审判。对于该请求,虽然电话记录不能证明理戛纳·斯托内和维斯曼·帕克斯等用户接收到了通话,但通过证词,陪审团可以判断理戛纳·斯托内和维斯曼·帕克斯等用户确实接到了电话,因此法院判决支持理戛纳·斯托内和维斯曼·帕克斯的观点,驳回被告对于该部分适用简易判决的请求。

判决结果

法院最终决定,原告的诉讼请求部分被支持,部分被驳回:(1)经过审理,法院判决经济战略集团公司使用自动拨号工具和预先录制的声音拨打手机的行为违法,应当承担侵权责任;(2)经济战略集团公司和加勒比国际游轮公司、分时度假公司和贝克力集团存在代理关系,后三者应当承担替代责任;(3)被告对理戛纳·斯托内和维斯曼·帕克斯的诉讼请求不应当适用简易判决。

二、本案知识点

1. 在本案中,政治组织利用电话自动拨号做客户政治调查,并赠送礼物。原告起诉电话公司电话营销,被告抗辩说该行为只是非营利组织的政治游说,不是电话营销。法院认定,只要使用自动拨号系统即构成电话骚扰,加勒比国际游轮公司、分时度假公司、贝克力集团通过经济战略集团公司拨打电话的行为获益,属于实际获益人,基于雇主身份需承担替代责任。①

---

① 参见判决原文:"According to plaintiffs, uncontroverted evidence shows that ESG used an autodialer and played a prerecorded message on the calls it made to plaintiffs' cellular phones and residential landlines.

"Defendants argue that under FCC regulation, the calls are not unlawful because they were made for a political purpose by a tax - exempt organization. Through 47 U. S. C. § 227(b)(2), Congress conferred rulemaking and interpretative authority upon the FCC to fashion exemptions to TCPA liability. Under 47 C. F. R. § 64. 1200(a)(3), it is not unlawful to call 'any residential landline using an artificial or prerecorded voice to deliver a message without the prior express written consent of the called party' under certain limited circumstances."。

替代责任①的归责原则,是指根据法律规定的特定身份,关系人代替他人承担责任的原则,常见于雇主或监护人承担职工或被监护人的责任;雇主责任采用无过错归责原则,监护人采用过错推定的归责原则。这与我们通常说的表见代理(apparent authority,也称为 ostensible authority)不同,表见代理中的被代理人(principal)和无权代理人(unauthorized agent)不一定具有特殊身份关系,也许是由于被代理人的过失造成相对人有理由相信无权代理人享有代理权,代理行为的后果即由被代理人承担。替代责任要求关系人与替代人有特殊的身份联系。

英美法系中还有默示授权(implied authority),包括两种情形:(1)容忍代理(tolerance agent),被代理人知道代理行为发生后没有否认(not deny)的,推定为追认(ratification);(2)没有明确的授权,但基于某些公认的准则,根据被代理人与代理人之间的特殊身份关系判断,可以推定授权已经存在,如职务代理、夫妻关系和合伙合同关系中的代理。

2. 电话广告和电话推销。②

三、判决原文摘录

1. Over the course of about one year, over a million people throughout the United States received phone calls that were made to their cellular phones and residential landlines

---

① 对“替代责任”(vicariously liable)的解释参见判决原文:“An entity may be heldvicariously liable for violations of the TCPA under a broad range of agency principles, including not only formal agency, but also principles of apparent authority and ratification. ‘Formal agency,’ as the FCC calls it, is also known as ‘actual authority.’ Actual authority may be express or implied.

“An agent has express actual authority when the principal expressly grants the agent the authority to perform a particular act.

“A principal grants implied actual authority to an agent when the principal's reasonably interpreted words or conduct would cause an agent to believe that the principal consents to have an act done on her behalf. The principal's conduct must make the third party reasonably believe that he has consented to an action done on his behalf by someone purporting to act for him.”。

② 对“电话广告和电话推销”(telephone advertising or telemarketing)的解释参见判决原文:“The TCPA imposes limitations on those who engage in telephone advertising or telemarketing. Specifically, the statute prohibits a person from mak[ing] any call (other than a call made for emergency purposes or made with the prior express consent of the called party) using any automatic telephone dialing system or an artificial or prerecorded voice... to any telephone number assigned to a... cellular telephone service... or any service for which the called party is charged for the call, unless such call is made solely to collect a debt owed to or guaranteed by the United States.

“47 U.S.C. § 227(b)(1)(A)(iii). The statute also states that it is unlawful to initiate any telephone call to any residential telephone line using an artificial or prerecorded voice to deliver a message without the prior express consent of the called party, unless the call is initiated for emergency purposes, is made solely pursuant to the collection of a debt owed to or guaranteed by the United States, or is exempted by rule or order by the [Federal Communications Commission (FCC)] under paragraph § 227(b)(1)(B) (2)(B).”。

by an organization representing itself as "ESG" or "Political Opinions of America" requesting their participation in various short political surveys.

2. LSS brokered supplier agreements between DeJongh's companies and CCL. Each contract provided that ESG would "solicit survey takers by transmitting or causing to be transmitted prerecorded survey messages using an autodialer".

3. DeJongh registered the ESG entities as tax - exempt nonprofit entities. If they were acting on their own behalf, these exemptions would absolve ESG of liability for the calls.

4. Defendants begin by arguing that it does not matter whether the evidence shows that every phone call was made using an autodialer because the class definitions do not reference the manner in which the calls were dialed.

5. The TCPA imposes liability upon any person who makes unlawful phone calls using an autodialer or a prerecorded message.

跋:电信法发展的两个方向

技术的终极问题指向了政治和哲学。新技术挑战下的科技法学,也向着这两个纵深方向发展。技术的政治思考涉及新技术对既有权力格局的冲击、对公民基本权利配置的挑战。在特定技术出现前,既定权利和权力的格局已经形成,特定技术的出现可能要求重新分配它们。如果涉及人的基本权利,就是一个宪法问题;如果涉及权力变换,就是一个政治问题。技术的哲学思考涉及如何应对技术追问下的人的定义、人存在的意义、认知的边界、人和工具的关系(人的可替代性)等根本性问题。人既是认识的主体,也是他人认识的客体和实现目的的工具。从功能视角看,当工具具备了一定智能,可以实现人的全部功能时,物与人无异。生物技术对人和人权制度的挑战是显而易见的:代孕孩子归代孕母亲还是基因母亲? DNA 编辑技术对生命的改造是否侵犯人权? 人造人是物还是人? 最后一个问题换一种说法就是,人造人的生产者对其产品(被造的人)是否具有所有权,是否有权生杀予夺? 人有通过制造先进生物而改造物种的权利吗?

电信法也在这两个方向上向着纵深发展,只是比较隐蔽。在搭建好了基本理论框架后,即建立了电信通路权、接入和互联互通、普遍服务制度,电信法在新技术挑战下,也不得不进行基本权利和权力配置,以及人、人性、人与世界的关系等方面的思考。例如,微信刚出现时,其实名制问题引发了广泛讨论,微信实名制是否是对言论自由的约束? 持某些观点的人是否会因“寒蝉效应”而不敢发声? 还有,其“附近的人”的功能上线时,位置信息的公开是否侵犯了隐私权? 又如,无线电通信技术出现后,无线电频率是一种资源吗? (频率是一种物理特征,问频率是否属于资源,就如同问长度是否属于资源)频率使用权是否属于用益物权? 对垄断运营商的单独规制,如美国《电信法》专章规制了 AT&T 公司、日本有专门规范 NTT 公司的法律,是不是对宪法确立的平等保护原则的破坏? 对运营商的不对称管制是否构成反向歧视? 为保证电信建设顺利进行而建立的电信通路权,在与被穿越地的物权人进行利益平衡时,是否可归入地役权?

以下举两个更典型的案例,说明电信法学研究的两个纵深方向。例一,对骚扰电话的治理为何成了一个宪法问题? 骚扰电话涉及骚扰者的言论自由权,只能事后起诉侵权,而不能事先禁止,即使明知发话人的通信内容为骚扰或商业广告,电信服务商也不能中断电话接续服务,必须像对待其他电话一样,只能由受话人决定是否挂断。否则,就成了根据言论内容区别对待发言者了。另外,电信运营商的"管道商"定位禁止其了解信息内容。电信运营商的职责是保持管道畅通,无权触及管道里流淌的信息,他们根本就不该知道通信内容,当然不能根据通信内容区别对待发话人,更不得对"有害信息"进行断网、屏蔽、降低服务质量等操作。然而,对于机器自动拨号和电话录音系统(robocall),由于发话人不是自然人,不享有言论自由权,电信运营商可以在不判断信息内容的情况下直接中断该号码的接续服务。于是,美国国会参众两院于 2019 年 5 月通过了《自动拨号和预先录音电话滥用刑事追究和震慑法》(Pallone – Thune Telephone Robocall Abuse Criminal Enforcement and Deterrence),对滥用自动电话拨号和预先录音的人处以最高 1 万美元的罚款,违法者还会被美国司法部起诉。

例二,自动驾驶的归责原则。目前对于自动驾驶产生的交通事故的责任认定,归责于自动驾驶车辆的使用人或生产者。有人提出将机器拟人化后,采用类似"公司法人"的归责模式,让人工智能具备拟制人格。对这个问题的讨论,根本上不是如何建立保险或基金制度,在操作层面上考虑人工智能拟制人格如何承担责任,而是从哲学层面考虑"人格"概念的演变是否可以涵盖人工智能。按照机器的拟制人格确立归责原则,从基础上混淆了机器和人的差别。无论机器如何智能,也只是机器而已,其与人的关系是纯粹工具性的,而非合作性的。这种差异不是由细胞和零件的差异造成的,而是由制造机器的目的造成的。机器是为了特定用途而制造的,无论其多么智能,其存在的意义是在制造前就注定了的——实用主义下的工具,而不是存在后由其自己赋予的——存在主义下的人生意义。是"物"还是"人"的难题,并不是人工智能独有的。高科技带来的难题同样困扰着细胞制造的"物"——人造人。遗传技术可以用于细胞培养出一个一模一样的人(如同人造多利羊)。克隆人是"人"还是"物"的问题一直困扰着伦理学界。克隆人存在的意义是在制造前就注定的(为了贡献器官而存在),而不是存在后由其自己赋予生命意义,所以,虽是细胞构成,但其是不是"人",还有待伦理学给出具体解释。这也是在伦理学给出具体答案前,全世界普遍禁止克隆人研究的原因。话说回来,智能机器是"人"是"物"的问题相对简单,它没有细胞结构,从伦理学上看,按照"物"对待没有障碍,"智能"不是跨越"人"和"物"鸿沟的决定性因素。

本书上部选取的 20 个案例很多都涉及上述两个方向的问题,例如,人工智能产品的侵权责任问题和人工智能作品是否可以获得专利权,这些根本性问题让人思考:何为创造性?它是人特有的吗?即它是区分人和物(含动物)的本质特征吗?或者说,一旦具有了和人一样的创造性,物就可以比照人对待吗?起码在承担侵权责任方面和获得专利申请人资格方面,其可以被赋予人格吗?另外,大数据画像、数字搜索、个人生物信息保护、区块链的隐私保护都涉及公民的基本权利配置。

本书上部的撰写得到我的研究生陶睿璘的帮助，下部得到我的研究生张蓉的帮助，在此致谢。

娄耀雄

2023 年 12 月 1 日

于北京邮电大学通信法研究中心